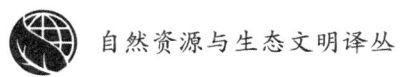
自然资源与生态文明译丛

自然资源管理的重新构想

运用系统生态学范式

[美] 罗伯特·G. 伍德曼斯
　　 约翰·C. 摩尔　　编
　　 丹尼斯·S. 小岛吉雄
　　 劳里·理查兹

刘伯恩　宋猛　译

NATURAL RESOURCE MANAGEMENT REIMAGINED
Using The Systems Ecology Paradigm
Robert G. Woodmansee　John C. Moore
Dennis S. Ojima　Laurie Richards

This is a Simplified Chinese Translation of the following title published by Cambridge University Press:

Robert G. Woodmansee, John C. Moore,
Dennis S. Ojima, Laurie Richards
NATURAL RESOURCE MANAGEMENT REIMAGINED
Using the Systems Ecology Paradigm
Identity 9781108497558

This Simplified Chinese Translation for the People's Republic of China (excluding Hong Kong, Macau and Taiwan) is published by arrangement with the Press Syndicate of the University of Cambridge, Cambridge, United Kingdom.

© The Commercial Press, Ltd., 2023

This Simplified Chinese Translation is authorized for sale in the People's Republic of China (excluding Hong Kong, Macau and Taiwan) only. Unauthorized export of this Simplified Chinese Translation is a violation of the Copyright Act. No part of this publication may be reproduced or distributed by any means, or stored in a database or retrieval system, without the prior written permission of Cambridge University Press and The Commercial Press, Ltd.

Copies of this book sold without a Cambridge University Press sticker on the cover are unauthorized and illegal.

本书封面贴有 Cambridge University Press 防伪标签，无标签者不得销售。

"自然资源与生态文明"译丛
"自然资源保护和利用"丛书
总序

（一）

新时代呼唤新理论，新理论引领新实践。中国当前正在进行着人类历史上最为宏大而独特的理论和实践创新。创新，植根于中华优秀传统文化，植根于中国改革开放以来的建设实践，也借鉴与吸收了世界文明的一切有益成果。

问题是时代的口号，"时代是出卷人，我们是答卷人"。习近平新时代中国特色社会主义思想正是为解决时代问题而生，是回答时代之问的科学理论。以此为引领，亿万中国人民驰而不息，久久为功，秉持"绿水青山就是金山银山"理念，努力建设"人与自然和谐共生"的现代化，集聚力量建设天蓝、地绿、水清的美丽中国，为共建清洁美丽世界贡献中国智慧和中国力量。

伟大时代孕育伟大思想，伟大思想引领伟大实践。习近平新时代中国特色社会主义思想开辟了马克思主义新境界，开辟了中国特色社会主义新境界，开辟了治国理政的新境界，开辟了管党治党的新境界。这一思想对马克思主义哲学、政治经济学、科学社会主义各个领域都提出了许多标志性、引领性的新观点，实现了对中国特色社会主义建设规律认识的新跃升，也为新时代自然资源治理提供了新理念、新方法、新手段。

明者因时而变，知者随事而制。在国际形势风云变幻、国内经济转型升级的背景下，习近平总书记对关系新时代经济发展的一系列重大理论和实践问题进行深邃思考和科学判断，形成了习近平经济思想。这一思想统筹人与自然、经济与社会、经济基础与上层建筑，兼顾效率与公平、局部与全局、当前与长远，为当前复杂条件下破解发展难题提供智慧之钥，也促成了新时代经济发展举世瞩目的辉煌成就。

生态兴则文明兴——"生态文明建设是关系中华民族永续发展的根本大计"。在新时代生态文明建设伟大实践中，形成了习近平生态文明思想。习近平生态文明思想是对马克思主义自然观、中华优秀传统文化和我国生态文明实践的升华。马克思主义自然观中对人与自然辩证关系的诠释为习近平生态文明思想构筑了坚实的理论基础，中华优秀传统文化中的生态思想为习近平生态文明思想提供了丰厚的理论滋养，改革开放以来所积累的生态文明建设实践经验为习近平生态文明思想奠定了实践基础。

自然资源是高质量发展的物质基础、空间载体和能量来源，是发展之基、稳定之本、民生之要、财富之源，是人类文明演进的载体。在实践过程中，自然资源治理全力践行习近平经济思想和习近平生态文明思想。实践是理论的源泉，通过实践得出真知：发展经济不能对资源和生态环境竭泽而渔，生态环境保护也不是舍弃经济发展而缘木求鱼。只有统筹资源开发与生态保护，才能促进人与自然和谐发展。

是为自然资源部推出"自然资源与生态文明"译丛、"自然资源保护和利用"丛书两套丛书的初衷之一。坚心守志，持之以恒。期待由见之变知之，由知之变行之，通过积极学习而大胆借鉴，通过实践总结而理论提升，建构中国自主的自然资源知识和理论体系。

（二）

如何处理现代化过程中的经济发展与生态保护关系，是人类至今仍然面临的难题。自《寂静的春天》（蕾切尔·卡逊，1962）、《增长的极限》（德内拉·梅多斯，1972）、《我们共同的未来》（布伦特兰报告，格罗·哈莱姆·布伦特兰，1987）这些经典著作发表以来，资源环境治理的一个焦点就是破解保护和发展的难题。从世界现代化思想史来看，如何处理现代化过程中的经济发展与生态保护关系，是人类至今仍然面临的难题。"自然资源与生态文明"译丛中的许多文献，运用技术逻辑、行政逻辑和法理逻辑，从自然科学和社会科学不同视角，提出了众多富有见解的理论、方法、模型，试图破解这个难题，但始终没有得出明确的结论性认识。

全球性问题的解决需要全球性的智慧，面对共同挑战，任何人任何国家都无法独善其身。2019年4月习近平总书记指出，"面对生态环境挑战，人类是一荣俱荣、一损俱损的命运共同体，没有哪个国家能独善其身。唯有携手合作，我们才能有效应对气候变化、海洋污染、生物保护等全球性环境问题，实现联合国2030年可持续发展目标"。共建人与自然生命共同体，掌握国际社会应对资源环境挑战的经验，加强国际绿色合作，推动"绿色发展"，助力"绿色复苏"。

文明交流互鉴是推动人类文明进步和世界和平发展的重要动力。数千年来，中华文明海纳百川、博采众长、兼容并包，坚持合理借鉴人类文明一切优秀成果，在交流借鉴中不断发展完善，因而充满生机活力。中国共产党人始终努力推动我国在与世界不同文明交流互鉴中共同进步。1964年2月，毛主席在中央音乐学院学生的一封信上批示说"古为今用，洋为中用"。1992年2月，邓小平同志在南方谈话中指出，"必须大胆吸收和借鉴人类社会创造的一切文明成果"。2014年5月，习近平总书记在召开外国专家座谈会上强调，"中国要永远做一个学习大国，不论发展到什么水平都虚心向世界各国人民学习"。

"察势者明，趋势者智"。分析演变机理，探究发展规律，把握全球自然资源治理的态势、形势与趋势，着眼好全球生态文明建设的大势，自觉以回答中国之问、世界之问、人民之问、时代之问为学术己任，以彰显中国之路、中国之治、中国之理为思想追求，在研究解决事关党和国家全局性、根本性、关键性的重大问题上拿出真本事、取得好成果。

是为自然资源部推出"自然资源与生态文明"译丛、"自然资源保护和利用"丛书两套丛书的初衷之二。文明如水，润物无声。期待学蜜蜂采百花，问遍百家成行家,从全球视角思考责任担当,汇聚全球经验,破解全球性世纪难题,建设美丽自然、永续资源、和合国土。

（三）

2018年3月,中共中央印发《深化党和国家机构改革方案》,组建自然资源部。自然资源部的组建是一场系统性、整体性、重构性变革,涉及面之广、难度之大、问题之多,前所未有。几年来,自然资源系统围绕"两统一"核心职责,不负重托,不辱使命,开创了自然资源治理的新局面。

自然资源部组建以来,按照党中央、国务院决策部署,坚持人与自然和谐共生,践行绿水青山就是金山银山理念,坚持节约优先、保护优先、自然恢复为主的方针,统筹山水林田湖草沙冰一体化保护和系统治理,深化生态文明体制改革,夯实工作基础,优化开发保护格局,提升资源利用效率,自然资源管理工作全面加强。一是,坚决贯彻生态文明体制改革要求,建立健全自然资源管理制度体系。二是,加强重大基础性工作,有力支撑自然资源管理。三是,加大自然资源保护力度,国家安全的资源基础不断夯实。四是,加快构建国土空间规划体系和用途管制制度,推进国土空间开发保护格局不断优化。五是,加大生态保护修复力度,构筑国家生态安全屏障。六是,强化自然资源节约集约利用,促进发展方式绿色转型。七是,持续推进自然资源法治建设,自然资源综合监管效能逐步提升。

当前正值自然资源综合管理与生态治理实践的关键期,面临着前所未有的知识挑战。一方面,自然资源自身是一个复杂的系统,山水林田湖草沙等不同资源要素和生态要素之间的相互联系、彼此转化以及边界条件十分复杂,生态共同体运行的基本规律还需探索。自然资源既具系统性、关联性、实践性和社会性等特征,又有自然财富、生态财富、社会财富、经济财富等属性,也有系统治理过程中涉及资源种类多、学科领域广、系统庞大等特点。需要遵循法理、学理、道理和哲理的逻辑去思考,需要斟酌如何运用好法律、经济、行政等政策路径去实现,需要统筹考虑如何采用战略部署、规划引领、政策制定、标准规范的政策工具去落实。另一方面，自然资源综合治理对象的复杂性、系统性特点，对科研服务支撑决策提出了理论前瞻性、技术融合性、知识交融性的诉求。例如，自然资源节约集约利用的学理创新是什么？动态监测生态系统稳定性状况的方法有哪些？如何评估生态保护修复中的功能次序？等等不一而足，一系列重要领域的学理、制度、技术方法仍待突破与创新。最后，当下自然资源治理实践对自然资源与环境经济学、自然资源法学、自然地理学、城乡规划学、生态学与生态经济学、生态修复学等学科提出了理论创新的要求。

中国自然资源治理体系现代化应立足国家改革发展大局，紧扣"战略、战役、战术"问题导向，"立时代潮头、通古今之变，贯通中西之间、融会文理之擎"，在"知其然知其所以然，知其所以然的所以然"的学习研讨中明晰学理，在"究其因，思其果，寻其路"的问题查摆中总结经验，在"知识与技术的更新中，自然科学与社会科学的交融中"汲取智慧，在国际理论进展与实践经验的互鉴中促进提高。

是为自然资源部推出"自然资源与生态文明"译丛、"自然资源保护和利用"丛书这两套丛书的初衷之三。知难知重，砥砺前行。要以中国为观照、以时代为观照，立足中国实际，从学理、哲理、道理的逻辑线索中寻找解决方案，不断推进自然资源知识创新、理论创新、方法创新。

（四）

文明互鉴始于译介，实践蕴育理论升华。自然资源部决定出版"自然资源与生态文明"译丛、"自然资源保护和利用"丛书系列著作，办公厅和综合司统筹组织实施，中国自然资源经济研究院、自然资源部咨询研究中心、清华大学、自然资源部海洋信息中心、自然资源部测绘发展研究中心、商务印书馆、《海洋世界》杂志等单位承担完成"自然资源与生态文明"译丛编译工作或提供支撑。自然资源调查监测司、自然资源确权登记局、自然资源所有者权益司、国土空间规划局、国土空间用途管制司、国土空间生态修复司、海洋战略规划与经济司、海域海岛管理司、海洋预警监测司等司局组织完成"自然资源保护和利用"丛书编撰工作。

第一套丛书"自然资源与生态文明"译丛以"创新性、前沿性、经典性、基础性、学科性、可读性"为原则，聚焦国外自然资源治理前沿和基础领域，从各司局、各事业单位以及系统内外院士、专家推荐的书目中遴选出十本，从不同维度呈现了当前全球自然资源治理前沿的经纬和纵横。

具体包括：《自然资源与环境：经济、法律、政治和制度》《环境与自然资源经济学：当代方法》（第五版）《自然资源管理的重新构想：运用系统生态学范式》《空间规划中的生态理性：可持续土地利用决策的概念和工具》《城市化的自然：基于近代以来欧洲城市历史的反思》《城市生态学：跨学科系统方法视角》《矿产资源经济（第一卷）：背景和热点问题》《海洋和海岸带资源管理：原则与实践》《生态系统服务中的对地观测》《负排放技术和可靠封存：研究议程》。

第二套丛书"自然资源保护和利用"丛书基于自然资源部组建以来开展生态文明建设和自然资源管理工作的实践成果，聚焦自然资源领域重大基础性问题和难点焦点问题，经过多次论证和选题，最终选定七本（此次先出版五本）。在各相关研究单位的支撑下，启动了丛书撰写工作。

具体包括：自然资源确权登记局组织撰写的《自然资源和不动产统一确权登记理论与实践》，自然资源所有者权益司组织撰写的《全民所有自然资源资产所有者权益管理》，自然资源调查监测司组织撰写的《自然资源调查监测实践与探索》，国土空间规划局组织撰写的《新时代"多规合一"国土空间规划理论与实践》，国土空间用途管制司组织撰写的《国土空间用途管制理论与实践》。

"自然资源与生态文明"译丛和"自然资源保护和利用"丛书的出版，正值生态文明建设进程中自然资源领域改革与发展的关键期、攻坚期、窗口期，愿为自然资源管理工作者提供有益参照，愿为构建中国特色的资源环境学科建设添砖加瓦，愿为有志于投身自然资源科学的研究者贡献一份有价值的学习素材。

百里不同风，千里不同俗。任何一种制度都有其存在和发展的土壤，照搬照抄他国制度行不通，很可能画虎不成反类犬。与此同时，我们探索自然资源治理实践的过程，也并非一帆风顺，有过积极的成效，也有过惨痛的教训。因此，吸收借鉴别人的制度经验，必须坚持立足本国、辩证结合，也要从我们的实践中汲取好的经验，总结失败的教训。我们推荐大家来读"自然资源与生态文明"译丛和"自然资源保护和利用"丛书中的书目，也希望与业内外专家同仁们一道，勤思考，多实践，提境界，在全面建设社会主义现代化国家新征程中，建立和完善具有中国特色、符合国际通行规则的自然资源治理理论体系。

在两套丛书编译撰写过程中，我们深感生态文明学科涉及之广泛，自然资源之于生态文明之重要，自然科学与社会科学关系之密切。正如习近平总书记所指出的，"一个没有发达的自然科学的国家不可能走在世界前列，一个没有繁荣的哲学社会科学的国家也不可能走在世界前列"。两套丛书涉及诸多专业领域，要求我们既要掌握自然资源专业领域本领，又要熟悉社会科学的基础知识。译丛翻译专业词汇多、疑难语句多、习俗俚语多，背景知识复杂，丛书撰写则涉及领域多、专业要求强、参与单位广，给编译和撰写工作带来不小的挑战，丛书成果难免出现错漏，谨供读者们参考交流。

编写组

前　　言

罗伯特·G. 伍德曼斯、约翰·C. 摩尔、
丹尼斯·S. 小岛吉雄和劳里·理查兹

谨以此书献给自然资源生态实验室（NREL，创建于 1967 年）创办人兼第一任主任、美国国际生物学计划之草原生物群区计划首任负责人——乔治·M. 范·戴因（George M. Van Dyne）博士。范·戴因博士是《自然资源管理中的生态系统概念》（*The Ecosystem Concept in Natural Resource Management*；Van Dyne，1969）一书的编者。自然资源生态实验室及其遍布全球的合作者，已成为生态系统科学和系统生态学发展的关键之一。本书用以纪念由范·戴因（系统生态学的"先驱者"之一）发起的生态系统科学 50 多年来的卓越成就。

2015 年 9 月，在意大利罗马，吉尔·巴伦（Jill Baron）博士在欧洲生态联合会年会上组织举办了欧空局世纪周年庆纪念研讨会。会上，本书合编者罗伯特·G. 伍德曼斯（Robert G. Woodmansee）博士发表了一篇题为《生态系统生态学的兴起及其在应对环境挑战方面的应用》（The Rise of Ecosystem Ecology and its Applications to Environmental Challenges）的文章。本书的概念由该文章演变而来。剑桥大学出版社出版的"生态学、生物多样性及其保护"（Ecology, Biodiversity, and Conservation）系列丛书的编者迈克尔·厄舍（Michael Usher）博士与伍德曼斯博士接洽，希望其根据罗马的演讲，编写一本探索生态系统生态学的书。早些时候，合编者约翰·C. 摩尔博士与剑桥大学出版社的多米尼克·刘易斯（Dominic Lewis）交谈、讨论编撰一本书籍，以庆祝科罗拉多州立大学自然资源生态实验室成立 50 周年。伍德曼斯和摩尔决定把这些工作成果整合起来。

生态学作为研究生物体与其所在环境相互作用的学科，是解释自然世界运

行的极好方法。由于我们当前和未来在环境、自然资源和社会等方面都面临着重大威胁,仅仅了解自然世界是不够的,还需考虑从纳米到地球的空间尺度,从分钟到数百年或更长的时间尺度,以及涵盖从个体家庭到跨国公司的组织尺度。为了以系统方法整合大量的知识,并为现在和未来提供有益的管理方案,迫切需要科学的方法以及实现在许多的个人、学科和世界观之间的合作。本书编者认为,系统生态学范式(SEP)是"在正确时间点提出的能够解决全球自然资源、环境和社会问题的正确科学和分析方法"。"必要的"系统生态学范式,以实现其目标而集成了数学仿真建模、野外和实验室研究以及跨学科合作,并涵盖两个主要组成部分。首先,系统生态学方法是为严谨研究生态系统而制定的整体性、系统性视角和方法论。其次,在生态系统科学的运用上,生态系统科学涉及大量科学知识,其中大量科学知识是通过《自然资源管理中的生态系统概念》(Van Dyne,1969)一书中首次提出的"生态系统方法"汇集而成的。自然资源生态实验室成立以来,科罗拉多州立大学不断发展、完善系统生态学范式。

本书编者都在自然资源生态实验室接受过专业知识的洗礼。1969年,罗伯特·G. 伍德曼斯以研究生的身份开始在自然资源生态实验室工作,并在1984~1992年期间,担任自然资源生态实验室的第三任主任。他不但是一名植物生态学家、草原和土壤科学家、生态系统科学家以及系统生态学家,还是美国国际生物学计划草原生态系统模型(ELM)建模团队的初创成员之一。他在新墨西哥州的农场长大,曾在科罗拉多州北部经营农场和牧场,拥有生态系统管理实践经验。1982年,约翰·C. 摩尔加入自然资源生态实验室攻读研究生,并于2006年成为主任。他是一名动物学家、土壤生态学家、理论生态学家和生态系统科学家。1982年,丹尼斯·S. 小岛吉雄加入自然资源生态实验室攻读研究生,并于2005~2006年担任临时主任。他是一名系统生态学家,接受过植物生态学和土壤科学方面的培训,并有在加州农村从事农业种植的背景。劳里·理查兹校对和编辑了过去20年里由自然资源生态实验室工作人员完成的大多数著作、研究计划和项目报告。

作为曾经的生物学和生态学专业的学生,各位编者都了解自然世界,以及农田、草原和森林等方面的管理知识。他们在科罗拉多州立大学攻读系统生态学和生态系统科学博士学位过程中,加入自然资源生态实验室之后,在研究草原生态系统模型及其各种衍生物的过程中,认识到自然世界的知识和专业,对于解释生态系统功能是必不可少的,但目前对此理解还不够充分,尤其不了解将人类作为一个组成部分纳入生态系统时的自然世界状况。在他们的职业生涯中,他们一直致力于运用系统思维来整合分析世界各地研究人员和实践者的相关生态学知识,进而解释世界如何运行和发展。本书基于上述探索,提出基本观点,认为系统生态学范式对于理解和解决全球社会面临的诸多关键的复杂的现实环境和自然资源问题(有时称为"棘手问题")至关重要,例如气候变化、粮食和水安全、生物多样性的丧失,以及土地、空气和水污染等问题。

本书所呈现的材料,突出强调了自然资源生态实验室科学家们的工作,以及他们在国内外广泛的合作者所做出的贡献。每位参与的作者只是尝试去赞扬对这门科学做出贡献的其他生态系统科学家和系统生态学家,但并不是试图去写一篇关于所有生态系统科学和系统生态学的权威综述。

系统生态学范式应用的一般组织原则及步骤贯穿全书。系统生态学范式的理论基础是所有社会成员,无论是现在的还是未来的,都应该有权利开展活动来满足自己的需求,都有权利生活在一个能够提供良好健康、福祉、尊严以及粮食和水安全的世界中。同时,人们有责任去减少他们活动所带来的已知的负面影响。科学、政策制定、管理和人类行为必须结合起来,以确保满足人类和环境的需要。

本书编者希望,非生态系统科学家、政策制定者、土地管理者、科学和学术管理人员、开明的社区思想领袖和学生,能够利用本书所承载的经历 50 年沉淀的系统生态学相关历史知识和哲学。除了了解系统生态学历史外,编者还希望读者能够了解,当前在解决地球生态系统及社会面临的关键、复杂现实问题方面出现的开创性研究。所有持不同观点的利益相关者都需紧密合作,解决当前复杂的社会和环境问题。

20 世纪 60 年代末,全社会开始认识到我们的环境和自然资源正在受到人类活动的威胁,生态系统科学和系统生态学应运而生,并成为科学分支。牧场、森林、农田、湿地和水路水道的管理措施,不足以解决环境恶化问题。科学家们认识到,不仅仅要了解生态系统的物理结构(表面现象),也迫切需要形成其如何运行(生态系统过程中的动态相互作用)方面的知识积累。

科学家们用了20年时间才得出上述方法,并最终承认人类不仅仅是陆地上和水域上的控制者和操纵者,还是生态系统的组成部分。生态系统科学和系统生态学对我们了解自然资源和环境做出了根本贡献,因此得以蓬勃发展。生态系统结构和功能相关科学知识、生态系统为人类提供的服务,以及人类在生态系统中所扮演的角色等,已成为老生常谈的话题。

随着生态系统科学不断成熟,基于系统方法的管理策略开始从商品生产转向支持可持续发展、恢复、生态系统服务、生物多样性和生态系统互联的实践。当今的生态系统管理概念和其他相关理念,诸如可持续农业、生态系统健康与恢复、气候变化的影响和适应性以及其他挑战,都是系统生态学范式所蕴含的系统思维和方法的直接结果。随着关于生态系统如何运行和生态系统方法应用的新知识的形成,科学家、管理者、政策制定者和关键利益相关者认识到,合作是必要的,也是至关重要的。系统生态学范式正在满足这一需求。

系统生态学范式将人类行为纳入生态系统作为其重要组成部分,并强调人类具有重大社会相关性,能够参与牧草地、林地、农业以及水生的生态系统管理等活动中。社会需要应用系统生态学范式来应对和解决全球福祉面临的威胁。

系统生态学家和生态系统科学家知道地球环境面临的挑战,以及许多可用的解决方案。然而,仅靠科学知识是无法实现变革的。让土地、水域及其他自然资源的管理者学习了解可靠的科学知识至关重要。土地和水资源管理者是采用何种措施管理土地和水资源的最终决定者,因此他们必须参与到研究重大自然资源和环境挑战的解决方案中。广大土地和水资源管理者运用新的概念和技术(最佳管理实践)来解决许多挑战是十分必要的,诸如碳封存、流域水质和水量、陆地和水生生态系统中的氮负荷以及流域内的土壤流失。因此,克服运用最佳管理实践的障碍是非常紧要的。有些障碍相对比较浅显,比如经济约束、保护成本、可用劳动力、管理者或所有者的年龄,而有些障碍则是由土地所有者、管理者和决策者们坚持有害的、教条的文化规范和意识形态而造成的。克服有害障碍,需要个人和群体行为做出改变。

行为、组织、认知和营销等领域专家,主要研究行为变化。为了更好地应用系统生态学范式,系统生态学家需要与行为、组织、认知和营销等专家合作。所有这些都需要施行以社区为基础的社会营销理念和技术,来解决现实世界中复杂的管理问题。

　　本书编者拥有与范·戴因共同的愿景,即实现跨越学科、跨组织和多国籍的包容性协作。正是基于此,本书不可能一一致谢所有对系统生态学范式和本书做出重大贡献的个人!

　　特别感谢迈克尔·厄舍博士,感谢他对本书章节草稿的指导和审查。此外,还特别感谢萨拉·R. 伍德曼斯(Sarah R. Woodmansee)提供宝贵的想法、建议和支持,以及对本书的耐心编辑和校订。

参 考 文 献

Van Dyne, G. (1969). *The Ecosystem Concept in Natural Resource Management*. New York: Academic Press.

目 录

第一章 系统生态学范式 ··· 1
- 第一节 引言 ··· 1
- 第二节 系统生态学方法的演变 ··· 4
- 第三节 系统生态学范式与生态系统科学 ··· 6
- 第四节 理想化的过程 ··· 8
- 第五节 系统生态学范式的组织原则 ··· 10
- 第六节 基本原理 ··· 11
- 第七节 问题、需求和制度 ··· 13
- 第八节 科学、管理和政策的融合 ··· 14
- 第九节 空间、时间和组织尺度 ··· 16
- 第十节 本书内容：路线图 ··· 29

第二章 21世纪面临的环境和自然资源挑战 ··· 35
- 第一节 引言 ··· 35
- 第二节 挑战选择 ··· 41
- 第三节 空间等级：分解复杂棘手的问题 ··· 46

第三章 21世纪生态系统科学在促进科学与社会发展方面的演进 ··· 59
- 第一节 引言 ··· 59
- 第二节 跨学科研究的发展 ··· 62
- 第三节 向社会生态系统转换的范式 ··· 67

第四章 系统生态学范式模型的50年发展历程 ··· 84
- 第一节 引言 ··· 84
- 第二节 国际生物学计划模型开发阶段(1968～1978) ··· 86
- 第三节 国际生物学计划之后的草原模型发展与研究 ··· 89

第四节　自然资源生态实验室在20世纪90年代的模型开发 ………… 99
　　第五节　自然资源生态实验室从2000年至今的模型开发 …………… 102
　　第六节　模型开发与应用的时间序列 …………………………………… 111
　　第七节　当前和未来的研究工作 ………………………………………… 112
　　第八节　总结 ……………………………………………………………… 114

第五章　技术进步对系统生态学范式的支持 ………………………………… 125
　　第一节　引言 ……………………………………………………………… 125
　　第二节　个人思考 ………………………………………………………… 126
　　第三节　技术与生态系统空间维度 ……………………………………… 127
　　第四节　尺度推演、推断和景观研究的技术 …………………………… 128
　　第五节　地球系统中的生态系统 ………………………………………… 129
　　第六节　总结：计算机信息处理技术的作用 …………………………… 131

第六章　生态系统科学中跨尺度结构和功能化过程研究的兴起 …………… 134
　　第一节　引言 ……………………………………………………………… 134
　　第二节　尺度和生态等级 ………………………………………………… 135
　　第三节　有机体尺度 ……………………………………………………… 140
　　第四节　生态地境尺度 …………………………………………………… 149
　　第五节　景观尺度的相互作用 …………………………………………… 161
　　第六节　区域和全球变化的驱动因素 …………………………………… 176

第七章　生态系统管理中系统生态学范式的演变 …………………………… 195
　　第一节　引言 ……………………………………………………………… 195
　　第二节　20世纪60年代末期以前的本地土地管理 …………………… 196
　　第三节　现代土地利用管理的演变 ……………………………………… 198
　　第四节　生态系统管理的兴起（1968～1980） ………………………… 199
　　第五节　生态系统科学与管理的转折（20世纪80年代初期） ……… 201
　　第六节　农业生态系统：1968年后的农田管理 ………………………… 219
　　第七节　迈向21世纪的研究、管理和政策现状 ………………………… 222
　　第八节　总结 ……………………………………………………………… 223

第八章　土地—大气—水相互作用 ············ 237
    第一节　引言 ············ 237
    第二节　国际生物学计划的早期工作(1967年至20世纪70年代末)
    ············ 238
    第三节　快速发展期(20世纪70年代末至今) ············ 240
    第四节　决策支持系统 ············ 248
    第五节　全球变化 ············ 249
    第六节　氮:全球变化的另一种主要类型 ············ 254

第九章　生态系统中的人类 ············ 270
    第一节　引言 ············ 270
    第二节　将人类纳入生态系统:南图尔卡纳生态系统项目 ············ 272
    第三节　南图尔卡纳生态系统项目的后续工作 ············ 276
    第四节　服务于大平原牧场主的关于生长季节产量的早期预测 ············ 280
    第五节　生态系统服务:埃塞俄比亚贝尔山脉的空间分布 ············ 280
    第六节　景观生态学 ············ 281
    第七节　公民参与生态系统科学 ············ 282
    第八节　总结 ············ 285

第十章　基于社区决策的系统生态学方法:结构分析法 ············ 290
    第一节　引言 ············ 290
    第二节　协同决策 ············ 296
    第三节　总结:将科学知识同资源管理需求联系起来,一种系统生态学方法
    ············ 307

第十一章　环境素养:系统生态学范式 ············ 321
    第一节　生态系统科学和系统生态学素养的兴起 ············ 321
    第二节　系统生态学和仿真建模培训 ············ 322
    第三节　正式学术项目的兴起 ············ 323
    第四节　数字时代的非传统教育 ············ 324
    第五节　数字时代公众对生态系统科学的认识和参与 ············ 329
    第六节　公民科学 ············ 330

第七节	儿童和教师参与	331
第八节	学院、短期课程和研讨会	334
第九节	总结	334

第十二章 组织和行政管理方面的挑战与创新 338
第一节	引言	338
第二节	管理与运营是对杰出科学成果的支持	339
第三节	成功的衡量标准	340
第四节	组织机构的领导：主任	344
第五节	内部组织协作、忠诚、信任与成员和睦：合作与教育	355
第六节	总结：优点、缺点以及尚需解决的问题	356

第十三章 何去何从？解决棘手的问题 364
第一节	引言	364
第二节	未来展望	366
第三节	制定管理方案并采用最佳管理实践	379
第四节	未来的关键科学需求	384
第五节	总结	388

索引 403

译后记 446

第一章 系统生态学范式

罗伯特·G. 伍德曼斯、约翰·C. 摩尔和丹尼斯·S. 小岛吉雄

今天的问题难以用以前造成这些问题时所用的思维方式加以解决。

——阿尔伯特·爱因斯坦（Albert Einstein）

第一节 引 言

应对地球生态系统和社会面临的挑战，需要富有创新意义和强大影响力的概念，以及可以解决、减缓或适应21世纪复杂现实问题的技术（见专栏1-1，第二章）。"生态系统"（ecosystem）一词是由"生态学"（ecology）和"系统"（system）两个词组合而成。生态学源于希腊的"家"或"住宅房屋"，是研究生物个体（包括人类）之间，以及与其所在环境之间的相互作用的。系统可定义为一组为共同目的或功能而组合在一起以共同发挥作用的组分[①]。"生态系统"术语必须带一个前置修饰语（即牧草地、森林、农业、城市、溪流、土地、景观等），这个前置修饰语在一定的空间和时间上被定义成为可识别和可定义的"事物"。该术语也可用于修饰生态系统生态学（ecosystem ecology）中涉及的名词，故无论是否将人类视为生态系统中的一部分，它都被定义为在一个地理单元中的生物学的、生命体（生物）和无生命体（非生物）的物质之间相互作用的研究。生态系统

[①] "系统介绍：入门"，www.nrel.colostate.edu/projects/LandCenter/Systems_Primer/index.htm。单击此处获取使用"入门"的说明。最后一次访问为2020年8月3日。

的定义取决于拟解决的问题或议题。

本书中所提到的系统生态学范式(systems ecology paradigm,SEP)是一个创新概念。在对现实世界中的生态环境、自然资源和社会等方面挑战的认知和解决方案上,它被证明具有巨大价值。系统生态学范式包含两个主要组成部分:①系统生态学范式(Van Dyne,1969;Montague,2018),即为了严谨生态系统研究而开发出的整体性、系统性视角和方法;②生态系统科学的运用,生态系统科学涵盖大量科学知识,其中大部分是使用"生态系统方法"汇集而成的(Biodiversity A-Z,2018;UNMEA,2018)。系统生态学范式通过动态数学模拟模型来整合信息,并形成生态系统动力学理论来预测未来结果。因此,系统生态学范式成为基于事实和证据的系统方法论,并作为系统科学加以运用(见第四章)。本书很大程度上借鉴了50年来科罗拉多州立大学自然资源生态实验室(NREL,2018)科学家及其全球合作者的贡献,以解决专栏1-1内所列的基本挑战问题。

专栏1-1　当前现实而复杂的世界中出现的一些变化,既相互干扰又存在不确定性。

- 粮食安全(生产和分销);
- 自然资源安全(水、空气、土壤、初级和次级生产力、生物多样性);
- 对有限自然资源的需求;
- 人口增长、移民、人口结构变化及其影响;
- 气候变化和极端天气;
- 大气、土壤、水和生物质化学变化;
- 技术;
- 交通基础设施;
- 恐怖主义和战争;
- 社会结构、政治结构、领导层的变化。

本书主要目的在于，展示系统生态学范式如何使科学家和管理者获得对生态系统结构和功能的基本理解（见第六章、第八章和第九章），以及这种基本理解如何有助于更好地管理生态系统，更好地为之制定相关政策（见第七章）。本书的知识基础是通过科学发现的整合和概念的综合而获得，这些成果源自专门研究生态系统许多不同方面的跨学科科学家团队的工作。鉴于目前对生态系统基本功能的认识，科学家能够预见到，系统生态学范式在应对地球生态系统、自然资源和人类社会所面临的当前和未来挑战方面，必将发挥作用（见第二章和第十三章）。

然而，仅靠科学是不够的（Abelson，1993）。如果科学要发挥作用，并对如何利用和管理自然资源产生影响，就需要以土地管理者和决策者可以使用的形式提供给他们。需要说服土地管理者和决策者采用从研究中获得的新观点、新概念和新技术。环境、自然资源和社会科学研究人员，以及负责推广的相关人士（outreach and extension communities）必须积极宣传科学研究结论及其预测成果。如果无法做到这些，我们所做的科学努力将难以为我们的社区和社会服务，也不能提高物质、精神、经济和环境方面的福祉。科学本身并不能解决专栏1-1中所列出的问题。只有通过对基于事实和证据的知识的传播、利益相关者之间通力协作、土地管理者和机构之间建立合作和信任关系，才能克服创新所遇到的障碍（见第十三章）。系统生态学家需要社会学家、行为学家、组织学家以及市场营销专业人员的帮助，以弥补科学研究与有意义的、广泛的应用实践之间的差距。

系统生态学范式存在的理由很简单。社会需要方法论（系统生态学方法）和知识库（生态系统科学）来解决关键、复杂的环境和自然资源问题。我们坚信，无论是现在还是将来，系统生态学范式都是正确的科学。

我们希望，那些试图通过合作来解决非常复杂的社会和环境问题的科学家、政策制定者、土地管理者、科学与学术管理者、有见识的社区思想领袖和学生们，能够得益于本书中所承载的基于50年历史研究积淀而成的知识体系（见第十章）。本书所呈现的关于管理和组织特征的相关概念和经验教训，是自然资源生态实验室得以生存和繁荣发展50年的根本所在，尽管许多其他同行已陷入困境或失败（见第十二章）。我们坚信，上述研究成果可帮助其他研究机构试图建立或振兴他们的研究组织。

第二节 系统生态学方法的演变

"生态系统"一词最早由 A. G. 坦斯利（A.G. Tansley, 1935）用来定义"一种特殊范畴的物质系统，由有机体和无机成分组成，处于相对稳定的平衡和开放状态，且具有不同的大小和类型"（见第三章）。坦斯利将人类视为影响环境的行动主体，认为生物物理系统与人类之间存在互惠关系。E. P. 奥德姆（E. P. Odum, 1963）扩展了这个概念，认为通过生态系统的营养结构、生物多样性和过程连接能够控制能量和质量的流动，实现生物体群落与其物质环境的相互作用。直到最近，"无人类"生态系统的研究成为我们关于生态系统结构和功能方面知识的重要基础。范·戴因（Van Dyne, 1969）组织召开了"自然资源管理中的生态系统概念"研讨会，与其他著名生态学家进一步深化了生态系统在牧草地、森林、野生动物和流域管理中的重要性，并承认人是"生态系统"中的一部分。本书第三章扩展讨论了生态系统概念的发展以及乔治·范·戴因在建立系统生态学范式（Coleman, 2010；见第三章和第十二章）中所起到的开创性作用。

本文中的系统生态学范式的卓越贡献与《生态系统方法》（Waltner-Toews et al., 2008）和《陆地生态系统生态学原理》（Chapin et al., 2011）的相类似。此外，本书还介绍了50多年来与自然资源生态实验室相关的数百位研究人员所用研究方法的演变过程，以及目前我们所了解到的这个过程在应对未来挑战中至关重要的作用。关于"整个生态系统"的前沿、全面的观点部分反映在图1-1中。

图1-1描绘了在有边界的地理单元（"生态系统"框）之内人类和社区与生物物理系统直接相互作用。生态系统受到外部因素（边界外的白框）的影响，且所有这些外部因素都在不断变化。在生态系统边界内，人类出于"生态系统服务"（产品、生态过程调节和其他人类感知的"价值"）的目的，来管理生物物理系统（土地和水）（Christensen et al., 1996；UNMEA, 2018）。人类从土地和水资

源中获得产品,诸如食品、纤维、木材和其他建筑材料、矿物原材料、药物、水和财富。这就是生态系统的供给服务。生态系统提供的服务,包括调节服务,即水和空气净化、有害化合物的解毒、侵蚀控制、气候调节、排洪、为动植物和微生物提供理想的栖息地、建立营养和基因库,以及支持服务,即土壤形成、养分循环和初级生产。生态系统所提供的"价值",即文化服务,指给予我们宁静、娱乐享受、洗涤心灵、感受"精神"的地方。自然过程和管理实践均对大气、水、土壤和气候相互作用的化学及物理性质产生影响。

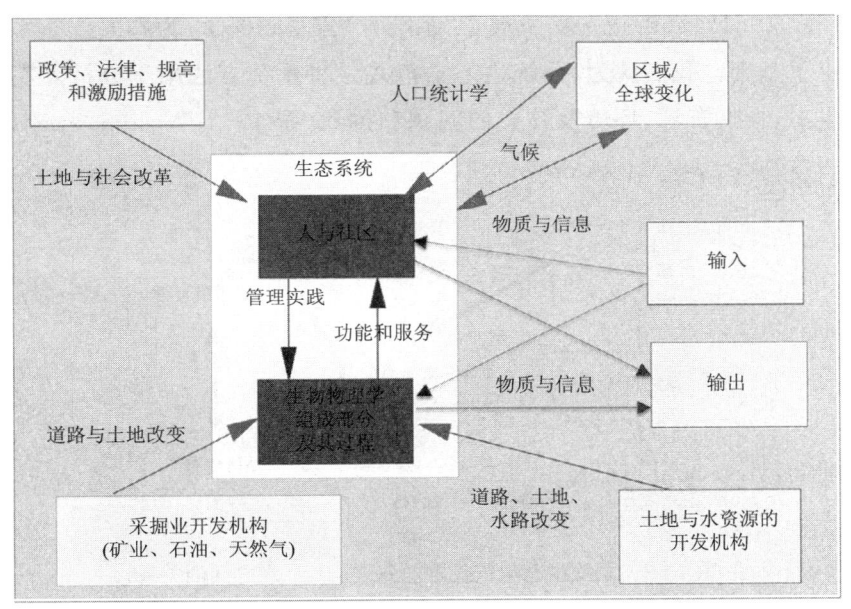

图1-1 "人与社区"和"生物物理学组成部分及其过程"之间的关系图

生态系统(陆地、水和空气)的生物物理属性(生物和非生物属性)包括养分的保持和循环、生物多样性和其他生态系统服务的生产力和潜在能力,所有这些属性对于每个生态系统在空间和时间上都是独一无二的。一个普遍积极的社会目标应该是管理令人向往的、可恢复和可持续的生物物理组合体,以确保目前和未来能够获得支持人类和社区所需的服务(WCED,1987;Pope Francis,2015)。

第三节　系统生态学范式与生态系统科学

"系统方法"概念主要来源于一般系统论(von Bertalanffy,1968)。"系统方法"往往依赖数学模型来表示系统内相互作用,也经常使用逻辑和多学科的方式解决问题。组织与管理科学、工程学、计算机科学、物理学、军事科学和生命科学等学科采用"系统方法"来解决问题。杰伊·W. 福瑞斯特(Jay W. Forrester,1961,1968)进一步发展了"系统方法"基础概念,为本书生态系统建模奠定了基础。我们认为,系统生态学范式是将系统方法用于分析真实和复杂的生态、自然资源、环境及社会的问题和挑战(图1-2;Woodmansee,1988;见第四章)。

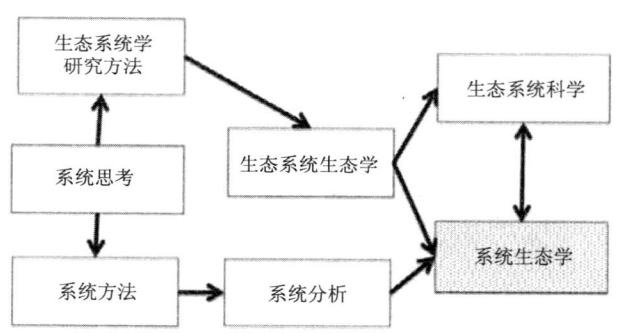

图1-2　系统生态学范式思想演进及其概念之间的关系

系统生态学方法可视为"传统"的生态学、土壤学和物理学研究的整合,涉及生态系统中组成要素、过程和(或)驱动变量的特定方面(生态系统生态学),也可视为融合整体论和还原论的科学哲学视角(包括系统思维和系统方法),以及严谨的系统分析方法论。系统生态学方法,承认人类是生态系统的组成部分。该方法包含严谨的思维方式,但未必依赖于数学模型。系统生态学在传统上是与生态系统的数学模型联系在一起的。本书中所述的系统生态学及其方法,是从微观尺度扩展到斑块或生态地境、景观、区域尺度,再到全球尺度的生态系统,并重点关注其功能(生态系统内部和生态系统之间的相互作用)。生态系统科学是关于生态系统的知识体系,是为了开展严谨的生态系统科学研究而发展起来的方法论和整体视角。

系统思维(Meadows,2008)在生态系统科学中的应用是为了更好地理解为共同目的或功能而相互作用的组件如何在更大的环境和自然资源系统内部运行和相互影响(图1-3)。系统思维的例子涉及大气、水、土壤、植物、动物和人类之间的相互作用。系统生态学方法在很大程度上依赖于系统思维,是研究现象、获取新知识、整合以往知识和综合新概念的一套公认的原则。这些原则都要经过对事实和证据的严格核查,并以更加透明和易于理解的语言提出。将这些原则应用于复杂的、与社会相关的环境问题的理想化过程如图1-4所示(Woodmansee and Riebsame,1993;见第四章和第十章)。

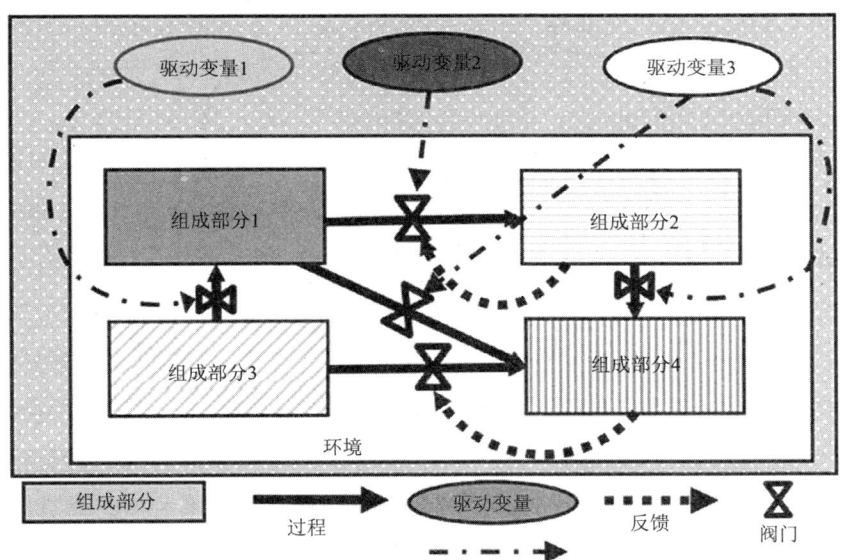

图1-3 常见的系统符号

注:包括组成要素(方框)、过程(箭头,以虚线和箭头表示的反馈)、控制(阀门)和驱动变量(椭圆)。

系统术语的简要概述,请参见"系统介绍:入门"(www.nrel.colostate.edu/projects/LandCenter/Systems_Primer/index.htm)。

第四节 理想化的过程

将上述原则应用于解决复杂、广泛的环境问题,其理想化步骤如图1-4。(Woodmansee and Riebsame,1993;见第四章和第十章)。此步骤具体介绍如下:

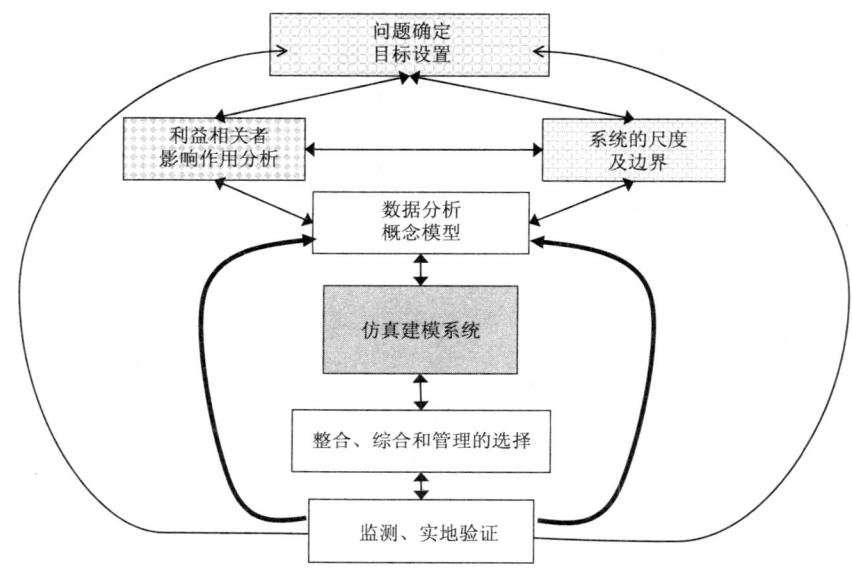

图1-4 系统生态学范式的一般步骤

- 确定清晰明确的问题、问题定义和分析目标。这是系统生态学方法的第一步。在跨学科团队分析问题时,这一步尤其重要。这些定义和目标对团队交流而言至关重要,并影响以后利益相关者之间的交流。忽视这第一步,通常是整体分析的"致命弱点"。
- 确定受这些问题影响的关键利益相关者。分析过程中会影响谁?分析团队和利益相关者一起进行影响分析,并引入分析、理解和解决问题所需的所有部门和学科的代表。

- 清晰说明适用于分析团队和利益相关者所界定问题的空间、时间和组织边界及尺度(Rosswall et al.,1988;Woodmansee,1988;图1-5;见第二章和第六章)。本章第九节中讨论了本书使用的空间、时间和组织尺度概念。

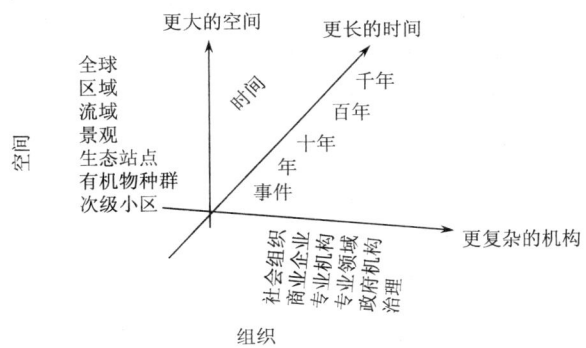

图1-5　评估和管理生态系统/社会生态系统时需要特别注意的等级维度

- 分析团队和利益相关者合作,从生态系统科学知识库中收集数据,并分析指定问题。分析团队和利益相关者收集并整合所有来源的信息和数据,用以支持概念模型的开发。与问题相关联的系统共享概念模型用来确定整个过程,以及过程速率、组成部分和驱动变量是否应该包含在模型中。在这里至关重要的一点是,模型中所含要素的每个假设都必须有准确的陈述。

- 开发数学模拟模型——这是基于概念模型构建的系统生态学范式的核心,代表了贯穿时间的系统研究。福瑞斯特(Forrester,1968)建议,对模型的判断不应基于某些完美的假设,而应将模型与所关注生态系统的其他描述方法进行比较。伍德曼斯(Woodmansee,1978)对这一概念进行了扩展,建议将具有良好资料基础和透明假设的模拟模型与思维模型、文字模型、照片或图画进行比较,优选适合方法来描述生态系统。

- 对模拟模型进行验证分析,将其与已知的事实(通过数据分析和经验判断)进行比较;如果初始分析不够好,不能符合现实情况,那么要解决这个问题,需要重新检查模型开发中使用的假设,需要规划和开展新的研究来填补关键的知识空缺。

- 重复整个过程,根据必要性,不断重复整个流程,直到模拟模型给出合理结果,并能解释建模系统内难以理解或无法测量的相互影响关系。
- 使用模型设定的初始目标,构建情景,并对未来情况做出"预测"。
- 要以事实真相为依据,对所提出解决方案产生的结果进行监测。
- 在解决方案不能发挥作用的情况下,调整模型以适应新的情况。

首先,系统生态学方法是一种与众不同的思维范式,它可以辨别出不同的人类视角及其局限性。正如任何模拟分析、文字、思维模型、绘画或雕塑都是创造它的人或群体的产物,科学范式必须对使用者们有用。该科学范式提供了使人与环境相互作用中所涉及的思维活动和交流过程具体化的方法,构建了通往客观现实的正确发展方向。对人与环境相互作用的肯定,往往是传统生态学和"自然科学"所缺乏的,但这对于文化和社会的评估、规划,以及为改善全球社会而对环境和自然资源实施的适当管理是至关重要的。

第五节 系统生态学范式的组织原则

在系统生态学方法的发展过程中,形成了一些能够代表这种范式的普遍原则。

- 需考虑到问题的多因性。最重要的是,要意识到复杂的社会问题很可能是由多种原因造成,必须考虑所提出的解决方案的不确定性因素。
- 要精确界定问题。现实世界中的环境和社会问题,需要在空间、时间和组织尺度上进行准确界定,需要从多部门、多尺度的视角考虑问题。
- 要有整体性、系统性的思维视角。整体功能大于部分之和,也要认识到,通过科学方法研究而得出的还原论观点,可以弥补现有知识的不足,这是非常必要的思维视角。
- 要与当地合作者和利益相关者协同合作。与当地居民、社区有关的问题和议题,最好有当地利益相关者参与,并与之紧密合作来共同解决。
- 要团队合作。与资深科学家、年轻科学家、技术人员和辅助人员的合作,是解决复杂问题和(或)议题的必要条件。所有的努力都必须致力于解决相关问题。
- 要有清晰、真诚、有效的沟通。在合作者、利益相关者、管理者和决策者之间进行清晰、真诚和有效的沟通,对系统生态学方法的成功应用而言,是至关重要的。
- 跨学科网络。现实世界的环境和社会问题,需要跨越传统的学科界限、突破现有学科边界的束缚,才能充分理解并加以解决。
- 合作全球化。生态系统科学的诸多科学突破,都是世界各地科学家精诚合作的结晶。
- 注重过程和控制。关注过程及其动态、组成部分变化率、外部驱动力和内部反馈,这对控制过程至关重要。
- 整合研究。建模、野外和实验室研究、数据和信息整合、成果综合集成,是研究和分析中相互联系、相互贯通的组成部分(相关技术内容见第五章)。
- 透明度和诚实。对于事实的研究结果和结论、模型的构建和假设实现共享和透明,无论是在团队的内部沟通,还是向其他科学家、管理者、决策者和公众报告,都是至关重要的。识别并区分出研究中意识形态、信仰、神话、虚构、科学妄想。[①]
- 系统生态学方法是动态的、迭代的和适应性的。

第六节 基本原理

我们认为,地球的所有生态系统都受到人类直接影响和间接影响,其中,在直接影响上,比如,农业、林业、渔业、自然区域、公园、城市、城镇或农村开垦区等;在间接影响上,比如,保护"原始"的森林、草原或水生系统,使其免受自然和外来事件的影响。现在,甚至极地地区和深海区域,也受到人类引发的气候和化学变化的影响(IPCC,2014)。同样,所有人和团体都受到其居住的生物物理系统的影响。为了确保可恢复性和可持续性,即使我们所处环境不断发生变化,都

---

① 科学的疯狂猜测。

必须采用深思熟虑和审慎的管理措施来保护这些生态系统，以保持生态和社会文化的完整性。

本书的基本理念是，所有社会成员（包括当今和未来的社会成员）都应该有权开展行动，以满足其对食物、水、住所、安全、归属感、自尊和精神的需求（预期结果，图1-6）并生活在一个提供良好健康、福祉、尊严和安全的世界。同时，人们有责任尽量减少已知的负面影响，在理论分析和预测其活动的意外后果（Lubchenco et al.，1991）。很少有人出于恶意而开展这些活动，而大多数活动的目的通常是为了提高某些方面的生活质量。人们往往把重点放在强调预期结果的积极方面，而忽视活动本身所带来的意外后果。为了能取得积极成果并且避免引发不可接受的后果，就需要全面了解生态系统和社会系统。

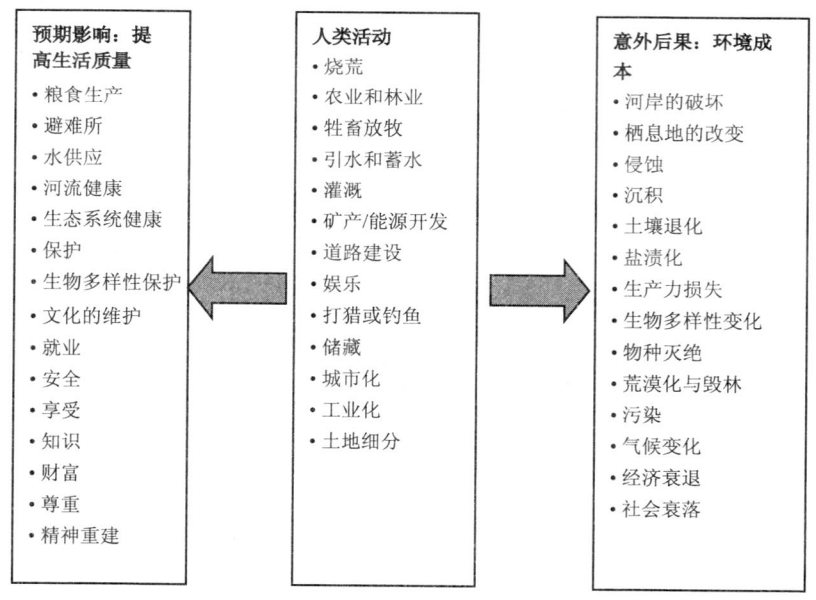

图1-6 人类活动导致预期结果和意外后果的示例

从实用角度来评估人类活动和生物物理学领域的正面和负面的相互影响，需要对特定问题（如本章第四节所述，也见第十章）具有一个整体的、系统的视角。上述步骤代表了一种迭代方法，旨在加强理解并帮助决策。此外，我们必须认识到,文化、经济、制度和政治因素构成了解决问题的必不可少的制约因素,如生态系统的可持续性问题。本书旨在对生态系统内生物物理属性(土壤、气候、生物多样性等)等内容整合,以及展示在生态系统内社会文化、政治和经济的相互作用。本书主要目标是描述这一整体性、系统性视角的总体框架。

第七节　问题、需求和制度

在过去的50年里,生态系统科学和系统生态学方法已成为科学、政策和管理开展对话的主要支柱(见第七章)。本书关于生态系统的观点融合了人类和环境社会通过生物物理作用相互联系的清晰认知。进一步增强研究者和管理者之间互动关系,能推动生态系统科学和系统生态学方法得以广泛应用,能找到应对关键社会环境问题的解决方法,并能制定未来的管理策略。

为加强我们对如何管理生态系统的理解,确保其满足人类需要,下列概念至关重要(图1-7),包括:①整合物理、生物、社会和经济系统之间相互作用的最佳的当前科学知识和传统知识;②新知识的产生,其中一些是处于科学前沿的;③将知识整合到有效管理和政策决策过程中。为了更加有效地推动社会问题解决方案的实施,需要强化科学知识、传统知识、合理的管理和明智的公共政策之间的相互联系、相互交流(Hautaluoma and Woodmansee,1994;见第十章)。图1-7说明了社会问题与社会需求,以及与提供研究成果、传统知识和教育等组织机构使命之间的关系(见第十一章)。

许多其他重要问题也适用于图1-7中所示的一般模型,例如:全球和区域气候变化的原因和后果;关于生物多样性丧失、能源开发、城市水系统中的湿地管理的影响;点源污染的影响、政治变化的影响;等等。同时,图1-7显示了科学研究与公共决策、管理过程的理想关系,特别是综合研究和原创研究在其中发挥了必不可少的作用。数据和文献挖掘等综合研究,涉及评估现有科学和传统的知识库和数据并将这些知识和数据融合到新的概念中,使我们能够识别和更好地表达我们所知道的。这可能是环境、自然资源和社会科学领域中最容易被忽视的。原创研究对填补当前知识空白和发展未来所需的前沿性知识至关重要

(见第二章)。原创研究需要通过观察、监测和试验来创造新的知识和见解。推进知识前沿领域研究,综合研究和原创研究二者缺一不可(Weathers et al.,2016)。

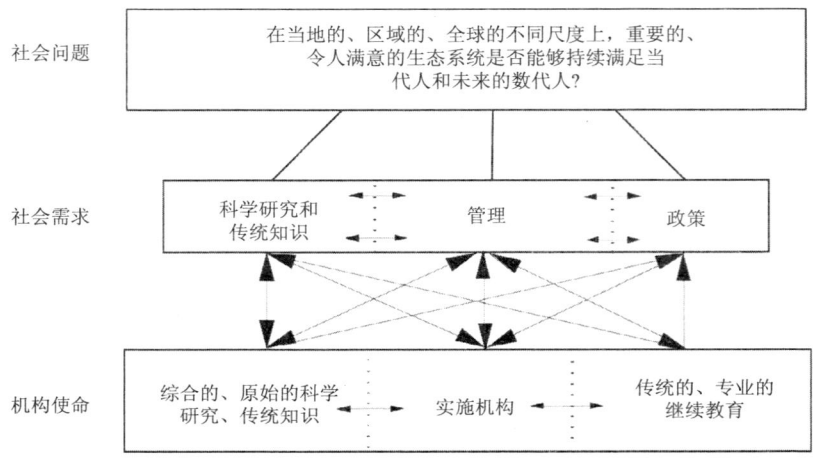

图 1-7 科学和传统知识的理想关系

注:科学和传统知识的理想关系是以事实和证据为基础的,由管理和政策部门负责解决社会问题、议题并实现目标。在一个理想化的世界里,代表科学、管理和政策部门之间知识共享的箭头将是透明和互动的。为了实现理想状态,许多研究、推广和教育机构必须为政策制定者和管理机构贡献可靠的知识。

第八节 科学、管理和政策的融合

生态和社会文化知识的有效传播,需要利用现代技术、实践经验、良好判断力和科学研究开展新形式的传统和专业继续教育。我们必须谨记,科学理解必不可少,但是仅靠科学理解不足以管理社会所需的各种生态系统类型(Abelson,1993),这是因为很少有人(包括科学家)能够对他们生活的环境提出相同的看法(图1-8)。政策制定者、管理人员、公众和众多科学家,很少或根本没有接受生态学或社会文化科学方面的培训。这些群体中少部分人可能在其中一个或几个领域接受过培训,但并非全部领域。

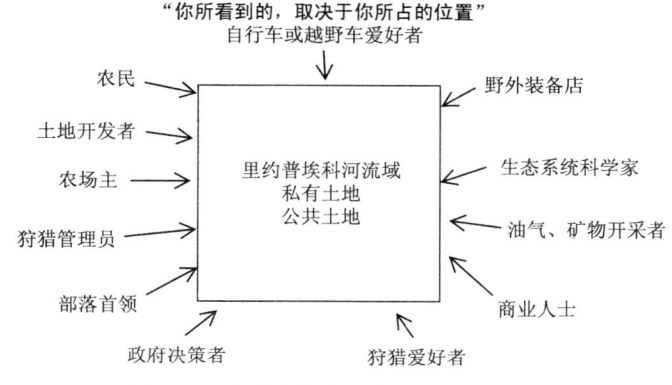

图 1-8 流域案例分析中涉及的一些观点

注:了解流域案例分析所涉及的众多观点有助于回答一些特定问题,比如"流域(新墨西哥的里约普埃科河流域)及流域内的景观如何在受到剧烈扰动后恢复健康功能"。

阿尔伯特·爱因斯坦、C. S. 刘易斯(1955),在其著作《魔术师的外甥》以及其他作品中都曾使用过这句格言"你所看到的,取决于你所站的位置"。

本图由里布萨姆和伍德曼斯(Riebsame and Woodmansee,1995)修改而成。

传统的科学方法或分析观点需要以"保持其他一切不变"作为评估感兴趣的自然现象的前提要求,这不仅不现实,而且也不可能实现。对解决生态系统恢复能力和可持续性问题而言,这种方法本身毫无价值。科学知识必须成为政策制定和管理决策过程的一个组成部分(Christensen et al.,1996)。管理和政策决策,通常基于直觉、流言、个人信仰、意识形态、自我意识和(或)价值体系,其中部分内容不够明智,也不够客观(Hautaluoma and Woodmansee,1994)。同样,与当地人民和生态系统没有密切联系的官员所制定的政策方法也很少有用。忽视科学知识和试图坚持模糊政策的管理方式,以及基于"祖辈、父辈一直如此"的管理方法,都是不可能胜任的。因此,科学家、管理者、决策者和公众必须以新的方式在科学目标、制定政策与管理责任和社会需求等多个层面共同协作(Hautaluoma and Woodmansee,1994;见第十三章)。

几十年来,生态系统科学已经从一种研究方法演进成为一门科学与系统方法,可以对生态系统中生物和环境成分之间相互作用、物质和信息流动以及交换过程进行定量研究。这些过程也为解决重要的社会挑战提供了可能的解决方案和管理策略。当前,应用这些方法所面临的挑战,包括社会适应性、在非静态世界中的适应性和可持续性。本书阐述了系统生态学范式的持续发展和演进过程。这一范式被普遍认为是观察和解决地方到全球环境挑战的关键视角,也是当今世界面临的更大社会挑战的一部分。

第九节 空间、时间和组织尺度

生态系统的运行,跨越了空间、时间和组织等多个不同尺度(图1-5),包括微观尺度上与氮转化相关的土壤微生物的过程,以及宏观尺度上地球系统通过改变碳循环带来的经济效益。通常情况下,生态系统研究中使用的参考尺度,更多地是由所研究问题或管理问题的特殊性质来决定的。

本书引用了全球诸多生态系统科学家所使用的空间、时间、组织尺度或等级(hierarchies)。我们假定大部分生态学家会认识到这些等级,但是来自其他领域的研究人员、土地管理者、决策者和其他利益相关者在内的读者,可能并不知道这些等级。通过反复试验,我们认识到,清晰界定生态系统等级中的不同层次含义是非常重要的。此外,许多生态学、社会科学文献均涉及地方、区域和全球环境挑战问题,但这些文献往往过于模糊,以至于无法有效解决"实地"研究和管理方面的挑战。

在较低的空间、时间和组织维度上定义尺度,相对简单且易为科学家所接受(图1-5)。随着空间尺度的增加、时间尺度的延长以及组织尺度复杂性提高,相关定义变得更加复杂,特别是当空间、时间、组织不同维度之间的相互影响发挥作用的时候。例如,人类活动在历史上已经对当地尺度的生态系统过程造成影响,他们收获各种植物或动物,用火改变食物以及物种的栖息地,改变水流以满足人类需求等。然而,人类活动的累积影响和人类活动对全球生态系统的影响,在全球范围内极大地改变了生态系统过程。人类活动已经改变了生态系统的空间分布和进程速度。

第六章详细研究了跨越空间尺度的水分和养分动态、初级和次级生产、分解、土壤能量流,以及气候特性的生物物理运行过程,同时,也记述了上述过程随时间尺度的变化规律。作为生态系统交互作用的组成部分,人类与其社会、组织结构与机制的关联,通过分析他们与景观及更大地理区域之间的关系,在第二章、第七章、第九章和第十三章中予以介绍。对科学所关注的问题或议题的明确定义是至关重要的,因此,须在空间、时间和组织尺度的各个层面上对这些问题或议题进行独立定义。

一、空间等级

本书对空间等级的使用,只是为了帮助分析和解决一个或一组科学和管理问题。这些不同等级的使用只是为了实用性,而不是为了理论研究。然而,伍德曼斯(Woodmansee,1990)指出"重要的是,要记住自然界并不是一个由不同组织层次所组成的宏伟等级体系,相反,自然界仅仅就是其本身"。如何使用这种等级研究方法的具体细节将贯穿全书。空间等级还用于将本书第二章中专栏2-1~2-3所列目标分解为可管理的部分(McKenzie-Mohr,2011)。

1. 有机体(种群)

有生命特征的有机体是生态系统生物物理学领域的基本单位。在这里,我们聚焦"次级小区"(subplot)中的植物,将其作为基本单位(Woodmansee,1990)。"次级小区"是指一种在土壤基质和气候环境中的自养植物或自养细胞(图1-9)。除了少数例子以外,所有生命体都是从单株植物、藻类细胞或一些光合细菌,通过光合作用开始的。单株植物的总初级生产量(gross primary production,GPP)是光合作用后,合成有机物的总量,且受水、温度和养分等环境因素影响。净初级生产量(net primary production,NPP)是指植物在维持自身新陈代谢的呼吸过程中,释放二氧化碳造成碳元素损失后剩余的植物有机质的总量。在光合作用以及有机化合物合成后,这些化合物在植物体内循环和再循环,以满足茎、根、叶和开花部分的新陈代谢需要。植物已经脱落和正在枯萎的部分变成死根和落叶等残渣,并成为植物附近微生物的"食物"。一些植物组分和细胞可能被食草动物吃掉,或从次级小区中被带走。第六章大量讨论了这些概念。人们已建立了大量的数学模型来模拟这些动态变化(见第四章)。

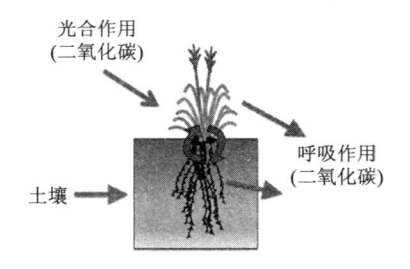

图 1-9 理想状态下土壤基质中的植物(生物体)

需要注意的是,虽然单一植物、动物或微生物相对容易被界定,但是有机体的土壤环境则不然。在植物群落中,不同植物的根系如土壤动物和微生物一样相互交错。因此,我们可以在其土壤环境中对植物进行概念化,也可以放置物理采样装置,将一株植物与周围环境封闭起来。但在自然界中,我们无法对从自然环境中所采样的植物进行准确界定。

2. 生态地境生态系统(样地、斑块或林分)

陆地生态地境的概念,是以理想化的植物群落和相互关联、可识别的土壤类型或聚合土体为基础(图 1-10,图 1-11)。植物群落及其土体在空间上由植物群落边界和土壤类型释义(Anderson et al.,1983;Woodmansee,1990)。植物群落由若干组单株植物群组成,这些植物的根系能够交织在生态地境内的土壤环境中。

除了人类利用土地的活动(如搭建围栏、种植作物、放牧和森林管理所用管理基础设施)外,火灾、洪水、害虫和疾病等自然扰动,也可以显著改变生态地境的定义。管理策略影响景观内的所有生态地境,但各站点对每项措施的反应不同(如现代精细农业、草原和森林经营)。生态地境的治理和政策,主要通过对景观的作用来影响生态地境。

在过去50年里,关于该生态等级的大量知识的形成主要归功于系统生态学方法的应用。在生态地境尺度层面,对生态系统科学的贡献包括(详见第六章和第八章):

第一章　系统生态学范式

图 1-10　景观中的生态地境

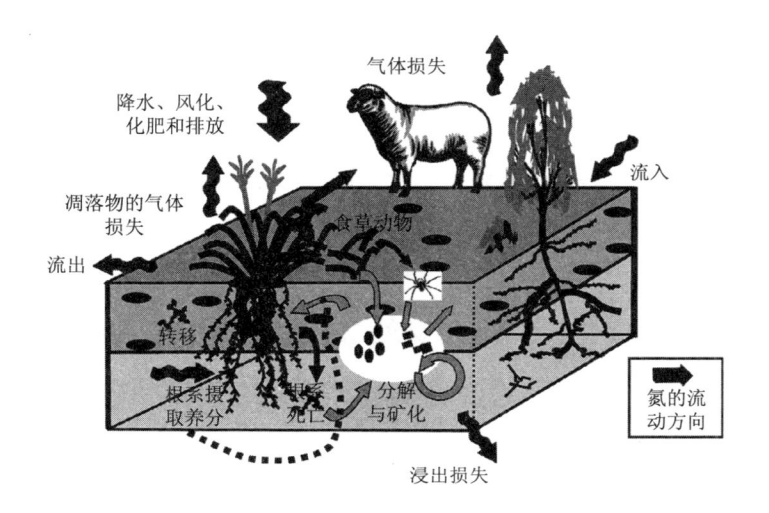

图 1-11　生态地境中氮循环过程

- 确定空间、时间和组织的边界；
- 生态地境尺度上，碳、氮、磷、硫和水的形成过程和收支；
- 功能群多样性，是实现必要的生物物理过程和提供生态系统服务所必需的；
- 气候变化、来自大气的氮负荷、肥料、火灾和干旱等扰动的影响；

在生态等级中，与这个尺度相匹配的概念包括：土壤有机质动态；氮和碳的演化与封存；微生物与土壤动物群相互作用、地下食物网、根系生长和死亡、分解、矿化；土壤和凋落物中碳、氮、磷和硫相互作用、土壤团聚体的形成和功能；土壤内碳、氮、磷循环、联系以及相互作用。此外，碳、氮和磷的收支和过程、养分交换和运输、植物和微生物竞争等这些过程，已将地下和地上联系起来。

- 植物群落初级生产量、草食动物放牧及其食物选择（饮食）之间的联系；
- 食草动物对植物群落中初级生产量的影响以及植物如何弥补食草动物的破坏；
- 植物多样性、演替以及状态—转换模型；
- 生物群落的多样性；
- 在立方厘米、立方毫米和立方纳米尺度上，生态地境土壤中地下生态过程和生物多样性情况（图1-11）；
- 生态系统服务；
- 支持服务（初级产品、养分循环、分解、土壤形成）；
- 供给服务（食品、原料、水）。

3. 景观生态系统

简单地说，观察者站在高处所观察到的景观没有唯一的定义（图1-12），景观所呈现的问题决定了景观的定义。系统生态学方法要求必须要有明确的问题表述，然后才能在特定的空间、时间和组织尺度下精确地界定边界。景观由相互作用的生态地境（定义如下）组成，这些生态地境与其他景观相互作用，并根据要解决的问题形成或大或小的区域。

与土地利用直接相关的人类活动，大多数发生在生态等级中的景观尺度上。小流域管理、农场经营、牧场经营、森林管理、城市发展，以及户外娱乐活动（如狩猎、滑雪和徒步旅行），也都发生在景观尺度上。管理决策通常也在景观尺度上实施。

图 1-12 景观生态系统的具体案例

注：本图所示的景观生态系统中包含了诸多生态地境。其前景是一片鼠尾草群落，毗邻的是白杨林，后面是亚高山森林，地平线上是高山冻原。每部分都可能是一个独特的生态地境，但许多生态地境都是混合出现的。

与生态地境尺度一样，在过去 50 年里，已经产生了大量景观尺度这个生态等级的知识。本书所提及的大部分知识已经用于且可以继续用于回答生态系统管理中的实际问题（见第七章）。

景观尺度的研究，一般包含两种景观概念。出于实际研究目的的需要，可以利用地理障碍、制度或政治的分界线、人类社区发展和管理边界线来确定景观空间。由于景观会随时间而改变，因此关于景观定义还必须指明研究周期。图 1-13 和图 1-14 所列的问题正是在景观尺度上所关注的（相关讨论见第二章）。自然的变动范围、历史的变动范围和生态系统遗产等概念是景观概念中的固有

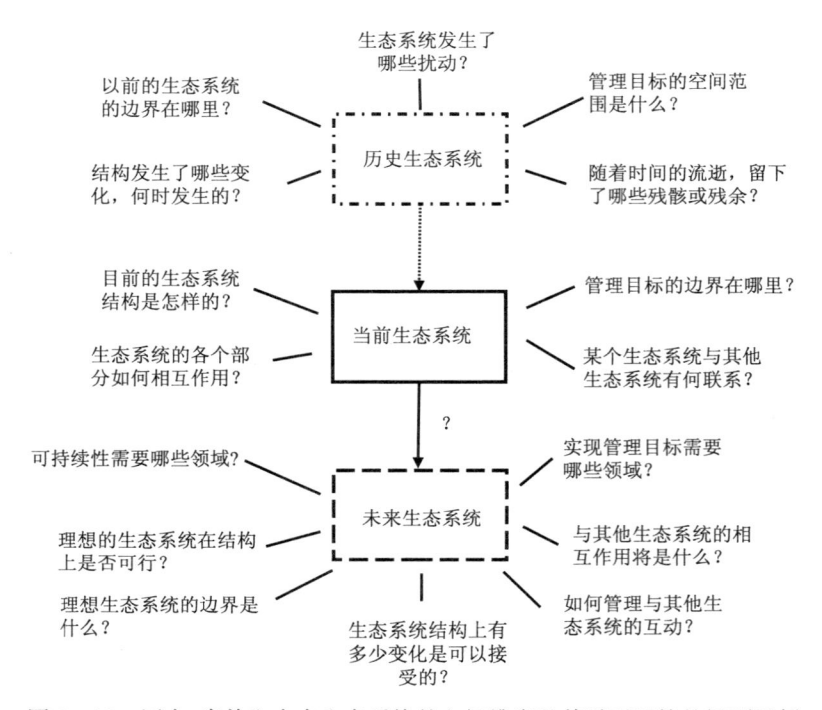

图 1-13　历史、当前和未来生态系统的空间维度及其需要回答的问题示例

注：解决图中所示问题是为了更好地理解生态系统过去如何运作、现在如何运作以及未来可能如何运作。

内容（Jogiste et al.，2017；Wohl，2017）。

　　景观概念其中之一是，一块由生态地境所构成地理区域，通过物质流或信息流连接景观中不同生态地境的活动。例如，一个生态地境可为食草动物提供天然遮蔽物，那么食草动物将在附近觅食或饮水（Woodmansee，1990）。景观中的生态地境通过以下介质或作用相互联系，比如水（河流、径流、侵蚀、沉积）、风（侵蚀、沉积）、人类在内的各种动物（食物选择、迁移、处置、重新分布；排尿；排便），以及动物对植物群落分布、多样性的影响和对甲烷、氨、氧化亚氮排放量的影响（见第六章）。在这一景观概念中，常见的生态地境的聚集，表现为不同站点的土链①(catenas)、山坡、浇灌地点和牧场地的栅栏角落。人类可以极大地影响所有这些相互作用。

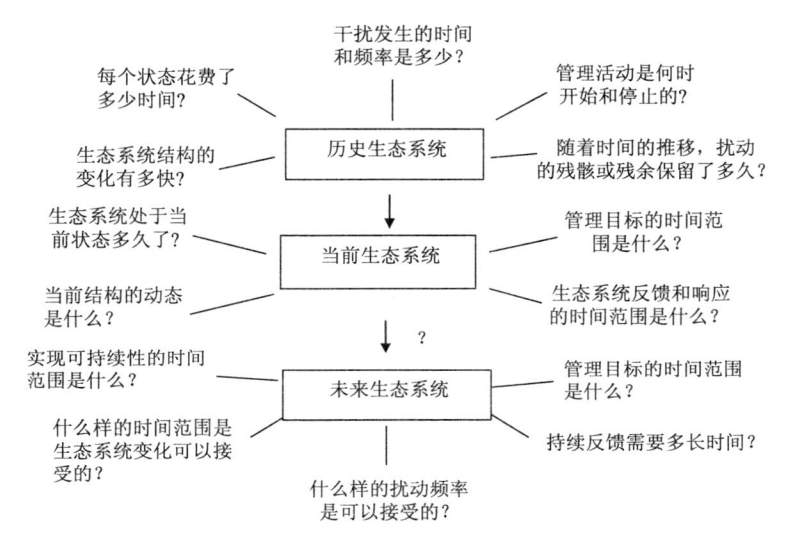

图 1-14　历史、当前和未来生态系统的时间维度及其需要回答的问题示例

注：解决图中所示问题也是为了更好地理解生态系统过去如何运作、现在如何运作以及未来可能如何运作。

另一个景观概念强调，特定区域内生态地境的格局以及该格局对动物和人类栖息地的影响(Riser,1990)。生态地境是由植物群落、本地和移动的动物(包括人类)、微生物，以及为它们提供必要的生态系统服务所组成的。这个景观概念衍生出的重要概念是植物和动物的生物多样性、迁徙模式和走廊，以及人们对景观的利用等。人类、移动的脊椎动物和无脊椎动物所利用的是整个景观，而不仅仅是景观中的生态地境。

生态系统服务通常被定义为提供支持、供给、调节和文化服务，这些服务可以应用于生态等级中的景观和生态地境尺度(图 1-5)。例如，从位于高地的生态地境中获取、存储和排放水资源，是影响坡下生态地境中水源可利用性的一系

---

① 本书中"土链"是指，沿斜坡向下的一系列土壤剖面(a sequence of soil profifiles down a slope)，详见第六章第五节。——译者注

列关键过程。

在景观及其内部的生态地境中，土地、水和大气的相互作用在不同尺度上，呈现的形式有所不同（见第八章）。大气和水中的化学物质、微粒、沉积物活动是发生在生态地境尺度内，但也需要在景观尺度上反映出来（见下文）。例如，城市、工业或运输过程或火山、野地和战争等产生的物质，在大气、水流中进行混合，然后在景观生态地境和地表水中沉积。一些物质被搬运到地球上的其他景观、地区和陆地。景观内生态地境中发生的相互作用过程，是复杂和相互依存的。

受气候变化、大气或地表水中氮负荷，或者人类作为移动带菌者的影响，植物、动物、微生物和疾病的迁移、入侵和灭绝，是景观尺度上生态系统研究的核心议题，也是生态系统之上或之下等级尺度的核心议题。这一系列问题非常复杂，需要对系统生态学范式进行周密严谨的应用，才能理解这些问题。

4. 小区域生态系统（包括小流域）

包括小流域在内的小区域是包含了景观的生态系统，这些景观在生态上通过以下方式联系在一起：①动物迁徙；②大气化学物质运移；③残留物的风传播，如某个景观的灰尘可能会导致另一个景观的早雪融化；④利用江河流域的水上运输；⑤氮的重新分配；⑥烟雾和雾霾；⑦人类活动，例如化肥使用、入侵物种的传递和疾病的传播。由于物种的分布、丰度和移动易受到气候变化、栖息地破碎化、土地利用变化的影响，因此关于植物多样性、动物和土壤生物体等议题，通常需要在特定区域范围上进行分析并寻求解决方案。

在较小区域中，如在小流域、农业区、牧场、林场和行政单位（县、社区、公有土地以及水资源管理机构）等不同等级中，个人可以成为利益相关者参与社区决策，而不是由他们的代表来进行决策。在这个生态等级上，为参与者提供真实易懂的案例对教育、推广和参与是十分必要的。对面向 21 世纪的系统生态学方法的应用而言，利益相关者参与是一个非常重要的概念。

5. 区域生态系统（大河流域和国家）

对于特定的环境和自然资源问题，精确界定其空间、时间和组织尺度边界是至关重要的，并需要严格地应用系统生态学范式。在次大陆尺度上的大国国土中,包含了已经被自然地理和自然气候所界定的亚区,例如加拿大、美国、墨西哥、俄罗斯、巴西和中国(图1-15)。其他次大陆区域(如西欧、中欧、东非)的亚区中,必须包括其定义中区域内的所有国家。在区域和国家尺度上定义问题时,系统生态学方法的重要作用是确保与问题相关的生态系统中的物理、政治和行政边界得到清晰界定,并确保其上的生态等级(大陆层面)和其下的生态等级(景观或次区域)得到恰当的考虑。这是一项艰巨但必须执行的任务,然而却常常被忽视。

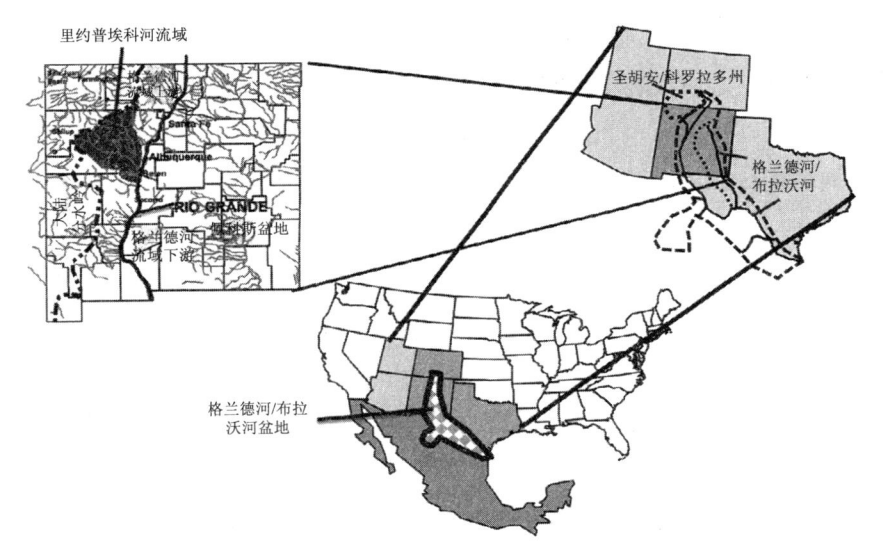

图1-15 流域(小区域)、区域和次大陆尺度上的生态系统的典型案例

注:普埃科河流域位于美国新墨西哥州。格兰德河和布拉沃河的源头位于美国和墨西哥两国境内。

与小区域一样,区域可以通过以下方式将生态系统连接起来:①动物迁徙;②大气化学物质;③残留物的风传播,如某个景观的灰尘可能导致另一个景观的早雪融化;④利用江河流域的水上运输;⑤氮的重新分配;⑥烟雾和雾霾;⑦人类,例如化肥使用、入侵物种的传递和疾病的传播。由于物种的分布、丰度和移动,易受到气候变化、栖息地碎裂化、土地利用改变的影响,因此,关于植物多样性、动物和土壤生物体等议题,通常需要在特定区域范围上进行分析并寻求解决方案。

6. 陆地（和岛屿）生态系统

在较短时间尺度内，即在不到几百万年的时间内，对大陆尺度上的生态系统进行定义是相对容易的。大陆通过海洋、大气环流和化学物质受到其他大陆的影响。从内部看，大陆受到自然地理、气候、天气和植被格局的物理影响，同时植被格局还受到土地利用、城市化和工业化以及政治治理和政策的影响，这些也是大陆（地区、民族或国家）等级之下的地理尺度。分析这些系统动态是系统生态学方法的本质。仅靠实证研究无法解决这些复杂的动态问题。

本节中所列的化学品和微粒在大气中的累积、迁移和沉降过程，在大陆尺度上尤为重要。其中，属于大陆特有的问题包括：酸雨；土地、河流和湖泊的氮负荷；臭氧消耗；烟雾和雾霾。所有这些都是大气相互作用的结果，对各大陆内部的地理位置和生态系统产生了不同的影响。

大陆尺度问题包括：①化学品、颗粒物、灰尘和沉积物在大气和大河中的交换；②由土地利用变化、工业化和城市化所导致的气候变化和极端天气事件；③由大型水管理项目所导致的水文循环变化、侵蚀和沉积。陆路、水路和空中运输系统扩张所带来的深刻影响，使得上述分析更加复杂。制成品、食品、化肥、化石燃料和物种在各大洲大规模再分配。我们仍不太清楚，这些运输品与生态系统功能的相互作用和影响。

7. 地球生态系统

在评估全球尺度上所面临的独特环境的挑战时，大气问题占据了非常重要的地位。大气是二氧化碳、甲烷、臭氧、氧化亚氮、氮氧化物、氨和二氧化硫等气体及其化学反应的综合体。来自生态地境的这些气体，主要通过以下方式生成：自然生态过程、工业和农业活动等人类影响、闪电、火山喷发、野火和化石燃料燃烧。大气将地球表面上无数的生态地境和其他资源进行了整合。在图 1-5 所列出的各个生态等级中对这些气体交换的有效整合，是陆地生态系统科学中的一个主要挑战。

我们可以肯定的是，地球上的海洋对大气有着巨大的影响，随后是对陆地生态系统的影响。然而，本书的重点是基于自然资源生态实验室及其诸多合作者的科学研究,研究重点是全球陆地生态系统。

大气是重要生物活性离子(如铵离子、硝酸根、硫酸根、磷酸根)的接受体、分配体和沉积体。与大气气体一样,这些活性离子是通过如闪电、火山喷发、野火、工业和农业活动以及化石燃料燃烧等自然或人为过程在生态地境中产生的。这些离子被大气所搬运,并以干的或湿的状态,沉积在生态地境上,或者融入生物体和土壤中,或者在景观和流域内通过水运或风运移携而重新分布。描述这些生物活性离子浓度增加的起源、再分布和影响,是生态系统科学所面临的挑战之一。

来自沙漠、农业实践、城市化和工业副产品的灰尘等非生物活性颗粒物质,被大气搬运并重新分布到地球表面,影响了大气雾霾发生,也影响冰雪融化的时间和速度。

目前,非生物活性颗粒物质,被认为是影响全球变化越来越重要的因素。它们产生了以下影响,包括全球气候变化及大气环流过程,增温、降温和降水格局的分布,极端天气事件的类型和出现频率。非生物活性颗粒物质的迁移,对理解生态系统功能及其在图1-5所列的生态等级中各个层次上的作用都非常重要。这些就是影响生态系统功能运转的气候驱动因素。

二、时间等级

本书所使用的时间维度,要求区分各种不同事件,如洪水、火灾、龙卷风和飓风。例如,以年度为时间周期的现象,包括昆虫爆发、短期干旱和有毒化学品泄漏;以数十年为单位的现象,包括森林火灾、飓风、耕地退化、气候变化等事件的出现或恢复,这些事件的影响甚至可以持续几个世纪乃至几千年(图1-5)。

本章提及的所有挑战都有必不可少的时间维度:历史生态系统、当前状态,以及重要的未来状态(图1-13,图1-14)。每个事件都有重要的时间尺度,从单个事件时间可以延伸到千年甚至更长。

为了实现分析和综合研究的目标,需要严格描述特定生态系统的有关问题,具体包括其当前状态、历史状态、对其预期的或持续的压力的本质,以及现行的和拟采取管理系统的本质。事实上,明确而具体的疑问和难题,将决定系统的边界和特征。生态系统在地理上的(空间概念)和时间上的(时间概念)维度,必须与特定的难题和疑问相关联。例如,生物入侵是在区域、景观或生态地境的哪个尺度上发生的,又是经历了多少个季节、年、年代或世纪的时间周期?

图1-13和图1-14说明了过去、当前和未来生态系统的概念,以及深入分析所需的信息类型。随着某个生态系统在时间上的变化,其空间表达在其生物、物理、经济、社会和政治属性和驱动因素方面也可能发生相应变化。必须尽可能地描述和量化这些重要属性,同时认真关注每个属性与其他属性之间的联系。

图1-13和图1-14所列的关于过去、现在和未来的生态系统的一系列概念和信息类型,都是缜密分析研究所必需的内容(Jogiste et al., 2017; Wohl, 2017)。然而,无论是有意识的还是无意识的,我们必须对这些属性做出假设。对重要的、知之甚少的属性的假设,是科学、管理乃至日常生活的重要组成部分,必须加以明确说明。幸运的是,诸如地理信息系统、遥感、高级绘图系统和数据采集方法等技术的快速发展,将有助于量化以前那些需要大量假设的属性,比如,哪些可能改变连续性或发展轨迹的"扰动历史"(disturbance history)或者管理活动的扰动属性(见第六章)。清晰描述生态系统的历史、当前和未来所需的属性,对于评估气候变化、粮食安全、水安全、土壤安全、人口增长、人口结构变化以及任何生态系统的恢复力和可持续性等议题,都至关重要。

我们可能已熟知某些历史上或当前的生态系统,但仍对一些并不了解。因此,我们可以利用系统生态学范式,借鉴历史和当前生态系统所形成的知识,来预测未来生态系统可能发生的事件和轨迹,并为适应正在发生的变化状态做好准备。或者,我们可以忽略预测结果,只是希望我们能够在需要时做出反应。

三、组织等级:挑战

图1-5描述了组织等级与空间维度、时间维度之间的相互作用。图1-5所列的组织等级是指社会组织,比如家庭、宗族、社区、城镇和城市。社会组织包括治理体系完全不同的宗教组织和非政府组织(NGO)。企业的范围涵盖从小

型家庭或家族经营的企业，到拥有强大董事会的跨国、多企业实体。专业组织包括工会和劳工团体联盟、化石燃料或可再生能源的行业倡导者、化学和其他贸易组织、银行和制造业协会、农业和木材团体。与大多数政府机构一样，科学家、院士、大学和学校系统都有等级结构，其内部机构都按照等级或官僚体制进行设置。根据所要解决的难题、议题或疑问，这些等级结构中的任何一个或多个组织机构的审议，都可能对于分析和解决问题产生关键性影响。

在更大区域的治理和政策制定时，需要选举或任命代表。在较小区域，如小流域、农业区、牧场、林场和行政单位(如县、社区、公有土地以及水资源管理机构)等中，个人可以成为利益相关者参与社区决策，而非由其代表进行决策。在这个生态等级上，要为参与者提供真实易懂的案例来开展教育、推广和参与活动。对面向21世纪的系统生态学方法的应用而言，利益相关者参与是一个非常重要的概念。

空间、时间和组织等级结构中的所有层次都是动态的，这就进一步增加了第二章所讨论的挑战的复杂性。本书接下来的章节讨论了在这些领域知识的发展和贡献。以更好地理解和管理生态系统的可持续性，第十三章描述了特定领域所需要的具体研究和行动的例子。

第十节 本书内容：路线图

本书内容见表1-1。

表1-1 《自然资源管理的重新构想：运用系统生态学范式》摘要

章	标题	概述
第一章	系统生态学范式	提出构建整体性系统生态哲学的定义，并描述系统生态学范式的独特性。
第二章	21世纪面临的环境和自然资源挑战	伴随着地球及其居民面临的无数环境和社会挑战（其中许多挑战改变了与生命有关的一切，甚至对生命造成威胁），生态科学和系统生态学范式从本地方到全球的不同尺度上聚焦真实世界存在的复杂问题。
第三章	21世纪生态系统科学在促进科学与社会发展方面的演进	基于历史的视角：什么是生态系统生态学，它在过去做出了哪些贡献，它的未来前景如何？
第四章	系统生态学范式模型的50年发展历程	随着合作研究项目的发展，通用系统理论和数学建模的逐渐成熟，这些项目已经成为国际公认的系统生态学标准。
第五章	技术进步对系统生态学范式的支持	从CDC6400型大型计算机，台式计算机和粗糙的化学分析程序的时代，到在超级计算机上运行气候模型，通过卫星观测全球植被格局，计算机成像，以及智能手机技术实现几乎即时的全球合作，这些技术使生态系统生态学范式的发展成为可能。
第六章	生态科学中跨尺度结构和功能过程研究的兴起	对生态地境或斑块、景观和区域尺度水文循环、生物地球化学以及植物、动物和微生物相互作用（食物网）的整合，已经成为自然资源生态实验室及其合作的研究与发现的标志。从这种整合中获得的知识，是阐释生态系统如何运行和如何构建的基础。
第七章	生态系统管理中系统生态学范式的演变	运用系统生态学范式的研究获得的生态系统功能知识，深刻地影响了生态系统管理的相关政策。基于系统生态学范式的研究成果使得作物农业、森林与农田、牧草地、森林与地表水、大气之间相互作用的基础知识正在不断涌现。自然资源生态实验室的科学家和合作者，站在陆地生态系统与大气之间温室气体动力学和养分交换所获得的知识的前沿。这项研究所获得的知识，对于缓解和适应正在不断变化的气候和化学环境非常重要。
第八章	土地-大气-水相互作用	基于系统生态学范式及其管理的基本知识，关于土壤、作物、牧草地、森林与地表水、大气之间相互作用的气体动力学和养分交换所获得的知识，对于缓解和适应地生态系统与大气不断变化的气候和化学环境非常重要。

续表

章	标题	概述
第九章	生态系统中的人类	从20世纪80年代中期开始,自然资源生态实验室的科学家和合作者跨越了一个重大的学科障碍,即将生态系统科学与社会科学相结合。在此之前,生态系统科学或生物物理学学科,而社会科学被认为是过于"模糊",不能成为一门"真正的"科学。随着这一学科壁垒的打破,自然资源生态实验室的科学家和合作者们已经形成了关于人与环境相互作用的重要新知识。人类现在被视作生态系统的组成部分。
第十章	基于社区决策的系统生态学方法:结构分析法	本书提及的生态系统管理规则,旨在帮助利益相关者群体来评估和解决,从具体景观到小区域(如流域管理、野生动物保护区、市、县)的环境和自然资源问题。结构分析法是一个基于科学的过程,是对生态系统方法的正式应用。
第十一章	环境素养:系统生态学范式	自然资源生态实验室在资助研究生和培训研究生方面,有着悠久而令人印象深刻的历史。许多工作人员还支持研究生和本科生教学,并为科罗拉多大学的许多学术部门提供建议。一些工作人员已转到学术部门工作,但仍保留与自然资源生态实验室的隶属关系。最近,自然资源生态实验室成功设立了一个新的学术项目,即生态系统科学与可持续性学位课程。除了大学学术基础教育(K-12)中的公共环境教育,自然资源生态实验室更加重视在科罗拉多州多所大学校园内外的社区,扩展公共基础教育、教育拓展和参与性项目。这些项目正在迅速发展,并正在成为在美国国内和国际上实施的典范。
第十二章	组织和行政管理方面的挑战与创新	50年来,自然资源生态实验室一直是国际公认的生态系统科学的卓越中心。该实验室已经发展成为出色管理的典范,主要依靠以下几方面:科学的管理原则;强有力的领导层;对大学行政管理的支持;富有创造力,创新精神和企业家精神的科学家;敬业、忠诚的支持人员。
第十三章	何去何从?解决棘手的问题	世界正面临着严峻的挑战,例如气候变化,人口指数增长,对社会公平的需求,对经济公平的需求,粮食安全,水资源短缺,物种丧失,土壤安全,政治混乱等。我们对未来的展望聚焦在一些明确而具体的问题上。这些问题能被自然资源生态系统合作者网络迅速解决。迫切需要聚焦能处理生态系统内相互作用以及复杂的环境、社会、经济问题的科学知识和方法。

参 考 文 献

Abelson, P. H. (1993). Science, technology, and national goals. *Science*, 259, 743.

Anderson, D. W., Heil, R. D., Cole, C. V., and Deutsch, P. C. (1983). *Identification and Characterization of Ecosystems at Different Integrative Levels*. Athens, GA, Special Publication, University of Georgia, Agriculture Experiment Stations.

Biodiversity, A–Z. (2018). UN Environment World Conservation Monitoring Centre. www.biodiversitya-z.org/content/ecosystem-approach (accessed July 23, 2018).

Chapin, F. S., Chapin, M. C., Matson, P. A., and Vitousek, P. (2011). *Principles of Terrestrial Ecosystem Ecology*. New York: Springer.

Christensen, N. L., Bartuska, A. M., Brown, J. H., et al. (1996). The report of the Ecological Society of America committee on the scientific basis for ecosystem management. *Ecological Applications*, 6(3), 665–91.

Coleman, D. C. (2010). *Big Ecology: The Emergence of Ecosystem Science*. Oakland, CA: University of California Press.

Forrester, J. W. (1961). *Industrial Dynamics*. Cambridge, MA: MIT Press.

(1968). *Principles of Systems*. Cambridge, MA: Wright-Allen Press.

Hautaluoma, J. E., and Woodmansee, R. G. (1994). New roles in ecological research and policy making. *Ecology International Bulletin*, 21, 1–10.

IPCC. (2014). *Climate Change 2014: Synthesis Report*. Contribution of Working Groups I, II and III to the Fifth Assessment Report of the Intergovernmental Panel on Climate Change, ed. Core Writing Team, R. K. Pachauri, and L. A. Meyer. Geneva, Switzerland: IPCC.

Jogiste, K., Korjus, H., Stanturf, J. A., et al. (2017). Hemiboreal forest: natural disturbances and the importance of ecosystem legacies to management. *Ecosphere*, 8(2), e01706. https://doi.org/10.1002/ecs2.1706 (accessed June 18, 2018).

Lewis, C. S. (1955). *The Magician's Nephew*. New York: Harper Collins Children's Books.

Lubchenco, J., Olson, A. M., and Brubaker, L. B., et al. (1991). The Sustainable Biosphere Initiative: an ecological research agenda – a report from the Ecological Society of America. *Ecology*, 72(2), 371–412.

McKenzie-Mohr, D. (2011). *Fostering Sustainable Behavior: An Introduction to Community-Based Social Marketing*. Gabriola Island, BC: New Society Publishers.

Meadows, D. H. (2008). *Thinking in Systems: A Primer*. White River Junction, VT: Chelsea Green Publishing.

Montague, C. L. (2018). Systems ecology. *Oxford Bibliographies*. www.oxfordbibliographies.com/view/document/obo-9780199830060/obo-9780199830060-0078.xml (accessed July 8, 2018).

NREL. (2018). Natural Resource Ecology Laboratory at Colorado State University. www.nrel.colostate.edu (accessed June 13, 2018).

Odum, E. P., and Odum, H. T. (1963). *Fundamentals of Ecology*, 2nd ed. Philadelphia and London: W. B. Saunders.

O'Neill, R. V. (1988). Hierarchy theory and global change. In *Scales and Global*

Change: Spatial and Temporal Variability in Biospheric and Geospheric Processes, ed. T. Rosswall, R. G. Woodmansee, and P. G. Risser. SCOPE Series 38, Hoboken, NJ, John Wiley and Sons: 29–45.

Pope Francis. (2015). *Laudato Si': Encyclical Letter on Care for Our Common Home.* http://w2.vatican.va/content/francesco/en/encyclicals/documents/papa-francesco_20150524_enciclica-laudato-si.html (accessed June 13, 2018).

Riebsame, W. E., and Woodmansee, R. G. (1995). Mapping common ground on public rangelands. In *Let the People Judge*, ed. J. Echeverria and R. B. Eby. Washington, DC: Island Press, 69–81.

Risser, P. G. (1990). Landscape pattern and its effects on energy and nutrient distribution. In *Changing Landscapes: An Ecological Perspective*, ed. I. S. Zonneveld and R. R. T. Forman. New York: Springer, 45–56.

Rosswall, T., Woodmansee, R. G., and Risser, P. G., ed. (1988). *Scales and Global Change: Spatial and Temporal Variability in Biospheric and Geospheric Processes* (SCOPE Report 35). Published on behalf of the Scientific Committee on Problems of the Environment (SCOPE) of the International Council of Scientific Unions (ICSU). New York: John Wiley.

Systems Perspective. (2019). *Systems Thinking*. Wikipedia. https://en.wikipedia.org/wiki/Systems_thinking (accessed January 8, 2019).

Tansley, A. G. (1935). The use and abuse of vegetational concepts and terms. *Ecology*, 16, 284–307.

UNMEA. (2018). United Nations Millennium Ecosystem Assessment. United Nations. www.millenniumassessment.org/en/index.html (accessed June 13, 2018).

Van Dyne, G. (1969). *The Ecosystem Concept in Natural Resource Management.* New York: Academic Press.

Von Bertalanffy, L. (1968). *General Systems Theory: Foundations, Development, Applications.* George Braziller: New York.

Waltner-Toews, D., Kay J. J., and Lister, N.-M. E., eds. (2008). *The Ecosystem Approach: Complexity, Uncertainty, and Managing for Sustainability.* New York: Columbia University Press.

WCED. (1987). *Our Common Future: Report of the World Commission on Environment and Development*, ed. G. H. Brundtland. Oxford: Oxford University Press.

Weathers, K. C., Groffman, P. M., Van Dolah, E., et al. (2016). Frontiers in ecosystem ecology from a community perspective: the future is boundless and bright. *Ecosystems*, 19, 753.

Wohl, E. (2017). Historical range of variability. *Oxford Bibliographies*. www.oxfordbibliographies.com/view/document/obo-9780199363445/obo-9780199363445-0001.xml (accessed June 18, 2018).

Woodmansee, R. G. (1978). Critique and analyses of the grassland ecosystem model ELM. In *Grassland Simulation Model*, ed. G. S. Innis. New York: Springer-Verlag.

　(1988). Ecosystem processes and global change. In *Scales and Global Change: Spatial and Temporal Variability in Biospheric and Geospheric Processes* (SCOPE Report 35), ed. T. Rosswall, R. G. Woodmansee, and P. G. Risser. Published on behalf of the Scientific Committee on Problems of the Environment (SCOPE) of the International Council of Scientific Unions (ICSU). New York: John

Wiley.

(1990). Biogeochemical cycles and ecological hierarchies. In *Changing Landscapes: An Ecological Perspective*, ed. I. S. Zonneveld and R. R. T. Forman. New York: Springer, 57–71.

Woodmansee, R. G., and Riebsame, W. E. (1993). *Evaluating the Effects of Climate Change on Grasslands*. Proceedings of the XVII International Grassland Congress, Palmerston North, New Zealand, Hamilton, New Zealand, Lincoln, New Zealand, Rockhampton, Australia, Palmerston North, New Zealand, The New Zealand Grassland Association.

第二章 21世纪面临的环境和自然资源挑战

丹尼斯·S. 小岛吉雄和罗伯特·G. 伍德曼斯

除非你讨论解决方案,否则只谈论问题是没有用的。

——贝蒂·威廉姆斯(Betty Williams,1976年诺贝尔和平奖获得者)

第一节 引 言

地球及其居民正面临着复杂的环境、社会和管理方面的挑战和问题,这些挑战和问题正在并将继续改变与生命有关的一切,有些甚至对地球造成威胁。识别和分类这些挑战,是许多国内和国际知名的工作组的研究主题。专栏2-1~2-3列出了其中三个工作组研究成果的摘要:联合国可持续发展目标(UN Sustainable Development Goals,UNSDG,2015)、未来地球(Future Earth,2015)和全球土地计划(Global Land Project,GLP,2005)。

本书中展示的系统生态范式(SEP)侧重于真实的世界、复杂的以及所谓的棘手问题,将这些问题嵌入到专栏2-1和2-2中所列的许多目标中,旨在寻找解决方案。借用上面提到的贝蒂·威廉姆斯的名言,本章阐述了运用系统生态学方法的概念和程序来解决的问题。第十三章则讨论解决方案。

专栏2-1~2-3及其他专栏中所示的议程目标值得赞赏,但由于这些议程目标过于宽泛,难以通过实践或建模来评估和解决。因此,我们选择了一个有限的子集,这个子集受益于本书第一章所定义的系统生态科学和系统生态学方法,即可应用的系统生态学。例如,这一方法很容易适用于《联合国可持续发展目标2030》中的第 2、12、13、15 和 17 个目标(见专栏 2-1)。我们之所以选择这些示例,是因为要尝试对所有可持续发展目标(SDG)、未来地球或全球土地计划(GLP)目标中的特定生态、社会、经济和治理问题进行有意义的分析、整合、研究和综合。类似自然资源生态实验室等任何单个研究机构不具备完成这些工作的能力。

专栏 2-1 联合国可持续发展目标提出的需要面对的挑战(UNSDG,2015)

目标 1:在全世界消除一切形式的贫穷

目标 2:消除饥饿,实现粮食安全,改善营养和促进可持续农业

目标 3:让所有人都过上健康的生活,促进他们的安康

目标 4:提供包容的优质教育,让全民终身享有学习机会

目标 5:实现性别平等,增强所有妇女和女孩的权利和能力

目标 6:为所有人提供水和环境卫生并对其进行可持续管理

目标 7:每个人都能获得价廉、可靠和可持续的现代化能源

目标 8:促进持久、包容性的可持续经济增长,促进充分的生产性就业,促进人人有体面工作

目标 9:建造有抵御灾害能力的基础设施,促进包容性的可持续工业化,推动创新

目标 10:减少国家内部和国家之间的不平等

目标 11:建设包容、安全、有抵御灾害能力的可持续城市环境

目标 12:采用可持续的消费和生产格局

目标 13:采取紧急行动应对气候变化及其影响

目标 14:养护和可持续利用海洋和海洋资源

目标 15:可持续地管理森林,防治荒漠化,制止和扭转土地退化,阻止生物多样性的丧失

目标 16:推动建立公平、和平和包容的社会

目标 17:恢复可持续发展全球伙伴关系的活力

为了更有效地实现这些目标,需要研究机构之间以及单个科学家、管理人员、决策者、其他利益相关者之间,开展从地方到全球的合作(National Research Council,2010)。

恢复力联盟(Resilience Alliance)是一项国际知名的有组织的合作活动,旨在解决与专栏2-1~2-3中所列的类似问题(Walker and Salt,2006;Resilience Alliance,2018)。

专栏2-2　未来地球(2015)发布了全球可持续性所面临的八个关键挑战

挑战1:为所有人提供水、能源和食物,通过了解环境、经济、社会和政治变化如何影响这些相互作用,管理它们之间的协同作用和权衡。

挑战2:通过促进技术、经济、社会、政治和行为方面的改变来实现转型,使社会经济体系脱碳,以保持气候稳定;与此同时,构建关于气候变化影响以及人类和生态系统的适应这些变化的知识体系。

挑战3:通过理解生物多样性、生态系统功能和服务之间的关系,以及制定有效的评估和治理方法,保护支撑人类福祉的陆地、淡水和海洋自然资产。

挑战4:通过识别和塑造创新,将改善的城市和社会环境与减少的资源足迹结合起来,并提供有效抵御灾害的服务和基础设施,从而建设健康、可恢复和有生产力的城市。

挑战5:在生物多样性、资源和气候变化的背景下,通过分析可供选择的土地利用、粮食系统和生态系统选项,并识别制度和治理需求,促进未来农村的可持续发展,以养活不断增长且更加富裕的人口。

挑战6:通过阐明和发现环境变化、污染、病原体、疾病媒介、生态系统服务,以及民生、营养和福利之间复杂相互作用的应对措施,提高人类健康水平。

挑战7:通过理解所有资源消费的社会和环境影响、能使资源利用与福利增长脱钩的机会、可持续发展途径的选择和人类行为的相关变化,鼓励公平的可持续消费和生产格局。

挑战8：通过建立适应性治理体系、制定全球及其相关的阈值和风险的早期预警，考察促进可持续性转型机构是否有效、负责任和透明，从而提高社会抵御未来威胁的能力。

专栏2-3　国际地圈生物圈计划（International Geosphere/Biosphere Program）和全球环境变化国际人文因素计划（International Human Dimensions Programme on Global Environmental Change，IHDP）等科学计划和实施战略的具体目标和研究主题

"全球土地计划"确定其研究框架的三个目标：

1. 识别陆地上人类—环境耦合系统变化的因素、结构和性质，并量化它们对耦合系统的影响；

2. 评估所提供的生态系统服务，是如何受到上述"目标1"中变化的影响；

3. 识别脆弱和可持续的人类—环境耦合系统（包括气候变化）对相互作用扰动的特征和动态。

为完成这些目标，制定了三个特定主题，并确定了每个主题中的关键议题：

主题1：土地系统变化的动态。

议题1.1：全球化和人口变化如何影响区域和当地土地利用决策和实践？

议题1.2：土地管理决策和实践的变化，如何影响生物地球化学、生物多样性、生物物理特性以及陆地、淡水生态系统的扰动机制？

议题1.3：全球变化中的大气、生物地球化学和生物物理学方面，如何影响生态系统的结构和功能？

主题2：土地系统变化的后果。

议题2.1：生态系统变化对耦合地球系统的关键反馈是什么？

议题 2.2：生态系统结构和功能的变化，如何影响生态系统服务？

议题 2.3：生态系统服务是如何与人类福祉相联系的？

问题 2.4：人们如何在不同尺度和不同背景下对生态系统服务提供的变化做出反应？

主题 3：土地可持续性的综合分析和建模。

议题 3.1：土地系统变化的关键路径是什么？

议题 3.2：土地系统对灾害和干扰的脆弱性和恢复力，是如何随着人类与环境相互作用的变化而变化的？

议题 3.3：哪些机构增强了土地系统可持续性的决策和管理？

以下声明摘自恢复力联盟的官方网站：

将"恢复力"概念转化为实践，是一个快速发展的研究领域，也是寻求可持续转型的计划和项目的关键目标。恢复力联盟一直处于为评估和管理各种社会生态系统中的恢复力而开发工具和方法的最前沿。实践中"恢复力"的关键原理包括：

- 描述和开发社会生态系统的概念模型；
- 理解系统动力学，包括交替机制（alternate regimes）和阈值；
- 识别跨尺度的相互作用，包括较大系统的结构影响和较小的子系统中正在出现的新鲜事物；
- 绘制治理网络并探索适应性治理方案；
- 积极适应、基于恢复力的管理和转型。

韦瑟斯及其同事（Weathers et al.，2016）形象地描述了生态系统生态学研究领域对研究、方法、数据和领导能力的需求，以更好地应对环境和社会生态压力和关注所带来的挑战和机遇。他们的学术发现，形成了三个主要的主题："前沿""能力建设"和"实施障碍"。

"前沿"主题进一步划分为：①关注生态系统变化的驱动因素；②对生态系统过程和功能的新认识；③评估生态系统生态学中的人类维度；④解决问题和应用研究的新方法，重点是提高与人类福利的相关性。

"能力建设"强调必须采用整体性系统方法,同时要认识到还原论生态学方法的必要性和紧迫性。管理"大"数据集、先进技术、协作和网络建设的需求也得到了解决。培训是能力建设的另一个重点领域。

韦瑟斯等人(Weathers et al.,2016)确定了几项"研究障碍"。这些障碍包括以下几点:对理论思考的需求、新的培训模式、科学家群体中的文化差异、关于合作的态度,以及合作与工作网络的报酬(如果有的话)。

国际地圈生物圈计划(IGBP)和全球环境变化国际人文因素计划(IHDP)中的"全球土地计划"(GLP,2005)提供了对"测量、建模和理解人类—环境耦合系统"需求的分析(见专栏2-3)。全球土地计划确定了主要的科学挑战,包括克服学科碎片化和尺度领域的议题、案例研究比较、分析过去以预知未来、在动态模型中综合各种深度分析。该报告侧重于三个相关的主要议题和问题。

全球土地计划(GLP,2005)和韦瑟斯等(Weathers et al.,2016)总结了研究群体所面临的生态系统生态学和人类层面的挑战,其中特别使自然资源生态实验室及其合作者网络感到满意是,他们在过去开创了这些领域(Baron and Galvin,1990),也在这些领域中继续(本书)引领未来。虽然韦瑟斯等(Weathers et al.,2016)关注的重点在于生态系统生态群落,但该实验室关注的重点是为了确保系统生态学范式可供管理者、决策者和公民获得、理解和使用。这是该实验室及其合作者和全球土地计划共同的愿景。

本章的目标是透过系统生态学范式的视角,来应对21世纪的挑战。我们使用生态等级、空间、时间和组织尺度(图2-1)作为概念和工具,来帮助分解专栏2-1~2-3中所列出的广泛目标,并将这些目标分解为可理解和可研究的主题。我们的重点是,通过科学来引导行为,以支持环境、自然资源,以及社会和生态的决策、管理和解决方案(见第十三章)。

要给系统生态学范式带来力量,使其能够应对未来的挑战,就需要我们不断推动系统科学、生态系统科学和社会科学中所使用工具的"升级",从而制定管理生态系统的长期适应性战略(Ojima and Corell,2009)。同时,我们还必须将社会科学、组织科学、行为科学、认知科学和营销科学整合到系统生态学领域。整合这些观点,对于全球社会制定明智的政策和管理决策至关重要。

第二节 挑战选择

在未来几十年及更长时间里,我们即将面临的重大疑问、难题和挑战是什么?将这些挑战转化为有组织、可定义和切实可行的概念的方式之一,是尝试将这些挑战与地理等级联系起来,以"空间"维度来表示这种简单的空间等级结构(图 2-1;O'Neill,1988;Woodmansee,1990)。本书中所使用的空间等级这个概念,不是理论上的,而是面向应用的。等级内的层级由所关注的特定问题来决定,并侧重于可定义的生态系统结构以及生态、水文、大气、人类为媒介的过程,以及物质传输和信息传递(见第一章)。

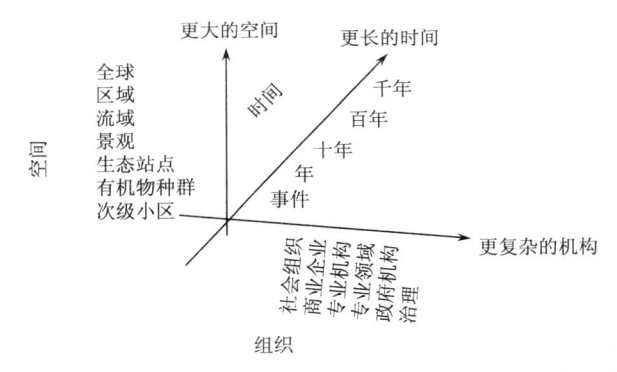

图 2-1 评估和管理生态系统/社会生态系统时需要特别注意的等级维度

在空间等级中较小的尺度上,我们寻求相对均质性。例如,在 1 公顷生态地境中的任何 1 平方米的地块,其在统计学意义上与任何其他 1 平方米面积地块是相同的。在更大的尺度上,仍然寻求相对的均质性。例如,我们可以区分北美草原中的矮草草原、中草草原和高草草原。这些区别都取决于正在需要解决的问题。在本章中,我们专注于每个等级内需要研究和分析的示例,以解决专栏 2-1~2-3 中确定的一些挑战。我们还列出了特定空间尺度上的不同问题。同时认识到许多更大尺度的问题,需要从较小尺度层面上整合信息;而许多小尺度的问题,则需要从更大尺度上来了解宏观背景情况(O'Neill,1988)。

此外，我们认识到，空间等级中的每个层级在时间和组织维度上都与其他层级相互作用（图 2-1）。关于空间、时间和组织尺度的相关内容详见第一章第九节。在遵循第一章中提出的原则下，我们确定了系统生态学范式可以帮助理解、分析和解决所面临的挑战，并将在第十章中进一步详细阐述。

一、总体挑战

在联合国可持续发展目标、未来地球、生态系统生态学前沿、恢复力联盟，以及全球环境变化国际人文因素计划中的全球土地计划（GLP，2005）的背景下，我们关注的重点涉及陆地生态系统（包括人类）的挑战，因为这些挑战与以下主题相关：①食物、水和土壤安全；②生态系统服务，包括生物多样性；③栖息地改变；④动物、微生物和植物迁移。专栏 2-1～2-3 列出了一些来自环境和社会方面的挑战，其中，表 2-1 列出了需要系统生态学范式来加以解决的挑战，这些挑战聚焦于那些需要更多知识和经验的一般性问题。表 2-1 中第 1 列所列出的每个问题都需要先分解成易于处理的部分（McKenzieMohr，2011），再加以研究和分析，然后使用系统生态学的方法重新组装或集成为内部相关的系统。类似于表 2-1 的表格可以构建时间和组织等级的结构（但这里没有），以帮助界定问题和目标（见第一章和第十章）。

尽管本书聚焦陆地生态系统及其包含的淡水成分，但本书描述的系统生态学范式同样适用于海洋系统。除少数例子外，表 2-1～2-7 中提出的问题均适用于陆地和海洋生态系统（具体见专栏 2-1 中"可持续发展目标"中的第 14 个目标）。

二、空间尺度内的关键研究领域

如果社会要迈向一个更具适应性、韧性和可持续性的未来，表 2-2～2-7 给出的每个空间等级内研究领域的具体实例（图 2-1）对分析、研究和解决问题至关重要。与表 2-1 一样，表 2-2～2-7 中的信息并非是确定的，而是为了激发人们关注、讨论和反复思考那些真正需要研究的问题，进而能够回答这些重要的疑问和难题。必须检查这些表格中的每个项目,以确定它们可以进一步划分为具体的"子集",这些"子集"具有可识别的分析路径、易于处理的解决方案或最终状态(McKenzie-Mohr,2011;见第一章和第十章)。表 2-2~2-7 中的最后一列都是为了提醒人们,"开展多少研究是足够的"或者"我们是否已经足够了解在可接受的可变范围内,更好地管理我们现有的生态系统"(Wohl,2017)。数字时代的系统生态学家们面临的一个主要挑战是,由于在数字时代到来之前无法建立起知识体系,只有少数知识可以在图书馆里获得,这可能造成意想不到的后果,或者存在难以检索而被忽视的问题。

表 2-1 从专栏 2-1~2-3 中选取的议题,生态系统科学和系统生态学范式为这些议题提供有意义的分析方向和贡献,有助于提出未来的解决方案

一般议题	有机体/种群	生态地境	景观	小区域/流域	地区/国家	大陆	全球
全球氮循环的变化	×	×	×	×	×	×	×
全球碳循环的变化	×	×	×	×	×	×	×
气候变化	×	×	×	×	×	×	×
生态系统管理和土地利用的变化	×	×	×	×	×		
人口增长的后果			×	×			
人口结构变化的后果			×	×			
生物物理学系统结构(包括生物多样性)与功能(过程多样性)之间的关系	×	×	×				
生物物理学系统结构、功能以及与生态系统服务的关系	×	×	×	×			
人类对生态系统健康运行过程的影响			×	×			
食品安全	×	×	×				

续表

一般议题	有机体/种群	生态地境	景观	小区域/流域	地区/国家	大陆	全球
水安全	×	×	×	×			
土壤安全		×	×				
入侵物种	×	×	×	×			
社会、行为和生态系统科学的整合			×	×			
生态系统的恢复力和可持续性的界定		×	×				
治理、政策和管理	×	×	×	×	×	×	
生态系统科学专业知识与教育	×	×	×	×	×	×	×
决策支持系统的开发	×	×	×	×	×	×	×
知识与应用科学的共同发展			×				
全球、本地网络、信息共享				×	×	×	×
可持续发展			×				

注：未来的贡献将基于现有的大量知识。表中第2～7列是系统生态学方法可直接发挥作用的空间尺度。可以为时间和组织等级制定类似的表格。

表2-2 专栏2-1～2-3所列的挑战，需要运用系统生态学范式在有机体层面提出解决方案

挑战	关键的新知识	关键的长期研究和监测	需要弥补的研究空白	足够的知识可以应用最佳管理实践
生态地境尺度内生物体在气候变化、栖息地破碎化、物种引进中的相互作用	×	×		

续表

挑战	关键的新知识	关键的长期研究和监测	需要弥补的研究空白	足够的知识可以应用最佳管理实践
动物、植物、微生物和疾病在变化环境中的适应性和恢复力	×	×		
栖息地改变、土地改造与特定有机体和种群之间的相互作用		×	×	×
关键物种与供给服务之间的相互作用,如新的食品、作物、遗传资源	×			
关键物种与调节服务之间相互作用,例如碳封存、气候调节、水和空气净化	×	×		
关键物种与支持服务之间的相互作用,如养分循环、初级生产和土壤形成		×	×	×
关键物种与文化服务之间的相互作用,例如艺术、文化规范和价值观以及娱乐体验				×
生态系统科学专业知识与教育				×
治理、政策和管理	×			×

注:表格中第2~4列提出了应对挑战所需一般信息类型。第2列提出了需要研究和理解的最新前沿。第3列提出了需要长期监测以验证预测、自适应策略和建模结果的研究类型。第4列提出了新的研究发现,可以在现有知识中增加重要价值的关键领域。第5列提出了有足够的信息来应用最佳管理实践(BMPs)以帮助应对挑战。

"电子时代存在一个问题是,几乎所有在数字时代之前以印刷形式出版的东西都会被遗忘。"(Michael Usher,个人通讯;见第十一章)获取2000年前科学杂志的途径有了改善,但是要获取书中涉及可操作科学的章节往往还很困难。在生态系统科学和系统生态学的发展和演进过程中，许多开创性的论文以章节形式发表在书籍中，因为这些开创性论文是基于整合与综合先前研究和经验而得到的概念、思想和模型，而不是基于原始数据和数据分析得到的。科学期刊的审稿人不愿意接受那些没有数据基础的论文。其中许多新想法最早出现在提交给美国国家科学基金会的提案中。当时，国家科学基金会及其评审小组乐于采纳大胆的新想法；因此，一门新学科才得以诞生。表 2-2~2-7 的第 5 列表明，运用过去一个世纪发展起来的知识可以充分解决挑战的某些方面，但其他方面超出了现有的知识基础，需要进一步研究才能解决。例如，我们从表 2-2 中第 3 行可知如何在全球大片的旱地上管理本地物种和种群，但到目前为止这些知识很少被应用。然而，如果要引入外来物种，就需要追加的新的研究。

第三节　空间等级：分解复杂棘手的问题

我们使用空间等级的层级（见第一章），只是为了帮助我们评估和解决一个或一组真实世界中，对地球生态系统可持续性形成挑战的复杂问题。在本节，我们介绍这个概念，作为将专栏 2-1~2-3 中的目标分解为可管理部分的一种方法（McKenzie-Mohr，2011）。

一、有机体（植物和种群）

现有大量的关于单个有机体和种群的知识。为了模拟这些动态，已经形成了大量的研究成果和数学模型（见第四章）。然而，获取、整合和综合与全球变化有关的知识，仍然没有定论。表 2-2 列出了解决有机体层面的知识需求的示例。

二、生态地境生态系统（或地块或林分）

本书第一章介绍了生态地境尺度的研究成果，为基本理解生态系统的结构和功能、发展现代最佳管理实践、应对未来环境挑战奠定了基础（BMPs，见第七章）。为了实际的管理目的，已经分析和描述了生态地境尺度下的生态系统功能。基于现有的生态系统知识库、模拟建模的当前状态、运用系统生态学方法的成功管理实践，以及许多生态系统科学家和管理者的经验，我们可以明确地说，我们知道如何管理草原、灌木和森林生态系统。表2-3列出了剩余的挑战。

表2-3 专栏2-1~2-3中所列的挑战，需要运用系统生态学范式在生态地境尺度上提出解决方案

挑战	关键性新知识	关键性的长期研究和监测	需要弥补的研究空白	足够的知识可以应用最佳管理实践
农业、草原和森林中的温室气体源和汇①		×	×	×
生物活性氮源、氮汇以及氮源与氮汇的转化		×	×	×
微粒、灰尘、其他化学品（包括化肥）的源、汇及其影响	×	×		
气候变化、栖息地改变和土地改造引起的生态地境内有机体之间的相互作用	×			
景观中各个生态地境之间的相互作用	×	×		
动物、植物和疾病在不断变化的环境中的密切联系和风险规避	×			
在特定的生态地境中不断变化的气候、生物活性氮负荷、栖息地改变和土地改造之间的相互作用	×			

---

① 在《联合国气候变化框架公约》中，所谓温室气体的"源"，就是指温室气体向大气排放的过程或活动；而温室气体的"汇"是指温室气体从大气中清除的过程、活动或机制。——译者注

续表

挑战	关键性新知识	关键性的长期研究和监测	需要弥补的研究空白	足够的知识可以应用最佳管理实践
供给服务——食品、作物、纤维、水				×
供给服务——遗传资源、医药资源、能源等	×			
调节服务——碳封存、气候调节、水和空气净化等	×	×		
支持服务——养分循环、初级生产、土壤形成等			×	×
文化服务——艺术、文化规范和价值观、娱乐体验等	×			
水文循环、侵蚀和沉积				×
交通基础设施网络（公路、火车、石油、天然气、管道）的影响	×			
生态系统科学专业知识与教育			×	×
治理、政策和管理	×	×		

注同表2-2。

主要挑战之一是将现有的、可应用的知识向土地管理者、政策制定者和公民进行推广，然后说服他们为了自己和他人的利益，采用最佳管理实践（见第十三章）。表2-3反映了这样的观点，即通过运用系统生态学方法和现有的生态系统知识积累，来解决景观和生态等级中更高层次的问题，将是应对未来挑战的最佳方案。

三、景观生态系统

本书中提及的知识，已经并且可以继续被用来回答关于景观生态系统管理中的实际问题，例如像农场、牧场、林场及草原这样的管理单元、公园以及保护区。生态系统科学提供了对气候、地形地貌、地质基质、土壤格局、植被群落以及相关生物群等物理的和生物的因素的基本认识，这些因素在相对静态环境条件下直接影响景观的功能。霍夫曼等(Hoffmann et al.，2014)找到了使用这种知识的具体案例，并总结了牲畜物种及其品种对生态系统服务的贡献。

社会和生态系统科学所面临的挑战是，识别和解决景观尺度上的关键未知问题，以解决当前复杂和难应付的棘手问题，并帮助预测表 2-4 中列出的仍然未知的问题。变化的气候、人类基础设施、文化规范、物理基础设施、微观经济活动、土地改造和栖息地破碎化，对景观产生直接而深远的影响，但它们之间的相互作用并没有得到很好的认识(Mitchell et al.，2014)。在我们进入 21 世纪所面临的一个主要挑战是，目前缺乏对以下问题的科学理解，包括景观尺度生态系统中生态地境之间的"相互作用"，以及不断变化的气候与碳和养分动态变化、水文循环、经济和社会影响之间的"相互作用"(表 2-4)。

景观是生态系统的尺度之一。在这个尺度上，个人、家庭或群体需对特定土地的利用负责。这些管理行动可能会受到当地社区以外的由代表授权的机构和政策的影响，也可能不会受到影响。但是外部(区域、州、国家)治理政策对景观管理造成强大影响。因此，土地管理者必须采取当地行动来很好地管理景观，并希望采用最佳管理实践来满足更广泛的社会需求，确保生态系统健康、有恢复力和可持续性。说服管理者采用这些实践做法是对研究、教育和参与的主要挑战。

四、作为生态系统的小区域和流域

流域、农业区、社区牧场、林场行政单位和民事行政单位，比如县、社区或公共土地，以及水资源管理机构，都是个人可以成为利益相关者参与到社区决策的小区域(表 2-5)。小区域通常受到经济的强烈影响，反之，经济又会受到不断变化的气候、技术、政治领导力和人口结构的影响。因为利益相关者的参与、协作、合作产生的知识和基于社区的决策对是否能将系统生态学方法应用到生态系统管理至关重要，在生态等级的这个层次上需要教育、推广和参与的新方法(Ojima and Corell，2009；Weichselgartner and Kasperson，2010；Tabara and

Chabay,2013;Moser,2016a;Moser,2016b)。

为了保证社区恢复力和可持续性等有益结果,仍然有太多的事情需要了解,如生态系统和社会科学(例如政治科学)的融合、决策支持系统和共同决策的发展(见第十章)。

表2-4 专栏2-1~2-3所列的挑战,需要运用系统生态学范式在景观尺度上提出解决方案

挑战	关键性新知识	关键性的长期研究和监测	需要弥补的研究空白	足够的知识可以应用最佳管理实践
农业、草原和森林中的温室气体源和汇		×	×	×
生物活性氮源、氮汇以及氮源与氮汇的转化			×	×
微粒、灰尘、其他化学品(包括化肥)的源、汇及其影响		×	×	
区域内各个景观之间的相互作用	×			
人口增长和人口统计学	×			
动物、植物和疾病的迁移、再分布和生物多样性	×	×	×	
气候变化、栖息地碎片化和土地改造的影响	×	×		
供给服务,例如,新的食品、作物、纤维和遗传资源			×	×
调节服务,例如碳封存、气候调节、水和空气净化等		×	×	
支持服务,例如养分循环、初级生产量、土壤形成等			×	×

续表

挑战	关键性新知识	关键性的长期研究和监测	需要弥补的研究空白	足够的知识可以应用最佳管理实践
文化服务,例如艺术、文化规范和价值观、娱乐体验等				×
社会组织和文化规范	×	×		
社会科学、行为科学和生态系统科学的整合	×			
水文循环、侵蚀和沉积		×	×	×
交通基础设施网络(公路、火车、石油、天然气、管道)的影响	×			
交通便利性	×			
生态系统过程和服务的宏观、微观经济影响		×	×	
决策支撑系统的开发	×			
知识与具有可操作性的科学的共同发展	×			
生态系统科学专业知识与教育	×		×	
治理、政策和管理	×	×		×

注同表 2-2。

五、包括国家在内的区域生态系统

选举或任命的代表、律师、有组织的游说者和组织机构,在更大的地区推进治理和政策制定(表 2-6)。区域往往受到经济和政治说服的强烈影响,相反地,这些影响又受到社会规范和人口结构变化的影响。在影响区域生态系统的管理行动所做出的决策发生效力时,科学的价值即使没有被完全忽视,也往往会被低估。

表 2-5　专栏 2-1～2-3 所列的挑战,需要运用系统生态学范式在小区域和流域尺度上提出解决方案

挑战	关键性新知识	关键性的长期研究和监测	需要弥补的研究空白	足够的知识可以应用最佳管理实践
农业、草原和森林中的温室气体源和汇	×	×	×	
大气和地表水中生物活性氮的负荷和分布	×	×	×	
微粒、灰尘、其他化学品(包括化肥)的源、汇	×		×	
气候变化的影响	×	×	×	
人口增长和人口统计学	×			
动物、植物和疾病的迁移、再分布和生物多样性	×	×		
栖息地碎片化和土地改造	×	×	×	
交通基础设施网络(公路、火车、石油、天然气、管道)的影响	×		×	
交通的便利性				×
社会组织和文化规范	×	×		
社会科学、行为科学和生态系统科学的整合	×			
生态系统过程和服务的宏观、微观经济影响	×			
决策支撑系统的开发	×			
知识与具有可操作性的科学的共同发展	×			
生态系统科学专业知识与教育	×		×	×
治理、政策和管理	×			
网络、信息和数据共享	×			

注同表 2-2。

科学家和系统生态学家,必须找到进入这一生态层次的决策过程的方法,以确保考虑到生态系统和社会中生物和物质的健康、安全和福祉。表2-6说明了系统生态学家在试图为区域和国家层面的决策提供信息时面临的一些研究挑战。

表2-6 专栏2-1～2-3所列的挑战,需要运用系统生态学范式在区域和国家层面上提出解决方案

挑战	关键性新知识	关键性的长期研究和监测	需要弥补的研究空白	足够的知识可以应用最佳管理实践
农业、草原和森林中的温室气体源和汇		×	×	
大气和地表水中生物活性氮的负荷和分布	×		×	
微粒、灰尘、其他化学品(包括化肥)的源、汇	×	×		
在大陆之内的国家和地区之间的互相影响,比如合作、战争等			×	×
气候变化的影响	×	×		
人口增长和人口统计学	×			
动物、植物和疾病的迁移、再分布和生物多样性	×	×		
栖息地碎片化和土地改造	×	×	×	
交通基础设施网络(公路、火车、石油、天然气、管道)的影响	×		×	
交通的便利性				×
社会组织和文化规范	×	×		
社会科学、行为科学和生态系统科学的整合	×			

续表

挑战	关键性新知识	关键性的长期研究和监测	需要弥补的研究空白	足够的知识可以应用最佳管理实践
生态系统过程和服务的宏观经济影响	×			
决策支撑系统的开发	×			
知识与具有可操作性的科学的共同发展	×			
生态系统科学专业知识与教育			×	×
治理、政策和管理	×			
区域和国家间的网络、信息和数据共享	×			

注释同表2-2。

六、大陆（和岛屿）生态系统

对各大陆内区域和国家之间的物理、生态、经济和政治相互作用的描述（见第一章），是目前生态系统科学所面临的主要挑战之一（表2-7）。在这些大范围的尺度内，生物和物理的相互作用往往被政治和经济利益所掩盖。但是，未来地球生态系统和社会的健康、安全和福祉，都取决于目前和将来生态系统科学家能否成功地影响国家社会最高层级的政治决策和经济决定。

土地利用、工业化、城市化和交通系统的驱动因素主要包括：人口增长，粮食和自然资源的经济性，市场的可用性，对财富、健康、安全和教育的渴望，治理的好坏，战争，以及构成大陆区域生态系统中的明智或不明智的生态政策（表2-7）。所有这些相互作用都会对整个生态等级中的各个生态系统产生深远的影响（图2-1）。对大陆尺度问题的分析，需要运用系统生态学方法来精确界定所关注的问题，系统地评估它们，然后按照以上的方法聚焦可能的解决方案。

七、地球生态系统

表 2-8 列出了社会面临的一些挑战,需要系统生态学方法在地球层面加以解决。全球气候变化的作用及其对大气循环的影响,增温降温、降水格局的分布,以及极端天气事件的类型和频率,对理解所有生态系统等级中各个层面的生态系统如何正常运转都非常重要(图 2-1)。这些是生态系统运转的气候驱动因素。

交通和通信系统极大影响了地球生态系统的相互作用。食品、肥料、植物、动物、微生物、化石燃料、建筑材料和矿物,在全球范围内进行交换,并由现代的、几乎即时的通信系统来推动。需要运用生态系统科学和系统生态学方法,充分理解这些再分配途径对环境、自然资源和社会的影响。

人们可以提出强有力的论点,即认为未来全球健康的经济将以健康的生态系统功能和生态系统服务为支撑。需要不断提醒政府、金融机构以及贸易和市场组织机构,生态系统科学及其知识是可用的,并且必须在智慧的金融、经济和政策决策中加以考虑。为了实施战略以应对未来地球面临的环境和社会挑战,需要健全的国际协议、政策以及良好、透明和负责任的治理。在制定这些关键战略(如未来地球、世界银行、可持续发展目标)时,生态系统科学必须"占有一席之地"。

表 2-7 专栏 2-1～2-3 所列的挑战,需要运用系统生态学范式在大陆层面上提出解决方案

挑战	关键性新知识	关键性的长期研究和监测	需要弥补的研究空白	足够的知识可以应用最佳管理实践
农业、草原和森林中的温室气体源和汇		×		
大气和地表水中生物活性氮的负荷和分布	×	×	×	

续表

挑战	关键性新知识	关键性的长期研究和监测	需要弥补的研究空白	足够的知识可以应用最佳管理实践
微粒、灰尘、其他化学品（包括化肥）的源、汇	×			
在大陆之内的国家和地区之间的互相影响	×			
社会科学、行为科学和生态系统科学的整合	×			
生态系统科学专业知识与教育	×	×		
国际上的网络、信息和数据共享	×			
治理、政策和管理			×	×

注同表2-2。

表2-8　专栏2-1~2-3所列的挑战，需要运用系统生态学范式在全球层面上提出解决方案

挑战	关键性新知识	关键性的长期研究和监测	需要弥补的研究空白	足够的知识可以应用最佳管理实践
农业、草原和森林中的温室气体源和汇		×	×	
大气和地表水中生物活性氮的负荷和分布	×		×	
微粒、灰尘、其他化学品（包括化肥）的源、汇	×		×	
社会科学、行为科学和生态系统科学的整合	×			
治理、政策和管理	×			
国际上的网络、信息和数据共享	×			

注同表2-2。

所有这些全球尺度上的问题在科学上都具有挑战性,需要严格地应用系统分析(系统生态学方法)和大量的数据集。由于计算上还存在困难,需要全球范围内重要科学和机构的合作,即合作的全球化。

参 考 文 献

Baron, J. S., and Galvin, K. A. (1990). Future directions of ecosystem science. *BioScience*, 40(9), 640–2.

Future Earth (2015). *Future Earth 2025 Vision*. www.futureearth.org/sites/default/files/future-earth_10-year-vision_web.pdf (accessed June 18, 2018).

Global Land Project (GLP) (2005). Science Plan and Implementation Strategy IGBP Report No. 53/IHDP Report No. 19. IGBP Secretariat, Stockholm. 64pp. www.igbp.net/download/18.1b8ae20512db692f2a680006384/1376383121392/report_53-GLP.pdf.

Hoffmann, I., From, T., and Boerma, D. (2014). Ecosystem services provided by livestock species and breeds, with special consideration to the small-scale livestock keepers and pastoralists. Background Study Paper No. 66 Rev. 1. Commission on Genetic Resources for Food and Agriculture. Food and Agriculture Organization of the United Nations (FAO). Rome. www.fao.org/3/a-at598e.pdf; see also www.fao.org/3/a-i6482e.pdf.

McKenzie-Mohr, D. (2011). *Fostering Sustainable Behavior: An Introduction to Community-Based Social Marketing*. Gabriola Island, BC: New Society Publishers.

Mitchell, M., Griffith, R., Ryan, P., et al. (2014). Applying resilience thinking to natural resource management through a "planning-by-doing" framework. *Society and Natural Resources*, 27, 299–314.

Moser, S. (2016a). Editorial overview – Transformations and co-design: Co-designing research projects on social transformations to sustainability. *Current Opinion in Environmental Sustainability*, 20, v–viii.

(2016b). Can science on transformation transform science? Lessons from co-design. *Current Opinion in Environmental Sustainability*, 20, 106–15; http://dx.doi.org/10.1016/j.cosust.2016.10.007.

National Research Council. (2010). *Toward Sustainable Agricultural Systems in the 21st Century*. Washington, DC: The National Academies Press.

Ojima, D. S., and Corell, R. W. (2009). Managing grassland ecosystems under global environmental change: Developing strategies to meet challenges and opportunities of global change. In *Farming with Grass: Achieving Sustainable Mixed Agricultural Landscape*, ed. A. J. Franzluebbers. Ankeny, IA: Soil and Water Conservation Society, 146–55.

O'Neill, R. V. (1988). Hierarchy theory and global change. In *Scales and Global Change: Spatial and Temporal Variability in Biospheric and Geospheric Processes*, ed. T. Rosswall, R. G. Woodmansee, and P. G. Risser. SCOPE Series 38. Hoboken, NJ: John Wiley and Sons, 29–45.

Resilience Alliance (2018). *Resilience Alliance.* www.resalliance.org (accessed June 18, 2018).

Tabara, J., and Chabay, I. (2013). Coupling human information and knowledge systems with social-ecological systems change: Reframing research, education, and policy for sustainability. *Environmental Science and Policy*, 28, 71–81.

UN Sustainable Development Goals (UNSDG) (2015). *Sustainable Development Goals: 17 Goals to Transform Our World.* www.un.org/sustainabledevelopment/sustainable-development-goals/# (accessed June 18, 2018).

Walker, B., and Salt, D. (2006). *Resilience Thinking: Sustaining Ecosystems and People in a Changing World.* Washington, DC: Island Press.

Weathers, K. C., Groffman, P. M., Van Dolah, E., et al. (2016). Frontiers in ecosystem ecology from a community perspective: The future is boundless and bright. *Ecosystems*, 19, 753. https://doi.org/10.1007/s10021-016-9967-0.

Weichselgartner, J., and Kasperson, R. (2010). Barriers in the science-policy-practice interface: Toward a knowledge-action-system in global environmental change research. *Global Environmental Change*, 20(2), 266–77.

Wohl, E. (2017). Historical range of variability. *Oxford Bibliographies.* www.oxfordbibliographies.com/view/document/obo-9780199363445/obo-9780199363445-0001.xml (accessed June 18, 2018).

Woodmansee, R. G. (1990). Biogeochemical cycles and ecological hierarchies. In *Changing Landscapes: An Ecological Perspective*, ed. I. S. Zonneveld and R. R. T. Forman. New York: Springer, 57–71.

第三章　21世纪生态系统科学在促进科学与社会发展方面的演进

戴维·C. 科尔曼、艾尔多·A. 保罗、斯泰茜·琳恩和托马斯·罗斯瓦尔

第一节　引　言

在过去的几十年里,对于生态系统生态学和生态系统科学所包含哪些内容的问题,存在着相当大的争论。争议点在于,它们究竟在过去做出了哪些贡献,以及它们未来发展的前景如何(Baron and Galvin, 1990; Weathers et al., 2016)? 本章,我们从四位系统生态学家的角度,回顾了生态系统科学概念的起源及演变,并探讨其作为可持续发展的指导原则及可能的未来发展方向。生态系统科学中的其他方面内容,在本书的其他地方也有所介绍。

生态系统是一个生物群落。它与物理环境发生的相互作用,是通过能量和营养流与大气、水文、有机物和矿物质土壤的成分联系起来的。尽管"生态系统"这个词直到20世纪30年代才被创造出来(Tansley, 1935),但对于生态系统组成部分的相关研究,有着相当长的科学研究历史(Coleman et al., 2018)。

在人类历史早期,那些猎人及采集者已经发现:在温度较低的亚热带或温带环境中更有可能获得水资源;通常在有机质含量相对较高的深色土壤中,动植物的多样性更加丰富;这种环境通常出现在肥沃的河谷和冲积平原。也就是说,早期人类已经对生态系统有一定的认知。早期的生态系统用于放牧和焚烧后种植,但直到大约12 000年前真正的农业开始,才出现高强度的农业活动。然而,直至1864年马什(Marsh)写出自然地理学和人类之间关联关系的论文《人与自

然》(Man and Nature)后,人类对生态系统的主要影响才真正被重视。在20世纪,科学界大量研究关注了人类如何影响生态系统,并将这些成果记载在几本重要的书籍中(Thomas,1956;Turner et al.,1990;Lambin and Geist,2006)。

生态系统科学的概念,可以追溯到范·海尔蒙特(van Helmont,1579~1642),当时他把一棵2.3千克的柳树种植在一个有90.8千克土壤的罐子里,并将雨水作为唯一的灌溉来源,经过五年的生长,这棵树重达76千克,但土壤重量只减少了57克。基于那个时代的知识背景,范·海尔蒙特得出结论:水是植物的主要组成部分(Brady,1984)。1754年,约瑟夫·布莱克将二氧化碳描述为光合作用以及分解过程的关键气体。现在,二氧化碳被认为是一种温室气体。1776年,一位荷兰透镜研磨师列文虎克(Leeuwenhoek)使用原始显微镜在腐烂的植物中,观察到他所谓的"小动物"的存在,这被认为是首次发现了微生物(Waksman,1932;Paul and Clark,1989)。

1804年,德·索绪尔(De Saussure)不但提出了植物通过吸收二氧化碳和释放氧气来改善空气质量(Miller and Gardiner,1998),还提出了植物从土壤中获得氮,因此,在植物生长中使用了碳、氮和氧。布森高(Boussingault,1802~1877)继承发展了矿物营养的概念,李比希(Liebig)在1849年提出了植物矿质营养理论,并进一步推广了此概念(Brock,1997)。瑞典植物学家卡罗鲁斯·林奈乌斯(Carolus Linnaeus,1707~1778)对目前的生物分类系统做出了重要贡献。他将花园土壤归类为达达利亚(daedalea)腐殖质,将农田土壤归类为红色腐殖质。他早在我们认识分子前,就预言了微生物分类困难,当时他将之前列文虎克在显微镜下观察到的所有微生物,都纳入"混沌"这个名称之下(Feller,1997)。

英国洛桑科学家莱威斯和吉尔贝特(Lawes and Gilbert,1851)分析了植被中氮的来源,并开展了植物残留物转化为土壤有机质等的研究(Warkentin,2006),研究结论与李比希关于植物生长与氮气固定的相关性的观点不同。瓦林顿(Warington,1883)被认为是第一个描述硝化作用的人。他说:"从某种神秘的角度,我们脚下的土壤应被认为是我们所有人的母亲。"当时,达尔文关于蚯蚓的工作(Darwin,1837)和巴斯德(Pasteur)关于微生物的工作(动物和植物之外的第三种生命形式(Waksman,1932)),以及真菌在分解作用中的特殊功能都得到了认可(Warington,1883)。瓦林顿还意识到,矿物质氮分解的第一产物是氨。1886年古恩(Guyen)和迪珀蒂(Dupetit)证实了氮返回大气中的反硝化过程中微生物的作用,从而完善了氮循环体系(Waksman,1932)。1891年维诺格拉德斯基(Winogradsky)确定了在我们现在所说的生态系统中,参与氮无机转化的生物体,并初步明确了氮和氧在空气、植物和土壤循环中相关的生物处理全过程(Waksman,1932)。

达尔文被认为是出版生态系统研究著作的第一位作者,他的书涵盖了生物群、土壤结构、土壤变化及扰动(Darwin,1881)。他在关于植被和土壤动物群落对不同森林土壤层形成的作用机制方面的工作,融入了穆勒(Müller,1884)的研究(Feller,1997;Feller et al.,2003,2006)。王尔德(Wilde,1946)引用道库恰耶夫(Dokuchaev)的那句对今天仍然是适用的名言:"动物、植物、人类及其行为甚至包括其心理状态所呈现的强大力量,存在于物质和环境、生物和非生物领域,它们之间的关系构成了自然科学的核心。"

生态系统概念的其他先驱包括亚历山大·冯·洪堡(Alexander von Humboldt,1845~1952),在他的经典论述《宇宙》(Wulf,2015)中思考了物理世界中互相联系的本质。恩斯特·海克尔(Ernst Haeckel,1879)考虑了生物体相互作用形成的整体,并创造了"生态学"一词。如果想要了解19世纪生态学先驱的更多信息,详见戈利的有关文章(Golley,1993)。

苗比乌斯(Möbius,1877)将共同生活在栖息地(群落生境)中相互作用的生物体,描述为生物群落。道库恰耶夫和其他俄罗斯研究者发展了这些相关概念(如生物地理群落),并于1940年在苏卡切夫(Sukachev)的书中得到推广(Mirkin,1987)。生物群落的概念反映了自然界中有生命(生物)和无生命(非生物)之间的关系。另一位俄罗斯科学家弗纳德斯基(Vernadsky,1926,1986)在《生物圈》一书中确立了生物地球化学循环在生物地理群落中的重要性。这是对生态系统作为一种影响地球物化循环要素的早期解释,明确了其可以作为一个系统改变地球。弗纳德斯基(Vernadsky,1944,1986)得出结论,地球的生物群落的生物组成部分包括自养生物,即能够进行光合作用的绿色植物和化学合成微生物;异养生物,包括动物、真菌、细菌,以及古细菌。因为古细菌能够在酸性、碱性、高盐和高温环境中使用各种来源的能量,它们现在也被包括在内(Woese and Wheelis，1990；Bardgett，2005）。研究表明，因为这些病毒具有转移基因和影响生物死亡率的能力，它们在数量和生态系统功能中的重要性方面与细菌相当（Reavy et al.，2014）。生物群落的其他组成部分包括大气、太阳能、土壤、水和矿物资源（Odum and Odum，1953）。弗纳德斯基（Vernadsky，1986）指出，每个生物地理群落都保持了它们内部的均匀性、结构以及能量交换特点。

正如勒罗伊（LeRoy，1928）所预见的那样，弗纳德斯基的著作也适用于盖亚假说中经常提到的行星地球概念。盖亚假说认为，生物体与地球上的无机环境相互作用，形成一个协同的、自我调节的、复杂的整体性系统，帮助维持和延续地球上的生命。

动物和植物生态学学科在20世纪初已有了一个良好开端。该学科研究动植物的分布和丰度、环境因素的影响、植物之间以及其他有机体之间的相互作用（Weaver，1968）。植物群落演替顶极理论的提出，促进了我们今天所说的生态系统的概念的形成。坦斯利（Tansley，1935）首先定义了生态系统科学的主要思想，这些思想正式包含了上述生态系统的多个概念。尤金（Eugene）和霍华德·奥德姆（Howard Odum，1953）将其扩展为以下内容："生态系统是一个由活的生物体组成的群落，与环境中的非生命组成部分（如空气、水和矿物质土壤）相结合，作为一个相互作用的系统。这些生物和非生物成分被认为通过养分循环和能量流动联系在一起。"后续，哈钦森（Hutchinson，1957）、麦克法登（Macfadyen，1963）和马加莱夫（Margalef，1997）进一步将生物地球化学循环和生态系统方法融入到生态系统概念中。

第二节　跨学科研究的发展

20世纪60年代初期，全球范围内对生态系统生产力开展测量的研究兴趣日益浓厚。正如麦克法登（Macfadyen，1963）所指出的，"一个群落内不同物种的相对重要性，可以更简单地根据它们对群落能量流动的贡献来比较，而不是根据生物量来比较。能够使用最多储存能量的种群对营养物质的快速释放贡献最大。这些能量最终会回到植物体内，从而有助于提高整个群落的能量摄入量。"

国际生物组织决定，将全球范围内测量生态系统能量学和营养动力学作为国际科学联盟理事会(International Council of Scientific Unions, ICSU)(1964年[1]更名为国际科学理事会)发起的国际生物学计划(International Biological Programme, IBP)的一部分(Worthington, 1975)。该计划是国际科学联盟理事会的国际地球物理年(International Geophysical Year, IGY)成功举办之后，又一国际计划。1962年，国际生物科学联合会(International Union of Biological Sciences)主席C. H. 沃丁顿(C. H. Waddington)提出了三个重要的主题，其中之一是"人类与生态：人类如何改变自然环境，可以使其能够长期和最高效率地生产人类所需的东西"(Worthington, 1975)。国际生物学计划最终由七部分组成，其中一个部分专门研究陆地生态群落生产力(Greenaway, 1996)。国际生物学计划的历史详见戴维·C. 科尔曼的研究(Coleman, 2010)。

美国参与这项计划的行动非常缓慢，是因为资深生物学家之间存在意见分歧。一些研究者认为，那些提出的新研究可能收获甚微。该项计划只得到来自非生态学家的大力支持，比如美国斯克里普斯海洋学研究所的海洋学家罗杰·雷维尔(Roger Revelle)的支持。美国国家科学基金会(US National Science Foundation, NSF)于1967年发起了一项重大的生态系统分析新计划，该计划的许多重要过程都被科尔曼(Coleman, 2010)记录下来。在美国国家科学基金会计划的支持下，八个研究生态系统功能的生物群区[2]研究项目得到资助，其中包括草原生物群区、东部落叶林生物群区、沙漠生物群区、针叶林生物群区、高山生物群区和冻原生物群区(Golley, 1993; Aronova et al., 2010; Coleman, 2010)。从1967年开始，以世界草原地区的生产力和整体能量流动为主题，科罗拉多州立大学和其他地处大平原地区的大学开展了美国草原生物群区研究，其他地区的研究还包括加拿大(Coupland, 1979)、捷克共和国(Ülehlova, 1979)、法国、波兰(Petrusewicz, 1967; Petrusewicz and Macfadyen, 1970)、英国、俄罗斯和日本(Numata, 1975)。其目的是为了世界上天然状态下和受到管理的草原地区的合

---

[1] 国际科学联盟理事会(the International Council of Science Unions)是在1998年更名为国际科学理事会(International Council for Science, ICSU)，不是原文提到的1964年。——译者注

[2] 那些在同一自然环境中生存、生长和繁殖并占据优势的植物功能群，可被用来定义该地的陆地生物群区(biome)类型。——译者注

理利用,并从生态学视角提出合理建议(Coupland,1979;Breymeyer and van Dyne,1980)。

该研究实现了监测站点对草原状态变量和过程因素的监测与研究(Coleman,2010),并开展了世界草原微生物群区系(microflora)的文献综述(Clark and Paul,1970),开发了^{14}C等定量分析技术,应用于草原和微生物生物量(Warembourg et al.,1979;Parkinson and Paul,1982)及草原生产力的分析(Shields et al.,1973)。在美国、加拿大、比利时、英国、印度和法国等召开的国内和国际会议上,综合讨论了有关生态系统过程、消费者、分解者、营养循环和初级生产量等有关主题(表3-1),并将重点放在了概念整合上(Petrusewicz,1967;Misra and Gopal,1968;Phillipson,1970;Duvigneaud,1971;Bowen,1972;Breymeyer and Van Dyne,1980;Bliss et al.,1981)。

我们可以说,这五年的美国国际生物学计划就像一个"r-选择[①]"型的生物体:实现了快速增长、演化,并在四年后达到最大增长率。美国国际长期生态学研究网络项目(The International Long Term Ecological Research,ILTER)于1980年启动,并持续发展了数十年,而且没有设定明确的终止日期(Callahan,1984)。从该项目中认识到了长期研究的重要性。国际长期生态学研究网络(The International Long Term Ecological Research,ILTER)(Vanderbilt and Gaiser,2017)由四个子单元组成,影响了全球许多区域[②],如欧洲网络和东太平洋区域网络(Kim et al.,2018)。

生态系统动力学的数学模型是生物群区计划的标志性成果。美国草原研究负责人乔治·范·戴因(George Van Dyne,1969)坚持生态系统动力学数学模型在生物群区计划中的重要地位,并有博士后研究人员先后扎根于几个网络研究站研究工作中(Innis et al.,1980),使得模拟模型得到发展。生态系统动力学数学模型包括:Century-DayCent模型(Parton et al.,1987,1998)、碎屑食物网(Hunt et al.,1987)、草原土壤中碳氮动态的Phoenix模型(McGill et al.,

---

[①] r-选择是指有利于增大内禀增长率的选择。内禀增长率:指当环境在理想条件(无限制因子)下,具有稳定年龄结构的种群所能达到的最大增长率。它充分表现了种群最大潜在生殖能力。又称生物潜能或生殖潜能。——译者注

[②] www.ilter.network/?q=content/networks-and-regions.

1981),用来分析草原、陆地表面和大气过程中的二氧化硫动力学(Coughenour et al.,1980,1993),随后用来开展了将生物地球化学循环和生物多样性,作为生态系统服务的关键驱动力等工作(Moore and de Ruiter,2012;Wall,2012)。

生物群区计划鼓励国际科学家现场访问和国际合作。在美国草原计划(自然资源生态实验室)中,来自加拿大、冰岛、波兰、瑞典、南非、尼日利亚、澳大利亚和英国的研究者开展合作。国际冻原生物群区是最成功的生物群区研究之一,举办了为期一个月的综合研讨会(Bowen,1972),来自20多个国家的科学家参与其中。1972年,草原-冻原国际综合会议强调了两个生物群区研究之间的广泛合作。随后在美国阿拉斯加州费尔班克斯又举办了一次综合会议,讨论了冻原中的土壤生物及其分解过程(Holding et al.,1974)。在几个北极冻原站点,关于甲螨和真菌菌丝现存量之间具有负相关关系的数据,是营养相互作用的重要早期发现,并可能对这些营养有限的北极冻原站点的营养通量(氮和磷)的分析产生重大影响(Whittaker,1974)。在氮和磷养分循环方面的多个知名科学家参与了国际合作(Clark et al.,1980;Coleman et al.,1983)。

表3-1　源自国际生物学计划生物群区研究的重大科学发现

1. 地下过程(根、土壤微生物、土壤有机质、土壤动物和菌根)在陆地生态系统中的重要性。这涉及碳和营养物质的流量,在一些地点占到每年总产量和周转量的75%(Phillipson,1970;Anderson et al.,1978;Clark and Rosswall,1981;Coleman et al.,1983;Weintraub and Schimel,2003)。
2. 服务于生态系统研究中碳和氮循环示踪剂研究的发展(Dahlman and Kucera,1968;Paul and van Veen,1978;Andrén et al.,1990;Coleman and Fry,1991)。
3. 树冠和地下过程在养分循环中的作用,包括固定作用(Rodin and Bazilevich,1967;Paul,1978;Rychnovska,1979;Breymeyer and Van Dyne,1980;Fitter,2005;Moore and de Ruiter,2012)。还有来自几个生物群区的其他例子,其中许多研究是在美国国际生物学计划(IBP)后进行的(e.g.,Nadkarni et al.,2002;Lowman et al.,2009)。
4. 河流连续体概念(stream continuum)从几个流域层面的研究中发展而来,起源于针叶林和落叶林生物群区的合作研究(Triska et al.,1982;Wallace,1988)。这个概念的推论是,通过比较河流中关键养分的吸收和释放路径,例如氮和磷的流入流出等,发现了"养分在螺旋上升"(Webster et al.,1992)。

5. 微生物和动物过程在生态系统功能中至关重要(Petrusewicz, 1967; Petersen and Luxton, 1982)。一些生物群区,例如草原和沙漠,开始于"微生物学和分解作用"的研究,后来发展成"分解作用和营养循环"的研究(Clark and Paul, 1970; Ülehlova, 1979; Anderson and Domsch, 1980; Coleman et al., 1980; Hunt et al., 1987)。

6. 对整个生态系统进行实验,是更好地理解养分循环和整体生态系统恢复力机制所必需的(Bormann and Likens, 1967; Van Dyne, 1969; Coupland, 1979; Burke et al., 1989; Baron and Galvin, 1990)。

7. 生态系统全年活跃。在通常认为的"生长季节(growing season)"之外,诸如根系生长、微生物周转等现象是脉冲型且动态的。在所有的生物群区中都发现了这样的例子(Coleman et al., 1980)。

8. 理论发展与非现场预测(off-site projection)需要跨学科的理解、综合以及建模(Innis et al., 1980; McGill et al., 1981; Parton et al., 1987)。

9. 长期单站点分析和多站点比较的重要性。许多美国站点已成为美国国家科学基金会(NSF)国际长期生态学研究网络(ILTER)的成员,现在已经是美国国家生态观测站网络(NEON)中的一部分(Paul et al., 1997; Pace and Groffman, 1998)。

10. 地上动物群在生物反馈和营养循环中的作用(Kitazawa, 1971; Dyer and Bokhari, 1976; Webb, 1977; Breymeyer, 1980; Zlotin and Khodashova, 1980; Whitford, 2000)。

11. 人为管理的意义(Andrén et al., 1990; Cheeke et al., 2013)。

12. 从纳米、兆米分析再到全球尺度分析生态系统生物地球化学和全球变化的重要性(Burke et al., 1998; Hinckley et al., 2014)。

1975年年底,由于审稿人批评缺乏综合性评价,所以投稿的论文发表在相关科学期刊上的滞后时间很长(Mitchell et al., 1976; Golley, 1993; Coleman, 2010)。尽管一些科学机构开始认为生物群区计划的投入还是不足(Mitchell et al., 1976),但这些计划促使了许多主要生态系统研究中心的建立,其中包括:①马萨诸塞州伍兹霍尔生态系统中心(The Ecosystem Center, Woods Hole, Massachusetts);②生态研究所,即后来的美国佐治亚州雅典市的佐治亚大学奥德姆生态学院(Odum School of Ecology, University of Georgia);③科罗拉多州柯林斯堡的科罗拉多州立大学自然资源生态实验室(NREL);④俄勒冈州立大学森林科学系。附录3-1提供了在美国国际生物学计划后,其中一个生态系统研究中心的简要历史,即自然资源生态实验室的简要历史。众多国际生态系统研究小组从美国国际生物学计划开始合作并发展起来,包括:①位于波兰华沙的生态学研究所(Petrusewicz,1967);②瑞典的阿比斯库科学研究站(Abisko Research Station)的冻原生物群区计划(Sonesson,1980);③几所瑞典大学联合开展的针叶林生态系统研究(Persson,1980);④印度贝拿勒斯印度教大学(Banaras Hindu University)生态系统研究团队(Singh,1968);⑤俄罗斯莫斯科市的苏联科学院地理研究所(Rodin and Bazilevich,1967)。在国际生物学计划(IBP)模式上开发出了其他一些站点,其中包括:①佐治亚大学美国能源部橡树岭(DOE-Oak Ridge)站点,位于美国佐治亚州雅典市;②华盛顿大学;③美国亚利桑那州沙漠站点;④哈佛大学森林站点;⑤陆地边缘生态系统研究地点。所有这些增加了从陆地到水生生态系统的连接,例如佐治亚州和佛罗里达州海岸生态系统项目。几个北极和南极国际长期生态学研究网络(LTER)站点的加入,增强了这些大型跨学科生态系统研究计划的国际影响力。其他列表详见科尔曼(Coleman,2010)。

美国国家委员会为国际生物学计划最终报告提出了以下建议,其中包括:"由于人类是大多数生态系统中不可或缺的组成部分,因此关于人类种群对环境压力的生物和社会反应,需要制定新的研究计划以增进对其理解"(National Academy of Sciences,NAS,1974)。因此,在国际生物学计划(IBP)之后,联合国教科文组织人与生物圈计划于1971年启动(Greenaway,1996),将研究重点放在生态系统与人类种群之间的相互作用。

1969年,国际科学联盟理事会成立了环境问题科学委员会(Scientific Committee on Problems of the Environment,SCOPE),以识别和研究那些由人类和环境所引发的或影响的新兴议题。第一份报告是为1972年在斯德哥尔摩举行的联合国人类环境会议而编写的。早期的行动是研究解决人类如何影响碳、氮、磷和硫迁移,分析其生物地球化学循环过程(Cowling,1977;Bolin et al.,1979)。

第三节 向社会生态系统转换的范式

管理生态系统的方法,可以被认为是综合考虑了以下几方面:①坦斯利、奥德姆及其他科学家发展起来的生态系统科学;②生物地球化学循环研究(Vernadsky,Gaia);③人类对生态系统的影响(从 G. P. 马什到人类世)。《生物多样性公约》(CBD)将生态系统方法定义为"土地、水和生物资源综合管理战略,以公平的方式促进保护和可持续利用"(生物多样性公约,2000)。

跨十年时间的研究,生物群区计划的发现(表 3-1)包括了许多生态系统格局和过程机理,其中一些成果验证弗纳德斯基等一批有远见卓识的科学家的预言。重要的发现包括:①真核生物(真菌和动物群)和原核生物(古细菌和细菌)在多尺度对生物地球化学循环方面的驱动作用,其尺度范围横跨景观尺度到生物圈尺度(Moore and de Ruiter,2012;Hinckley et al.,2014);也发现了其对地下过程的主导地位,例如大多数陆地生态系统中菌根、非菌根真菌以及动物群在碎屑食物网中的重要作用(Petersen and Luxton,1982)。②使用示踪剂来测量根系的生产力和周转量(Dahlman and Kucera,1968;Singh and Coleman,1974;Warembourg and Paul,1977)。③偶发性天气事件的显著影响,这些影响往往发生在通常定义的"生长季节"之外(Coleman,2010)。这些生物群区研究促进了微生物学家、植物学家、动物学家和水文学家之间的合作。后来,对生物地球化学循环和全球变化过程的重视,使得生态系统科学家与气候学家、化学家等合作成为必然。这些合作通过国际地圈生物圈计划(IGBP)在国际层面得到促进(1986~2015;Steffen et al.,2004;Canadell et al.,2007)。

土壤是陆地生态系统的"核心组织原则"(central organizing principles),即体现土壤有机质的长期"整体记忆"(corporate memory)(Coleman et al.,1998)。这一概念在专题论著和教科书中经常被提及(Pace and Groffman,1998;Fitter,2005;Moore and de Ruiter,2012;Paul,2015)。因此,全球生物地球化学过程的概念,已经超越了盖亚假说中早期的固有概念。在国际地圈生物圈计划的框架内,克鲁岑和斯托莫(Crutzen and Stoermer,2000)建议对地质年代进行新的划分,"通过建议在当前地质时代使用'人类世'一词,来强调人类在地质和生态学中的核心作用"(表 3-2)。

表3-2 对生态系统研究有影响的美国及其他国际计划

时间	计划
1845年至今	长期农业和森林试验站
1957~1958年	国际地球物理年(IGY；国际科学联盟理事会，ICSU)
1964~1974年	国际生物学计划(IBP；国际科学联盟理事会，ICSU)
1969年至今	环境问题科学委员会(SCOPE；国际科学联盟理事会，ICSU)生物地球化学循环计划
1972年至今	人与生物圈计划(联合国教科文组织)
1980年至今	长期生态学研究网络(LTER)与国际长期生态学研究网络(ILTER)
1980年至今	世界气候研究计划(World Climate Research Program，WCRP)
1987~2015年	国际地圈生物圈计划(IGBP)
1991~2014年	国际生物多样性计划(International Program for Biodiversity，DIVERSITAS)
1996~2016年	全球环境变化国际人文因素计划(IHDP)
1998~2028年	国家生态观测站网络(NEON)
2001~2012年	地球系统科学联盟(Earth System Science Partnership，ESSP)
2005年	千年生态系统评估(MA)
2012年至今	生物多样性和生态系统服务政府间科学政策平台(IPBES)
2013年至今	未来地球(Future Earth)——全球可持续性研究计划
2015~2030年	联合国改造我们的世界：2030年可持续发展议程与17个可持续发展目标(SDG)
2018年	国际科学理事会与国际社会科学理事会合并①

目前，关于人类世(Lewis and Maslin，2015)是否作为地质年代一部分(Crutzen and Stoermer，2000)的争论表明，由人为引起的全球生物地球化学循环的变化，已经超出了地球系统主要通过自我调节的可能性。为了理解土地覆

---

① 2018年，联合国教科文组织的两大长期合作伙伴国际科学理事会(International Council for Science，简称ICSU)与国际社会科学理事会(International Social Science Council，简称ISSC)合并，仍名为国际科学理事会(International Science Council，简称ISC，英文名称有变化)。——译者注

盖和土地利用变化对地球系统运行的重要性,以及这些变化如何影响陆地生态系统,需要社会科学家参与其中。国际地圈生物圈计划启动了多个项目,来解决这一关键问题(Lambin and Geist,2006)。基于这些研究的经验,自然科学和社会科学在全球变化研究的其他领域的密切合作,显然是非常必要的。这也促成了地球系统科学联盟(Earth System Science Partnership)的建立(ESSP,2002;Ignaciuk et al.,2012)。然而,自然科学和社会科学的学科整合是有挑战性的(Mooney et al.,2013)。

作为千年生态系统评估(MA,2005)中最突出的成果,生态系统服务的概念(Costanza et al.,1997;Daily,1997;Wall,2012)如今已在全球范围内被广泛接受,它将生态系统提供的服务分为:①供给服务(食品、淡水、木材和纤维),②调节服务(气候调节、洪水和疾病控制、水质净化),③支持服务(营养循环、土壤形成、初级生产量),④文化服务(审美的、精神上的、有教育意义的和可娱乐的服务)(MA,2005)。千年生态系统评估,试图量化人类对生态系统服务的影响,并给各种生态系统服务赋予货币价值(de Groot et al.,2012)。其作为生物多样性和生态系统服务政府间科学政策平台(Intergovernmental Science Policy Platform on Biodiversity and Ecosystems Services,IPBES),评估框架的基础也很重要。康斯坦扎等(Costanza et al.,2017)倡议,将生态系统服务作为经济理论和实践所需的根本变革的核心,不仅要解决环境问题,还要解决经济和社会这些可持续发展组成部分的问题。因此,生态系统方法现在已成为全球政策考虑的一部分,例如《生物多样性公约》(Convention on Biological Diversity,CBD)对实现大多数可持续发展目标至关重要(ICSU-ISSC,2015)。

为支持五项国际公约及许多国家的协会而开展的千年生态系统评估(MA),认识到需要与自然合作而不是对抗自然,才能提供社会赖以生存的生态系统服务。因此,科学和政策之间的联系得到了加强,生态系统方法的重要性得到了认可。文化生态系统服务的纳入,凸显了人文参与的必要性(Diaz et al.,2018)。基于地球系统稳定性调节的内在生物物理过程,行星边界理论(Rockström et al.,2009)为人类定义了一个安全的操作空间(Steffen et al.,2015)。

随着2015年联合国可持续发展目标的确立,国际科学界面临的挑战是,如何提供必要的见解以使发展路径具有可持续性。由于出发点的不同,将全球变化研究界与致力于这些发展议题的科学家联系起来并非易事(Bizikova et al.,2007)。未来地球于2015年启动,旨在推进全球可持续发展科学,在这个迅速扩大的研究领域进行能力建设,并提供国际研究的议事日程,以引导全球自然和社会科学家(Bondre,2015;Rockström,2016)。

这些强有力的生态系统计划的亮点之一是,涉及多种科学思想、跨越了不同学科,形成了跨学科国际纽带。培养这样一支较高技术水平、相互交流、具有强烈的生态系统观点和长期利益目标的科学家团队,需要进行长期规划和承诺(Wall,2004,2012)。无论是作为一门科学,还是作为对社会问题的回应,生态系统科学在生态学、农学、林学和生物地球化学的整合中发挥了重要作用。虽然自然系统仍然是理解生态系统结构和功能的基本知识的良好来源,但全球大部分地区现在均受到人为影响,需要采取综合的方法,包括理解土地利用、土地覆被变化的社会驱动因素(Lambin et al.,2001)。生态系统科学在过去50年里取得了持续进展,从关注不同生物群区内的国际合作,转变为将地球运转作为一个系统的基础支撑,国际地圈生物圈计划和其他计划科学的进展证明了这一点,同时也转变为将地球运行作为气候变化的重要驱动力和调节器的基础理论支撑。为了相互关联的社会生态系统的制定政策、这些政策的后果预测,以及其效果评估,来自多个学科的政策制定者和科学家共同努力,是非常有必要的(Carpenter et al.,2009)。

本章使用的生态系统定义(Odum and Odum,1953;CBD,2000)涉及生物群落与其所在环境的相互作用。根据这个定义,生态系统在地球上已经存在了大约40亿年,有人类居住只是发生在过去的几百万年的时间里。对自然科学的书面理解基本上始于300年前,但在19世纪后期才取得了重大突破。理解自然界中各个组分之间如何发生相互作用是如此复杂,并涉及多个学科。因此,系统科学方法得以诞生,并被冠以各种称谓。人们还认识到,由于自然界在空间和时间上的可变性,大多数研究需要在组织良好的长期研究站点上开展(Hinckley et al.,2014)。这种方法现在被认为是自然组织方法,并在农业、林业和牧业管理中,以及在自然系统中得到广泛应用(Sage,1995;Richerson et al.,2001)。

以农作物种植和动物养殖口口相传的传统经验(oral traditions)为农业的开端,以及人类集中聚居地,都将是不可持续的。主要的原因是过度使用土壤资源,并造成污染(如滥用灌溉水引发的盐分累积),而且在最后一个冰河时期之后发生了气候变化。目前,世界上只有极少数地区不受人类活动的影响,因此需要将社会经济学研究作为生态系统研究的重要组成部分,以维持可持续的生态系统(Wall,2012)。

让来自许多不同学科的物理学、生物学和社会科学家以及利益相关者共同制定研究问题和从事具有重要社会影响的工作,是必不可少的。在许多情况下,科学家必须从象牙塔上走出来与社会进行互动。我们需要通过基础研究来理解生态系统的各个组成部分,需要通过跨学科研究来理解复杂问题(例如,DeFries and Nagendra,2017年的工作等),也需要通过超越学科的研究来与社会互动(Lang et al.,2012)。我们必须具备依靠广泛知识的能力,而这些知识需要跨学科和跨领域研究(Klein,2008)。有很多机会可以运用生态系统方法来推动议程实施,例如《联合国2030年可持续发展议程》,该议程强调了生态系统服务对可持续发展目标的重要性,并阐明了17个可持续发展目标之间的相互作用(Griggs et al.,2017)。如果我们要应对粮食安全保障(Food and Agricultural Organization,FAO,1983)方面的挑战,以及适应和减缓气候变化所带来的挑战,所有这些都是必要的。

幸运的是,有很多机会可以实现上述目标。卫星观测实现更精细的尺度监测,并获得数据。现在,数据管理使得更多的研究人员更容易获得数据。建模取得迅速的持续性进展,同时大数据处理和实际数据的整合能力不断增强。中国等国家的大量新研究人员,将已知知识整合到与自身社会需求相关的新问题中。由于分子技术的应用而引发的生物学革命,正在从仅仅使用新方法来确定当前知识的基础,转变为提出与生物群落多样性及其功能相关的重要问题。国际科学理事会(ICSU)与国际社会科学理事会(International Social Science Council,ISSC)的合并,表明了社会、经济、物理和生物科学整合的重要性目前已经得到了更好的认可。因此,本书的读者面临的挑战是,需要在科学、技术和社会经济进步方面向更高难度迈进。生态系统方法是一个自然的、有组织的机遇,可用于所需的研究、教学和社会推广,并期望在这一重要领域的各个方面都取得重大进展。

附录3-1 自然资源生态实验室的简要历史

在国际生物学计划成立之后的初期,完成的研究项目如下:

(1) F. E. 克拉克(Clark,1977)建立了长期的氮15地块(^{15}N plots),这些地块至今仍作为研究使用。

(2)美国环境保护局(EPA)的鲍勃·伍德曼斯(Bob Woodmansee)、杰里·多德(Jerry Dodd)、比尔·劳恩斯(Bill Lauenenth)(当时为博士后)和迈克·科夫努尔(Mike Coughenour)测量了二氧化硫对混合型草原整季(season-long)的影响(Lauenenth and Preston,1984)。

(3) 戴维·科尔曼、帕特·里德(Pat Reid)、唐·克莱因(Don Klein)和维恩·科尔(Vern Cole)测量了地下过程,包括在限菌(gnotobiotic)的微观环境中对微生物、动物群、根系和养分循环的研究。这项研究主要发现了噬食微生物动物群(原生生物、线虫和微型节肢动物)的营养相互作用,显著增加了土壤养分,促进植物生长(Coleman et al.,1983;Ingham et al.,1985)。

(4) 对模拟建模的专业知识的需求,促使比尔·亨特(Bill Hunt)重新加入自然资源生态实验室。实验室有一批工作勤奋的研究生,如研究土壤的泰德·爱略特(Ted Elliott)、研究噬食微生物的动物群及其对土壤中氮和磷循环的影响的鲁斯·英厄姆(Russ Ingham)。

(5) 梅尔·戴尔(Mel Dyer)和苏纳布·博哈里(Unab Bokhari)(1976)领导了一个成功的项目,这个项目研究食草动物对植物呼吸和由食草动物诱发的植物叶片生物化学物质变化的影响。这个在科学上取得成功的项目获得了数年的资助。

(6) 鲍勃·伍德曼斯开展了一项由美国国家科学基金会资助的,以草原氮循环为主题的研究,研究的重点是尿液和粪块中有机氮和无机氮的去向。这个项目是大卫·席梅尔杰出科学事业的助推器(Woodmansee,1978)。

(7) 自然资源生态实验室的几个项目继续快速建模并快速推进,包括威廉·J. 帕顿(William J. Parton)、泰德·爱略特和丹尼斯·S. 小岛吉雄的研究。特别值得注意的是 Century 模型的发展,它是全球使用和引用最广泛的土壤有机质模型之一。

(8) 20 世纪 80 年代初,吉姆·埃利斯和戴夫·斯威夫特(Jim Ellis and Dave Swift,1988)将生态系统研究和人类学的学科,与用于肯尼亚北部图尔卡纳(Turkana)地区的游牧牧民研究的几笔资助基金联系起来。这项工作为他们及其学生(例如莱恩·科波克)赢得了巨大的国际声誉。这项研究今天仍在继续。

(9) 鲍勃·伍德曼斯、比尔·劳恩罗斯(Bill Lauenroth)及其同事于 1981 年获得了波尼站点(Pawnee Site)长期生态学研究网络(LTER)资助,后来被更名为"矮草草原"项目。

(10) 吉姆·德特林(Jim Detling)、莱恩·科波克、梅尔·戴尔和博士后研究员鲁斯·英厄姆对波尼站点进行了一项长期研究。他们将草原土拨鼠作为禾草和混合草草原中的关键指示生物开展研究,并在美国风洞国家公园建立了实验用的围墙和围栏(Coppock et al.,1980)。

(11) 维恩·科尔、戴维·科尔曼、加里·彼得森(Gary Peterson)等在美国国家科学基金会和美国农业部的资助下,成功发起了"大平原项目"(Great Plains Project),以研究耕作农业对土壤肥力的影响。

(12) 社会科学的工作得到了很好的认可,尤其是凯西·加尔文在非洲的工作。

自 1967 年自然资源生态实验室成立以来,历届实验室主任都成功地增加了各种计划的资助和发展。詹姆斯·吉布森(James Gibson)在 1974～1984 年间担任实验室主任,在 20 世纪 80 年代末 90 年代初再次担任实验室主任。他的工作促进了在自然与环境科学大厦内自然资源生态实验室现有基础实验设备的搭建。罗伯特·G. 伍德曼斯在 20 世纪 80 年代担任实验室主任时,为一些自然资源生态实验室研究科学家提供了兼职,从而保证了人员的稳定性。1993～2005 年,狄安娜·沃尔(Diana Wall)担任实验室主任,为几名新员工和博士后提供了职位。她在南极的研究和可持续性的生态系统服务研究非常成功。现任主任约翰·C. 摩尔自2006年起领导该实验室，成功地强化了与科罗拉多州立大学在学术方面联系，包括推动生态系统科学与可持续性系（Department of Ecosystem Science and Sustainability）的发展等工作。目前，该系有400名本科生、一个理学硕士课程（MS program）及20名教员，所有这些都与自然资源生态实验室密切相关。为了进一步发展环境教育，约翰寻求美国教育部和国家科学基金会等更广泛机构的资助。自然资源生态实验室、生态系统科学与可持续性系，以及其他科罗拉多州立大学学院和部门之间对教师的联合任命，能够继续维持一门成功的学位课程；在这个学术团队中，友谊推动了理论和系统评价方法的发展。

在过去和现在，自然资源生态实验室大量研究项目，覆盖了许多在当地、美国国内和国际上都非常重要的学术计划领域。如上所述，自然资源生态实验室的科学家们，仍在制定国际研究议程方面发挥着积极作用。

参 考 文 献

Anderson, J. F., and Domsch, K. H. (1980). Quantities of plant nutrients in the microbial biomass of selected soils. *Soil Science*, 130, 211–16.

Anderson, R. V., Elliott, E. T., McClellan, J. F., et al. (1978). Trophic interactions in soils as they affect energy flow and nutrient dynamics III: Biotic interactions of bacteria, amoebae and nematodes. *Microbial Ecology*, 4, 361–71.

Andrén, O., Lindberg, T., Paustian, K., and Rosswall, T., eds. (1990). *Ecology of Arable Land: Organisms, Carbon and Nitrogen Cycling*. Ecological Bulletin, 40. Copenhagen: Munksgaard International, 85–126.

Aronova, E., Baker, K. S., and Oreskes, N. (2010). Big science and big data in biology: From the IGY through the IBP to the LTER, 1957–present. *Historical Studies in the Natural Sciences*, 40, 183–224.

Bardgett, R. (2005). *The Biology of Soil: A Community and Ecosystem Approach*. Oxford: Oxford University Press.

Baron, J., and Galvin, K. A. (1990). Future directions of ecosystem science. *BioScience*, 40, 640–2.

Bizikova, L., Robinson, J., and Cohen, S. (2007). Linking climate change and sustainable development at the local level. *Climate Policy*, 7, 271–7.

Bliss, L. C., Heal, O. W., and Moore, J. J., eds. (1981). *Tundra Ecosystems: A Comparative Analysis*. IBP Publication No. 25. Cambridge: Cambridge University Press.

Bolin, B., Degens, E. T., Kempe, S., and Ketner, P., ed. (1979). *The Global Carbon Cycle. SCOPE Report* 13, Chichester, New York, Brisbane, Toronto: John Wiley and Sons.

Bondre, N. (2015). Towards Future Earth. *Global Change Newsletter*, 84, 32–5.

Bormann, F. H., and Likens, G. E. (1967). Nutrient Cycling. *Science*, 155, 424–9.

Bowen, S., ed. (1972). *Proceedings 1972 Tundra Biome Symposium*. US IBP Tundra Biome Report, July 1972. Hanover, NH: USA-CRREL.

Brady, N. C. (1984). *The Nature and Properties of Soils*, 9th edn. New York: Macmillan Publishing.

Breymeyer, A. I. (1980). Trophic structure and relationships. In *Grasslands, System Analysis and Man*, ed. A. I. Breymeyer and G. M. Van Dyne. Cambridge: Cambridge University Press, 799–819.

Breymeyer, A. I., and Van Dyne, G. M. (1980). *Grasslands, System Analysis and Man*. Cambridge: Cambridge University Press.

Brock, W. H. (1997). *Justus von Liebig: The Chemical Gatekeeper*. Cambridge: Cambridge University Press.

Burke, I. C., Lauenroth, W. K., and Wesman, C. A. (1998). *Progress in Understanding Biogeochemical Cycles at Regional to Global Scales! Successes, Limitations, and Frontiers in Ecosystem Science*. New York: Springer Verlag, 165–94.

Burke, I. C., Yonkers, C. M., Parton, W. J., Cole, C. V., and Schimel, D. S. (1989). Texture, climate, and cultivation effects on soil organic matter content in U.S. grassland soils. *Soil Science Society of America Journal*, 53, 800–5.

Callahan, J. T. (1984). Long-term ecological research. *BioScience*, 34, 363–7.

Canadell, J. G., Pataki, D. E., and Pitelka, L. F., eds. (2007). *Terrestrial Ecosystems in a Changing World*. New York: Springer Verlag.

Carpenter, S. R., Mooney, H. A., Agard, J., et al. (2009). Science for managing ecosystem services: Beyond the Millennium Ecosystem Assessment. *Proceedings of the National Academy of Sciences of the United States of America*, 106 (5), 1305–12.

Cheeke, T. E., Coleman, D. C., and Wall, D. H., eds. (2013). *Microbial Ecology of Sustainable Agroecosystems*. Boca Raton, FL: CRC Press.

Clark, F. E. (1977). Internal cycling of ^{15}N in shortgrass prairie. *Ecology*, 58, 1322–33.

Clark, F. E., and Paul, E. A. (1970). The microflora of grassland. *Advances in Agronomy*, 22, 375–435.

Clark, F. E., Cole, C. V., and Bowman, R. A. (1980). Nutrient cycling. In *Grassland System Analysis and Man, International Biological Programme 19*, ed. A. I. Breymeyer and G. M. Van Dyne. Cambridge: Cambridge University Press, 659–712.

Clark, F. E., and Rosswall, T., ed. (1981). *Terrestrial Nitrogen Cycles: Processes, Ecosystem, Strategies and Management Impacts*. Ecological Bulletin, 33. Stockholm: Swedish Natural Science Research Council.

Coleman, D. C. (2010). *Big Ecology: The Emergence of Ecosystem Science*. Berkeley: University of California Press.

Coleman, D. C., Callaham, M., and Crossley, D. A. (2018). *Fundamentals of Soil Ecology*, 3rd edn. San Diego: Elsevier.

Coleman, D. C., and Fry, B., ed. (1991). *Carbon Isotope Techniques in Plant, Soil, and Aquatic Biology*. San Diego: Academic Press.

Coleman, D. C., Hendrix, P. F., and Odum, E. P. (1998). Ecosystem health: An overview. In *Soil Chemistry and Ecosystem Health*, ed. P. H. Wang. Special Publication No. 52. Madison, WI: Soil Science Society of America, 1–20.

Coleman, D. C., Reid, C. P. P., and Cole, C. V. (1983). Biological strategies of nutrient cycling in soil systems. *Advances in Ecological Research*, 13, 1–55.

Coleman, D. C., Sasson, A., Breymeyer, A. I., et al. (1980). Decomposers subsystem. In *Grasslands, System Analysis and Man*, ed. A. I. Breymeyer and G. M. Van Dyne. Cambridge: Cambridge University Press, 609–55.

Convention on Biological Diversity (CBD) (2000). *CBD Convention of the Parties (COP) 5th meeting*, Decision V/6.

Coppock, D. L., Detling, J. K., and Dyer, M. I. (1980). *Interactions among Bison, Prairie Dogs, and Vegetation in Wind Cave National Park*. Final report to National Park Service, Wind Cave National Park, Hot Springs, S.D.

Costanza, R., d'Arge, R., de Groot, R., et al. (1997). The value of the world's ecosystem services and natural capital. *Nature*, 387, 253–60.

Costanza, R., de Groot, R., Braat, L., et al. (2017). Twenty years of ecosystem services: How far have we come and how far do we still need to go? *Ecosystem Services*, 28, 1–16.

Coughenour, M. B., Kittel, T. G. F., Pielke, R. A., and Eastman, J. (1993). *Grassland/Atmosphere Response to Changing Climate: Coupling Regional and Local Scales*. Final Report to US Deptartment of Energy, DOE/ER 60932-3.

Coughenour, M. B., Parton, W. J., Lauenroth, W. K., Dodd. J. L., and Woodmansee, R. G. (1980). Simulation of a grassland sulfur-cycle. *Ecological Modeling*, 9, 179–213.

Coupland, R. T. (1979). *Grassland Ecosystems of the World*. Cambridge: Cambridge University Press.

Cowling, D. W. (1977). *Nitrogen, Phosphorus and Sulphur: Global Cycles (SCOPE Report 7)*, ed. B. H. Svensson and R. Söderlund. Ecological Bulletin, 22. Stockholm: Swedish Natural Science Research Council.

Crutzen, P. J., and Stoermer, E. F. (2000). The "Anthropocene." *Global Change Newsletter*, 41, 17–18.

Dahlman, R., and Kucera, C. (1968). Tagging native grassland vegetation with carbon-14. *Ecology*, 49, 1199–203.

Daily, G. C. (1997). *Nature's Services: Societal Dependence on Natural Ecosystems*. Washington, DC: Island Press.

Darwin, C. (1837). On the formation of mold. *Transactions Geological Society of London*, 5, 505.

  (1881). *The Formation of Vegetable Mold through the Action of Worms with Observations of Their Habits*, ed. J. Murray. London: Wallace Clowes and Sons.

DeFries, R., and Nagendra, H. (2017). Ecosystem management as a wicked problem. *Science*, 356, 265–70.

De Groot, R., Brander, L., van der Ploeg, S., et al. (2012). Global estimates of the value of ecosystems and their services in monetary units. *Ecosystem Services*, 1, 50–61.

Diaz, S., Pasenal, U., Stenseke, M., et al. (2018). Assessing nature's contributions to people. *Science*, 359, 270–3.

Duvigneaud, P., ed. (1971). *Productivity of Forest Ecosystems: Proceedings of the Brussels Symposium*. Paris: Unesco.

Dyer, M. I., and Bokhari, U. G. (1976). Plant–animal interactions: Studies of the effects of grasshopper grazing on blue grama grass. *Ecology*, 57, 762–72.

Ellis, J. E., and Swift, D. M. (1988). Stability of African pastoral ecosystems: Alternate paradigms and implications for development. *Journal of Range Management*, 41, 450–9.

Feller, C. L. (1997). The concept of humus in the past three centuries. In *History of Soil Science*, ed. D. H. Yaalon and S. Berkowicz. Advances in Geoecology 29. Reiskirchen, Germany: Catena Verlag GMBH, 15–46.

Feller, C., Blanchart, E., and Yaalon, D. H. (2006). Some major scientists (Palissy, Buffon, Thaer, Darwin and Muller) have described profiles in soil and developed soil survey techniques before 1883. In *Footprints in the Soil: People and Ideas in Soil History*, ed. B. P. Warkentin. Amsterdam: Elsevier, 85–105.

Feller, C. L., Thuriès, L. J.-M., Manlay, R. J., Robin, P., and Frossard, E. (2003). The principles of rational agriculture by Albrecht Daniel Thaer (1752–1828): An approach to the sustainability of cropping systems at the beginning of the 19th century. *Journal of Plant Nutrition and Soil Science*, 166, 687–98.

Fitter, A. (2005). Darkness visible: Reflections on underground ecology. *Journal of Ecology*, http://doi.1111/j.1365–2745.2005.00990.x.

Food and Agricultural Organization (FAO). (1983). *World Food Security: A Reappraisal of the Concepts and Approaches*. Director General's Report. Rome: FAO.

Golley, F. B. (1993). *History of the Ecosystem Concept in Ecology: More than the Sum of Its Parts*. New Haven, CT: Yale University Press.

Greenaway, F. (1996). *Science International: A History of the International Council of Scientific Unions*. Cambridge: Cambridge University Press.

Griggs, D. J., Nilsson, M., Stevance, A., McCollum, M., eds. (2017). *A Guide to SDG Interactions: From Science to Implementation*. Paris: International Council for Science (ICSU).

Haeckel, E. (1879). Über Entwicklungsgang und Aufgabe der Zoologie. In *Gesammelte Populaere Vortraege aus dem Gebiete der Entwicklungslehre*. Zweites Heft. Bonn: Verlag Emil Strauss.

Hinckley, E. S., Wieder, W., Fierer, N., and Paul, E. A. (2014). Digging into the soil beneath our feet: Bridging knowledge across scales in the age of global change. *EOS, Transactions, American Geophysical Union*, 95(11), 95–7.

Holding, A. J., Heal, O. W., MacLean, S. F., and Flanagan, P. W., eds. (1974). *Soil Organisms and Decomposition in Tundra*. Stockholm: Tundra Biome Steering Committee, 227–47.

Hunt. H. W., Coleman, D. C., Ingham, E. R., et al. (1987). The detrital food web in a short grass prairie. *Biology and Fertility of Soils*, 3, 57–68.

Hutchinson, G. E. (1957). *A Treatise on Limnology*. Vol. 1. New York: Wiley.

Ignaciuk, I., Rice, M., Bogardi, J., et al. (2012). Responding to complex societal challenges: A decade of Earth System Science Partnership (ESSP) interdisciplinary research. *Current Opinion in Environmental Sustainability*, 4, 147–58.

Ingham, R. E., Trofymow, J. A., Ingham, E. R., and Coleman, D. C. (1985). Interactions of bacteria, fungi, and their nematode grazers: Effects on nutrient cycling and plant growth. *Ecological Monographs*, 55, 119–40.

Innis, G. S., Noy-Meir, I., Godron, M., and Van Dyne, G. M. (1980). Total ecosystem simulation models. In *Grasslands, System Analysis and Man*, ed.

A. I. Breymeyer and G. M. Van Dyne. Cambridge: Cambridge University Press, 759–98.
International Council of Scientific Unions (ICSU-ISSC). (2015). *Review of the Sustainable Development Goals: The Science Perspective*. Paris: International Council for Science (ICSU).
Kim, E.-S., Trisurat, Y., Muraoka, H., et al. (2018). The International Long-Term Ecological Research–East Asia–Pacific Regional Network (ILTER-EAP): History, development, and perspectives. *Ecological Research*, 33, 19–34.
Kitazawa, Y. (1971). Biological regionality of the soil fauna and its function in forest ecosystem types. In *Productivity of Forest Ecosystems*, ed. P. Duvigneaud. Paris: Unesco, 485–98.
Klein, J. T. (2008). Evaluation of interdisciplinary and transdisciplinary research: A literature review. *American Journal of Preventative Medicine*, 35(28), S116–S123.
Lambin, E. F., and Geist, H. J., eds. (2006). *Land-Use and Land-Cover Change*. Berlin: Springer Verlag.
Lambin, E. F., Turner, B. L., Geist, H. J., et al. (2001). The causes of land-use and land-cover change: Moving beyond the myths. *Global Environmental Change*, 11, 261–9.
Lang, D. J., Wiek, A., Bergmann, M., et al. (2012). Transdisciplinary research in sustainability science: Practice, principles, and challenges. *Sustainability Science*, 7 (Suppl. 1), 25–43, https://doi.org/10.1007/s11625–011–0149-x.
Lauenroth, W. K., and Laycock, W.A. (1989). *Secondary Succession and the Evaluation of Rangeland Condition*. Boulder, CO: Westview Press.
Lauenroth, W. K., and Preston, E. M., ed. (1984). *The Effects of SO_2 on a Grassland: A Case Study in the Northern Great Plains of the United States*. Ecological Studies, 45. New York: Springer Verlag.
Lawes J. B., and Gilbert, J. H. (1851). Agricultural chemistry especially in relation to the mineral theory of Baron Liebig. *Journal of the Royal Agricultural Society of London*, 12(1). London: R. Clowes and Sons.
LeRoy, E. (1928). *Les origines humaines et l'évolution de l'intelligence, III: La noosphère et l'hominisation*. Paris: Boivin.
Lewis, S. L., and Maslin, M. (2015). Defining the Anthropocene. *Nature*, 519, 171–80.
Lovelock, J. E. (1972). Gaia as seen through the atmosphere. *Atmospheric Environment*, 6, 579–80.
Lowman, M., D'Avanzo, C., and Brewer, C. (2009). A national ecological network for research and education. *Science*, 323, 1172–3.
Macfadyen, A. (1963). *Animal Ecology: Aims and Methods*. London: Pitman.
Margalef, R. (1997). *Our Biosphere*. Oldendorf, Germany: Ecology Institute.
Marsh, G. P. (1864). *Man and Nature, or Physical Geography as Modified by Human Action*. Facsimile of first edition, ed. David Lowenthal. Seattle: University of Washington Press.
McGill, W. B., Hunt, H. W., Woodmansee, R., and Ruess, J. O. (1981). PHOENIX, a model of the dynamics of carbon and nitrogen in grassland soils. In *Terrestrial Nitrogen Cycles: Processes, Ecosystem Strategies, and Management Impacts*, ed. F. E. Clark and T. Rosswall. Ecological Bulletin, 33. Stockholm: Swedish Natural Science Research Council, 40–115.

Millennium Ecosystem Assessment (MA). (2005). *Ecosystems and Human Well-being: Synthesis*. Washington, DC: Island Press.

Miller, R. W., and Gardiner, D. T. (1998). *Soils in Our Environment*. Upper Saddle River, NJ: Prentice Hall.

Mirkin, B. M. (1987). Paradigm change and vegetation classification in Soviet phytocoenology. *Vegetatio*, 68, 131–8.

Misra, R., and Gopal, B., eds. (1968). *Proceedings of the Symposium on Recent Advances in Tropical Ecology, Part II*. Varanasi, India: International Society for Tropical Ecology.

Mitchell, R., Mayer, R. A., and Downhower, J. (1976). Evaluation of 3 Biome Programs. *Science*, 192, 859–65.

Möbius, K. (1877). *Die Auster und die Austernwirtschaft*. Berlin: Verlag von Wiegandt, Hemple & Parey. (English translation: *The Oyster and Oyster Farming*.) *U.S. Commission Fish and Fisheries Report*, 1880, 683–751.

Mooney, H. A., Duraiappah, A., and Larigauderie, A. (2013). Towards future Earth: Evolution or revolution? *Proceedings of the National Academy of Sciences (PNAS)*, 110, 3665–72.

Moore, J. C., and de Ruiter, P. C. (2012). *Energy Food Webs: An Analysis of Real and Model Ecosystems*. Oxford: Oxford University Press.

Müller, P. E. (1884). Studier over Skovjord, som Bidrag til Skovdyrkningens Teori: Om Muld og Mor i Egeskove og paa Heder. *Tidskrift for Skovbrug*, 7, 1.

Nadkarni, N., Schaefer, D., Matelson, T. J., and Solano, R. (2002). Comparison of arboreal and terrestrial soil characteristics in a lower montane forest, Monteverde, Costa Rica. *Pedobiologia*, 46, 24–33.

National Academy of Sciences (NAS). (1974). *U.S. Participation in the International Biological Program*. Report No. 6. Washington, DC: NAS.

Numata, M., ed. (1975). *Ecological Studies in Japanese Grasslands, with Special Reference to the IBP Area*. Tokyo: University Tokyo Press.

Odum, E. P., and Odum, H. T. (1953). *Fundamentals of Ecology*. Philadelphia: Saunders.

Pace, M. L, and Groffman, P. A., eds. (1998). *Successes, Limitations and Frontiers in Ecosystem Science*. New York: Springer.

Parkinson, D., and Paul, E. A. (1982). Microbial biomass. In *Methods of Soil Analysis, Part 2 – Chemical and Microbiological Properties*, 2nd edn., ed. A. L. Page, R. H. Miller, and D. R. Keeney. Agronomy Monograph 9. Madison, WI: American Society of Agronomy, 821–30.

Parton, W. J., Hartman, M., Ojima, D., and Schimel, S. (1998). DAYCENT and its land surface sub model: Description and testing. *Global and Planetary Change*, 19, 32–48.

Parton, W. J., Schimel, D. S., Cole, C. V., and Ojima, D. S. (1987). Analysis of factors controlling soil organic matter levels in Great Plains grasslands. *Soil Science Society of America Journal*, 51, 1173–9.

Paul, E. A. (1978). Contribution of nitrogen fixation to ecosystem functioning and nitrogen fluxes on a global basis. In *Environmental Role of Nitrogen-Fixing Blue-Green Algae and Asymbiotic Bacteria*, ed. V. Granhall. Ecological Bulletin, 26. Stockholm: Swedish Natural Science Research Council, 282–93.

  (2015). *Soil Microbiology, Ecology and Biochemistry*, 4th edn. San Diego, CA: Elsevier, Academic Press.

Paul, E. A., and Clark, F. E. (1989). *Soil Microbiology and Biochemistry*. San Diego, CA: Elsevier, Academic Press.

Paul, E. A., Follett, R. F., Leavitt, W., et al. (1997). Radiocarbon dating for determination of soil organic matter pool sizes and fluxes. *Soil Science Society of America Journal*, 61, 1058–67.

Paul, E. A., and van Veen, J. A. (1978). The use of tracers to determine the dynamic nature of organic matter. *Proceedings of the 11th International Congress of Soil Science*, Edmonton, Canada, June, 1978. Vol. 3, 61–102.

Persson, T., ed. (1980). *Structure and Function of Northern Coniferous Forests: An Ecosystem Study*. Ecological Bulletins, 32. Stockholm: Swedish Natural Science Research Council.

Petersen, H., and Luxton, M. (1982). A comparative analysis of soil fauna populations and their role in decomposition processes. *Oikos*, 39, 287–388.

Petrusewicz, K., ed. (1967). *Secondary Productivity of Terrestrial Ecosystems (Principles and Methods)*. Warsaw and Krakow: Panstwowe Wydawnictwo Naukowe, Polish Academy of Sciences.

Petrusewicz, K., and Macfadyen, A. (1970). *Productivity of Terrestrial Animals: Principles and Methods*, IBP Handbook No. 13, ed. F. A. Davis. Oxford and Edinburgh: Blackwell Scientific Publications.

Phillipson, J., ed. (1970). Methods of Study in Soil Ecology: Proceedings of the Symposium Organized by Unesco and the International Biological Programme (Paris, France, November, 1967). Paris: Unesco.

Reavy, B., Swanson, M. M., and Taliansky, M. (2014). Viruses in soil. In *Interactions in Soil Promoting Plant Growth*, ed. J. Dighton and J. Krumins. New York: Springer Science and Business, 163–80.

Richerson, R. B., Boyd, R., and Bettinger, R. L. (2001). Was agriculture impossible during the Pleistocene but mandatory during the Holocene? A climate change hypothesis. *American Antiquity*, 66, 387–411.

Rockström, J. (2016). Future Earth. *Science*, 351, 319.

Rockström, J., Steffen, W., Noone, K., et al. (2009). A safe operating space for humanity. *Nature*, 461, 472–5.

Rodin, L. E., and Bazilevich, N. (1967). *Production and Mineral Cycling in Terrestrial Vegetation*. English edn. (Transl. Scripta Technica Ltd., ed. Fogg, G. E.) London: Oliver & Boyd.

Rychnovska, M. (1979). Ecosystem synthesis of meadow energy flow. In *Grassland Ecosystems of the World*, ed. R. T. Coupland. Cambridge: Cambridge University Press, 165–79.

Sage, R. F. (1995). Was low atmospheric CO_2 during the Pleistocene a limiting factor for the origin of agriculture? *Global Change Biology*, 1, 93–106.

Shields, J. A., Paul, E. A., Lowe, W. E., and Parkinson, D. (1973). Turnover of microbial tissue in soil under field conditions. *Soil Biology and Biochemistry*, 5, 753–64.

Singh, J. S. (1968). Net aboveground community productivity in the grasslands at Varanasi. In *Proceedings of Symposium on Recent Advances in Tropical Ecology*, ed. R. Misra. Varanasi, India: International Society for Tropical Ecology, 631–54.

Singh, J. S., and Coleman, D. C. (1974). Distribution of photo-assimilated carbon-14 in the root system of a shortgrass prairie. *Journal of Ecology*, 62, 389–95.

Sonesson, M., ed. (1980). *Ecology of a Subarctic Mire*. Ecological Bulletin, 30. Stockholm: Swedish Natural Science Research Council.

Steffen, W., Richardson, K., Rockström, J., et al. (2015). Planetary boundaries: Guiding human development on a changing planet. *Science*, http://doi:10.1126/science.1259855.

Steffen, W., Sanderson, R. A., Tyson, P. D., et al., ed. (2004). *Global Change and the Earth System*. Heidelberg: Springer Verlag.

Tansley, A. (1935). The use and abuse of vegetational concepts and terms. *Ecology*, 16, 284–307.

Thomas, W. L., Jr., ed. (1956). *Man's Role in Changing the Face of the Earth*. Chicago: University of Chicago Press.

Triska, F. J., Sedell, J. R., and Gregory, S. V. (1982). Coniferous forest streams. In *Analysis of Coniferous Forest Ecosystems in the Western United States*, ed. R. L. Edmonds. Stroudsburg, PA: Hutchinson Ross, 292–332.

Turner, B. L. II, Clark, W. C., Kates, R. W., et al., ed. (1990). *The Earth as Transformed by Human Action: Global and Regional Changes in the Biosphere over the Past 300 Years*. Cambridge: Cambridge University Press.

Ülehlova, B. (1979). Microorganisms in meadows. In *Grassland Ecosystems of the World*, ed. R. T. Coupland. Cambridge: Cambridge University Press.

Vanderbilt, K., and Gaiser, E. (2017). The International Long Term Ecological Research Network: A platform for collaboration. *Ecosphere*, 8(2), e01697.

Van Dyne, G. M., ed. (1969). *The Ecosystem Concept in Natural Resource Management*. New York: Academic Press.

Vernadsky, V. I. (1944). Problems of biogeochemistry, II: The fundamental matter–energy difference between the living and the inert bodies of the biosphere. *Transactions of the Connecticut Academy of Arts and Sciences*, 35, 483–512.

——— (1986). *The Biosphere*. New York: Copernicus, Springer-Verlag. Originally published 1926 in Russian.

Von Humboldt, A. (1845–52). *Cosmos: A Sketch of the Physical Description of the Universe*, trans. Elizabeth J. L. Sabine. Vols. 1–3. London: Longman, Brown, Green and Longmans, and John Murray.

Waksman, S. A. (1932). *Principles of Soil Microbiology*. Baltimore: Williams and Wilkins.

Wall, D. H., ed. (2004). *Sustaining Diversity and Ecosystem Services in Soils and Sediments*. Washington, DC: Island Press.

——— ed. (2012). *Soil Ecology and Ecosystem Services*. Oxford: Oxford University Press.

Wallace, J. B. (1988). Aquatic invertebrate research. In *Forest Hydrology and Ecology at Coweeta*, ed. W. T. Swank and D. A. Crossley, Jr. Ecological Studies, 66. New York: Springer, 257–68.

Warembourg, F. R., and Paul, E. A. (1977). Seasonal transfers of assimilated ^{14}C in grassland: Plant production and turnover, soil and plant respiration. *Soil Biology and Biochemistry*, 9, 295–301.

Warembourg, F. R., Paul, E. A., Randell, R. L., and More, R. B. (1979). Model of assimilated carbon distribution in grassland. *Oecologia Plantarum*, 14, 1–12.

Warington, R. (1883). *Changes Which Nitrogenous Matter Undergo within the Soil*. London: Harrington and Sons.

Warkentin, B. P., ed. (2006). *Footprints in the Soil*. Amsterdam: Elsevier.

Weathers, K. C., Groffman, P. M., and Van Dolah, E., et al. (2016). Frontiers in ecosystem ecology from a community perspective: The future is boundless and bright. *Ecosystems*, 19, 753–70.

Weaver, J. E. (1968). *Prairie Plants and Their Environment: A Fifty-Year Study in the Midwest*. Lincoln: University of Nebraska Press.

Webb, D. P. (1977). Regulation of deciduous forest litter decomposition by soil arthropod feces. In *The Role of Arthropods in Forest Ecosystems*, ed. W. J. Mattson. New York: Springer, 57–69.

Webster, J. R., Golladay, S. W., Benfield, E. F., et al. (1992). Catchment disturbance and stream response: An overview of stream research at Coweeta Hydrologic Laboratory. In *River Conservation and Management*, eds. P. Boon, G. Petts, and P. L. Calow. Chichester: Wiley, 232–53.

Weintraub, M. N., and Schimel, J. (2003). Interactions between carbon and nitrogen mineralization and soil organic matter chemistry in Arctic tundra soils. *Ecosystems*, 6, 120–43.

Whitford, W. G. (2000). Keystone arthropods as webmasters in desert ecosystems. In *Invertebrates as Webmasters in Ecosystems*, ed. D. C. Coleman and P. F. Hendrix. Wallingford: CAB International, 25–41.

Whittaker, J. B. (1974). Interactions between fauna and microflora at tundra sites. In *Soil Organisms and Decomposition in Tundra*, ed. A. J. Holding. Stockholm: Tundra Biome Steering Committee, 183–96.

Wilde, S. A. (1946). *Forest Soils and Forest Growth*. Waltham, MA: Chronica Botanica.

Woese, C. R., and Wheelis, M. L. (1990). Towards a natural system of organisms: Proposal for the domains Archaea, Bacteria, and Eucarya. *Proceedings of the National Academy of Sciences of the United States of America*, 87, 4576–9.

Woodmansee, R. G. (1978). Additions and losses of nitrogen in grassland ecosystems. *BioScience*, 28, 448–53.

Worthington, E. B., ed. (1975). *The Evolution of IBP*. Cambridge: Cambridge University Press.

Wulf, A. (2015). *The Invention of Nature: Alexander von Humboldt's New World*. New York: Alfred A. Knopf.

Zlotin, R. I., and Khodashova, K. (1980). *The Role of Animals in Biological Cycling of Forest-Steppe Ecosystems*. Stroudsburg, PA: Dowden, Hutchinson & Ross.

第四章 系统生态学范式模型的 50 年发展历程

威廉·J. 帕顿、斯蒂芬·J. 德尔格罗索、埃莉诺·E. 坎贝尔、梅拉妮·D. 哈特曼、N. T. 霍布斯、约翰·C. 摩尔、戴维·M. 斯威夫特、大卫·S. 席梅尔、丹尼斯·S. 小岛吉雄、迈克尔·B. 库切努尔、兰德尔·B. 布恩、基思·保斯蒂安、H. W. 亨特和罗伯特·G. 伍德曼斯

第一节 引 言

生态系统模型作为一种能够量化自然过程和评估人类对其影响程度的方法,对它的研究兴起于 20 世纪 60 年代(如 Bormann and Likens,1967;见第六章)。研发生态系统模型是国际生物学计划(IBP)的一部分。国际生物学计划在世界上许多国家启动了对草原、落叶林、针叶林、沙漠和冻原生物群区的广泛的野外观测。它的一个主要目标是,探索营养循环和生命机理之间的关联性,分析人类活动如何改变生物地球化学过程。国际生物学计划开展了大量的野外观测,用于研究植物生长、土壤碳氮循环、昆虫和哺乳动物捕食等几乎所有的生态过程,并包括尽最大的努力利用其野外观测数据构建生态系统模型。美国国际生物学计划中的落叶林、针叶林和冻原计划,也开展了类似工作来开发生态系统模型,以展示出各自生物群区的动态变化。目前,已不再使用 1968~1978 年期间开发出的国际生物学计划模型。然而,从这些最初的尝试中可以学到很多关于模型开发的知识,而且当前模型中也包含这些初始生态系统模

型的子模型。

生态系统模型和系统生态学方法的使用和开发(见第一章),是科罗拉多州立大学自然资源生态实验室(NREL)从20世纪60年代到现在所开展研究的关键部分。第十章和图1-4对系统生态学方法进行了详细描述,包括:对正在解决的问题或挑战的精确描述,研究或评估项目的主要目标,识别哪些利益相关者将使用本研究成果,清晰地界定所涉及的空间、时间和组织尺度。同时,构建新兴系统的概念模型,然后开发生态系统数学模型,并使用野外和实验室数据集测试模型的结果。大多数主要研究项目不仅包括生态模型开发、野外和实验室研究,还包括为了提高人们对生态系统动力学的理解,使用生态模型来理解生态系统如何运作,并帮助设计野外实验和实验室试验。本章总结了科罗拉多州立大学生态系统模型的发展和应用。重点介绍了自然资源生态实验室开发的生态系统模型,因为该实验室是生态系统建模的领导者。本章作者主导了许多重要的工作。本章综述了对下述建模因素的思考是如何随时间演变的,例如,模型的复杂性、验证和应用的范围(extent of validation and application)、建模和观测项目之间的相互作用、模型输出的有用性以及其他因素。本章将介绍四个不同时期的模型开发情况:①国际生物学计划资助年(1968~1978),②在国际生物学计划之后的美国国家科学基金会(NSF)资助的自然资源生态实验室项目(20世纪80年代),③20世纪90年代,④从2000年至今。我们将简要描述在每个时间段内开发的模型,将模型与野外研究、实验室研究工作联系起来,使用这些模型来提升对生态系统动力学的科学理解,并提供有关各种生态系统管理最佳方法的信息。我们发现,在1970~1990年间,生态系统模型主要用于加强科学理解,而目前生态系统模型主要用于量化不同管理实践的作用、对国家政策决策的影响以及预测未来气候变化的影响。最后,我们将优先考虑未来的研究工作,以减少不确定性和更好地解决当代问题。

第二节　国际生物学计划模型开发阶段(1968～1978)

一、ELM 模型开发

自然资源生态实验室获得了大量资金,以管理美国国际生物学计划中的草原计划。主要工作之一是 ELM 模型的开发(Innis,1978)。采自五个草原站点(一年生草原、矮草、高草、混合草和帕卢兹地区(Palouse))的生物野外观测的详细数据,用于开发和测试草原生态系统模型。其主要目标是开发出一个草原生态系统模型。该模型能够模拟放牧与气候对草原生态系统动力学的影响。ELM 模型和其他国际生物学计划中生物群区模型的主要目标包括:①表明复杂的生态系统模型是可以被开发出来的;②可以将模型作为研究工具,以研究生态系统是如何运转的;③可以使用模型来确定需要哪些类型的观测数据集;④使用模型来模拟管理实践(如放牧强度与森林管理)对生态系统动力学的影响。国际生物学计划中所有草原研究站点收集了相似的数据,包括养分循环、植物生产、土壤水分和土壤温度,以及关于哺乳动物和昆虫等消费者的信息。在这些站点收集的大量数据集,用于开发和测试草原生态系统模型,目的是使这些模型在所有研究站点都能有效运行。ELM 模型是由一组具有不同专业背景(数学、气象学、土壤碳和养分循环、植物生产、动植物生产和统计学)的科学家所设计出来的。随后的模型开发具有挑战性,生物学家在这方面几乎没有任何经验,主要是由于当时的大多数模型是由物理学家和数学家完成的。由于没有建模领域的期刊,生物学家必须在研究中学习,故工作效率非常低。该模型尝试以一种复杂方式展示所有过程(如该模型的子模型包括每日土壤水和温度流量、多种植物生产、多种昆虫和哺乳动物生物量消耗,以及土壤碳、氮和磷循环),但由于过于复杂,这也妨碍了其在解决土地管理问题方面的实际应用。因为 ELM 模型要在每天的时间步长①上对所有过程进行描述,所以它比现有的草原生态系统模型更加复杂(图4-1)。

ELM模型中的植物生产模型更复杂,因为它包含的物候子系统具有八个不同物候期和多达十种相互竞争的不同植物物种。哺乳动物消费者子模型,模拟了多达十个物种和十个世代的动物能量学、种群动力学和消费过程的草原生物量。昆虫消费者子模型,对不同昆虫消费者及其对活的、死亡的植物生物量消费的复杂种群动力学进行了模拟。土壤碳、氮和磷的子模型,代表了四个不同土壤层的生态系统动力学,而土壤水分和土壤温度模型,则模拟了2米深度以下厚度为15厘米土层土壤水分和土壤温度的日变化。我们不知道目前使用的哪种草原模型能达到如此复杂程度。用于模型开发的国际生物学计划草原生物群区研究的主要数据集,主要包括:不同的植物功能群的地上植物生产量;昆虫和哺乳动物消费者消费的活的植物生物量;随着土壤深度变化的土壤碳、氮和磷的测量值;不同深度的土壤水分和土壤温度的日变化。该模型的主要目标之一是,确定动物和昆虫食草对草原生态系统动力学的影响,并规划草原生态系统最优的食草方式。不幸的是,目前草原生态系统模型还仅用于几个调查站点的牛和昆虫食草的影响(Parton and Riser,1979、1980;Capinera et al.,1983),仍未全方位地被应用。但是,草原生态系统中土壤碳、氮、磷、土壤水分和土壤温度子模型,已被用于20世纪80年代和90年代自然资源生态实验室开发的草原生态系统模型中(Hunt and Parton,1986;Parton et al.,1987;Parton et al.,1988)。

二、鸟类群落中的能量流动

约翰·威恩斯(John Wiens)和乔治·英尼斯(George Innis)是最早尝试直接地、实质性地应用仿真模型于现实世界问题的开发者之一(Wiens and Innis,

---

① 时间步长,是指前后两个时间点之间的差值。在过程模拟中,模型将整个过程离散为iV个细小的过程,而每一步需要的时间就是AT,即时间步长。在模拟系统的时间响应时往往需要设定时间步长,时间步长的大小一般取决于系统属性和模型的目的。其绝对值越大,计算时间越少;其绝对值越小,计算时间越长,模拟就越精细,过程越复杂。例如,模拟土壤水分运动时,时间步长一般为小时;模拟土壤水分平衡时,时间步长一般为天;而模拟土壤水分亏缺时,时间步长一般为季。——译者注

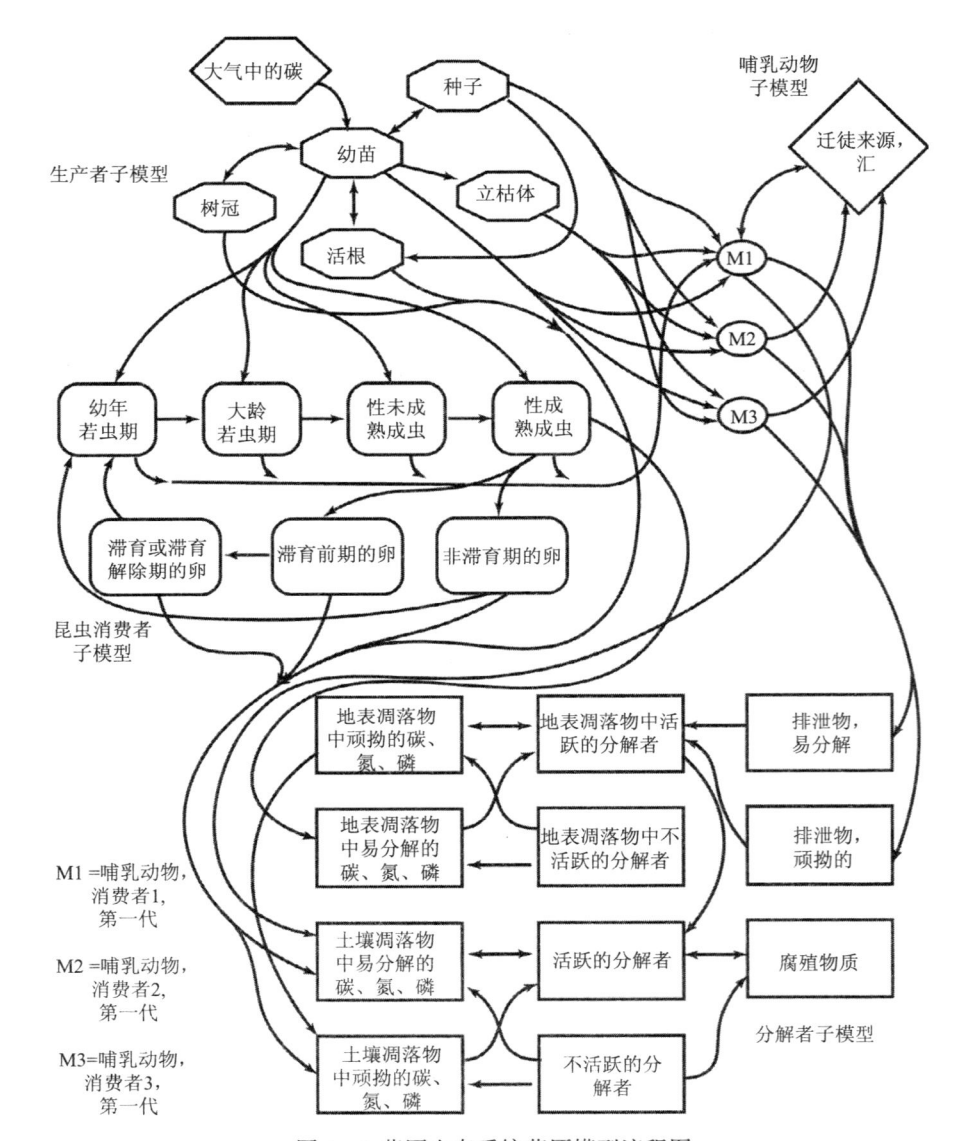

图 4-1 草原生态系统草原模型流程图

1974)。他们发展了鸟类种群生物能量学模型,这一模型可以估算种群密度变化、生物量变化和鸟类种群生物能量需求。该模型的开发是出于能够估计鸟类种群对海洋鱼类种群和鱼类孵化场损失影响的目的。具体而言,他们使用该模型估算了,西部水鸟(西方鹭鹈)在饲养蚊鱼(食蚊鱼的近亲)的鱼类孵化场的池塘中所预计捕捉到的蚊鱼的数量。这些信息对于孵化场的管理者确定存在鹭鹈难题是非常重要的。

第三节 国际生物学计划之后的草原模型发展与研究

1978年后,国家科学基金会将对国际生物学计划的资助,转移至它设立的生态系统研究计划,并随之成为自然资源生态实验室生态系统建模和研究的主要资金来源之一。20世纪80年代,自然资源生态实验室的科学家们,组成了五个主要研究小组,专注于不同的生态系统组成部分研究。

所有这些研究小组,都将详细的生态系统建模作为他们研究计划的一部分。帕顿等(Parton et al.,1978)开发的草原模型证明生物学野外研究与生态建模联系紧密。开发该模型是为了展示根系生长窗口期内,地上植物生长、土壤水分动态和根系生长的详细观测过程,并详细测量幼年、枯萎和未枯萎的根系生长期的时间序列,以及作为深度函数的土壤水分状况。该模型不如ELM模型详细,主要是由于它仅仅模拟了生态系统水平的植物生产(比如,种内竞争并未被表现出来)、根系生长和土壤水分动态。最近,根系生长子模型被纳入DayCent生态系统模型中,该模型首次开发于20世纪90年代末。

20世纪80年代,自然资源生态实验室的五个主要研究小组包括:①地下生态学项目,②大气与生物圈交互作用和重要微量气体研究项目,③大平原农业项目,④南图尔卡纳生态系统项目(South Turkana Ecosystem Project,STEP),⑤动物能量学项目。所有这些项目都包括,大量的野外和实验室试验、生态模型的开发,以及使用这些模型来参与设计野外实验以提高对生态系统运转过程的理解。地下生态学项目的重点是,研究草原土壤碳和养分动态,并评估不同土壤生物对土壤碳和养分动态的影响(Coleman et al.,1983)。大气与生物圈交互作用研究项目研究了大气和生物圈之间的相互作用,重点关注草原对碳、水分、微量气体(甲烷、氧化亚氮、氮氧化物)动力学的影响(氮循环项目;R. G. Woodmansee,

未发表的数据,1978;国家科学基金会资助的提案;Schimel et al.,1985,1991;Mosier et al.,1991;Parton et al.,1995)和草原中的二氧化硫动力学(见第八章),以及植物和生态系统对二氧化碳浓度升高和气候变化的反应(见第八章)。大平原项目评估了大平原干旱地区农业对植物生产以及土壤碳、氮和磷动态的影响。南图尔卡纳生态系统项目,研究了肯尼亚西北部的半游牧牧民与热带稀树草原、草原生态系统相互作用的方式(Coughenour et al.,1985;Ellis and Swift,1988;见第九章)。动物能量学项目,调查了植被对动物能量学的影响,并开发了麋鹿、鹿和羚羊的种群动力学模型(Hobbs et al.,1981;见第四章第三节第五部分)。另一个在20世纪80年代开发的模型是放射性核素PATHWAY模型,它模拟了20世纪60年代内华达州核武器试验场放射性核素的传输(Kirchner et al.,1983)。

一、Century模型开发

大平原和大气生物圈项目的主要研究成就之一是开发了Century模型(Parton et al.,1987,1988)。Century模型的最初目标是,模拟大平原农业管理实践对作物产量、土壤碳和养分动态的影响。该模型还被设计来展示草原管理实践对大平原草原生态系统动力学的影响。Century模型使用每月的时间步长,以模拟本地草原和农田作物产量和活的生物量、土壤水分动态、土壤碳动力学以及土壤养分(碳、磷和硫)循环(图4-2)。该模型使用了ELM模型中土壤水分动力学、土壤中碳和养分循环子模型的简化表述。

模型中有三个关键假设,一是土壤有机质动力学可以使用三个土壤有机质(soil organic matter,SOM;微生物的、缓慢的和不活跃的土壤有机质)库来表示;二是有机氮、磷和硫是由土壤碳流量驱动,每个土壤有机质库的碳与元素(氮、磷和硫)的比率不同,并且随着土壤矿物质氮、磷和硫水平的变化而变化;三是土壤养分的可得性,是控制植物生产的主要因素。在大平原农业项目和大气生物圈交互作用项目相关的监测站点,采集了作物生产和草原研究中观测到的过程级(process-level)的土壤中碳和养分循环的观测数据。该模型是基于这些观测数据而开发的,然后使用大平原地区(Great Plains region)自然资源保护局

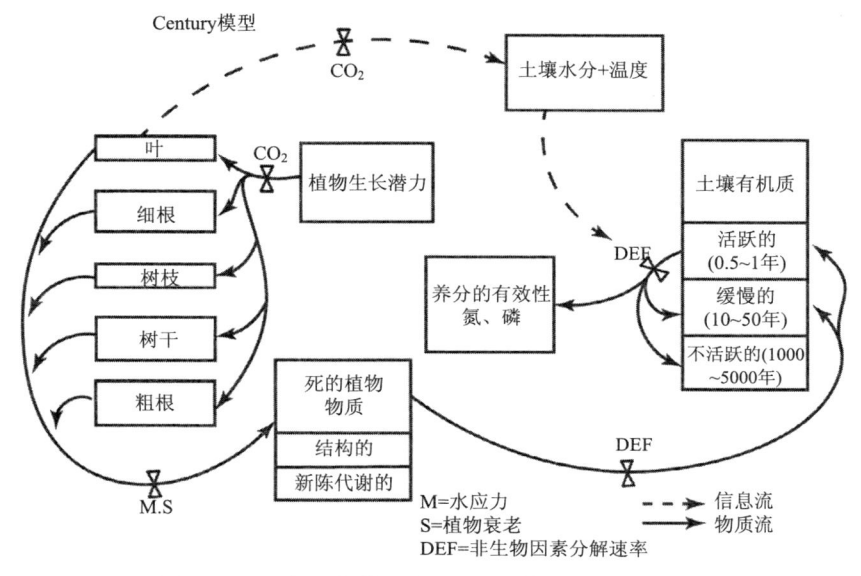

图 4-2　生态系统模型之 Century 模型的简化流程图

(Natural Resources Conservation Service, NRCS) 的区域数据集进行测试。这项研究的主要目标之一是,自然资源保护局对大平原草地和耕地的土壤碳和氮开展监测,以及对大平原草地植物生产力进行监测(Sala et al., 1988; Burke et al., 1989)。20 世纪 80 年代,很少能获得区域数据集(气候、植物生产、土壤碳和氮、生物物理等数据),用于测试模型模拟植物生产和土壤碳、氮水平区域格局(regional patterns)。结果表明,Century 模型可以模拟如下内容,包括与草原土壤耕作相关的土壤碳和养分矿化率的变化(30 年来土壤碳和养分供应迅速下降)、土壤碳和氮的区域格局(东北大平原土壤碳含量最高),以及运用生态系统过程的简化版所观察到的大平原草原植物生产的区域格局(植物产量随着年降水量的减少而减少)。Century 建模工作的最初重点是,研究大平原草原种植后 50~100 年间的生态系统动力学。Century 模型已成功用于模拟农业管理实践对全球众多长期农业站点的作物产量和土壤碳氮动态的影响(Paustian et al., 1992; Parton and Rasmussen, 1994; Smith et al., 1997)。模型结果和长期农业管理数据集表明,土壤碳储存的主要控制因素是植物中的木质素含量和土壤中碳的增加量(与这两个变量正相关)。最近,Century 模型(Parton et al.,2005)已经成功应用于模拟夏威夷热带森林的植物生产、土壤养分(氮和磷)和土壤碳的长期动态变化(周期为万年到百万年)。

二、PHOENIX 模型

自然资源生态实验室地下生态学项目,主要研究土壤中生物体对土壤养分循环和碳动态的影响。作为该项目的一部分,所开发的主要模型包括:①PHOENIX模型(McGill et al.,1981),②BAHUDE 模型(Bachelet et al.,1989),③GEM 模型(Hunt et al.,1991;Chen et al.,1996),④食物网(Food Web)模型(Hunt et al.,1987)。地下生态学项目包括大量的野外实验室试验(field laboratory experiments),目的是评估土壤微生物体对土壤养分循环、植物生产和土壤有机质动态的影响。作为该项目一部分,首先开发的模型是PHOENIX 模型(图 4-3),其中包括对土壤碳动力学、土壤养分动力学、土壤水分动力学和植物生产力的详细模拟。该模型模拟了土壤细菌和真菌的动态变化,以及土壤细菌、放线菌和真菌对土壤养分循环和土壤碳流动的影响。PHOENIX 模型比 ELM 模型更为详细地模拟了土壤养分循环和土壤有机质动态。在一个验证了二氧化硫对蒙大拿州草原生态系统影响的项目中,它被纳入新版 ELM 模型中(Coughenour,1981;见第八章)。巴舍莱等(Bachelet et al.,1989)开发了 BAHUDE 模型,该模型是 PHOENIX 模型的改进版本(改进的植物生产、土壤水分和土壤温度子模型),用来模拟线虫、蚱蜢和牛觅食对草原动态的影响。模型结果表明,与地上牛和蚱蜢觅食相比,地下线虫食草对植物生产的影响更大(Bachelet et al.,1989)。亨特等(Hunt et al.,1991)对 PHOENIX 模型进行了重大修改,并开发了 GEM 模型,该模型包含了光合作用和植物生长及地下食物网的更详细信息。GEM 模型用于模拟科罗拉多州东北方向中部平原试验区(Central Plains Experimental Range,CPER)草原站点气候变化的影响,并发现了温度升高虽然会降低生长期中期的光合作用、增加生长期的长度,但不影响一年生植物产量。而二氧化碳水平升高导致植物产量和土壤碳水平增加。

三、食物网模型

地下生态学项目的主要目标之一是,量化土壤动物群对土壤养分矿化的作用。这个项目使用各种野外和实验室试验,以量化土壤动物群对养分矿化的影响。这个项目收集的数据和关于土壤食物网如何运转的观点,用于中部平原试验区草原站点一系列复杂的食物网模型的开发。最初的食物网模型模拟了草原根际[①](rhizosphere)稳定状态下的碳和氮动态,包括植物根系、不稳定的[②](labile)和稳定的[③](resistant)碎屑、作为基础资源的无机氮,以及微生物、原生动物和无脊椎动物的功能群。这个模型使用简单的质量平衡方法(mass-balance approach)来解释存在的物种稳态生物量,以及由食物网中的营养相互作用导致的碳和氮运移。这个模型的第二个版本使用传统的"综述、概念设计和细节"(overview, design concepts, and details, ODD)模式来模拟功能群的碳和氮动态。这种方法形成了一个用于研究食物网的社区-生态系统框架,其中包括社区生态学家提出的理论方法和生态系统生态学家使用的生物地球化学能量方法(Moore et al., 1988)。基于这两个版本的模型可以提供使用经验数据和碳氮通量数据来提取雅可比矩阵中的元素(Moore et al., 1993; de Ruiter et al., 1995)。这些概念总结在《能量学视角的食物网:现实生态系统和生态模型的系统分析》(*Energetic Food Webs: An Analysis of Real and Model Ecosystems*; Moore and de Ruiter, 2012)一书中,该书是其生态与进化系列丛书之一,由牛津大学出版社出版。

土壤食物网是复杂的网络,通常以植物根、凋落物和土壤有机质为基础资源,以微生物和无脊椎动物作为消费者的功能群(Functional groups)。功能群[④]

---

① 根际(rhizosphere),是指受植物根系活动影响,在物理、化学和生物学性质上不同于土体的那部分微域环境。"根际"一般指离根轴表面数毫米范围之内,是土壤-根系-微生物相互作用的微区域,也是不同植物种类或品种、土壤和环境条件形成的特定的微生态系统。——译者注
② "labile"一般翻译为"不稳定的",意思是指"容易分解的"。——译者注
③ "resistant"一般翻译为"稳定的",意思是指"不易分解的"。——译者注
④ 功能群也称为适应性症候群,是指具有相似的结构或功能的物种的集合,即是将一个生态系统内一些具有相似特征,或行为上表现出相似特征的物种尽可能的归类。——译者注

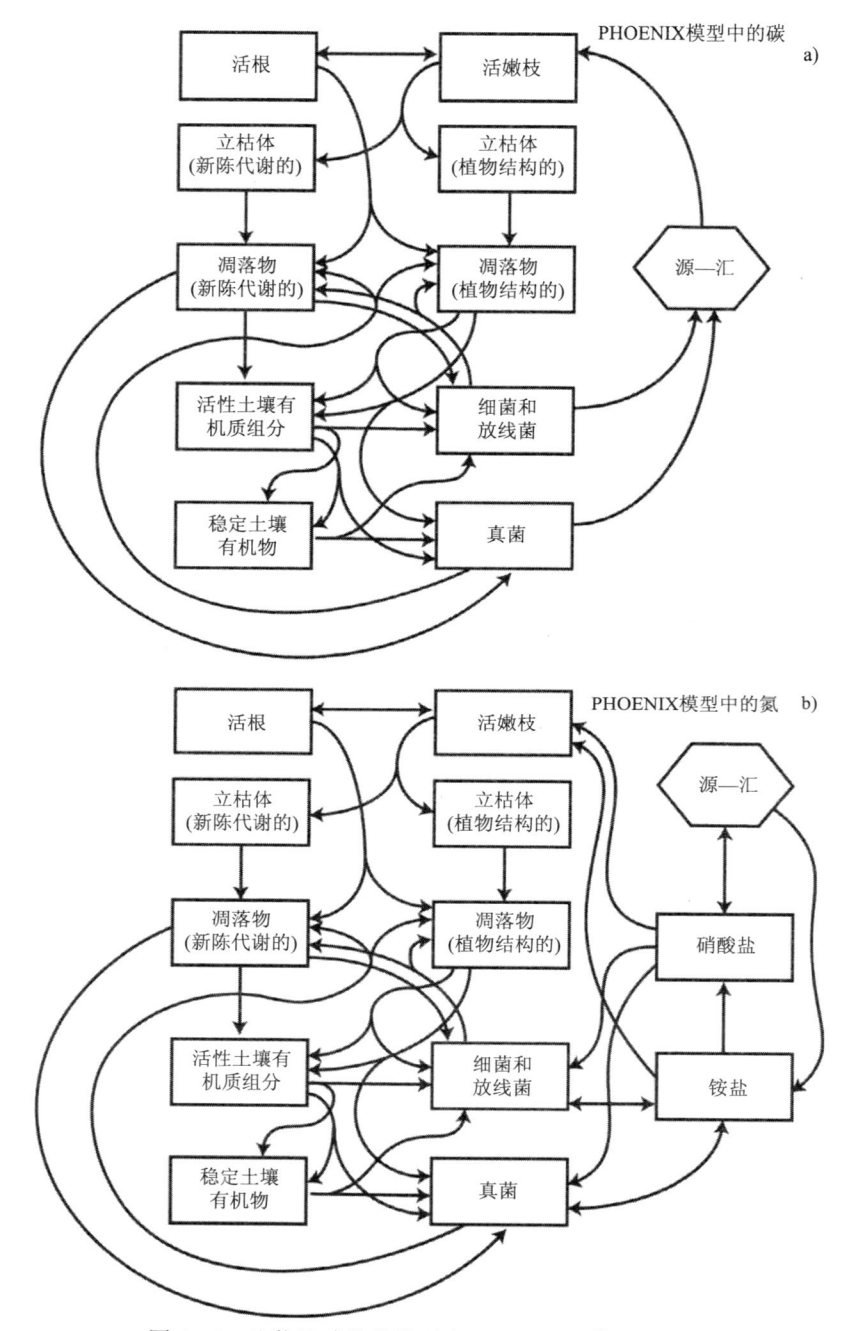

图 4-3　生物地球化学模型之 PHOENIX 模型流程图

是具有相同的食物来源、摄食方式(feeding modes)、生活史性状(life history traits)和栖息地的物种群(Hunt et al.,1987;Moore et al.,1988)。该模型揭示了一种主要的能量流动格局,类似于南图尔卡纳生态系统项目中出现的格局(Coughenour et al.,1985)。在土壤食物网中存在一些功能群的子组合(subassemblages),它们形成了物质或能量流动的主要途径,即"能量通道"(energy channel)。这些"能量通道"源于不同的消费者功能群所消耗的根系和碎屑,并被一组捕食性动物功能群所连接。碎屑通道可以被进一步细分为基于真菌及其消费者的通道和基于细菌及其消费者的通道。

摩尔等(Moore et al.,1988)以物种间的营养相互作用和生物地球化学流动(碳和氮)为基础,利用"能量通道"的概念来解决"梅的悖论"(May's paradox)。该悖论证明了,随机构建的网络不一定会产生稳定的生物多样性结构。梅(May,1973)认为,如果物种被自组织地设计成为网络的各个"部分"(blocks),而不是随机的形成物种之间的相互作用,那么就会产生稳定性的生物多样性结构。能量通道代表了一种普遍存在的、以生态位为基础的食物网的拮抗或协同的结构形式。这一结果得到了后续研究的证明(Rooney et al.,2006)。与理论相一致的是,土壤食物网的稳定性取决于通道底层结构以及通道内能量的优势度(Moore et al.,2003,2004)。

四、SAVANNA 模型和南图尔卡纳生态系统项目

南图尔卡纳生态系统项目(见第九章),将生态系统建模作为首要工作。该项目起始于20世纪80年代初,模型开发一直持续到20世纪90年代初期(Coughenour,1992,1993)。开发的模型后来成为著名的 SAVANNA 模型(图4-4)。

这个模型将在第七章进行介绍。这个模型的关键特征是,植被生产力及其对周期性干旱条件下剧烈变化的降雨的响应,畜牧业对这些植被资源的利用,以及牲畜对高度变化的植被资源的反应。SAVANNA 模型模拟植物生产、土壤水分动态、牧草减少(grazing offtake),以及牲畜和野生动物的丰度、情况和生产力。这个模型模拟了三种植被之间的直接竞争,以及不同大小等级的灌木和乔

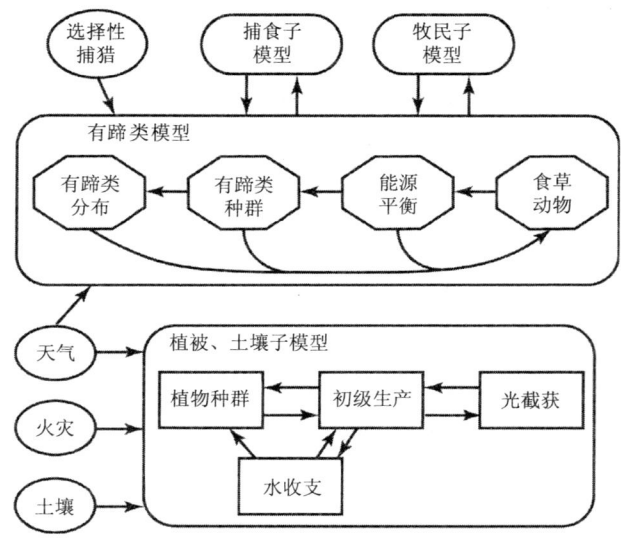

图 4-4 草原生态系统模型流程图

木生物量的种类和数量的变化。它使用"周"为时间步长来表示重要的季节变化，可以模拟 50~100 年的动态变化。

在这个生态系统中，模型对于反映草料资源的空间变化与时间变化同样至关重要。该地区畜牧业的一个关键因素是牲畜的流动，以对放牧和牧场资源（browsing resources）分布变化做出响应（第九章）。因此，这个模型需要在空间上明确，并能够表示出非常多样化景观中植被生物量的动态分布。然后，它需要表示出牲畜的分布，以作为应对放牧和牧场资源变化的响应。由于 SAVANNA 模型同时模拟了整个景观的网格单元，因此这个模型被开发为首个在空间上完全明确的生态系统模型。这个模型在景观尺度上空间是明确的，而在斑块尺度上空间不是明确的。每个网格单元模拟一个包含草本植物、灌木和树木的斑块。这个模型动态模拟了每个网格单元与草本植物、灌木和树木的占比，以及网格单元内的能量的输入和输出区域。通过对所有网格单元的每种斑块类型（草本植物、灌木和乔木）所占比例进行加和，其得出的结果可以扩大到景观尺度。

南图尔卡纳生态系统项目之后，SAVANNA 模型得到进一步发展，并被广泛用于评估人类活动、火灾、野生动物觅食和牛群放牧对全球热带稀树草原生态系统的影响。SAVANNA模型的应用范围包括对以下情况所引发影响的评估：野生动物和家畜数量、降雨量的改变、兽医护理的改进、保护区核心区域的牲畜放牧的允许或限制、非功能性水源的改造、人口增长，以及保护区内的种植数量的变化。这个模型广泛用于评估非洲其他地区野生动物、人类活动和家畜放牧对生态系统的影响（如Boone et al.，2002，2004，2007；Hilbers et al.，2015；Fullman et al.，2017）。它也用于确定麋鹿对美国落基山国家公园（Rocky Mountain National Park，RMNP）植被动态的影响（Peinetti et al.，2001；Weisberg and Coughenour，2003）、野马对美国普赖尔山野马场（Pryor Mountain Wild Horse range）的影响（Coughenour，2000），以及确定火灾和放牧对澳大利亚热带稀树草原系统的影响（Liedloff et al.，2001）。SAVANNA模型被用于评估麋鹿和野牛的种群动态以及火灾对美国黄石国家公园（Yellowstone National Park）生态系统动态的影响（Coughenour and Singer，1996；Plumb et al.，2009）。第七章将进一步介绍这个模型在国家公园的应用。

人类在生态系统动力学中的交互作用，已经是南图尔卡纳项目和SAVANNA建模的关键组成部分。莱塞洛和布恩等（Lesorogol and Boone，2016；Boone et al.，2011），对生态系统模型如何用于研究非洲畜牧系统中人与自然系统的关系进行了出色的研究。生态系统模型被用于理解东非半干旱牧区系统动态、牧区家庭决策以及资源利用战略之间的联系。尽管这个模型是在南图尔卡纳生态系统项目期间开发的，但这些模型是否能实际应用于东非牧区社会问题，仍有待观察。由美国国际开发署（USAID）全球牲畜业合作研究支持项目（Global Livestock Collaborative Research Support Project）资助的以下两个项目，使我们能够解决这些议题中的一些问题。一是综合管理和评估项目（the Integrated Management and Assessment，IMAS），可以综合评估东非家畜与野生动物相互作用；二是对东非人民、政策、保护和发展的影响项目（Implication for People，Policy，Conservation and Development in East Africa，POLEYC）。鉴于这些区域的畜牧业与野生动物保护之间的经常性相互冲突，这些项目可用来帮助牧民、土地管理者和东非牧区系统的其他利益相关者来平衡粮食安全、野生动物保护和生态系统完整性之间的关系。因此，生态系统建模可作为决策工具。

在综合管理和评估项目与对东非人民、政策、保护和发展的影响项目中，有两个基础研究区域：肯尼亚南部的卡贾多区（Kajiado），包括安博塞利国家公园（Amboseli National Park）；毗邻坦桑尼亚北部的塞伦盖蒂国家公园（Serengeti National Park）的恩戈罗恩戈罗保护区（Ngorongoro Conservation Area，NCA）。这两个地区在牧区土地利用和野生动物保护之间都存在实际或潜在的冲突。在这些项目中，SAVANNA 模型系统被用于解决两个研究领域中关注的有关牧民和野生动物之间的冲突问题。

五、反刍动物能量和氮平衡模型及动物能量学项目

为了确定落基山国家公园麋鹿的承载能力，开发了模拟公园内越冬麋鹿的草料摄入量及营养状态变化的模型。我们非常感兴趣的是，不同数量的麋鹿对植被的影响以及对冬季动物自身营养状况的影响。这两种影响对于做出相关承载力的管理决策都很重要。研究得到了关于公园冬季麋鹿饮食的消化率和氮含量的数据（Hobbs et al.，1981）。

为了解决国家公园中存在的这个问题，开发了反刍动物能量和氮平衡的通用模型（Swift，1983）。该模型由每日食物消化率和氮含量的数据支撑，估计了每日食物的能量（卡路里）和氮需求、自愿摄入（不含饲料）、消化的比率和未消化饲料通过瘤胃中的比率、能量和氮消化的分配以维持生长和肥胖、瘦体重[①]（lean body mass）和脂肪储量（adipose reserves）的变化（正或负），以及通过尿液和粪便向生态系统返还的能量和氮。该模型已被证明在承载力评价方面是有用的，并与每日食物选择子模型（Ellis et al.，1976）一起应用于生态系统模型中。模型的一些组成部分已经被提取并在 DayCent 建模中使用。

六、PATHWAY 模型

美国内华达试验场（Nevada Test Site，NTS）是一个核武器试验基地。20

[①] 肥胖是身体成分发生了变化，身体成分是指人的所有组织器官的总成分，它的单位就是体重，分成脂肪和非脂肪两种成分。前者称为脂体重（或称肥体重），后者称为瘦体重（或称去脂体重）。——译者注

世纪80年代初,美国内华达试验场附近地区的居民,开始担心人类癌症发病率与暴露在该实验场放射性沉降物之间可能存在的关联性。虽然有关于武器试验中放射性物种沉积的数据,但目前还没有直接测量人类接受剂量而得到的相关数据,或通过监测暴露于放射性沉降物的农产品的消费而可能接受的剂量,来间接估计这些剂量。因此,有必要开发一个模拟模型,模拟放射性同位素通过当地农业系统进入农作物再通过食用进入人体的迁移,以估计人类接受的剂量(Kirchner et al.,1983)。这个命名为PATHWAY的模型,利用农业系统放射性沉降物的现有数据,来模拟农作物对放射性同位素的吸收和储存,以及它们在所收获的产品中的浓度。随后,另一个更简单的模型利用PATHWAY模型输出和有关当地居民饮食习惯的信息,来估计摄入的放射性核同位素的总剂量。由于PATHWAY模型的结论用作法律诉讼过程的一部分,在模型预测分析中存在不确定性或可能出现的错误方面,因此须格外谨慎。从建模的角度来看,这项工作的重要性在于,它解决了一个非常重要的人类健康问题,而其他合理的方法不可以追溯并估计其所接受的剂量。这也代表了一次巨大进步,将仿真模型从具有理论意义的构造转变为能够对人类重要议题提供有根据的判断。

第四节 自然资源生态实验室在 20世纪90年代的模型开发

20世纪80年代的大多数模型开发工作,都集中在以过程为基础的生态系统模型上,这些模型使用站点尺度的野外观测和实验室获得的生态数据。模型的主要目标是定量确定生态系统如何运转。由于担心全球变化对生态系统动态的影响,以及生态系统中碳通量和微量气体(甲烷和一氧化氮)可能改变地球气候的潜力,20世纪90年代对模型开发的资助出现了大幅增加。美国国家科学基金会、美国能源部(DOE)、美国国家航空航天局(NASA)以及其他机构提供大量资金,用于开发和测试可应用于从区域尺度到全球尺度的生态系统模型。美国国家航空航天局和美国环境保护局为自然资源生态实验室的大气生物圈计划提供了资金,使得全球版本的Century模型得以开发。该模型能够模拟大多数主要生物群区(草原、稀树草原、森林、冻原和农业生态系统)生态系统的动态(Schimel et al.,1996,1997b)。这笔资金还用于支持采集气候和生态系统变量的全球数据集(植物生产、养分循环、土壤水分、树木生物量、土壤碳和氮),这些数据将用于全球生态系统模型中的参数设置和模型测试。

植被生态系统建模和分析项目(Vegetation-Ecosystem Modeling and Analysis Project,VEMAP,1995)中生态系统模型的比较研究工作,是20世纪90年代期间大规模生态系统建模工作之一。美国国家科学基金会、美国能源部、美国电力研究院(Electric Power Research Institute)和美国环境保护局资助了BIO-BGC、Century、TEM、DOLY和MAPS等模型的建模团队,以评估潜在气候变化对美国生态系统的影响。这包括收集可用于校准和测试不同生态系统模型的区域数据集等工作,例如气候数据、遥感归一化差异植被指数、植物生产、土壤碳等数据(Kittel et al.,1996)。这些资金可用于帮助改进不同的模型、比较不同模型的结果,并预测气候变化对美国植物生产、养分循环、水通量和净碳交换的潜在影响。发表了大量的论文,这些论文比较了不同生态系统模型对潜在气候变化的响应(VEMAP et al.,1995;Schimel et al.,1996,1997a,1997b,2000;Pan et al.,1998)。一般而言,所有模型都能够模拟观察到土壤碳、树木生物量和植物生产的区域格局。然而,这些变量随气候变化的预测结果却大不相同。模型预测结果的差异是由于一些模型没有考虑土壤养分对植物生产的影响和二氧化碳水平升高对植物生产影响的不确定性。作为植被生态系统建模和分析项目计划的一部分,所收集的许多关于气候、生物物理和生态数据集,仍在用于测试当前的全球生态系统模型。植被生态系统建模和分析项目的比较工作,突出了土壤养分(氮和磷)对植物生产限制的重要性,以及在全球生态系统模型中模拟土壤养分动态的必要性。

20世纪90年代,自然资源生态实验室开发了许多生态系统模型来评估气候变化和土地利用变化的影响(见第八章)。在此期间,美国和国际上的其他研究小组,开发了许多模型来评估气候变化对生态系统的影响。同时,开展了大量的模型对比研究工作,以确定各种模型对生态系统动态的模拟程度。史密斯等(Smith et al.,1997)开展了一个模型对比项目。该项目中通过观察来自长期农业实验的农业土壤碳氮和植物生产数据,测试土壤碳和养分循环的多个模型

(ROTHC、Century、NCSOIL、CANDY、DNDC 等模型),模拟不同农业实践中植物生产力和土壤碳变化的情况(参见史密斯等学者在 1997 年对该模型的描述)。

在这项工作中,使用了来自世界各地十个不同站点的长期土壤碳和植物生产数据集。结果表明,大多数模型都能很好地模拟不同管理实践所带来的土壤碳水平变化。模型在站点尺度上预测土壤碳动态能力存在显著差异,并且比较后发现,并不能确定某一个模型可以最好的模拟土壤碳和植物生产动态。克莱默等(Cramer et al.,1999)开展的一个全球模型对比研究,是波茨坦核电站(NPP)模型对比项目的一部分。该对比研究是利用全球植物生产数据集,测试多种全球生态系统模型对植物生产全球格局的模拟能力。

这些模型主要包括三大类:①使用来自美国国家海洋和大气局(NOAA)AVHRR 传感器数据(CASA、GLO-PEM、SDBM、SIB2 和 TURC)的基于卫星的模型;②使用特定的植被结构模拟碳通量的模型(BIOME-BGC、CARAIB 2.1、CENTURY 4.0、FBM 2.2、HRBM 3.0、KGBM、PLAI 0.2、SILVAN 2.2 和 TEM 4.0);③能同时模拟植被结构和碳通量的模型(BIOME3、DOLY 和 HYBRID 3.0)。这项工作主要包括对现有植物生产数据集进行合并,然后将这些数据集用于制作 $0.5°×0.5°$ 范围内的全球植物产量地图(参见克莱默等在 1999 年对该模型的描述)。大多数模型都很好地代表了植物产量的区域格局。模拟的植物产量的主要差异,与模型中土壤养分模拟方式的差异有关。但这些模型并没有考虑到土壤养分对植物生产的限制,这可能会过高估计了潮湿生态系统(森林和热带生态系统)的植物产量。

自然资源生态实验室开发的模型,被广泛用于预测 20 世纪 90 年代的气候变化、二氧化碳浓度升高以及不同管理实践对草原、热带草原和农业生态系统的影响(Ojima et al.,1994;Parton et al.,1994,1995;Hall et al.,1995;Xiao et al.,1995;Gilmanov et al.,1997)。Century 模型和 GRASSCSOM 模型,主要用于研究气候变化和二氧化碳浓度升高对世界各地草原和稀树草原地区的影响。GRASS-CSOM 模型比 Century 模型包含的植物生态生理学内容更加详细(Coughenour and Chen,1997),但在较少的地点使用。这项工作的一部分是,从这些站点观察到的草原植物生产被用于校准和测试 Century 模型和 GRASS-CSOM 模型对土壤碳水平和草原植物生产的预测(Parton et al.,1996)。

Century 模型用于定量确定放牧强度和火灾频率对生态系统动态的影响。研究表明,轻度到中度放牧通常对植物产量产生积极影响,而重度放牧则降低了植物产量和土壤碳水平。在肯尼亚孔扎(Konza)高草草原的大量野外观测和 Century 建模工作的成果表明,三到五年发生一次火灾是保持植物高产所必需的。每年的火灾大幅增加了生态系统的氮损失,但是频繁的火灾增强了土壤的氮固定。模型结果显示,由于光合作用速率增加和植物蒸腾作用速率降低,大气中二氧化碳浓度升高会提高草原植物的产量。降水减少而温度升高,则会导致植物产量和土壤碳含量的下降。

Century 模型被广泛用于评估不同农业管理实践对农业生态系统的影响(Paustian et al.,1992;Parton and Rasmussen,1994;Metherell et al.,1995;Probert et al.,1995;Kelly et al.,1997;Smith et al.,1997)。利用世界各地(美国、欧盟和澳大利亚)的长期农业试验站点的观测结果,测试了 Century 模型模拟土壤碳、养分循环和植物生产的长期变化的能力。结果表明,相对于添加无机氮,添加有机氮可以提高土壤碳和氮的稳定性。野外数据和模型结果显示:土壤碳含量随着碳输入的增加而增加;添加木质素含量较高的有机物,土壤碳含量则较高。

第五节 自然资源生态实验室从 2000 年至今的模型开发

20 世纪 90 年代,自然资源生态实验室的生态系统建模工作,专注于改进现有的生态系统模型并使用站点尺度观测数据集来校准和测试模型性能。这些模型用于模拟不同管理实践对土壤碳动态和植物生产的影响,并确定气候变化对区域和全球尺度的影响,其中首要关注对碳动态影响。自 2000 年来,开展了三项主要建模活动:①DayCent 生态系统模型的开发,模拟所有主要生物群区的大多数生物微量气体通量,包括二氧化碳、一氧化氮、氮氧化物和甲烷;②广泛应用生态系统模型来评估不同管理实践(例如,生物燃料原料生产、农业种植和施肥实践、野生动物管理)和气候变化在站点、区域和全球尺度上的影响;③使用先进的统计技术(贝叶斯统计和模型选择技术)来确定参数设置、提供模型误差评估和生态系统模型测试。

一、DayCent 模型的开发与应用

20世纪90年代末至21世纪初,农业排放的一氧化氮和甲烷是温室气体(Greenhouse Gases,GHGs)的重要来源,因此,有必要评估不同土地管理实践的温室气体净排放。向农田添加肥料,可能会增加植物产量和土壤碳输入。然而,肥料的添加往往会减少土壤甲烷氧化反应,但大幅提高了土壤氧化亚氮通量。这一点很重要,因为作为温室气体的氧化亚氮的温室效应,要比二氧化碳强约300倍,而甲烷的温室效应要比二氧化碳强约35倍。DayCent模型(作为Century模型的每日时间步长版本)是在20世纪90年代末开发出来的(Parton et al.,1998,2001;Del Grosso et al.,2000a,2000b),用于模拟来自农业生态系统的温室气体净通量,并已被扩展为表示来自世界上大多数自然和管理生态系统(草原、森林、稀树草原、冻原和农业生态系统)的全部温室气体通量。因为氧化亚氮和甲烷通量逐日变化很大,特别是当土壤厌氧时,氧化亚氮和甲烷出现脉冲式剧烈变化(large pulses),本研究需要选用Century模型的每日时间步长版本,来模拟土壤甲烷和一氧化氮通量。例如,在某些北方生态系统中,农田中氧化亚氮大约一半的年总通量,可能发生在一到两周的融雪时间段内(WagnerRiddle et al.,2008,2017)。当稻田土壤被淹没时(Sun et al.,2016)或稻田排干水后发生降雨时(Kim et al.,2016),甲烷通量将发生激增。

DayCent模型(图4-5)模拟了硝化和反硝化作用产生的每日土壤氧化亚氮通量、厌氧土壤甲烷生产量和旱地土壤的甲烷消耗量,以及与硝化和反硝化作用相关的土壤氮氧化物和氮气通量。由于土壤水分和土壤温度是氧化亚氮和甲烷通量的主要控制因子,这个模型包括对土壤水分和土壤温度动态(从地面到地下2 m)的详细描述。DayCent模型比Century模型更详细地表示了农业和自然系统的植物生产,包括植物物候对植物生长、作物产量和植物碳分配的影响。DayCent模型使用Century模型中土壤碳和养分动态子模型的修订版本,来模拟土壤碳动态和养分矿化(氮、磷、硫和钾)。目前,利用自然的和人工管理的生态系统的观测数据集,对模型中的植物生产、土壤水分和温度、土壤碳、土壤养分

的子模型进行了大量测试。

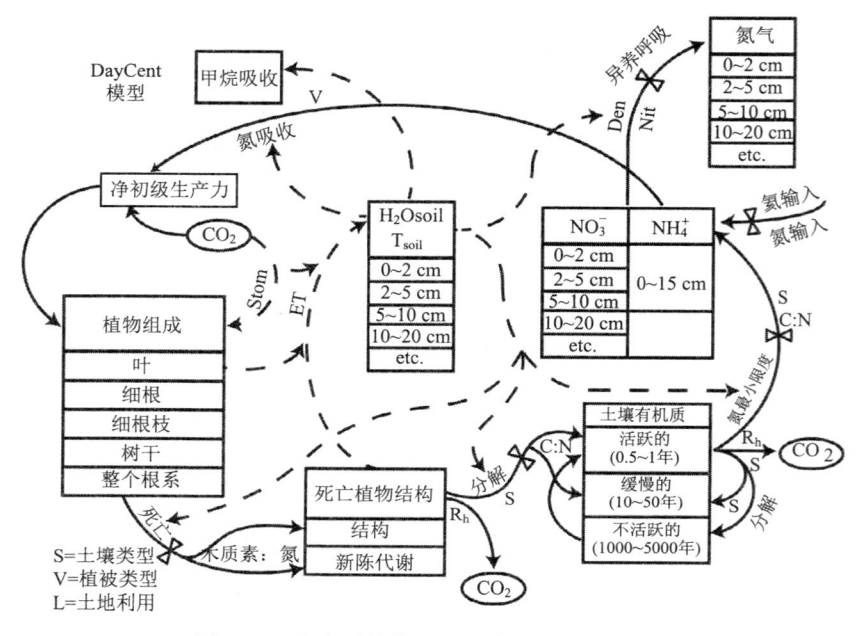

图 4-5 生态系统模型之 DayCent 模型流程图

利用世界各地的站点所采集的观测数据集(美国、澳大利亚、中国、巴西、阿根廷、德国、英国、加拿大),DayCent 模型已用来模拟了所有主要作物和作物轮作(玉米、小麦、大麦、大豆、高粱、甘蔗、苜蓿)的土壤碳动态、作物产量、土壤养分动态和微量气体通量(Frolking et al.,1998;Del Grosso et al.,2010;Fitton et al.,2014;Scheer et al.,2014;Grant et al.,2016)。模拟结果表明,DayCent 模型可以很好地模拟所有这些耕作制度(cropping systems)的生态系统动态,并且能明确分析所观察到的不同管理实践对土壤碳和氮水平、作物产量和微量气体通量变化的影响。通过 DayCent 模型模拟发现,所观察的作物产量和土壤氧化亚氮通量随土壤肥料增加而增加,耕作可以影响土壤碳含量和微量气体通量,使用缓释肥料会降低土壤氧化亚氮通量的潜力。此外,还发现可以通过减少土壤翻耕来增加土壤碳含量,也可以通过添加堆肥和其他有机改良物质来增加土壤碳含量。最近,DayCent 模型已成功用于使用通量观测网中美国通量网(AmeriFlux)

的涡动协方差(eddy covariance)数据集模拟草原(一年生草原、矮草草原和高草草原)和森林(针叶林和落叶林)的日净生态系统交换量(Net Ecosystem Exchange,NEE)和实际蒸散量(Actual Evapotranspiration,AET;Malone et al.,Savage et al.)。

二、在环境决策中应用自然资源生态实验室模型

大多数自然资源生态实验室建模的主要目标之一,是运用这些模型来帮助生态系统管理与决策(见第七章)。20世纪70年代到20世纪90年代初,开发的模型主要用于增强对生态系统运转的科学理解。利用从20世纪90年代到现在综合的站点和区域数据集,测试和验证这些模型。这些测试和验证工作不但极大地增强了我们对模型预测的信心,而且让我们应用生态系统模型来预测管理实践对生态系统动态的影响,以减少人为活动对环境的负面作用。在辅助环境决策过程中,自然资源生态实验室模型已被广泛应用,包括:①应用模型管理农业生态系统,以减少站点、区域和全球尺度的温室气体通量;②应用DayCent模型量化生物燃料原料生产对环境的影响;③应用模型来模拟本地消费者对草原、热带稀树草原和森林生态系统的影响。

1. 应用 DayCent 模型的生物燃料生命周期分析

DayCent模型已广泛应用于,评估种植一年生和多年生生物燃料作物对站点和区域范围内环境的影响。目前,美国将收获玉米的约40%用于生产乙醇。戴维斯等(Davis et al.,2012)使用DayCent模型分析了,将目前用于乙醇生产而种植玉米的土地上改为种植柳枝稷草(switchgrass)和芒草(miscanthus)后对环境的影响。构建DayCent模型,用于模拟了县级尺度上美国玉米种植带的柳枝稷(添加和不添加肥料)和芒草(不含肥料)的生长,以及玉米和大豆的生长。这项研究的主要结果表明:如果将目前用于生产玉米乙醇的土地改种柳枝稷草和芒草,则可以生产更多的乙醇。该结果还显示,将种植柳枝稷草和芒草改为种植玉米,不但温室气体的净排放量可以减少30%或者更多,而且排放进入墨西哥湾的硝酸盐可以减少15%~22%。与种植一年生作物相比,种植柳枝稷草和芒草能减少与这两种草相关的温室气体通量,减少量来自土壤中的净碳储存和

降低了的氧化亚氮排放量。

赫迪堡等（Hudiburg et al.，2016）使用DayCent模型开展了类似分析，以研究种植多年生的生物燃料（柳枝稷草和芒草）对320亿美国可再生燃料标准（32 Billion US Renewable Fuel Standard）的影响。DayCent模型用于模拟多年生的生物燃料与玉米生物燃料生产中，不同的管理措施和两者之间可替代的种植面积的条件下，作物产量、柳枝稷草和芒草的生物量生产、土壤碳变化和温室气体净通量。将DayCent模型结论与经济模型相结合的结果表明，通过种植多年生的生物燃料作物，到2022年可使美国交通部门的温室气体排放量减少7%。这主要是因为生物燃料与汽油之间的替换以及多年生草原料的土壤碳储存。如果将纤维素生物燃料的减排额度也包含在内，全美国的温室气体排放量可能将会减少约12%。本研究示范了如何将生态系统模型与经济模型相结合，以决定包括经济和环境因素在内的最佳管理实践。

2. 应用DayCent模型的土地管理情景

DayCent模型已被广泛用于研究作物轮作与管理实践如何相互作用，以控制农业生态系统的温室气体通量（Del Grosso et al.，2012，2016；Migliorati et al.，2015；Bista et al.，2016）。帕顿（Parton，2015）使用DayCent模型模拟美国大平原的所有县从1860年至2000年的植物产量和温室气体通量变化。来自美国农业部（USDA）农业普查和国家农业统计局的作物产量数据用于校准模型，以模拟作物产量和轮作的历史变化。模拟结果显示，1900～1940年间作物产量很低，大部分温室气体通量是由与大平原草原犁地相关的土壤碳损失造成的。目前，美国大平原的主要温室气体通量，来自牛群的甲烷排放，以及与旱地和灌溉农业上施用氮肥相关的土壤氧化亚氮排放。模拟结果还显示，美国大平原使用最佳管理措施（缓释肥料、免耕种植和牛群的甲烷抑制剂）后，在没有减少作物产量的同时，减少的温室气体净通量最高可达100%，具体依赖于这些实践在当地的适用程度。

DayCent模型还用于全球尺度调查和研究主要的非水稻作物（玉米、小麦和大豆）种植而引发的温室气体净通量减少的潜力。这一模拟结果显示，使用硝化抑制剂并实施免耕种植，可减少50%的温室气体净通量，而且增加7%农作物产量。

DayCent模型已经并将继续通过估算美国国家温室气体清单（EPA，2017）

的土壤温室气体通量,与传统改进的土地管理策略进行比较,作为决策支持工具(如 COMET-FARM),实施生命周期评估(Adler et al.,2017),获取包含了综合性模型驱动(model driver)和测试数据(如 GRACEnet)等有效的多站点标准化数据集(Del Grosso et al.,2013),使得模型评估和改进更加容易。最新研究既需要开发的软件能够向模型中批量输入文件,也需要获得资金资助以开展严格的模型比对。

3. 基于 Agent 的耦合系统建模

布恩等(Boone et al.,2011)已经成功地将基于 Agent 的模型与生态系统模型联系起来。基于 Agent 的建模使用自下而上的方法,将个体视为决策的基本单元,这些决策将量化种群的变化。Agent 可能包括动物、人类、汽车、城市或其他,它们基于规则、相互之间及与其周围环境发生作用(Billari et al.,2006;Boone and Galvin,2014)。与归纳或演绎方法形成的假设相比,这里的方法被称为"不明推论"(abduction),其中的假设将允许种群尺度的变化模式(population-level patterns)。例如,各主体之间的相互作用促进种群增长(Griffin,2006;Lorenz,2009)。在某些基于 Agent 的模型中相互关系的现实情景,可以解决多种复杂的问题,如能够表示个体变异(Huston et al.,1988)、捕捉复杂关系以及向公众可视化展示。这也是这个方法的优势所在。虽然多主体方法有很多种,但一个普遍的建模方式是,将一个或多个基于过程的生态系统模型(例如,水文模型和植被生长模型)与基于规则的(基于 Agent 的模型)人类决策模型结合起来。

使用基于流程和基于 Agent 要素进行耦合系统建模的一个案例,是将 SAVANNA 模型和基于 Agent 的家庭 DECUMA 模型进行了有效连接(Boone et al.,2011)。SAVANNA 模型是一个综合性的工具,不但能反映空间维度,还可以模拟土壤、植被和食草动物的动态变化。DECUMA 模型可以完整反映牧区系统中家庭决策过程。在逐月的时间步长上,SAVANNA 模型将信息传递给DECUMA 模型,让牧民可以合理分布他们的家畜,并将该信息返回给 SAVANNA 模型。然后,先通过 SAVANNA 模型向 DECUMA 模型提供家畜在不同放牧格局下的数量(能量通量),再用 DECUMA 模型模拟家畜动态变化(Boone et al.,2011)。布恩和莱塞洛(Boone and Lesorogol,2016)以及莱塞洛和布恩

(Lesorogol and Boone,2016)使用这些连接模型来处理反映了肯尼亚桑布鲁(Samburu)地区正在发生变化的八种情景。例如,在桑布鲁的西安普(Siambu)地区,进入牧场的通道正在迅速萎缩,主要是由于在这些高海拔地区进行耕作的人来自本区域以外的地方。他们模拟了这种通道碎片化引发的进入牧场机会将会下降,以及模拟了牧民有限的流动能力,研究发现他们每天可能行进的距离发生了巨大变化,从 10 千米下降到 0.2 千米。正如预期那样,可承载的牲畜数量也在迅速下降。但通过这个耦合系统建模工具,他们还量化了灌木扩张量、家庭可获得的奶量减少量,以及牲畜销售增量等等(Lesorogol and Boone,2016)。

三、运用先进分析技术进行模型分析

在过去的十年中,我们在运用先进的统计技术参数化建模、确定模型结果的误差分析以及对模型进行敏感性分析等方面取得了重大进展。自然资源生态实验室在模型构建的传统上,强调基于参数估计的状态变量和通量的预测,这些参数估计通常来自最大似然法分析的实验和野外研究。这种传统的建模被广泛称为正向建模。参数估计被主观地进行"调整",以使状态变量和通量的观测值与模型预测值保持一致。开展敏感性分析,定量确定模型输出对参数值变化的响应幅度。关于模型调整和敏感性分析,没有规范的统计学依据。

与正向建模相比,反演建模(inverse modeling)方法使用状态变量数据来估计模型参数。传统的统计分析是反演建模的例子。例如,简单的线性回归使用响应变量和预测变量的数据,以估算直线的截距和斜率以及与之相关的不确定性。在基于最大似然法和贝叶斯定理的统计理论中,反演模型有很强的统计学依据。

廉价而快速的计算机信息处理技术的出现,允许将反演方法应用于高维度问题研究,如自然资源生态实验室在仿真模型的开发历史上。使用最大似然法的应用案例包括,针对小样本规模而改良后的赤池信息量准则[①](Akaike's

---

① 赤池信息量准则,即 Akaike information criterion、简称 AIC,是衡量统计模型拟合优良性的一种标准,是由日本统计学家赤池弘次创立和发展的。赤池信息量准则建立在熵的概念基础上,可以权衡所估计模型的复杂度和此模型拟合数据的优良性。

information criterion)在选择 1 个、2 个或 3 个有机质库来确定凋落物分解模型,这些模型受初始凋落物化学、分解速率和气候分解指数的影响(Adairet al.,2008)。来自长期站点间分解作用实验团队的分解数据,被用于全球长期分解动力学的最佳模型的参数化与选择。其产生的模型结构由三个碳库构成,分别表示由初始木质素和氮含量所定义的非稳态(labile)、纤维素(cellulose)和稳态(recalcitrant)凋落物(Adair et al.,2008)。通过马尔可夫链-蒙特卡洛法,并辅以来自尼沃特山脊(Niwot Ridge)站点的美国通量网观察的长时间序列的日净生态系统交换量(NEE)和实际蒸散量(AET)数据,斯特劳贝等(Straube et al.,2018)优化了 DayCent 模型的模型参数。

贝叶斯方法也被用于反演建模。这些方法允许将从过程研究中获得的详细的参数信息与结构化模型的拟合和同化分析,使推断的参数在先验结论(反映在此前的数据分布中)与目前的数据(反映在数据分布中)之间进行折中,也被称为"似然性"(likelihoods)。可以使用多个数据源对参数和未观察到的数量进行拟合。

贝叶斯方法应用的案例,包括 N. T. 霍布斯及其同事对黄石公园北美野牛种群中布鲁氏菌病建模工作(Hobbs et al.,2015)。使用 40 年的总种群规模及其统计学数据和个体的血清学状态数据,对基于性别、年龄和疾病的九种状态进行建模。模型中包括了之前的按照年龄、疾病状态、成年存活率的自然种群增长的数据。这项工作首次估计了布鲁氏菌病的净繁殖率和疾病的传播率。该模型的结果已直接应用于大黄石公园生态系统(Greater Yellowstone Ecosystem)中的北美野牛保护的管理决策中。

类似 DayCent 的复杂的基于过程的生态系统模型,对贝叶斯方法的使用提出了一些挑战。DayCent 模型包括数百个模型参数,其中许多具有与可测量的数值缺乏明确联系的概念定义。虽然先进的计算机信息处理技术使贝叶斯方法应用于此类高维模型具有可行性,但数据的可用性使得大量的模型参数受到限制并成为模型发展的瓶颈。这也激励了多模型对比和先进的开源数据模型集成系统的最新发展。例如,生态系统预测分析器(Predictive Ecosystem Analyzer,

PEcAn)项目中对DayCent模型的一个版本实现了封装①。在这个项目中,DayCent模型旨在聚合不同的数据集以及简化数据和多个模型之间的连接,以充分利用更多的信息数据(从数据收集到建模)来更好地使用那些受到数据可用性严格限制的模型参数(Deitze et al.,2013;LeBauer et al.,2013)。然而,土壤有机质过程对这些工作进展提出了特殊的挑战,包括:①对土壤库的模拟与可测量的土壤有机质部分在概念定义上缺乏内在联系;②土壤有机物动态变化的时间尺度范围极广,横向和纵向的空间变化也很大;③很难测量循环最慢的有机物的变化,但它往往在土壤有机物中质量占比最高。总的来说,这些挑战限制了,利用贝叶斯方法为基于过程的生态系统模型参数提供信息。过去使用了DayCent模型的工作,都将贝叶斯方法的应用限制在只适用于模型参数或模型函数的子集,例如适用于DayCent模型三个土壤碳库中碳分布的初始化(Yeluripati et al.,2009)。

另一种可供选择的方法是,在更大的生态系统模型中的子模型上使用贝叶斯方法,其中模型结构和可用数据集可以使贝叶斯方法应用更易于处理。这种方法的一个例子是,坎贝尔等(Campbell et al.,2016)使用贝叶斯方法开发的凋落物分解和淋洗(Litter Decomposition and Leaching,LIDEL)模型的工作。LIDEL模型使用木质素和氮控制微生物过程来模拟凋落物分解、淋洗以及产生的溶解有机碳随后可进入土壤剖面中。LIDEL模型被提议作为新的凋落物模型的子模型,可用于类似DayCent这种基于过程的生态系统模型。不但它的结构兼具通用化和计算简单化的特点,而且它还融入了微生物对凋落物分解动态控制的最新理解。坎贝尔等研究者使用贝叶斯方法对LIDEL模型进行了参数化,使该模型与可测量值更加直接相关,便于充分利用宋等研究者(Soong et al.,2015)收集的实验数据,以及阿代尔等(Adair et al.,2008)和帕顿等(Parton et al.,2007)发布的数据。该分析说明了可用数据可以为LIDEL模型的参数和结构设计提供信息的程度。例如,研究表明有必要对凋落物可溶部分和分解过程中早期的溶解性有机物的生成进行实验评估,以更好地为模型参数提供信息。这个参数既高度灵敏,又不会受到可用数据的限制。

---

① 封装,属于计算机程序术语,即隐藏对象的属性和实现细节,仅对外公开接口,控制在程序中属性的读和修改的访问级别;将抽象得到的数据和行为(或功能)相结合,形成一个有机的整体,也就是将数据与操作数据的源代码进行有机的结合,形成"类",其中数据和函数都是类的成员。——译者注

四、模型独立参数估计和不确定性分析软件包

模型独立参数估计和不确定分析软件包(Model Independent Parameter Estimation and Uncertainly Software Package,PEST;Doherty,2015)近期被几位研究者开发并用于对 DayCent 模型的敏感性分析、模型参数化和误差分析(Rafique et al.,2013,2014;Necpálová et al.,2015;Asao et al.,2018)。模型使用反演建模过程来优化参数,其中模型参数使用基于最小二乘最小化的非线性回归进行估计。通过利用长期时间序列的美国通量网中净生态系统交换量和实际蒸散量数据,爱莎等(Asao et al.,2018)成功使用 PEST 对 DayCent 模型参数化,然后将这个模型应用于加利福尼亚州一年生的草原生态系统。内帕洛娃等(Necpálová et al.,2015)的研究也同样表明,在对爱荷华州的玉米-大豆系统进行 PEST 校准以及敏感参数确定后,模型模拟氧化亚氮排放的性能得到显著提高。拉菲克等(Rafique et al.,2014)首先使用 PEST 校准 DayCent 模型,然后应用这个模型研究不同气候变化对二氧化碳、甲烷和氧化亚氮通量的影响。

第六节 模型开发与应用的时间序列

图 4-6 显示了自然资源生态实验室在过去 50 年的模型开发和应用的时间序列的概要。ELM 模型是 20 世纪 70 年代首次开发的模型,随后在 20 世纪 80 年代又开发了 Ruminant、PATHWAY、Century、SAVANNA、Food Web 和 PHOENIX 等模型。20 世纪 90 年代,关于模型开发的主要工作包括大量模型比对(植被生态系统建模和分析、一氧化氮和植物生产)研究,以及与气候变化工作相伴随的 Century 模型的每日步长版本(即 DayCent 模型)的开发。DayCent 模型预测了所有生物群区的全部温室气体通量。基于 Agent 的 SAVANNA 草原模型工作始于 21 世纪的第一个十年,而 DayCent 模型从 2010 年至今被用于模拟农业管理实践和农业系统中生物燃料释放温室气体通量(二氧化碳、氧化亚氮和甲烷)的影响。最新的模型开发,包括使用 Grass-Cast 模型为大平原的牧

场主季节性模拟预测草原生态系统中地上净初级生产力(ANPP)。DayCent 模型用于模拟美国大平原所有县(区)4～7月累积实际蒸散量,将观测到的每日天气数据和降水的季节性预测数据作为 DayCent 模型的输入信息。Grass-Cast 模型使用 DayCent 模型预测县级实际蒸散量,作为专门用于县域的从地上净初级生产力到实际蒸散量的回归分析的输入信息,并从5月初开始对所有大平原地县域的地上净初级生产力预测。利用目前的降水观测结果,每两周更新一次 Grass-Cast 模型对地上净初级生产力的预测。

随着更多观测到的降水数据纳入其中,Grass-Cast 模型的5月预测准确性迅速提高。Grass-Cast 模型的开发,达到了20世纪70年代构建 ELM 草原模型的主要目标之一。Grass-Cast 模型为大平原上各种草原开展春季草场产量的季节性预测提供了一种重要工具。

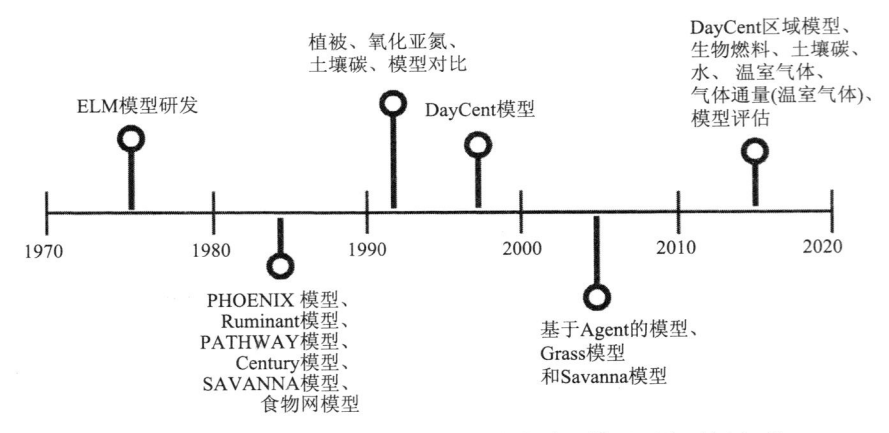

图 4-6 1970～2018 年自然资源生态实验室模型开发时间序列

第七节 当前和未来的研究工作

因为模型是对现实的简化,需要进一步做出决策,以确定在哪些领域的进一步研究可以推动模型改进。当前一个需要被关注的领域是,土壤有机质的深度应该被纳入模型之中。大多数模型仅模拟了顶部厚20～30厘米土壤层有机质动态变化。因为更深的土壤有机质被认为是稳定的,因此不易受到土地管理选择变化的影响。但是，最近的一些研究表明，深层土壤有机质也是动态的，深层有机碳的分解对土壤表层二氧化碳排放有显著贡献(Campbell and Paustian, 2015; Alcántara et al., 2016; Pries et al., 2017)。作为回应，DayCent模型开发人员已经在探索如何将深层土壤有机质动态整合到模型中去。除了简单地将目前的土壤有机质循环子模型扩展到更深的土层之外，对于深层土壤有机质动态的有效建模，还需要更深入地理解其"过程"，如溶解有机碳的运动过程(Campbell et al., 2016)。

目前正在争论的另一个问题是，微生物种群以及生物、物理和化学过程应在模型中清晰地表达到何种程度。在很大程度上，这是一个观念问题。DayCent模型等生态系统模型或多或少隐含了微生物种群及一些物理过程(如土壤中气体扩散)，而DNDC模型(Li, 1996)在这方面稍微复杂一些，因为它明确地表示了土壤氧化还原电位。另外，Ecosys模型(Grant, 2001)更加复杂，因为它明确表示了功能性微生物种群以及物理过程，例如相变、溶质迁移、气体扩散和其他生物地球化学过程。最近的一些研究表明，气候变化导致的微生物群落的变化(Melillo et al., 2017)，可以影响控制呼吸和土壤有机碳(Soil Organic Carbon, SOC)水平的过程。藤田等(Fujita et al., 2014)研究表明，将特定站点的微生物生物量数据纳入Century这样类型的建模方法中，可以改进对氮矿化和土壤呼吸表示法；但通常无法获得充足可靠的微生物数据，来进行区域和更大规模的模拟。这表明更加复杂的模型是必要的。然而，如果这个方面的模型比较少(例如只有2～4种)，并且对微量气体通量观测的实验站点也比较少(例如只有1～3座)，那么当前的模型和数据并不能对该问题提供足够的证明。但是与简单表示方法相比，增加模型的复杂程度可以更清楚明确地表示生物、化学和物理过程，并带来更实用的研究结论(Abdalla et al., 2010; Wu and Zhang, 2014; Grant et al., 2016)。因此，通过对开发更多的模型和使用更多站点观测数据集(如澳大利亚氧化亚氮网络①和美国农业部农业研究局GRACEnet项目②)进行全面比

---

① http://www.n2o.net.au/about-us；该官方网站信息显示，该计划应为国家农业氧化亚氮研究计划(NANORP)，是一个由23个项目组成的国家研究网络，在一项商定的合作计划下制定并实施了有效和实用的战略，以减少氧化亚氮的排放，同时保持农作物和牧场的生产力。——译者注

② http://usdaars.maps.arcgis.com/apps/MapSeries/index.html? appid = 9415d09247f64ae5bde462a3a9292e6c；GRACEnet项目的全称是Agricultural Collaborative Research Outcomes System Networks，即"农业合作研究成果系统网络"——译者注

较，有助于定量确定哪种复杂程度的模型是最优的。

另外，模型"预测能力"、交互式生物物理模型、社会文化模型以及将生物地球化学模型与经济模型联系起来，是生态系统模型的最新进展。随着当前计算机技术的快速发展，使用贝叶斯方法进行模型选择和模型参数化，对改进我们的生态系统模型具有巨大潜力。农业模型对比和改进项目（Agricultural Model Inter-comparison and Improvement Project，AgMIP）[①]测试了不同模型对小麦及其产量的表示能力，并发现了使用模型输出的平均值或中值的集合模拟（Ensemble simulations）往往比单个模型给出更好的模拟结果。AgMIP 使用蒙特卡洛方法并开发集合气候模型（Ensemble climate models），用于模型比较和集合模拟模型开发，可以更好地预测当前的关注重点问题，即土地管理对温室气体通量、空气质量和水污染的影响。这类的集合模型具有完整模型驱动程序和测试信息的数据库、使用标准化的格式。例如，GRACEnet/REAP 系统（Del Grosso et al.，2013）有助于促进所需的模型比较和集合模型研究。

第八节 总 结

最初引发人们对生态系统建模产生兴趣的问题至今仍未改变。这些问题包括：有多少碳和氮在地球系统内循环；人类活动如何改变这些流动。但是，对碳和养分通量这些关键因素的估计，从 20 世纪 70 年代至今得到了极大的提升。测量和建模方法均有助于这些改进。模型代表了系统生态学本质，因为它们具体体现了积累的知识并做出假设来检验对过程的理解。最初，生态系统模型主要用于提高我们对生态系统如何运转的理解。然而，目前的生态系统模型还被广泛用于准确预测气候变化和管理实践如何影响生态系统动态，以及这些变化对经济活动的潜在影响，进而为国家决策提供信息。

模型失败的原因，可能有多种因素，包括：对过程尺度的理解可能有问题；理

[①] https://research.csiro.au/foodglobalsecurity/our-research-2/global-change/agricultural-model-intercomparison-improvement-project-agmip

解可能是正确的,但没有在模型中正确应用;理解和实施都可能是正确的,但所有模型输入的必需变量可能在适当的时间和空间尺度上无法获得。实际上,当模型输出与观察结果不同的时候,所有这些因素都可能产生或多或少的影响。总而言之,需要对地球生态系统功能的不同类型知识进行整合,并做出定量预测以解决现实的观察情况。生态系统模型在这方面仍是最佳机制。福瑞斯特(Forrester,1968)建议不应以某种假设的完美性来评判模型,而是通过与生态系统所关注的其他描述方法进行比较,以此对这个模型做出判断。伍德曼斯(Woodmansee,1978)扩展了这一概念,建议将具有良好资料基础和清晰假设的仿真模型,与思维模型、文字模型、照片或图画进行比较,并作为描述系统的工具。Grass-Cast 模型的最新进展表明,我们改进的生态系统模型,如何用于帮助牧场经营者预测春季可供牛食用的草产量,并提供这些信息,即有关的管理实践和未来气候潜在变化将如何影响生态系统动态和温室气体通量变化的信息。

参 考 文 献

Abdalla, M., Jones M., Yeluripati, J., et al. (2010). Testing DayCent and DNDC model simulations of N_2O fluxes and assessing the impacts of climate change on the gas flux and biomass production from a humid pasture. *Atmospheric Environment*, 44(25), 2961–70.

Adair, E. C., Parton, W. J., Del Grosso, S. J., et al. (2008). Simple three-pool model accurately describes patterns of long-term litter decomposition in diverse climates. *Global Change Biology*, 14(11), 2636–60.

Adler, P. R., Spatari, S., D´Ottone, F., et al. (2017). Legacy effects of individual crops affect N_2O emissions accounting within crop rotations. *Global Change Biology – Bioenergy*, 10(2),123–36.

Alcántara, V., Don, A., Well, R., and Nieder, R. (2016). Deep ploughing increases agricultural soil organic matter stocks. *Global Change Biology*, 22(8), 2939–56.

Asao, S., Parton, W. J., Chen, M., and Gao, W. (2018). Photodegradation accelerates ecosystem N cycling in a simulated California grassland. *Ecosphere*, 9(8), e02370.

Bachelet, D., Hunt, H. W., and Detling, J. K. (1989). A simulation model of intraseasonal carbon and nitrogen dynamics of blue grama swards as influenced by above-and belowground grazing. *Ecological Modelling*, 44(3–4), 231–52.

Billari, F. C., Fent, T., Prskawetz, A., and Scheffran, J. (2006). Agent-based computation modeling: An introduction. In *Agent-based Computational Modeling, Contributions to Economics*, ed. F. C. Billari, T. Fent, A. Prskawetz, and J. Scheffran. Heidelberg, Germany: Physica-Verlag, 1–16.

Bista, P., Machado, S., Del Grosso, S. J., Ghimire, R., and Reyes-Fox, M. (2016). Simulating influence of long-term crop residue and nutrient management on soil organic carbon and wheat yield using the DAYCENT model. *Agronomy Journal*, 108(6), 2554–65.

Boone, R. B., Coughenour, M. B., Galvin, K. A., and Ellis, J. E. (2002). Addressing management questions for Ngorongoro Conservation Area using the Savanna Modeling System. *African Journal of Ecology*, 40, 138–50.

Boone, R. B., and Galvin, K. A. (2014). Simulation as an approach to social-ecological integration, with an emphasis on agent-based modeling. In *Understanding Society and Natural Resources: Forging New Strands of Integration Across the Social Sciences*, ed. M. Manfredo, J. J. Vaske, A. Rechkemmer, and E. A. Duke. Dordrecht, Heidelberg, New York, London: Springer, 179–202.

Boone, R. B., Galvin, K. A., BurnSilver, S. B., et al. (2011). Using coupled simulation models to link pastoral decision making and ecosystem services. *Ecology and Society*, 16(2), Article 6.

Boone, R. B., Galvin, K. A., Coughenour, M. B., et al. (2004). Ecosystem modeling adds value to a South African climate forecast. *Climatic Change*, 64, 317–40.

Boone, R. B., Lackett, J. M., Galvin, K. A., Ojima, D. S., and Tucker, C. J. (2007). Links and broken chains: Evidence of human-caused changes in land cover in remotely sensed images. *Environmental Science & Policy*, 10(2), 135–49.

Boone, R. B., and Lesorogol, C. K. (2016). Modelling coupled human–natural systems of pastoralism in East Africa. In *Building Resilience of Human–Natural Systems of Pastoralism in the Developing World: Interdisciplinary Perspectives*, ed. S. Dong, K.-A. S. Kassam, J. F. Tourrand, and R. B. Boone. Switzerland: Springer, 251–80.

Bormann, F. H., and Likens, G. E. (1967). Nutrient cycling. *Science*, 155(3761), 424–9.

Burke, I. C., Yonker, C. M., Parton, W. J., et al. (1989). Texture, climate, and cultivation effects on soil organic matter context in U.S. grassland soils. *Soil Science Society of America Journal*, 53(3), 800–5.

Campbell, E. E., Parton, W. J., Soong, J. L., et al. (2016). Using litter chemistry controls on microbial processes to partition litter carbon fluxes with the litter decomposition and leaching (LIDEL) model. *Soil Biology and Biochemistry*, 100, 160–74.

Campbell, E. E., and Paustian, K. (2015). Current developments in soil organic matter modeling and the expansion of model applications: A review. *Environmental Research Letters*, 10(12), Article 123004.

Capinera, J. L., Detling, J. K., and Parton, W. J. (1983). Assessment of range caterpillar (*Lepidoptera:Saturniidae*) effects with a grassland simulation model. *Journal of Economic Entomology*, 76(5), 1088–94.

Chen, D. X., Hunt, H. W., and Morgan, J. A. (1996). Responses of a C3 and C4 perennial grass to CO2 enrichment and climate change: Comparison between model predictions and experimental data. *Ecological Modeling*, 87, 11–27.

Coleman, D. C., Cole, C. V., and Elliott, E. T. (1983). Decomposition, organic matter turnover, and nutrient dynamics in agroecosystems. In *Nutrient Cycling in Agricultural Ecosystems*, ed. R. R. Lowrance, R. L. Todd, L. E. Asmussen, and

R. A. Leonard. Special Publication No. 23. Athens, GA: University of Georgia, College of Agriculture Experiment Stations.

Coughenour, M. B. (1981). Sulfur dioxide deposition and its effect on a grassland sulfur-cycle. *Ecological Modeling*, 13, 1–16.

(1992). Spatial modeling and landscape characterization of an African pastoral ecosystem: A prototype model and its potential use for monitoring drought. In *Ecological Indicators*, vol. 1, eds. D. H. McKenzie, D. E. Hyatt, and V. J. McDonald. London and New York: Elsevier Applied Science, 787–810.

(1993). *SAVANNA – Landscape and Regional Ecosystem Model: Model Description*. Fort Collins, CO: Natural Resource Ecology Laboratory, Colorado State University.

(2000). Ecosystem modeling of the Pryor Mountain Wild Horse Range, executive summary. In *United States Geological Survey – USDI: Managers' Summary – Ecological Studies of the Pryor Mountain Wild Horse Range, 1992–1997*, compiled by F. J. Singer and K. A. Schoenecker. Fort Collins, CO: US Geological Survey, Midcontinent Ecological Science Center, 125–31.

Coughenour, M. B., and Chen, D. X. (1997). An assessment of grassland ecosystem responses to atmospheric change using linked ecophysiological and soil process models. *Ecological Applications*, 7, 802–27.

Coughenour, M. B., Ellis, J. E., Swift, D. M., et al. (1985). Energy extraction and use in a nomadic pastoral ecosystem. *Science*, 230, 619–24.

Coughenour, M. B., and Singer, F. J. (1996). Elk population processes in Yellowstone National Park under the policy of natural regulation. *Ecological Applications*, 6(2), 573–93.

Cramer, W., Kicklighter, D. W., Bondeau, A., et al. (1999). The intercomparison, and participants of the Potsdam NPP Model. Comparing global models of terrestrial net primary productivity (NPP): Overview and key results. *Global Change Biology*, 5(S1), 1–15.

Davis, S. C., Parton, W. J., Del Grosso, S. J., et al. (2012). Impact of second-generation biofuel agriculture on greenhouse gas emissions in the corn-growing regions of the US. *Frontiers in Ecology and the Environment*, 10(2), 69–74.

De Ruiter, P. C., Neutel, A. M., and Moore, J. C. (1995). Energetics, patterns of interaction strengths, and stability in real ecosystems. *Science*, 269(5228), 1257–60.

Del Grosso, S. J., Gollany, H. T., and Reyes-Fox, M. (2016). Simulating soil organic carbon stock changes in agro-ecosystems using CQESTR, DayCent, and IPCC Tier 1 Methods. In *Synthesis and Modeling of Greenhouse Gas Emissions and Carbon Storage in Agricultural and Forest Systems to Guide Mitigation and Adaptation*, ed. S. J. Del Grosso, L. Ahuja, and W. J. Parton. Madison, WI: American Society of Agronomy, Crop Science Society of America, Soil Science Society of America, 89–110.

Del Grosso, S. J., Ogle, S. M., Parton, W. J., and Breidt, F. J. (2010). Estimating uncertainty in N_2O emissions from US cropland soils. *Global Biogeochemical Cycles*, 24, Article GB1009.

Del Grosso, S. J., Parton, W. J., Adler, P. R., et al. (2012). DayCent model simulations for estimating soil carbon dynamics and greenhouse gas fluxes from agricultural production systems. In *Managing Agricultural Greenhouse Gases: Coordinated Agricultural Research through GRACEnet to Address Our Changing Climate*, ed. M. Liebig, A. J. Franzluebbers, and R. F. Follett. London: Academic Press, 241–50.

Del Grosso, S. J., Parton, W. J., Mosier, A. R., et al. (2000a). General CH_4 oxidation model and comparisons of CH_4 oxidation in natural and managed systems. *Global Biogeochemical Cycles*, 14(4), 999–1019.

et al. (2000b). General model for N_2O and N_2 gas emissions from soils due to denitrification. *Global Biogeochemical Cycles*, 14(4), 1045–60.

Del Grosso, S. J., White, J. W., Wilson, G., et al. (2013). Introducing the GRACEnet/REAP data contribution, discovery and retrieval system. *Journal of Environmental Quality*, 42(4), 1274–80.

Dietze, M. C., Lebauer, D. S., and Kooper, R. (2013). On improving the communication between models and data. *Plant, Cell & Environment*, 36(9), 1575–85.

Doherty, J. (2015). *Calibration and Uncertainty Analysis for Complex Environmental Models. PEST: Complete Theory and What It Means for Modelling the Real World*. Brisbane: Watermark Numerical Computing.

Ellis, J. E., and Swift, D. M. (1988). Stability of African pastoral ecosystems: Alternate paradigms and implications for development. *Journal of Range Management*, 41, 450–9.

Ellis, J. E., Wiens, J. A., Rodell, C. F., and Anway, J. C. (1976). A conceptual model of diet selection as an ecosystem process. *Journal of Theoretical Biology*, 60(1), 93–108.

EPA. (2017). *Inventory of U.S. greenhouse gas emissions and sinks: 1990–2015*. Washington, DC: USEPA. www.epa.gov/ghgemissions/inventory-us-greenhouse-gas-emissions-and-sinks.

Fitton, N., Datta, A., Hastings, A., et al. (2014). The challenge of modelling nitrogen management at the field scale: Simulation and sensitivity analysis of N_2O fluxes across nine experimental sites using Daily DayCent. *Environmental Research Letters*, 9(9), Article 095003.

Forrester, J. W. (1968). *Principles of Systems*. Cambridge, MA: Wright-Allen Press.

Frolking, S. E., Mosier, A. R., Ojima, D. S., et al. (1998). Comparison of N_2O emissions from soils at three temperate agricultural sites: Simulations of year-round measurements by four models. *Nutrient Cycling in Agroecosystems*, 52(2), 77–105.

Fujita, Y., Witte, J.-P. M., and Bodegom, P. M. (2014). Incorporating microbial ecology concepts into global soil mineralization models to improve predictions of carbon and nitrogen fluxes. *Global Biogeochemical Cycles*, 28(3), 223–38.

Fullman, T. J., Bunting, E. L., Full, G. A., and Southworth, J. (2017). Predicting shifts in large herbivore distributions under climate change and management using a spatially-explicit ecosystem model. *Ecological Modeling*, 352, 1–18.

Gilmanov, T. G., Parton, W. J., and Ojima, D. S. (1997). Testing the CENTURY ecosystem level model on data sets from eight grassland sites in the former USSR representing wide climatic/soil gradient. *Ecological Modelling*, 96(1–3), 191–210.

Grant, B. B., Smith, W. N., Campbell, C. A., et al. (2016). Comparison of DayCent and DNDC models: Case studies using data from long-term experiments on the Canadian prairies. In *Synthesis and Modeling of Greenhouse Gas Emissions and Carbon Storage in Agricultural and Forest Systems to Guide Mitigation and Adaptation*, ed. S. J. Del Grosso, L. Ahuja, and W. J. Parton. Madison, WI: American Society of Agronomy, Crop Science Society of America, Soil Science Society of America, 21–58.

Grant, R. F. (2001). A review of the Canadian ecosystem model ecosys. In *Modeling Carbon and Nitrogen Dynamics for Soil Management*, ed. M. J. Shaffer. Boca Raton, FL: CRC Press, 173–264.

Griffin, W. A. (2006). Agent-based modeling for the theoretical biologist. *Biological Theory*, 1(4), 404–9.

Hall, D. O., Ojima, D. S., Parton, W. J., and Scurlock, J. M. O. (1995). Response of temperate and tropical grasslands to CO_2 and climate change. *Journal of Biogeography*, 22, 537–47.

Hilbers, J. P., Van Langevelde, F., Prins, H. H. T., et al. (2015). Modeling elephant-mediated cascading effects of water point closure. *Ecological Applications*, 25, 402–15.

Hobbs, N. T., Baker, D. L., Ellis, J. E., and Swift, D. M. (1981). Composition and quality of elk winter diets in Colorado. *Journal of Wildlife Management*, 45, 156–71.

Hobbs, N. T., Geremia, C., Treanor, J., et al. (2015). State-space modeling to support management of brucellosis in the Yellowstone bison population. *Ecological Monographs*, 85(4), 525–56.

Hudiburg, T. W., Wang, W., Khanna, M., et al. (2016). Impacts of a 32-billion-gallon bioenergy landscape on land and fossil fuel use in the US. *Nature Energy*, 1, Article 15005.

Hunt, H. W., Coleman, D. C., Ingham, E. R., et al. (1987). The detrital food web in a shortgrass prairie. *Biology and Fertility of Soils*, 3(1), 57–68.

Hunt, H. W., and Parton, W. J. (1986). The role of mathematical models in research on microfloral and faunal interactions in natural and agroecosystems. In *Microfloral and Faunal Interactions in Natural and Agroecosystems*, ed. M. J. Mitchell and J. P. Nakas. Dordrecht: M. Nyhoff/Dr. W. Junk Publishers, 443–94.

Hunt, H. W., Trlica, M. J., Redente, E. F., et al. (1991). Simulation model for the effects of climate change on temperate grassland ecosystems. *Ecological Modelling*, 53, 205–46.

Huston, M., Deangleis, D., and Post, W. (1988). New computer-models unify ecological theory-computer-simulations show that many ecological patterns can be explained by interactions among individual organisms. *Bioscience*, 38(10), 682–91.

Innis, G. S., ed. (1978). *Grassland Simulation Model*. Ecological Studies, 26. New York: Springer.

Kelly, R. H., Parton, W. J., Crocker, G. J., et al. (1997). Simulating trends in soil organic carbon in long-term experiments using the Century model. *Geoderma*, 81, 75–90.

Kim, Y., Talucder, M. S. A., Kang, M., et al. (2016). Interannual variations in methane emission from an irrigated rice paddy caused by rainfalls during the aeration period. *Agriculture, Ecosystems & Environment*, 223, 67–75.

Kirchner, T. B. and Whicker, F. W. (1983/1984). Validation of PATHWAY, a simulation model of the transport of radionuclides through agroecosystems. *Ecological Modeling*, 22, 21–44.

Kittel, T. G. F., Ojima, D. S., Schimel, D. S., et al. (1996). Model GIS integration and data set development to assess terrestrial ecosystem vulnerability to climate change. In *GIS and Environmental Modeling: Progress and Research Issues*. Canada: John Wiley and Sons, 293–7.

LeBauer, D. S., Wang, D., Richter, K. T., Davidson, C. C., and Dietze, M. C. (2013). Facilitating feedbacks between field measurements and ecosystem models. *Ecological Monographs*, 83(2), 133–54.

Lesorogol, C. K., and Boone, R. B. (2016). Which way forward? Using simulation models and ethnography to understand changing livelihoods among Kenyan pastoralists in a "new commons." *International Journal of the Commons*, 10, 747–70.

Li, C. (1996). The DNDC model. In *Evaluation of Soil Organic Matter Models Using Existing, Long-Term Datasets, NATO ASI Series I*, vol. 38, ed. D. S. Powlson, P. Smith, and J. U. Smith. Heidelberg: Springer, 263–7.

Liedloff, A. C., Coughenour, M. B., Ludwig, J. A., and Dyer, R. (2001). Modelling the trade-off between fire and grazing in a tropical savanna landscape, northern Australia. *Environmental International*, 27(2–3), 173–80.

Lorenz, T. (2009). Epistemological aspects of computer simulation in the social sciences. *Lecture Notes in Computer Science*, 5466, 141–52.

Malone, S. L., Keough, C., Staudhammer, C. L., et al. (2015). Ecosystem resistance in the face of climate change: A case study from the freshwater marshes of the Florida Everglades. *Ecosphere*, 6(4), Article 57.

May, R. M. (1973). Qualitative stability in model ecosystems. *Ecology*, 54(3), 638–41.

McGill, W. B., Hunt, H. W., Woodmansee, R. G., and Reuss, J. O. (1981). *Phoenix, a Model of the Dynamics of Carbon and Nitrogen in Grassland Soils*. Ecological Bulletin, 33. Stockholm: Swedish Natural Science Research Council, 49–115.

Melillo, J. M., Frey, S. D., DeAngelis, K. M., et al. (2017). Long-term pattern and magnitude of soil carbon feedback to the climate system in a warming world. *Science*, 358(6359), 101–5.

Metherell, A. K., Cambardella, C. A., Parton, W. J., et al. (1995). Simulation of soil organic matter dynamics in dryland wheat-fallow cropping systems. In *Soil Management and Greenhouse Effect*, ed. R. Lal, J. Kimball, E. Levine, and B. A. Stewart. Boca Raton, FL: CRC Press, 259–70.

Migliorati, M. D. A., Parton, W. J., Del Grosso, S. J., et al. (2015). Legumes or nitrification inhibitors to reduce N_2O emissions in subtropical cereal cropping systems? A simulation study. *Agriculture, Ecosystems and Environment*, 213, 228–40.

Moore, J. C., Berlow, E. L., Coleman, D. C., et al. (2004). Detritus, trophic dynamics and biodiversity. *Ecology Letters*, 7(7), 584–600.

Moore, J. C., and de Ruiter, P. C. (2012). Models of simple and complex systems. In *Energetic Food Webs: An Analysis of Real and Model Ecosystems*. New York: Oxford University Press, 27–53.

Moore, J. C., de Ruiter, P. C., and Hunt, H. W. (1993). Influence of productivity on the stability of real and model-ecosystems. *Science*, 261(5123), 906–8.

Moore, J. C., McCann, K., Setala, H., and de Ruiter, P. C. (2003). Top-down is bottom-up: Does predation in the rhizosphere regulate aboveground dynamics? *Ecology*, 84(4), 846–57.

Mosier, A., Schimel, D. S., Valentine, D., Bronson, K., and Parton, W. J. (1991). Methane and nitrous oxide fluxes in native, fertilized and cultivated grasslands. *Nature*, 350, 330–2.

Moore, J. C., Walter, D. E., and Hunt, H. W. (1988). Arthropod regulations of microbiota and meso biota in belowground detrital food webs. *Annual Review of Entomology*, 33, 419–39.

Necpálová, M., Anex, R. P., Fienen, M. N., et al. (2015). Understanding the DayCent model: Calibration, sensitivity, and identifiability through inverse modeling. *Environmental Modelling & Software*, 66, 110–30.

Ojima, D. S., Schimel, D. S., Parton, W. J., and Owensby, C. (1994). Long- and short-term effects of fire on N cycling in tallgrass prairie. *Biogeochemistry*, 24, 67–84.

Pan, Y., Melillo, J. M., McGuire, A. D., et al. (1998). Modeled responses of terrestrial ecosystems to elevated atmospheric CO_2: A comparison of simulations by the biogeochemistry models of the vegetation/ecosystem modeling and analysis project (VEMAP). *Oecologia*, 114, 389–404.

Parton, W. J., Coughenour, M. B., Scurlock, J. M. O., Ojima, D. S., Gilmanov, T. G., Scholes, R. J., Schimel, D. S., Kirchner, T. B., Menaut, J. C., Seastedt, T., Garcia-Moya, E., Kamnalrut, A., Kinyamario, J. I., and Hall, D. O. (1996). Global grassland ecosystem modeling: Development and test of ecosystem models for grassland systems. In *Global Change: Effects on Coniferous Forests and Grasslands*, ed. A. I. Breymeyer, D. M. Hall, J. M. Melillo, and G. I. Agren, SCOPE. Hoboken, NJ: John Wiley and Sons Ltd., 229–66.

Parton, W. J., Gutmann, M. P., Merchant, E. R., et al. (2015). Measuring and mitigating agricultural greenhouse gas production in the US Great Plains, 1870–2000. *Proceedings of the National Academy of Sciences of the United States of America*, 112(34): E4681–E4688.

Parton, W. J., Hartman, M., Ojima, D., and Schimel, D. (1998). DAYCENT and its land surface submodel: Description and testing. *Global and Planetary Change*, 19, 35–48.

Parton, W. J., Holland, E. A., Del Grosso, S. J., et al. (2001). Generalized model for NO_x and N_2O emissions from soils. *Journal of Geophysical Research-Atmospheres*, 106, 17403–20.

Parton, W. J., Neff, J. and Vitousek, P. M. (2005). Modelling phosphorus, carbon and nitrogen dynamics in terrestrial ecosystems. In *Organic Phosphorus in the Environment*, ed. B. L. Turner, E. Frossard, and D. S. Baldwin. CAB International, 325–44.

Parton, W. J., and Rasmussen, P. E. (1994). Long-term effects of crop management in a wheat/fallow system: II. Modelling change with the CENTURY model. *Soil Science Society of America Journal*, 58, 530–6.

Parton, W. J., and Risser, P. G. (1979). Simulating impact of management practices upon the tallgrass prairie. In *Perspectives in Grassland Ecology*, ed. N. R. French. New York: Springer Verlag, 135–56.

(1980). Impact of management practices on the tallgrass prairie. *Oecologia*, 46(2), 223–34.

Parton, W. J., Schimel, D. S., Cole, C. V., and Ojima, D. (1987). Analysis of factors controlling soil organic levels of grasslands in the Great Plains. *Soil Science Society of America Journal*, 51, 1173–9.

Parton, W. J., Schimel, D. S., and Ojima, D. S. (1994). Environmental change in grasslands: Assessment using models. *Climatic Change*, 28, 111–41.

Parton, W. J., Scurlock, J. M. O., Ojima, D. S., et al. (1995). Impact of climate change on grassland production and soil carbon worldwide. *Global Change Biology*, 1, 13–22.

Parton, W., Silver, W. L., Burke, I. C., et al. (2007). Global-scale similarities in nitrogen release patterns during long-term decomposition. *Science*, 315(5810), 361–64.

Parton, W. J., Singh, J. S., and Coleman, D. C. (1978). A model of production and turnover of roots in shortgrass prairie. *Journal of Applied Ecology*, 47, 515–42.

Parton, W. J., Stewart, J. W. B., and Cole, C. V. (1988). Dynamics of C, N, P, and S in grassland soils: A model. *Biogeochemistry*, 5, 109–31.

Peinetti, H. R., Menezes, R. S. C., and Coughenour, M. B. (2001). Changes induced by elk browsing in the aboveground biomass production and distribution of willow (Salix monticola Bebb): Their relationships with plant water, carbon, and nitrogen dynamics. *Oecologia*, 127(3), 334–42.

Plumb, G. E., White, P. J., Coughenour, M. B., and Wallen, R. L. (2009). Carrying capacity and migration of Yellowstone bison: Implications for conservation. *Biological Conservation*, 142, 2377–87.

Pries, C. E. H., Castanha, C., Porras, R. C., and Torn, M. S. (2017). The whole-soil carbon flux in response to warming. *Science*, 355(6332), 1420–2.

Probert, M. E., Keating, B. A., Thompson, J. P., and Parton, W. J. (1995). Modelling water, nitrogen, and crop yield for a long-term fallow management experiment. *Australian Journal of Experimental Agriculture*, 35, 941–50.

Rafique, R., Fienen, M. N., Parkin, T. B., and Anex, R. P. (2013). Nitrous oxide emissions from cropland: A procedure for calibrating the DayCent biogeochemical model using inverse modelling. *Water, Air, & Soil Pollution*, 224(9), Article 1677.

Rafique, R., Kumar, S., Luo, Y., et al. (2014). Estimation of greenhouse gases (N_2O, CH_4 and CO_2) from no-till cropland under increased temperature and altered precipitation regime: A DAYCENT model approach. *Global and Planetary Change*, 118, 106–14.

Rooney, N., McCann, K., Gellner, G., and Moore, J. C. (2006). Structural asymmetry and the stability of diverse food webs. *Nature*, 442(7100), 265–9.

Sala, O. E., Parton, W. J., Joyce, L. A., and Lauenroth, W. K. (1988). Primary production of the Central Grassland Region of the United States. *Ecology*, 69(1), 40–5.

Savage, K. E., Parton, W. J., Davidson, E. A., Trumbore, S. E., and Frey, S. D. (2013). Long-term changes in forest carbon under temperature and nitrogen amendments in a temperate northern hardwood forest. *Global Change Biology*, 19(8), 2389–400.

Scheer, C., Del Grosso, S. J., Parton, W. J., Rowlings, D. W., and Grace, P. R. (2014). Modeling nitrous oxide emissions from irrigated agriculture: Testing DayCent with high-frequency measurements. *Ecological Applications*, 24(3), 528–38.

Schimel, D. S., Braswell, B. H., McKeown, R., et al. (1996). Climate and nitrogen controls on the geography and timescales of terrestrial biogeochemical cycling. *Global Biogeochemical Cycles*, 10, 677–92.

Schimel, D. S., Braswell, B. H., and Parton, W. J. (1997a). Equilibrium of the terrestrial water, nitrogen, and carbon cycles. *Proceedings of the National Academy of Sciences of the United States of America*, 94(16), 8280–3.

Schimel, D. S., Coleman, D. C., and Horton, K. A. (1985). Soil organic-matter dynamics in paired rangeland and cropland topsequences in North-Dakota. *Geoderma*, 36(3–4), 201–14.

Schimel, D. S., Emanuel, W., Rizzo, B., et al. (1997b). Continental scale variability in ecosystem processes: Models, data, and the role of disturbance. *Ecological Monographs*, 67(2), 251–71.

Schimel, D. S., Kittel, T. G. F., and Parton, W. J. (1991). Terrestrial biogeochemistry cycles: Global interactions with the atmosphere and hydrology. *Tellus*, 43AB, 188–203.

Schimel, D. S., Melillo, J. M., Tian, H., et al. (2000). Contribution of increasing CO_2 and climate to carbon storage by ecosystems in the United States. *Science*, 287(5460), 2004–6.

Smith, P., Smith, J. U., Powlson, D. S., et al. (1997). A comparison of the performance of nine soil organic matter models using datasets from seven long-term experiments. *Geoderma*, 81, 153–225.

Soong, J. L., Parton, W. J., Calderon, F., Campbell, E. E., and Cotrufo, M. F. (2015). A new conceptual model on the fate and controls of fresh and pyrolized plant litter decomposition. *Biogeochemistry*, 124, 27–44.

Straube, J. R., Chen, M., Parton, W. J., et al. (2018). Development of the DayCent-Photo model and integration of variable photosynthetic capacity. *Frontiers of Earth Science*, 12(4), 765–78.

Sun, H., Zhou, S., Fu, Z., et al. (2016). A two-year field measurement of methane and nitrous oxide fluxes from rice paddies under contrasting climate conditions. *Scientific Reports*, 6.

Swift, D. M. (1983). A simulation-model of energy and nitrogen-balance for free-ranging ruminants. *Journal of Wildlife Management*, 47(3), 620–45.

VEMAP, et al., Melillo, J. M., Borchers, J., et al. (1995). Vegetation/ecosystem modeling and analysis project: Comparing biogeography and biogeochemistry models in a continental-scale study of terrestrial ecosystem responses to climate change and CO_2 doubling. *Global Biogeochemical Cycles*, 9, 407–37.

Wagner-Riddle, C., Congreves, K. A., Abalos, D., et al. (2017). Globally important nitrous oxide emissions from croplands induced by freeze-thaw cycles. *Nature Geoscience*, 10(4), 279–83.

Wagner-Riddle, C., Hu, Q. C., Van Bochove, E., and Jayasundara, S. (2008). Linking nitrous oxide flux during spring thaw to nitrate denitrification in the soil profile. *Soil Science Society of America Journal*, 72(4), 908–16.

Weisberg, P. J., and Coughenour, M. B. (2003). Model-based assessment of aspen responses to elk herbivory in Rocky Mountain National Park, USA. *Environmental Management*, 32(1), 152–69.

Wiens, J. A., and Innis, G. S. (1974). Estimation of energy flow in bird communities: A population energetics model. *Ecology*, 55(4), 730–46.

Woodmansee, R. G. (1978). Critique and analyses of the grassland ecosystem model ELM. In *Grassland Simulation Model*, ed. G. S. Innis. New York: Springer Verlag.

Wu, X., and Zhang, A. (2014). Comparison of three models for simulating N_2O emissions from paddy fields under water-saving irrigation. *Atmospheric Environment*, 98, 500–9.

Xiao, X., Ojima, D. S., Parton, W. J., Zuozhong, C., and Du, C. (1995). Sensitivity of Inner Mongolia grasslands to global climate change. *Journal of Biogeography*, 22, 643–8.

Yeluripati, J. B., van Oijen, M., Wattenbach, M., et al. (2009). Bayesian calibration as a tool for initialising the carbon pools of dynamic soil models. *Soil Biology and Biochemistry*, 41(12), 2579–2583.

第五章 技术进步对系统生态学范式的支持

大卫·S. 席梅尔

第一节 引 言

  科罗拉多州立大学(CSU)总是对引进高水平的技术方法持欢迎态度,首创了"大科学"(Big science)概念(见第三章)。系统生态学范式(SEP,见第一章)是基于最终数据采集构建模型①,提供了包括反馈的集成、预测和分析(见第四章),而且这种反馈不容易受到实验性测试的直接影响。与同时代其他研究团队的思维模式相比,这种系统生态学思维理念赋予他们对多学科技术的融合具有与众不同的态度。

  如果没有实验、观测和计算技术的进步,系统生态学范式就不可能发展起来。与今天的智能手机、笔记本电脑和台式机相比,20世纪60年代后期占据整个房间和建筑物的大型计算机(CDC6400型)运算速度非常缓慢,主要使用玻璃器皿和滴定化学来进行化学分析。运用于"看到"土壤颗粒内部的技术,已经从台式的光学显微镜发展到了计算机成像。现在,随着现代光谱学和成像技术发展,精度和准确度都呈指数级增长。遥感是从飞机的摄影测量法发展而来,现在我们拥有来自卫星、有人驾驶飞机和无人驾驶遥控飞机的高分辨率成像、光谱成

---

  ① 这里指,系统生态学范式的模型追求数据可得性、可用性,所以说是"基于最终数据采集的模型"。——译者注

像和激光雷达。地理信息系统（GIS）已从研究工具发展为功能强大和日常使用的技术，可在手持设备、笔记本电脑和台式计算机上处理和显示大量数据。信息管理已经从海量的纸质文件存储，转变为万亿字节（TB）、千万亿字节（PB）甚至更大的存储容量单位的数字化和可搜索的文件。谷歌等搜索引擎让我们几乎可以从地球上的任何地方获取这些文件信息。现在，所有这些技术都通过庞大的数字网络相互连接。系统生态学家已经采用并开发了一些新技术，这些进步也随着对系统生态学概念理解的变化而变化。

几十年来，科罗拉多州立大学的研究者和合作者以及它的自然资源生态实验室（NREL）都提出了先进的生态系统科学和系统生态学范式。通过运用计算机信息处理技术和计算机网络、地理信息系统、气体交换系统、通量测量、稳定和放射性同位素测定、新的分析化学技术、基因技术，系统生态学范式开展高度专业的调查，进而为大尺度野外作业和全球遥感任务做出了重大贡献。

科罗拉多州立大学和自然资源生态实验室的技术开发和技术引进，主要源于固有技术的搜寻以及较早对其他研究机构技术开发的借鉴（见第六、七、八章）。这些创新开始于美国国际生物学计划（USIBP）中，关于生态系统结构和功能的草原生物群区研究（见第三章）。生态学学科并不以积极采用新技术而闻名，以及它的项目资助者直到最近才开始对技术的改进进行投资，这无疑影响了不断寻找先进方法的科罗拉多州立大学研究人员开展工作。但自然资源生态实验室的发展历史表明，他们对技术应用非常着迷，并将技术作为解决其他棘手问题的一种重要工具。在这个简短的章节里，我不是试图去全面涵盖以科罗拉多州立大学为中心的生态系统科学技术的所有内容，而是围绕不断增加的尺度这一主题来说明技术进步。整本书的参考资料将引导读者找到具体的案例。

第二节　个人思考

1979 年夏天，当我来到科罗拉多州立大学时，我一直在海洋学和生态系统研究中心担任技术员，还接触过高科技的地球化学测量、当时最先进的计算机、美国数字设备公司的微型计算机和首批克雷超级计算机，以及早期的自动化化学分析系统。当看到海洋学领域如此接纳新兴技术之后,我极为兴奋,因为能在科罗拉多州立大学发现了一个志同道合的团队。我的团队正在开发一种用于测量氨通量的野外光谱仪,这在今天仍然是一个巨大的挑战。这个实验室拥有完整的计算基础设施,而且团队非常重视严谨细致的分析。

自然资源生态实验室的分析实验室的核心主体,创立于一个小办公室。这个办公室与用于化学、同位素、植物生理学、土壤预处理与分析的实验室,处于同一条走廊上,同时也是戴维·比奇洛(David Bigelow)的办公室。戴维最初是一名在草原生物群区研究项目中受到培训的技术人员,负责管理实验室并指导学生掌握精准和正确的测量技术,但这些学生大多对严格的分析要求准备不足。戴维负责氨测量和仪器,以及综合实验箱(complex chambers)。在此实验箱中,可以重现当地矮草草原土层的环境条件,而不改变模拟的温室气体通量。

虽然我们当时用来进行测量的仪器,按照今天的标准来看几乎是无法想象的粗糙,而且今天的研究生在一定程度上难以理解当时的程序手册,但那里产生的数据经受住了时间的考验。在今天使用更先进的仪器时,当我们洗涤玻璃器皿时戴维·比奇洛的谆谆教诲——"三热、三冷、三去离子",仍然在我的脑海中响起。"校准、清洁和避免污染"的原则,同样也适用于太空中价值数亿美元的传感器,就像在实验室中的土壤提取物试管一样。

戴维在英年早逝之前,继续在许多科学和监测计划及他的许多其他成就中确保测量的完整性和精确性。当我自己都使用越来越复杂的仪器时,他的经验教训仍然是这些工作的基石。在处理实验数据时候,我能切身感受到他一直在我身后,友善却怀疑地注视着我。

第三节　技术与生态系统空间维度

科罗拉多州立大学的系统生态学,始于对植物-土壤、植物-食草动物、土壤-植被-大气和微生物耦合过程的强烈关注。面向过程的研究人员最初并不关注空间维度,而是在系统组分之间建立耦合的抽象概念,但他们很快认识到生态系统过程具有空间维度(见第一、六、七章)。

关于生态系统空间维度的几条研究主线已经形成。科学家们发现,有时需要对高度异质的过程求出平均值,以获得更好地理解。这就需要开展大量的观测或内在集成技术。这些提高了研究效率和(或)自动化程度,以及本身就是空间平均值的测量,例如涡流协方差(eddy covariance)和遥感方法。

第二条研究主线涉及异质性作用,其中景观的不同方面发挥不同的作用,并在景观自身尺度上增加了功能。这在植物-动物研究中尤为突出,在这些研究中移动性强的动物以不同的方式使用景观的不同部分,甚至在研究人类与空间异质环境中的生态系统之间的相互作用时显得尤为显著,例如在南图尔卡纳和蒙古国(见第九章)。

第三条研究主线涉及气候和天气。随着生态系统在地球系统中的作用越来越明显,研究人员发现水、能量和微量气体交换以及其他地表过程,将会以越来越多的方式影响气候和天气。

这三条研究主线,都是系统生态学家追求的符合逻辑的结果内容。这些研究主线,推动了大规模技术的应用和发展。其他技术,如同位素和基因组分析,最初是为其他科学问题而开发的,现在也被重新应用。

第四节　尺度推演、推断和景观研究的技术

20世纪80年代,许多开创性的草原研究,揭示了景观在控制生态系统动态方面的重要性(见第一章和第六章)。大约在那个时候,生态学开始开展类似工作,且自然资源生态实验室无缝地融入了系统生态学中。具有异质性、物质运输和水文的景观,与从斑块(生态地境)或非空间研究中所推断出的功能有何不同?自然资源生态实验室的科学家主要在草原和农业生态系统中,在多个层级上研究了景观功能。其中许多研究涉及通过放牧的牲畜连接在不同景观之间的斑块(生态地境),例如由食草动物创造的生物斑块(Hobbs, et al., 1982; Coppock and Detling, 1986)或由地貌过程而创造的景观(Yonker et al., 1988)。其他研究则着眼于人类对景观的利用,包括非洲和蒙古国的游牧牧民(Ellis and Swift, 1988; Reid et al., 2008; Ojima and Chuluun, 2008),人类如何使用景观的不同方

面,以及它们如何导致景观变化。

从一开始,对过程级别理解的尺度推演、扩展和推断,以及将传统的生态措施(如能量平衡和食物网技术)融合到更大的空间区域,需要迎接信息收集和数据管理方面的挑战。研究人员采用了遥感和地理信息系统新技术。20世纪80年代中期,自然资源生态实验室安装了用于学术研究的第一版本地理信息系统,这可能是生态系统科学实验室中的第一个,早期的应用支持草原和牧场生态系统研究。早在地理空间数据易于获得之前,即在互联网出现之前,生态系统科学家就使用航空摄影和早期卫星观测(陆地卫星TM)将景观特征作为模板,将细致的野外观测扩展到整个景观和区域。

这些用于地理空间分析的前沿领域技术,在20世纪80年代得到突破,如今已无处不在,并已从研究过渡到生态系统管理常规应用。太空和航空器成像等空中观测,对土地管理的影响怎么强调都不为过,并随着野外监测资源的减少,遥感的重要性只增不减。在地理信息系统中集成多个数据源的能力也只会增加。虽然遥感不会取代过程研究,但它能扩展本身,并能从难以获取、难以到达、具有挑战性的区域获取数据。这些区域主要由于地形和地貌、距离、所有权或者仅仅是因为人员有限,而不得不使用遥感数据。

地理空间技术可以获取以下领域的即时数据,例如人类利用活动与关键栖息地的接近程度、景观碎片化、扰动以及城乡过渡区的综合视图。这些被广泛采用的方法,得益于自然资源生态实验室和其他地方的早期生态系统科学研究,以及天基传感器和地理空间分析的进步。今天,成像技术和地理信息系统的使用如此普遍,不易被察觉到。这与之前用二维横断面、野外取样和其他近似方法来刻画景观的情况,形成了鲜明对比。新的遥感技术可能会引发下一轮革命。例如,用于生态系统结构的激光雷达(Lefsky et al.,2002)及它与其他创新技术的融合,将野外工作扩展到景观或更大范围(Saatchi et al.,2015)。

第五节 地球系统中的生态系统

20世纪80年代,随着对全球变化的关注增加,生态学家开始发现生态系统在地球系统中的作用。自然资源生态实验室对微量气体的兴趣,特别是含氮气体的兴趣,从将气体作为养分损失和(或)重新分配载体的研究(Woodmansee,1978)转向对温室气体的关注(Mosier et al.,1988,1993;见第四、六、八章)。大气层与生物圈相互作用的其他方面也得到了关注,包括那些通过水和能量交换之间的介导作用(Lu et al.,2001)。对地球系统中生态系统与大气相互作用的研究,是技术应用和发展的主要动力。

这些技术倾向于在下面三个领域应用。首先是通量测量,因为大多数大气—生态系统的相互作用是通过陆地表面的物质和能量交换发生的。第二是空间推断技术,因为相互作用是由异质性过程引发,不一定能被当地的测量手段很好地反映出来(Rosswall et al.,1988;Schimel et al.,1988)。第三是生态系统—大气层交换,因为在大区域和长时间周期内发生的过程能影响地球系统,所以传统方法、过程研究、通量测量和熟练操作的实验,必须得到模拟建模的有力补充。事实上,在推断生态系统对气候系统影响的因果关系方面,实验的大部分标准流程必须由仿真模型来取代,而且由过程研究、观测和实验来提供验证信息。

自然资源生态实验室的科学家们是早期通量测量技术的创新者。最初使用实验箱(Detling et al.,1978;Schimel et al.,1986)并辅以同位素质量平衡和追踪器,诊断特定机制(Mosier et al.,1988)。使用其他实验技术能明确将气体流量嵌入生态系统过程中,但这些技术与早期由大气化学家进行的微量气体研究不同。然而,实验室技术很快被空气动力学技术所补充或完全取代,特别是涡流协变技术(Hanan et al.,2005)。这些技术可以用于对局部微观异质性进行尺度推演,也可以用于直接与模型进行比较,甚至可以用于直接为模型提供信息(Braswell et al.,2005)。

空间推理技术建立在领先的遥感技术基础上,使用最初的新获得的植被指数(归一化差异植被指数,Normalized Difference Vegetation Index),被应用于先进的高分辨率辐射计(advanced very-high-resolution radiometer,AVHRR)仪器的全球时间序列。该技术由美国国家航空航天局(NASA)戈达德太空飞行中心康普顿·塔克(Compton Tucker)开发,他本人就是科罗拉多州立大学的毕业生。这些研究通常建立在光利用效率(light use efficiency,LUE)模型上,从植被指数中估算吸收的光合有效辐射,再应用光利用效率对更大区域的生产力进行比例估算(Hanan et al.,1995)。美国国家航空航天局(NASA)最早的大型野外实验之一,探索了 LUE 模型及与遥感的联系(Blad and Schimel,1992)。在与一些最早的长期(季节性或更长时间)涡流协变测量相关联时,LUE 模型显示了可靠性与重要性。涡流协方差和植被指数的融合,现在已经成为生态系统科学的基础,就像曾经在田间地头对生物量收割一样,是科罗拉多州立大学毕业生史蒂夫·朗宁(Steve Running)开展的全球生产力运行估算的基础(Running et al.,2004)。

遥感、通量测量和建模集成等许多技术,都汇集在北美碳计划(North American Carbon Program)的中部大陆密集型活动(Mid-Continent Intensive Campaign,MCI)中。这是一项野外活动,旨在针对"集中清查地区"开展大气和生态系统碳收支的清查估算。MCI 是一项大量研究人员参与的大型研究。在这项研究中,科罗拉多州立大学在建模、大气-生态系统相互作用和生态系统科学协作等方面发挥了优势(Ogle et al.,2015)。MCI 不仅为碳循环方法学提供了信息,还促进理解农业生态系统碳收支过程(Li et al.,2014)。

第六节 总结:计算机信息处理技术的作用

上述提到的所有科学和进展(甚至更多),几乎都涉及从模型数据中汲取概念、过程、机理或假设。自然资源生态实验室的科学家们在生态系统模型中开创了更深层次的机制,即利用模型进行空间推断及模型-数据的融合技术。从深入过程的模型到景观的网格化、从地理空间模型再到全球过程,都要遵循摩尔定律①;从早期的个人电脑到后来的工作站和集群,再到后来的高性能的云计算,都利用最先进的计算技术。自然资源生态实验室的系统生态学家,在最早的时候就使用了最前沿的计算方法,包括远程的卡片输入和分布式虚拟计算。该模型形成了该研究小组的"共识"(Common currency),将此用于整合和利用越来

---

① 摩尔定律是指集成电路上可以容纳的晶体管数目大约每经过 18 个月便会增加一倍。——译者注

越先进的技术。自然资源生态实验室在建模方面突飞猛进,给这些研究者带来了巨大的优势,使他们始终处于系统生态学研究的最前沿。随着测量技术的进步和数据集规模不断扩大,计算的速度及对新数据的实际利用程度变得越来越重要。这些重要性连接了本章与第四章的内容。

参 考 文 献

Blad, B. L., and Schimel, D. S. (1992). An overview of surface radiance and biology studies in FIFE. *Journal of Geophysical Research: Atmospheres*, 97(D17), 18829–35.

Braswell, B. H., Sacks, W. J., Linder, E., and Schimel D. S. (2005). Estimating diurnal to annual ecosystem parameters by synthesis of a carbon flux model with eddy covariance net ecosystem exchange observations. *Global Change Biology*, 11(2), 335–55.

Coppock, D. L., and Detling, J. K. (1986). Alteration of bison and black-tailed prairie dog grazing interaction by prescribed burning. *The Journal of Wildlife Management*, 50(3), 452–5.

Detling, J. K., Parton, W. J., and Hunt, H. W. (1978). An empirical model for estimating CO_2 exchange of Bouteloua gracilis (H.B.K.) Lag. in the shortgrass prairie. *Oecologia*, 33(2), 137–47.

Ellis, J. E., and Swift, D. M. (1988). Stability of African pastoral ecosystems: Alternate paradigms and implications for development. *Rangeland Ecology & Management/Journal of Range Management Archives*, 41(6), 450–9.

Hanan, N. P., Berry, J. A., Verma, S. B., et al. (2005). Testing a model of CO_2, water and energy exchange in Great Plains tallgrass prairie and wheat ecosystems. *Agricultural and Forest Meteorology*, 131(3–4), 162–79.

Hanan, N. P., Prince, S. D., and Bégué A. (1995). Estimation of absorbed photosynthetically active radiation and vegetation net production efficiency using satellite data. *Agricultural and Forest Meteorology*, 76(3–4), 259–76.

Hobbs, N. T., Baker, D. L., Ellis, J. E., Swift, D. M., and Green, R. A. (1982). Energy-and nitrogen-based estimates of elk winter-range carrying capacity. *The Journal of Wildlife Management*, 46(1),12–21.

Lefsky, M. A., Cohen, W. B., Parker, G. G., and Harding, D. J. (2002). Lidar remote sensing for ecosystem studies: Lidar, an emerging remote sensing technology that directly measures the three-dimensional distribution of plant canopies, can accurately estimate vegetation structural attributes and should be of particular interest to forest, landscape, and global ecologists. *BioScience*, 52(1), 19–30.

Li, Z., Liu, S., Tan, Z., et al. (2014). Comparing cropland net primary production estimates from inventory, a satellite-based model, and a process-based model in the Midwest of the United States. *Ecological Modelling*, 277, 1–2.

Lu, L., Pielke, Sr., R. A., Liston, G. E., Parton, W. J., Ojima, D., and Hartman, M. (2001). Implementation of a two-way interactive atmospheric and ecological model and its application to the central United States. *Journal of Climate*, 14(5), 900–19.

Mosier, A. R., Parton, W. J., and Schimel, D. S. (1988). Nitrous oxide production by nitrification and denitrification in a shortgrass steppe. *Biogeochemistry*, 6, 45–58.

Mosier, A., Valentine, D., Schimel, D., Parton, W., and Ojima, D. (1993). Methane consumption in the Colorado short grass steppe. *Mitteilungen der Deutschen Bodenkundlichen Gesellschaft*, 69, 219–26.

Ogle, S. M., Davis, K., Lauvaux, T., et al. (2015). An approach for verifying biogenic greenhouse gas emissions inventories with atmospheric CO_2 concentration data. *Environmental Research Letters*, 10(3), 034012.

Ojima, D., and Chuluun, T. (2008). Policy changes in Mongolia: Implications for land use and landscapes. In *Fragmentation in Semi-arid and Arid Landscapes*, ed. K. A. Galvin, R. S. Reid, R. H. Behnke, Jr., and N. T. Hobbs. Dordrecht: Springer, 179–93.

Reid, R. S., Galvin, K. A., and Kruska, R. S. (2008). Global significance of extensive grazing lands and pastoral societies: An introduction. In *Fragmentation in Semi-arid and Arid Landscapes*, ed. K. A. Galvin, R. S. Reid, R. H. Behnke, Jr., and N. T. Hobbs. Dordrecht: Springer, 1–24.

Rosswall, T., Woodmansee, R. G., and Risser, P. G., eds. (1988). *Scales and Global Change: Spatial and Temporal Variability in Biospheric and Geospheric Processes*. Scientific Committee on Problems of the Environment (SCOPE) of the International Council of Scientific Unions (ICSU). New York: John Wiley.

Running, S. W., Nemani, R. R., Heinsch, F. A., Zhao, M., Reeves, M., and Hashimoto, H. (2004). A continuous satellite-derived measure of global terrestrial primary production. *Bioscience*, 54(6), 547–60.

Saatchi, S., Mascaro, J., Xu, L., et al. (2015). Seeing the forest beyond the trees. *Global Ecology and Biogeography*, 24(5), 606–10.

Schimel, D. S., Parton, W. J., Adamsen, F. J., Woodmansee, R. G., Senft, R. L., and Stillwell, M. A. (1986). The role of cattle in the volatile loss of nitrogen from a shortgrass steppe. *Biogeochemistry*, 2(1), 39–52.

Schimel, D. S., Simkins, S., Rosswall, T., Mosier, A. R., and Parton, W. J. (1988). Scale and the measurement of nitrogen-gas fluxes from Terrestrial Ecosystems. In *Scales and Global Change*, ed. T. Rosswall, R. G. Woodmansee, and P. G. Risser. SCOPE 35. New York: John Wiley and Sons, 179–93.

Woodmansee, R. G. (1978). Additions and losses of nitrogen in grassland ecosystems. *Bioscience*, 28(7), 448–53.

Yonker, C. M., Schimel, D. S., Paroussis, E., and Heil, R. D. (1988). Patterns of organic carbon accumulation in a semiarid shortgrass steppe, Colorado. *Soil Science Society of America Journal*, 52(2), 478–83.

第六章 生态系统科学中跨尺度结构和功能化过程研究的兴起

兰德尔·B. 布恩、罗伯特·G. 伍德曼斯、詹姆斯·K. 德特林、丹尼尔·宾克利、托马斯·J. 斯托尔格伦、莫妮克·E. 罗卡、威廉·H. 罗默、保罗·H. 埃万杰利斯塔、苏尼尔·库马尔和迈克尔·G. 瑞安

第一节 引 言

自然资源生态实验室（NREL）的发展历史反映出人们对生态系统科学的日益重视，原因是这门科学涉及尺度的重要性以及系统内各要素的相互关联性。碳和能量、营养物质、水、土壤、天气和气候在多种尺度上相互作用，为种群和群落提供人类所依赖的生态系统服务。在本章，我们将概述自然资源生态实验室的科学家对生态系统的相互作用和相互关联所进行的研究工作。需要强调的是，这里的许多发现和突破是与世界各地的科学家合作完成的（见第一章）。跨学科的研究团队整合了野外和实验室研究成果以及统计模型和仿真模型，以期发现生态系统的基础。整合这些研究成果和模型能促进可持续资源管理理论成果形成及改进。

本章我们将介绍一些科学家们常用相关术语，以描述生态系统的关键点和组成部分，并定义生态系统的基本过程。这些概念是科学家、教育家和管理者的日常用语，普通读者一般不会使用。这些概念对于理解生态系统生产力、恢复力和可持续性至关重要。在适当之处，我们强调了那些是面向非专业读者的且经得起同行评议的科学调查和现实性检验的概念。本章对重要的空间尺度进行了

界定与讨论,如有机体、生态地境、景观、区域层级、全球层级几个部分。在有机体层面,着重描述初级生产和植物个体层面的进程,因为这些从根本上影响到了更高层次系统运作和功能的内容。在生态地境层面(即样方、斑块或样地),描述涉及初级和次级生产的基本生态系统过程,包括分解作用、营养循环、水分循环和生物多样性。在景观尺度上,描述生态位过程、扰动和物种生境选择的累积效应。在区域尺度上,重点强调景观要素之间的联系。

下面的讨论大部分是基于过去50年公认的科学研究结果,特别是在有机体尺度和生态尺度上的研究成果。然而,我们不打算大量引用他人的专著,尽管这些专著对我们目前理解生态系统做出了贡献。相反,我们将总结我们的研究结论,并参考主要的教科书和综述性文章,以及主要与自然资源生态实验室研究有关的开创性著作。这将引导读者了解目前我们所掌握的生态系统知识。

第二节 尺度和生态等级

在本章中,我们将使用同一个视角来理解,生态系统是如何在空间、时间和社会上被组织起来的(图6-1;见第一章和第二章)。在20世纪的大部分时间里,生态系统研究是在1平方米或1平方米以内的尺度上进行的(Kareiva and Andersen,1988)。总结这些"样方"(plot)的研究结果,并将其用来代表区域状况。这样的工作至今仍然很普遍,但在景观、区域尺度上,甚至在全球尺度上,这些研究的应用都需要被强化。尺度的定义在较低的空间维度上(图6-1)相对容易,且易被科学家普遍接受。而随着空间尺度规模增加,定义变得更加复杂。我们首先讨论了生态系统内的生物物理功能,特别是将以下几方面进行了联系:①碳、水分和养分动态循环;②初级和次级生产;③分解作用;④流入土壤的能量和跨空间尺度的气候特性。此外,全书也提到了时间尺度。在第二、七、九、十和十三章涉及了景观和较大的地理空间。在这些章节中,还引入人类作为生态系统中相互作用的组成部分。这个主题是自然资源生态实验室科研人员文化的组成部分,在第九章有更具体的讨论。至关重要的是明确定义处于焦点及关键的科学问题,这将决定研究空间、时间和组织尺度选择的适宜程度。问题和疑问往往需要整合多个尺度的研究结果(O'Neil,1988)。

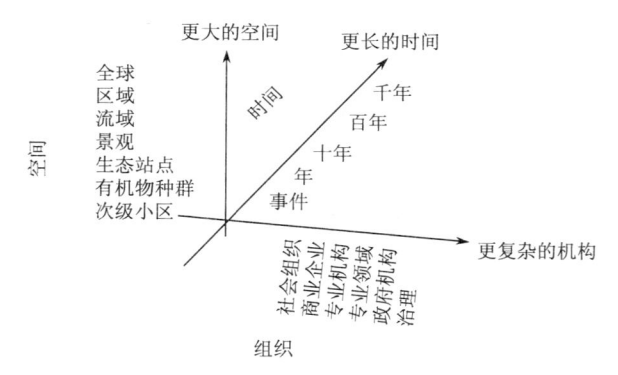

图 6-1 评估和管理生态系统/社会生态系统时需要特别注意的等级维度

注:关于这些维度的具体讨论见第一章。

生态系统在多个尺度上都有不同的定义,例如从人类的眉毛到居住在其中的螨虫,再到地球本身。然而,近年来,普遍认为生态系统不同尺度之间的联系转化已经成为一个焦点问题。研究人员试图理解,如何将小尺度的观察和实验结果扩展应用到大尺度中(Nash et al.,2014)。理解跨尺度的系统运转,方法论是至关重要的。方法论包括跟踪能量在生态系统中的去向和应用系统思维方法等方面。

近几十年来,更广泛的,甚至是全球性的分析推动了跨尺度研究(Ojima et al.,1994;Brown,1995)。近年来,生态系统不同尺度间尺度转换已经成为研究的焦点。跨尺度效应和反馈效应,一直是生态系统科学和可持续性研究的重点(Briske and Heitschmidt,1991;Holling,1992;Ellis and Galvin,1994;MacDonald,2000;Carpenter et al.,2009;Currie,2011)。对耦合系统进行概念化和计算机建模,以解决复杂系统响应问题,有助于促进跨尺度研究(见第四章)。全面的建模方法可以将小空间尺度的动植物生理学,以及生态过程逐步扩展到大尺度的行为、动物种群、群落动态和生态系统原理,将不同尺度研究全部纳入到同一应用程序中。当我们开展跨尺度研究时,如何进行数据和观念的转换,是一个迫切需要研究的课题。例如,区域尺度的分析,往往比景观或生态地境尺度的分析在空间分辨率上更加粗糙。在这些分析中,空间数据被放大或缩小的方式可能会影响研究结果(Wiens,1989)。

更确切地说,生态系统元素都是跨尺度的。通过动物、风吹来的灰尘和碎片、高吹雪(blowing snow)以及可能成为入侵者的物种的移动等活动,景观可以相互联系起来。例如,非洲北部撒哈拉向西吹的灰尘,可能会沉积在南美洲冰川上,从而减少冰的反照率(albedo),进而增加融化速度;径流和地下水将河流流域连接起来,肥料中的营养物质通过水文方式被长距离输送;氮在大气中被输送并沉积在远离其源头的地方(Baron et al.,2000)。

最新研究可知,我们正在经历地球上的第六次大规模灭绝事件,而这次是由人类行为所引起的(Ceballos et al.,2015)。对生态系统服务、物种分布、丰度、移动的理解,以及对植物、动物和土壤有机体的生物多样性的控制,经常需要在区域尺度上分析。同时,理解这些因素和其他因素在不同尺度上的相互关系,将有助于我们对可能跨越生态系统尺度并变成灾难性事件的预测和应对(Peters et al.,2007)。我们可以肯定的是,减缓生物多样性丧失、管理全球变化、监测水资源利用和其他生态系统服务,将需要在多种尺度上增加我们对生态系统的理解(Baron et al.,2002)。

一、生态系统相互作用

跨尺度的视角是观察生态系统动力学整体性的一种方式(图6-2)。图6-2的左侧,描述了生物群落、物种多样性和种群动态等结构属性的相互作用。图中央反映的是生态系统的基本功能属性,例如碳循环和能量流动路径以及水和养分循环的相互作用和相互依赖。图的右侧描绘的是以生态系统服务概念为重点的,高地生态地境尺度(upland ecological site scale)与河岸生态地境尺度这两个生态系统之间的交互作用(MEA①,2005)。这些生态系统服务包括人类从景观中获得的全部服务:①供给服务,主要指来自生态系统的物质产品;②调节服务,如侵蚀控制等;③支持服务,如碳、水和营养物循环等;④文化服务,主要是对生态系统的宗教和审美欣赏。

---

① "MEA"是"千年生态系统评估"的英文缩写简称,亦可简化为"MA"。——译者注

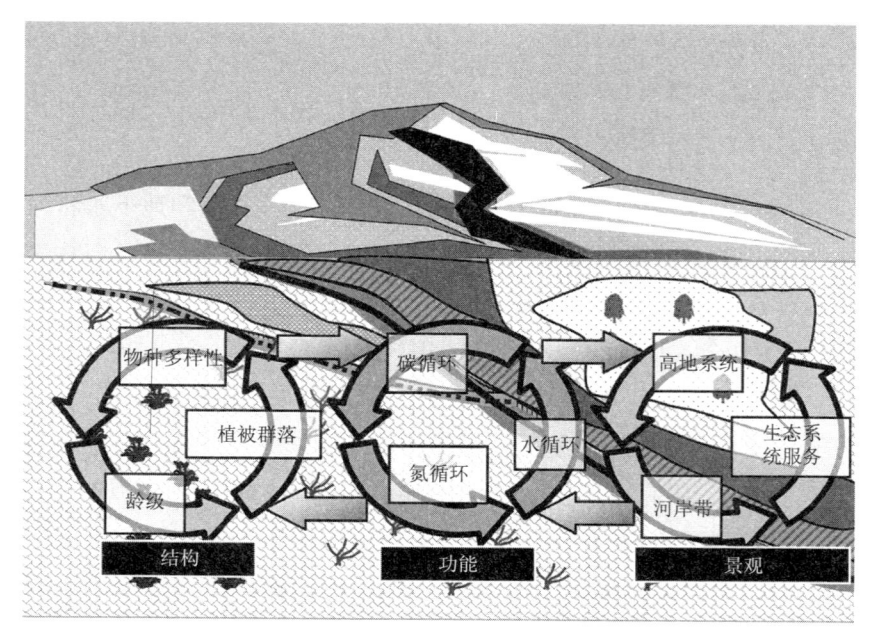

图 6-2 景观内生态地境的一些生物物理属性(结构和功能)及其相互作用示意图

注:景观内生态地境的物理属性(结构和功能)之间的相互作用,重点是空间和时间的动力学以及属性之间的相互作用。

二、碳、氮、磷和水循环的功能性尺度

生物系统需要许多化学元素来提供支持生命的宏观和微观营养物质。它们包括碳、氢、氧、氮、磷、钙、镁、硫、钾、铁,以及一些其他元素。要理解生态系统中碳、氮、磷的循环和能量的流动,就需要理解生态系统中单个植物和有机体内部及之间发生的循环过程(Archer and Smeins, 1991; Heitschmidt and Stuth, 1991; Bedunah and Sosebee, 1995; Lauenroth and Burke, 2008; Chapin et al., 2011)。

图 6-3 和 6-4 显示了草原生态系统中碳和氮循环的一些组成部分和过程。需牢牢记住,一个系统是为了一个共同的目的或功能而一起运作的组合。如果被定义为一个系统,各组成部分就必须用相同的单位来描述,如每平方米物

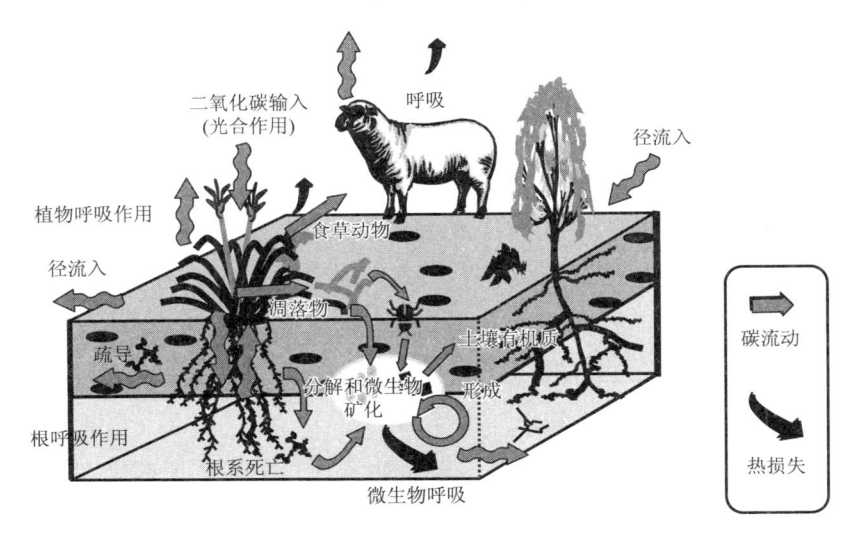

图 6-3　碳循环中的主要成分和过程转移途径

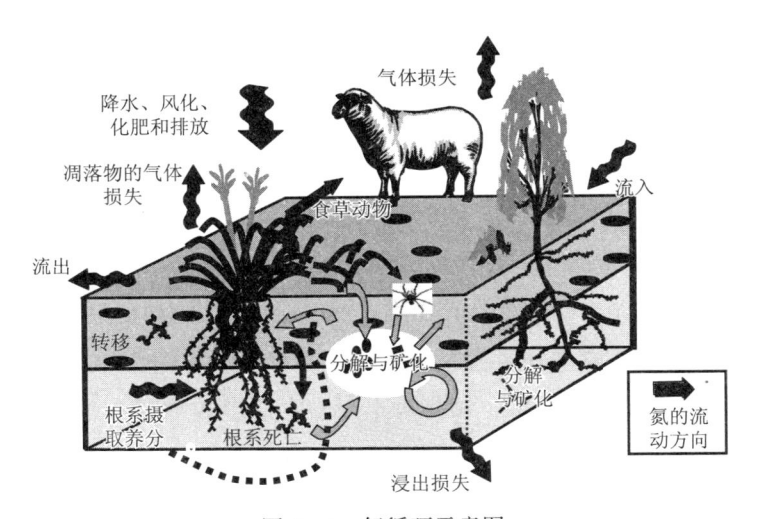

图 6-4　氮循环示意图

注：图 6-4 中的氮元素的过程及流动与碳元素基本相同（图 6-3）。特别注意，碳基化合物是生命的支柱。氮和大多其他营养物质是碳分子在生态系统中移动的一部分。

质克数、每个区域个体数量或各流体体积重量(Forrester,1968; Meadows, 2008)。所有成分都由相同的物质组成(这里是指含有碳和氮的碳基分子)。所有的过程都在按照"物质—碳—碳基分子"来转变。

由于地球上每一种生物的化学骨架都是碳,因此理解碳元素在生态系统的作用是非常重要的。碳是糖类、淀粉、脂肪、蛋白质、氨基酸、脱氧核糖核酸(DNA)、植物和动物组织、微生物、人类自身以及我们所有的朋友和敌人的基本构成单位。除了赋予生命结构形式外,碳基化学物质在化学键中携带的能量使生物得以生存、生长和繁殖。理解生态系统如何运转,即是要了解各个部分如何相互作用;而如何描述和解释生态系统中的各个部分,则需要了解碳循环及能量如何在系统中传递等方面的知识。

因为绿色植物是陆地生态系统中维持生命所需的几乎所有碳和能量的来源,在介绍图6-2~6-4中描述的复杂性之前,我们先来看看单一植物尺度的碳循环过程。

第三节 有机体尺度

草原、森林或农业生态系统中生物物理领域的最基本和实用的单元,是"次级小区"(subplot)中的植物(图6-5)。

次级小区概念是一株包含从在土壤中到在空气环境中所有组织的植物。植物可以被分为不同类别并在其之间分为不同类型,例如生命形式、功能和分类学群组(Milchunas et al.,2008)。植物有不同的生命形式,如草、灌木和乔木。根据植物在生态系统中所起的作用,它们可以被分类为功能群组(如饲料作物、药用植物等)。当然,植物在分类学上可以分为种、属、科等[①]。无论我们选择何种生命形式、功能群组或者分类群组,地球上生命的核心构成要素都是发生在单个自养植物或微生物体内的过程。

---

① 分类系统是阶元系统,通常包括七个主要级别:种、属、科、目、纲、门、界。种(物种)是基本单元,近缘的种归合为属,近缘的属归合为科,科隶于目,目隶于纲,纲隶于门,门隶于界。

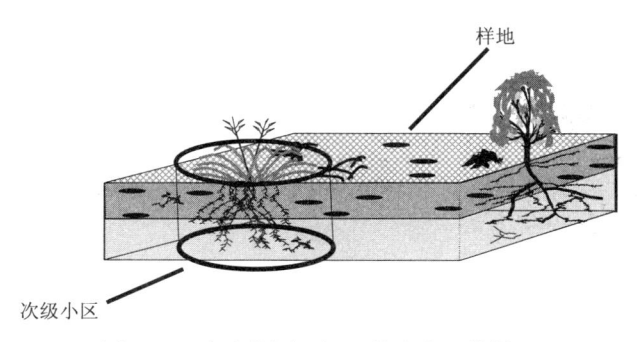

图 6-5　包含"次级小区"的生态地境样地

注：在现实世界中，生态地境样地和次级小区中，存在混杂的根系、地上和土壤动物、细菌和真菌、岩石、土壤水、矿物、离子等。诸如图 6-3 和 6-4 中描述的过程是这些物质之间的相互作用。

陆地生态系统中的所有生命，都依赖于绿色植物、少数细菌和藻类通过光合作用过程产生的化学能和有机碳化合物（图 6-6）。在光合作用和有机化合物的合成之后，这些化合物被转运，有些在植物体内再循环，以满足茎、根、叶和开花部分的代谢需要。

植物凋落和即将凋落的部分会成为碎片（死根和凋落物），并成为植物附近微生物的"食物"。一些植物部分可能被食草动物吃掉，然后被运离次级小区。美国国际生物学计划（USIBP）草原生物群区计划的早期研究（Coleman et al., 2004）描述了这些过程（见第三章）。并构建了用于大量模拟这些动态过程的数学模型（Van Dyne and Anway, 1976），如 Century 模型和 DayCent 模型（Parton et al., 1983, 1998；见第四章）。这是科学研究的一项重大成就。

一、获取维持植物生命的必需元素

碳化合物是生命的骨架。生态系统物质转移中的大多数营养物质都是碳基分子（Coyne et al., 1995）。所有生物的生存都需要食物，用以维持生长、代谢和繁殖。几乎所有生物的食物来源最终都是光合作用产生的化学物质（除了一些有趣的例外，比如在深海热泉周围以分解氢硫化物为生的生物）。光合作用是植

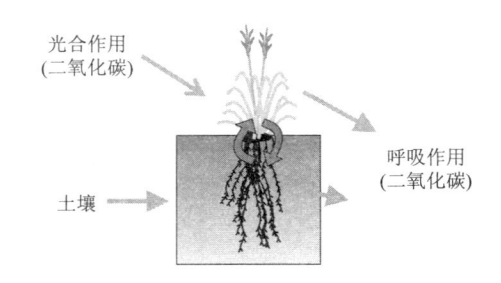

图 6-6　在土壤和气候环境中植物(生物体)的基本概念

注：在这个理想化的图像中，植物的顶部、根部和开花部分定居于土壤体。植物的顶部将大气中的碳固定为碳基化合物。这些化合物被转移到植物的不同部分，以满足茎、根、叶和开花部分新陈代谢的需要，有些则在植物内部循环使用。在这一过程中的每次化学转化中，都有一些二氧化碳通过呼吸作用而损失。当植物部分死亡或被吃掉时，碳会返回到环境中去。

物生理学中研究最多的过程之一，在教科书和网络上都有所提及。二氧化碳在阳光、水和必要酶的作用下，被植物的叶子、一些茎和少数类型的藻类、细菌合成单糖。在这之后发生化学转化和反应，产生糖类、淀粉、蛋白质、脱氧核糖核酸(DNA)、核糖核酸(RNA)、木质素和纤维素。化学能量被储存在有机化合物的化学键中。自养植物的唯一碳来源是大气中的二氧化碳，进行加工的生物体被称为初级生产者。

美国国际生物学计划之草原生物群区计划中最早的研究项目之一，是通过对草原生态系统的初级生产和能量流进行量化来测量光合作用。研究证明此方法是非常困难的(Brown and Trilica, 1977; Detling et al., 1978; Williams and Kemp, 1978)。早期对生态系统建模的尝试集中在对能量流的建模上(Van Dyne, 1969; Van Dyne and Anway, 1976)。然而，很快就发现，对碳建模可能比对能量建模更精确(Innis, 1978)。

控制光合作用的因素是温度、营养物质和植物含水量。这些因素又取决于各种条件，例如：①土壤水分的可利用性(如果初级生产者是陆生植物)；②季节；③生命阶段和植物健康状况；④辐射能量；⑤可能影响有机体生长的其他环境因素。在半干旱和干旱地区，水的可利用性是光合作用最重要的控制因素。

二、总初级生产量

总初级生产量(Gross primary production, GPP)是指在一定时期内，单个生物体或特定区域(生态地境尺度)通过光合作用产生的碳基化合物总量(Gough, 2012)。然而，植物的所有化学转化都是有代价的。为了维持自身机能，所有的活细胞必须有氧气(有一些例外)、水和储存在碳键内的能量来源。对于活的植物而言，光合作用过程以及所有后续的化学转化过程都需要构建其新结构的组成部分(new structural parts)，以维持其细胞活性、保护自我和再次产生所需的能量。这些能量来自于它以前合成的一些碳化合物中储能化学键的断裂。再次产生所需能量的过程就是呼吸作用，它释放出二氧化碳、水和热量。与营养物质循环不同，生态系统中的能量流动是单向的。也就是说，新陈代谢过程都需要化学能，但热量(降解的能量)和二氧化碳在每次转化中都会损失(Ryan, 1991; Coyne et al., 1995)。

碳通过植物呼吸作用损失后，残留的碳基化合物被转化为结构部分、生殖部分、后续能量以及代谢所需的糖和淀粉。初级生产者的其他生化反应形成含有氮、磷和微量营养素的有机化合物，以产生氨基酸、蛋白质、脱氧核糖核酸、维生素以及维持生命活动的基本化学物质。特定植物的具体生理学过程的研究，通常超出了"生态系统层级"研究范围，需要相关特殊信息应用于建模研究中。

三、净初级生产量

呼吸作用剩余的化合物量，被称为净初级生产量(NPP)。这些化学反应的产物是能被我们看到、感觉、称重和测量的有机质，例如木材、叶子、根、种子或自养微生物。这种有机物质总量通常被称为生物量。长期存在有机物质的量称为现存量(standing crop)。

数以千计的实证研究和科学论文致力于识别和测量草原、森林和农业生态系统中植物结构及其化合物组成。很少有研究试图定量分析植物结构及其组成化合物随时间的动态变化过程；也很少研究它们与其他关键功能相互作用的过程。这些关键功能包括动物和微生物的次级生产、土地和大气中的碳氮交换、温室气体减排和生态系统服务等。因为上述动态过程过于复杂,仅使用经验方程法无法彻底解决(见第四章),需要一种强调数学建模的系统生态学方法来解决。

过去 50 年,自然资源生态实验室科学家及其合作者对生态系统科学知识体系的最重要贡献之二是,量化了 GPP(总初级生产量)、NPP(净初级生产量)和 R(呼吸作用),以及阐明了其内部生态系统过程和功能(Woodmansee,1978;Lauenroth,1979;Milchunas and Lauenroth,1992;Lauenroth et al. ,1999,2008;Del Grosso et al. ,2008;Li et al. ,2014;Conant et al. ,2016;等等)。这些贡献取决于系统生态学方法的应用,系统生态学方法需要整合建模、野外和实验室研究(见第一章)。

规范的模拟建模工作必须要有针对性地整合野外和实验室研究、文献和专家经验的信息(Coughenour et al. ,1979;McGill et al. ,1981;Parton et al. ,2007)。如果不使用这些模型,真实生态系统的巨大复杂性将让人不知所措。复杂性的一个例子是,量化草原生态系统中根系年生产量,是探究根系在碳、氮、磷或硫循环中的作用所需要的数据(Woodmansee et al. ,1978;Lauenroth and Burke,2008)。如果需要确定根系现存量(在任何时刻存在的生物量),必须定量确定根系周转率(在一个特定的生长季节中存量被替换的次数)。为了估计现存量或周转率,我们需要区分根的种类,区分活根、衰老的根和死根,然后按种类确定根系垂直分布。

与生物地球化学循环相联系时,需要定量确定易于分解的不稳定化合物(糖、淀粉、小型氨基酸等)和需要较长时间分解的根系结构部分。由于一些易流失的碳、氮、磷、硫可以在植物体内循环,直到固定在某一结构部分或像碳一样流失到大气中,分析变得更加复杂(Clark,1977)。建模是处理这种复杂性的唯一实用方法。

四、植物的营养物质来源

众所周知,豆科植物根部的固氮作用和一些微生物能向生态系统添加氮。大气中的氮气通过闪电或火灾转化为生物活性形式。这些过程将大气氮转化为生物可以利用的形式,如铵离子、氨和最终的硝酸盐。

不幸的是,生命不会如此简单。当然,生物和闪电确实有固定氮的作用。尤其是在湿度适中的生态系统中,固氮作用可能非常重要。但在健康、正常运转的干旱和半干旱生态系统中,雨雪中的离子沉积(湿沉积)以及灰尘和气溶胶中的离子沉积(干沉积)等其他因素,是同等重要或更加重要的(Woodmansee,1978;Coyne et al.,1995;Baron et al.,2014;见第八章)。岩石中矿物风化是自我维持的自然和农业生态系统中众多营养物质的最初来源。磷、铁、钙和钾等营养物质,都是通过这些风化过程提供的。风化作用是一个非常缓慢的过程,因此对每年生物量的贡献有限(Clark,1977;Woodmansee,1978)。

来自大气的营养补充是自我维持(Self-maintaining)型生态系统氮和硫的主要来源(Woodmansee et al.,1978;Burke et al.,1998;Baron et al.,2014;见第八章)。这些营养补充主要来源于自然以及运输、工业和发电的化石燃料燃烧的废弃物。在许多区域,特别是在城市地区,来自于人类影响的营养补充超过了生物固氮和自然环境下的大气水平(Ojima et al.,1994)。

农田、城市公园、高尔夫球场和草坪等集约经营(Intensively managed)生态系统,可能有大量的营养物质以肥料的形式流入,而不是来自大气和生物源。但绝大多数自我维持的生态系统并没有施肥。有些地区肥料来自于在其他地方觅食动物的排泄物,这些动物的排泄物沉积在某个地点。这影响了当地生态系统自我维持功能(Senft et al.,1987)。

五、植物对营养物质的吸收

植物在土壤溶液中吸收维持生命所需的营养物质,这些营养物质以如NH_4^+、NO_3^-、H_2PO_4、HPO_4^{-2} 和 SO_4^{-2} 等离子的形式存在(Clark,1977;Coyne et al.,1995)。"吸收"(uptake)一词是指营养物离子进入植物根部的运动。矿物离子(如铵、硝酸盐和磷酸盐)存在于土壤溶液中,随着植物吸收水分而移动到根部。吸收的重要控制因素是植物和土壤的含水量、温度、季节、植物的生命阶段和营养离子的可利用性。一旦进入植物体内,这些离子就会与碳化合物进行化学合成,形成有机物。

六、根系的生长与死亡

模型对于揭示植物内部复杂的相互作用至关重要。因为叶片不仅仅是生长在草本、灌木和乔木上的绿色器官,它们也是进行光合作用的器官(图 6-3)。叶片的化学结构含有复杂的有机化合物,这些化合物能赋予细胞结构,如木质素和纤维素;也含有简单的分子(如糖、淀粉和氨基酸),这些分子可以为细胞内含物(Cell contents)提供能量和营养。所含不同化合物的比例和有效性对于整个生态系统功能具有深远影响,特别是对地上和地下次级生产力——消耗初级产品的生物生产力影响更大。同样,根系不仅仅是将叶片、茎与土壤连接的器官,因此它不能被简单分割和单独量化(图 6-3)。事实上,根系中有些根是活的,有些是附着在根系上的死根。不同部位根的化学成分也不同。有些为老根,有些为新生根;有些可能与土壤层有不同的功能和关系;有些则极难测量和量化。

一个生态法则(Ecological rule)是,碳、氮和其他营养物质趋向于保持平衡(Redfield,1934)。例如,碳和氮的比率在众多生态系统相互作用中极其重要。李比希最小因子定律(Liebig's law of the minimum)认为植物生长取决于处于最小量状态时所必需的水分或者营养物质(比如氮、磷)。大量添加某一种原本很丰富的营养物质可能对产量影响并不大,但是如果在生态系统中添加或减少了特定的营养物质或碳,那么其他部分将进行调整。在水分充足的情况下,如果添加了氮,就会促进生长。如果减少了氮,生长就会受到抑制。需要有模型来跟踪所需的假设,以了解和连接这些相互作用。控制碳和营养物质循环的因素包括:①温度;②植物水分含量(如果初级生产者是陆生植物,则取决于土壤可用水分);③碳、氮、磷、硫的比例;④季节;⑤生物体的生命阶段和"健康"状况(Bell et al.,2014)。

七、植物内部碳和养分转移

"转移"(translocation)是指碳和营养物在整个植物体内的分配和移动(图 6-6)。这一过程对于将碳、能量和营养物质运输到植物中生长、储存和代谢发生的部位是至关重要的,即根、叶、生殖组织以及支持和储存结构(Clark,1977;Woodmansee et al.,1978;Coyne et al.,1995)。当含营养化合物在整个植物中运输时,根据植物内部遗传规则,会发生进一步化学转化。转化的重要控制因素是植物含水量、温度、季节、植物所处生命阶段、繁殖状态和损伤,比如食草动物啃食、人类收割或植物自身疾病。

八、内部循环

多年生植物从土壤中吸收的营养物质通常远远不能满足它们生长、新陈代谢和繁殖对营养物质的需要。营养物质不是由化学或物理结构所新产生的,它们会被重新调动和转移到其他地方,即它们是被循环利用的(Clark,1977;Woodmansee et al.,1978)。多年生植物也进化出"感知"能力,当它们的器官或组织出现受伤、老化及死亡,或当植物由于干旱、温度的季节性变化或其他环境因素的影响而准备进入休眠状态时,大多数可用的营养物质和一些糖类及其他碳水化合物被调动并运输到根系、根茎、茎或其他储存结构中。当环境条件有利时,这些储存化合物成为下一个生长周期营养物质和能量来源(Ryan and Asao,2014)。

碳一旦通过光合作用被化学键固定,就被储存在叶、茎、根的细胞壁的含碳化合物中,或储存在细胞内含物中。这些化合物成为能量和碳结构的来源,包括生态地境中所有活的有机体的营养物质(图6-3)。它们被用来构建结构的组成部分,满足植物、动物和微生物的新陈代谢需要。碳循环、养分循环与水循环之间的密切关系,对生态地境尺度的理解是至关重要的。

九、将生物体与生态地境尺度的生态系统联系起来

值得注意的是,虽然一株植物的树状部分相对容易定义,但植物根系及其周围的土壤环境却不容易定义。在自然界中,不同植物的根系系统与土壤中的动物和微生物相互交融和重叠。在土壤环境中,我们可以对一株植物进行概念化,并设置一个物理取样装置将这株植物包围起来。然而,在自然界中,我们无法对

某个特定的植物在其环境中进行整体取样。此外，想象一下，一个仍然附着在活植物上的死根，虽然是死的，但很可能充满了细菌、真菌、线虫等。那么这段死根真的死了吗？生态学家如何定量确定它的状态呢？

在次级小区的土壤中，关键的地下生态过程发生在立方厘米、立方毫米和立方纳米尺度上（图6-3，图6-5）。这些关键的生态过程不仅在地下发生，也在更宽广的生物群落中发生，并且已经成为自然资源生态实验室大量研究的主题（Coleman and Wall, 2014; Paul, 2015）。这些研究集中在微生物、土壤动物的相互作用，地下食物网，根系生长和死亡、分解作用，土壤有机物质的形成和动态，矿化，土壤和凋落物的碳、氮、磷和硫动态循环，团聚体的形成和功能，碳、氮和磷循环的相互作用以及土壤内的关系方面（Bolin and Cook, 1983）。此外，碳、氮、磷的收支及过程，营养物质的交换和运输，以及植物和微生物的竞争，都把这些地下和地上联系起来。

死亡和脱落的植物地上部分，通常被称为"凋落物"（litterfall），这是一个笼统的术语，包括在整个脱落过程中的植物死亡部分，有时甚至包括没有凋落的根系。在来源（叶子、茎、老根、嫩根等）、化学成分、根龄、土壤层（layers）以及与土壤层的关系上，凋落物和死根都有很大的不同，都很难准确被测量。这些死去的植物部分是与植物、自养微生物不相关的生物功能以及过程的碳、能量与营养物质的来源。

在多年生植物部分死亡之前，许多必要的营养物质从其相关的碳分子中被重新固定下来，运输到活的部分，并被储存起来以供日后使用。剩余死亡或被吃掉的植物部分成为"食物"和能量，推动土壤生物群、地上食草动物以及食肉动物的二次生产和营养循环。这个过程是极其重要的。死去的植物部分是微生物和小动物的主要碳、能量和养分来源。这些微生物和小动物吸收养分，形成土壤有机物，并去除化学的污染物。植物死亡和剥落是由以下因素控制的：①植物的生命和生长阶段以及健康状况；②如干旱、洪水和冰冻等天气条件；③动物或疾病损害；④食草动物。

第四节 生态地境尺度

生态地境是一个理想化的均质植物群落和相互关联的土壤聚合土体,即在某个位置所发现的土壤,具有易辨认、明显的特征(Anderson et al.,1983;Woodmansee,1990)。植物群落及其土壤体在空间上,是由植物群落的边界、土壤类型和自然扰动(如火灾、洪水、病虫害)以及人类的土地利用活动(如围栏、作物类型、放牧和森林管理以及建筑)来界定。生态地境的概念表明,当在样地上进行随机取样时,有概率会采到具有相同植物群落或土壤特征的样品。在其他样地内取样,可能会采到其他相似或具有不同物种和土壤特征的样品。植物群落是由单个植物组群集合而成,这些植物的根系在站点内的土壤环境中相互混合。

自然资源生态实验室科学家和合作者对生态系统科学做出的许多重要贡献都集中在生态地境尺度上。这些贡献包括:对空间和时间边界的界定(Rosswall et al.,1988;Woodmansee,1990);生态地境尺度的碳、氮、磷、硫和水循环过程和收支(例如,Woodmansee,1978;Coughenour et al.,1979;Cole and Heil,1981;Parton et al.,1983;Ojima et al.,1994,1999,2000;Schimel et al.,2000;Kampf and Burges,2007;Del Grosso et al.,2009;Fassnacht et al.,2016);碳演化和碳封存(Ogle et al.,2005;Conant et al. 2016);完成所有必要的生物物理过程和生态系统服务所需的功能群多样性(例如,Ojima et al.,1991;Boone et al.,2007)。

美国农业部自然资源保护局(USDA NRCS)网站上"土壤调查和生态地境信息系统"(Soil Survey and the Ecological Site Information System)中,所使用的"植物演替、状态及转换模型"(Plant succession and state-and-transition models)也源于生态系统科学(WSS,2018)。这个讨论集中在光合作用始终存在的核心过程。一个重要的生态学定律是,给定一个适宜区域,即类似于含有一些营养物质的土壤,并给予一些水分,那么一些能够进行光合作用的生物体将占据这个区域。从本质上来讲,"大自然厌恶真空。"不论此环境是否适宜,生物体都将苗壮成长,直到被其他生物体通过竞争或被人类等外部力量驱逐出去。

一、生态地境尺度生态系统的组成部分

科学家和开明的管理者通常将世界分成两类:有生命及生物成分的世界、无生命及非生物成分的世界。图6-3描述了在生态地境尺度上生态系统碳基的生物成分以及非生物成分,图中的箭头表示"传输"途径。图6-4说明了与这些碳过程相似的氮过程。

术语"生物的"(biotic)一词,是指任何现在或曾经有生命力的事物。一个系统中的生物要素(biotic elements)是指像植物、动物、微生物以及它们在土壤和沉积物中的残留物(系统组成部分)。"非生物"是指其他一切,包括天气、矿物、水和辐射(通常被认为是驱动变量)等。

在判定某个物质是否具有生命的时候,很多事情并不像最初看到的那样简单。我们大多数人都认为像土壤和地表水这样的东西是没有生命的。其实这两者绝对应被归入有生命的、正常运转的有机生命。"枯死"的根系也同样充满了活的微生物和土壤动物群落。

图6-7和图6-8中描述的生物体可以被看作是参与者。参与者是指生产者或自养生物(autotrophs,auto 表示"自我",tropho 表示"滋养"),消费者或异养生物(heterotrophs,hetero 表示"不同")。消费者有初级消费者(herbivores,草食动物)和次级消费者(carnivores,肉食动物)之分。杂食动物既吃植物也吃动物,而食腐动物则以无生命的植物和动物残体遗骸为食;分解者或食腐动物负责分解有机物。

二、在生态地境尺度的过程

讲述这部分内容的目的是通过引用参考文献并综合自然资源生态实验室科学家及其合作者的研究结果,简要介绍生态地境尺度生态过程。这些学术成果在综合了50多年生态系统研究的基础上得出(McGill et al. ,1981;Bedunah and Sosebee,1995;Lauenroth and Burke,2008;Chapin et al. ,2011;Paul,2015;Ro-

图 6-7　生态系统的碳基或生物成分的例子

注："生物"一词指的是任何现在或曾经具有生命力的东西。一个系统中的生物元素是像植物、动物、微生物,以及它们在土壤和沉积物中的残留物(系统组成部分)。非生物意味着其他一切。非生物因素通常包括天气、矿物质、水和辐射(通常被认为是驱动变量)。

bertson and Groffman,2015),具有非常重要的意义(见第四章)。当前研究的著作清单请见自然资源生态实验室(2018,"Research")。

生态系统的能量流动是单向的(图 6-8)。这意味着,一种能量一旦被使用并转化为热量,就失去了对生态系统的作用。虽然一些碳被循环利用,但它们最终会通过呼吸作用以二氧化碳的形式排放(Odum and Odum,1963)。大多数的氮和所有的磷和硫都在生态地境内循环。

生态系统科学的另一个基本概念是生态系统生产力。我们通常把这个"系统"生产力分解成更小的部分,例如,木材或饲料生产力、牲畜生产力、蓝格兰马草(blue grama grass)生产力或细菌生产力。要想了解碳和养分循环以及生态地境尺度上的生态系统能量流动过程,需要了解在这些生态地境尺度的生态系统中单个植物和微生物内部及之间发生的过程。

本章所描述的生态地境尺度过程涉及碳(图 6-3)、氮(图 6-4)和水循环

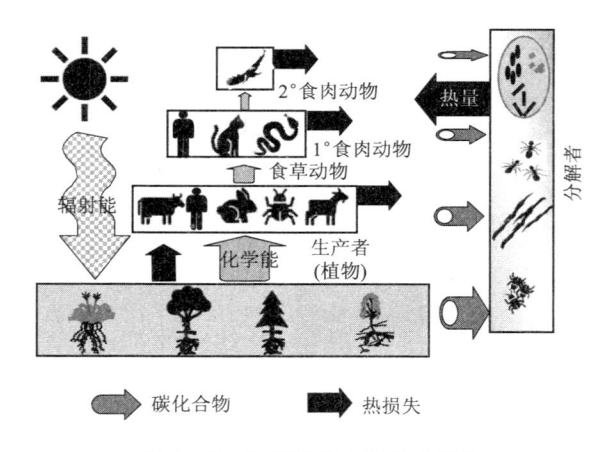

图 6-8 生态系统中的能量流动

注：陆地生态系统中的所有生命都依赖于太阳辐射能。太阳辐射能被转化为化学能和有机碳基化合物中的能量，是由绿色植物和少数细菌和藻类（生产者）通过光合作用过程完成的。一旦碳和能量被"固定"在单糖中，就会利用这些化学物质中所包含的能量发生数量惊人的化学转变和转移（灰色箭头）。能量作为热量（黑色箭头），在生产者满足自身新陈代谢需要的呼吸过程中损失。呼吸过程中也会释放二氧化碳。一些化合物被食草动物吃掉，但大多数在植物部分死亡时被转移到分解者身上。食草动物被食肉动物吃掉，满足它们的新陈代谢的需要，同样也满足它们的能量和碳需要。为了生存，所有生物都需要食物来维持生长、发育、繁殖和生存。

（图 6-9）。值得注意的是，碳循环和氮循环之间的相似性是由于氮分子主要与碳分子结合。这两类循环间的主要区别是，生态地境尺度的生态系统中，碳作为二氧化碳通过光合作用被吸收，通过生物群落呼吸作用以二氧化碳形式而排放；而氮可以从大气中以铵离子、硝酸根的形式和微生物固氮的方式添加，也可以以氨气、氧化亚氮和氮气的形式排放，还可以以硝酸根的形式从生态系统中淋溶出来。除此之外，两者的流动路径非常相似。

1. 生态地境尺度的净初级生产量：光合作用减去呼吸作用

光合作用在第六章第三节中讨论过。在生态地境范围内，站点内所有植物固定碳的累积量（总光合作用）减去植物通过呼吸所排放的碳，就是生态地境净初级生产量（Lauenroth et al., 2008; 见第十二章）。呼吸作用产生的二氧化碳

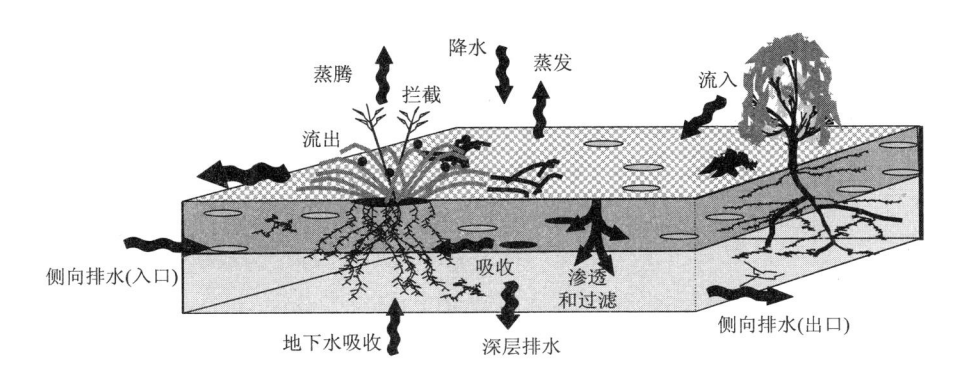

图 6-9　生态地境尺度的水循环

注：关键过程或流动路径用黑色箭头表示。降水、蒸发、蒸腾、截留、吸收、渗透和渗滤是生态地境生态系统的内部途径。径流入、径流、侧向排水、地下水吸收、深层排水河道与景观内的其他生态地境相连。

是生物体对碳化合物进行新陈代谢的结果——这是维持生命的成本。微生物呼吸是碳以二氧化碳的形式返回大气的主要过程(Paul，2015)。

在"生长季节"，光合作用通常会强于呼吸作用，但仅发生在一段较短的时间内("可持续生长"在这个背景下是一个矛盾的说法)。生长(生物量积累)被呼吸作用所抵消，除非植物生物量(特别是树木)、土壤有机物、海洋和淡水沉积物被允许累积(固碳)。除了煤炭和石油能持续较长时间以外，一个基本的生态学规则是保持平衡的。

2. 分解

分解是植物、微生物和动物有机残留物，通过生物和非生物方式转化为更简单的物质(如简单的有机分子、二氧化碳、铵)，并形成土壤有机物的过程(Paustian et al.，1998；Lauenroth and Burke，2008；Chapin et al.，2011；Paul，2015；见第四章)。分解是一系列过程的总称，包括地上和土壤动物对生物量的破碎和搅拌过程，以及微生物和动物对死亡有机物的代谢过程(Wall et al.，2008；Wallenstein and Hall，2012；Cotrufo et al.，2015)。有机物主要来源于植物碎屑或"凋落物"，但分解的很大一部分是死微生物。分解将继续进行，直到所有可用的能量和有机物被利用，二氧化碳被释放到大气中或新鲜有机物被引入。

控制分解的重要因素是温度、土壤水分、氧气供应、微生物种群的丰度和活力以及土壤环境的养分状况。

然而,氮和磷等营养物质在呼吸作用中不会损失,而是留在土壤中,或储存在活的或死的有机物中(Paul,2015)。然后,土壤中"剩余"营养物质可被植物或微生物吸收。这是由多年生植物主导的生态系统(以及真正的大多数多年生作物生态系统)中最重要的养分来源。在本讨论中,我们将更多地关注氮,而更少地关注磷(Cole and Heil,1981)和硫(Coughenour et al.,1979),因为出于实际需要,氮是干旱和半干旱陆地生态系统中最重要的限制性营养物质。每个元素都有自己独特的属性和循环模式。

氮循环和磷循环的主要区别是:①氮存在的几种气态形式,即氨气(可添加或流失)、氧化亚氮、二氧化氮和氮气(可损失),以及氮气(可通过微生物固定和闪电加以转化);②氮可以 NO_3^- 形式在土壤溶液中流动,通过淋溶而损失;③磷没有任何重要的气态意义,它是通过土壤母质的风化或大气的干湿沉降而进入系统的;④在土壤溶液中,磷不存在可流动的离子形式,也不容易从土壤中淋溶出来。硫以 SO_4^{-2} 形式在土壤溶液中轻微流动,在罕见的厌氧条件下,会以 H_2S 和 HS^- 的形式流失。

3. 次级生产

次级生产是指被食草动物、杂食动物和分解者(动物和微生物)消耗的初级生产(能量或生物量)的总量减去呼吸作用和排泄物的损失量(图 6-7)。次级生产的一些控制因素包括:①植物或微生物净初级生产量的总量;②消费者和分解者的数量、类型和生理状态;③温度。

当光合作用由初级生产者完成后,生态系统的大部分实际工作是由分解者(特别是微生物)完成的。在土壤、沉积物以及动物的(如反刍动物、单胃动物、昆虫、鸟类和爬行动物)消化系统中的微生物对死的有机物的分解,是生态地境尺度生态系统的主要功能。

营养物质与碳化合物沿着相同的途径在生态系统中运输。然而,不同营养元素的流向有很大的不同。碳以二氧化碳的形式返回到大气中,而能量则以热量的形式损失。营养物质在所有自我维持、多年生作物生态系统和部分一年生作物生态系统中被循环利用。事实上,与生物体的生长、繁殖和维护需求的养分相比,每年增加的养分是极少的,所以养分必须循环利用才能满足这些需求。

植物和动物在自身体内循环利用营养物质(Houpt,1959;Moir,1970;Clark,1977;Woodmansee et al.,1981;Kandylis,1984;Goselink et al.,2014;见第六章第三节)。当植物整体或植物部分器官、微生物死亡时,抑或者当动物死亡或排泄废物时,这些生物体中所含的营养物质被其他微生物消耗和代谢,并构成它们自己的新细胞,从而使营养物质保存在系统中。此外,生态地境的生态系统在本系统内循环和保存营养物质。换句话说,就像动植物倾向于重新利用它们获得的养分一样,生态地境尺度的生态系统也是如此。

4. 矿化

残留在动物、微生物和多年生植物死亡部分的营养物质,以及一年生植物中的所有营养物质,可供分解者代谢(图 6-4;Woodmansee et al.,1981;Lauenroth and Burke,2008;Chapin et al.,2011;Robertson and Groffman,2014;见第四章)。动物和微生物对死的有机体破碎和代谢或者分解,会释放出具有生物活性的无机营养物质。这个过程被称为矿化作用。在自我维持的生态地境尺度的生态系统中,养分离子的有效性主要取决于微生物的矿化作用。

因为微生物通过呼吸作用释放二氧化碳,有机物会在分解和矿化过程中消失。矿物营养物质以活的微生物细胞或废物的形式被留下。这些废物的最终产物是原始的矿物离子(例如,NH_4^+、Ca^+、K^+、PO_4^{-3}),正是某些类型的肥料的化学成分。然后,这些离子可在土壤溶液中被植物根系或土壤微生物所吸收。

5. 氨化、硝化和气态氮的损失

在氮的矿化过程中释放的矿物形式是 NH_4^+(图 6-4),它很容易被大多数植物吸收(Schimel et al.,1986;Coyne et al.,1995;Mosier et al.,2008;Chapin et al.,2011;Robertson and Groffman,2014;见第四章)。荒地植物吸收的大部分氮是以 NH_4^+ 的形式,而不是像一些不成熟的成果中指出的以 NO_3^- 形式。如果土壤水分和温度适合生长,缺氮土壤中的游离 NH_4^+ 几乎会立即被吸收(Clark,1981;Woodmansee et al.,1981)。如果 NH_4^+ 没有被植物、细菌、真菌或其他微生物立即吸收,而较长时间存在于土壤溶液中(从数小时到数天),则会被特定的细菌(硝化细菌)利用于满足自身需要,并会以副产物的形式释放NO_3^-。

由于许多因素影响,矿化产生的氮的去向是至关重要的。如果被硝化,产生的硝酸盐离子在土壤溶液中有很强的流动性,在有足够水流动的断面上移动并淋溶出来。但硝酸盐如果在土壤中停留的时间较长,并且土壤水变得饱和,就会与"反硝化细菌"(denitrifying bacteria)反应并转化为大气中的氮气。在化学转化的过程中,如氧化亚氮和其他氮氧化物等温室气体会被释放出来(见第四章)。

在植物生长过程中,动物排泄物(特别是尿液)以及肥料添加,都会导致氨气进入到大气中(Woodmansee et al., 1978; Schimel et al., 1986)。这一过程在局部区域是非常重要的。

6. 微生物的摄取

微生物废料是土壤水中矿物离子形式的养分,可供植物吸收。然而,产生这些养分的微生物也需要相同的养分,通常在一开始就可以获得(Paul, 2015)。一个生态定律是,如果碳化合物是可利用的,微生物会利用(吸收)所有或大部分可用的营养物质。当木屑被用作堆肥时,就需要考虑花园植物是怎么会变得缺乏营养物质的。由于大量碳的可利用性,微生物尽可能捕获所有可用的营养物质(将其固定下来),以支持他们的生活习惯,甚至会导致留给植物的营养物质很少。

7. 土壤有机质的形成

土壤有机质是放牧生态系统和许多森林生态系统中碳和氮的最大组成部分(Paul et al., 1997; Clark and Rosswall 1981; Burke et al., 2008; 见第四章)。当微生物代谢植物碎片和死微生物时,它们会释放出二氧化碳和热量,并形成微团聚体(Six et al., 2000, 2002)。然而,并不是所有的碳和能量都被充分利用,因为有些碳和能量转化效率低,有些则被处理并转化为废弃产物,有些因自身化学成分复杂而难以代谢。这些残余的碳及相关的营养物质成为新的土壤有机质——所有生态系统中重要的组成部分(Cotrufo et al., 2013, 2015)。没有被完全呼吸而消耗的有机质,可能会在生态系统中保留很长一段时间。这剩余的有机质对于在化学交换点(chemical exchange sites)储存养分以及保持水分来讲极其重要。

土壤有机质形成的主要控制因素是温度、土壤水分、化学成分构成以及营养物质。它们之间的相互作用是复杂的,但由于气候变化、来自大气的氮负荷以及化肥使用,对如何更好理解土壤有机碳控制产生了新的紧迫需求(见第八章)。土壤具有封存(或长期储存)因燃烧化石燃料而释放到大气中大量碳的潜力(Parton et al.,1987)。农业用地的管理决策,有可能增加土壤有机碳的流失,也可能增加土壤碳的储存(Ogle et al.,2003;Six et al.,2004;Ogle et al.,2005;Smith et al.,2008)。例如,传统土壤耕作会减少碳,而所谓的免耕法实践则有助于增加土壤有机碳。同样,恰当的草原管理可以提高土壤储存有机碳潜力(Parton et al.,1987;Conant et al.,2001,2016)。

8. 草食性和肉食性

食草动物是指那些以植物为食的动物,其中包括恒温的鸟类和哺乳动物,以及冷血昆虫、线虫和爬行动物。食草是一个过程。食草动物通过此过程满足新陈代谢和营养物质的需要。动物吃植物以满足自身新陈代谢的需要。这个过程看起来似乎很简单,其实不然!为什么动物会选择一种植物来吃,而不是另一种?动物是大型或小型哺乳动物,还是小型土壤节肢动物或线虫?植物的化学成分是如何影响动物的?动物觅食对植物的生长、发育和新陈代谢有什么影响?这些问题的答案虽然很复杂,但对于理解生态地境和景观生态系统功能至关重要。植物类型和数量,食草动物类型、数量和大小,以及管理体系等其他控制过程的环境因素,都能影响食草过程。

生态地境尺度,对整合植物群落初级生产与食草动物放牧、食物选择(饮食)之间的关系至关重要(Woodmansee et al.,1981;Senft et al.,1987;Ellis and Swift,1988;Coughenour,1991;Detling et al.,1998;Klein et al.,2007;Lauenroth and Burke,2008)。食草动物如何影响植物群落内的初级生产以及植物如何补偿食草动物的破坏这两个问题,都是适合于有机体尺度和生态地境尺度空间分辨率的问题。

肉食是动物吃其他动物的过程,或者在少数情况下植物吃动物的过程。相对于碳循环或能量流动过程,肉食在陆地生态系统中是微不足道的。

9. 侵蚀和收获

碳和营养物质可以从生态系统中被径流带走或被风带走（Milchunas et al.，2008；Thurow，1991）。另一种流失途径是人类或动物对植物的捕获，将植物在生态地境上的生物量转移走（remove）。当生态系统受到扰动时，这种流失机制可能极其重要。另一种流失途径是人类或其他动物（例如海狸）对动物的捕猎，将生物量从生态地境转移。

10. 流入、施肥和排泄物沉积

与"转移"的方式相同，碳和营养物质也可以通过水、风或尿液、粪便或动物尸体沉积到生态系统中。人类添加的有机肥料也可以增加碳和营养物质。事实上，如果缺少了这些添加的有机肥料，现代农业就不可能实现。

11. 水文和水流

在生态系统科学中，我们关注水及其在几个空间和时间尺度上的运动（图6-9；见第四章；Thurow，1991）。一个地区的降水可能为植被所截留而不能到达土壤表面，也可能顺着植物的叶和茎流到土壤中。到达土壤表面的水，可能会下渗进入土壤。下渗进入土壤的水分会流向地下水，也可能形成径流，流向池塘或溪流，并流出斑块或景观。或许，水还可能从土壤或水面蒸发。水分在植物组织中运移，然后变成水蒸气。这一过程被称为蒸腾作用。蒸腾作用与蒸发作用结合起来，我们称之为蒸发散作用。

自然资源生态实验室的早期建模工作，将水流过土壤概念化为流过不同土层。此模型使用入渗率和径流率、产生径流所需的降水量以及"翻斗模型"（Tipping bucket），还使用一系列土层表示土柱。植物未利用水会向下穿过这些土层，到达非饱和层或移动到深层渗漏处（见第四章）。植物根系可能位于大部分或全部土层中，只是不同土层根系生物体分布不同。不同类型的植物通过这些根的生物体来竞争水分。例如，草和灌木具有完全不同的生根深度，这使得两种植物可以同时存在，因为从草生根区溢出的水分可以被灌木根系有效利用。

三、植物多样性

对评估生态地境和景观感兴趣的生态学家，通常测量生物量、覆盖度以及各种不同关键物种的密度或频率。自然资源生态实验室的研究人员已经对从样地（假定其能代表生态地境）到区域的植物多样性进行了测量(Stohlgren,2007)。这项工作的主要贡献是论文和著作中描述了采样方法，并记录了各种情景模拟过程。在均质单元(生态地境)中，许多采样设计可能很容易捕捉到植物多样性（图6-10）。然而，环境梯度、扰动、岩石露头、异质区域、河岸带、生态交错带(ecotones)、动植物入侵、疾病、食草动物等众多因素都会影响生态地境、景观和

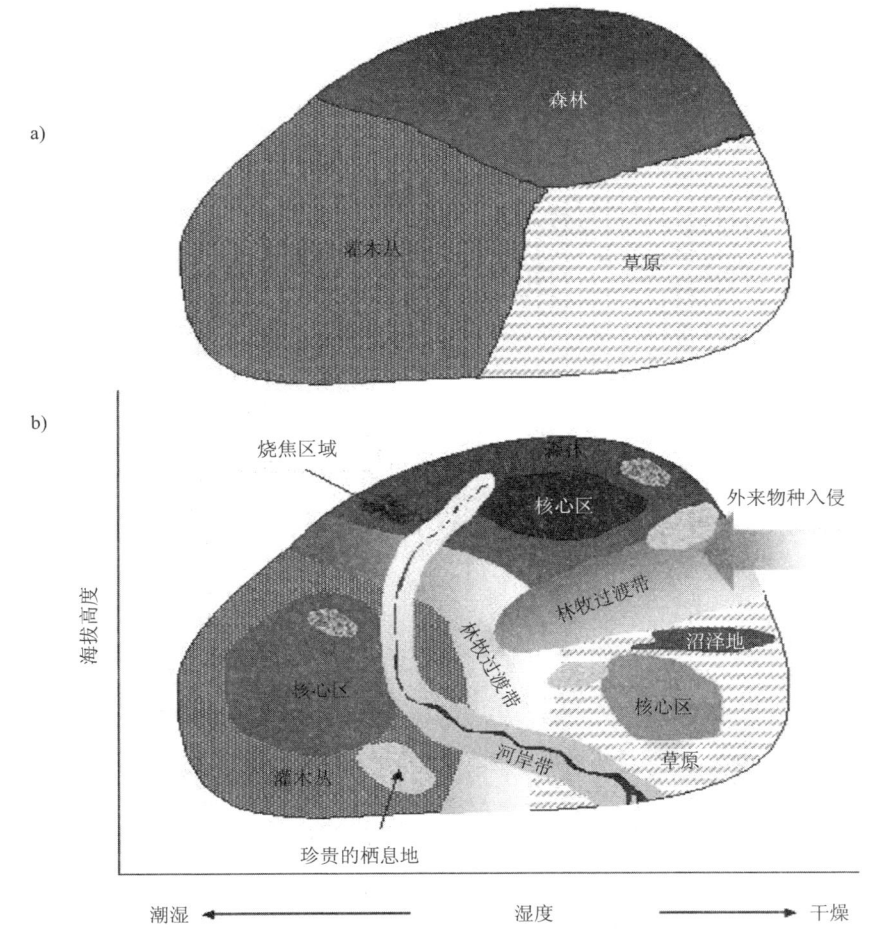

图6-10 景观在采样和现实中呈现出的不同方式

注：图6-10a)为景观在采样中通常被描绘或想象的方式；图6-10b)为景观在现实生活中呈现出的复杂方式。

区域尺度植物多样性格局(图 6-11)。因此,只适用于最常见和分布最广的物种的采样设计,可能不足以发现稀有或零星分布的物种并绘制其分布图。例如,专门研究森林和草原的植物生态学家,在生态地境尺度上使用了几十年来常用的采样技术,都无法发现某种植物物种;当将截线抽样法(line-transect,图 6-11a))和样方(small-quadrat)采样技术(图 6-11b))与更大的多尺度采样技术(图 6-11c))进行比较时,研究人员发现,小面积的采样技术通常会遗漏每个更大地块中一半的本地物种以及一半的非本地植物物种(Stohlgren et al., 1998)。这一切都始于在生态地境尺度上对植物多样性更完整采样。对有害植物入侵者的早期研究发现,需要以最小化的调查和监测技术开展采样,以检测所关注的物

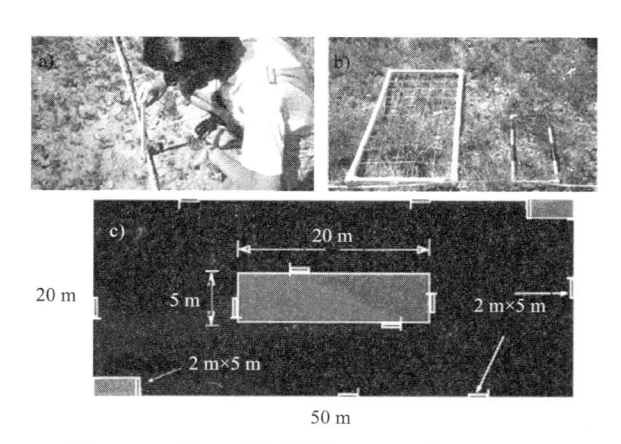

图 6-11 关于种植多样性的三种常见采样设计

注:图 6-11a)为帕克环路。帕克环形区域大约有四分之一大小,沿着 100 英尺(约 30 米)的线段放置,每隔 1 英尺(约 0.3 米)你就向环形区望去,描述你所遇到的植物物种,或者你是否碰到了裸露的地面。这是一个很小的采样区域。当你回到办公室时,你会看到一个小于 1 平方米的区域。图 6-11b)为各种各样的植物多样性"样方"。道本迈尔使用了一个样方(quadrat)①,规模为 20 cm×50 cm。当你考虑到植物物种在景观上的零星分布时,这个样方还是相当小的。其他人建议如果使用更大的样方时,应使用截线抽样法。图 6-11c)为改进的惠特克多尺度样地(sampling plot)。

---

① 用于生态调查的方形地。——译者注

种(Stohlgren et al.,1999)。当美国农业部森林服务森林健康监测计划(Forest Service Forest Health Monitoring program)使用多尺度框架时,数十种有害入侵物种才被发现(Stohlgren et al.,2003)。评价采样设计成效最重要问题并不是"我们在野外捕获了什么",而是"我们遗漏了什么"。许多旧采样技术遗漏了太多东西。

第五节 景观尺度的相互作用

理解景观尺度动态,需要整合景观内各生态地境的作用,评估各站点之间的关系,并确定对"产出"的影响,如生态系统服务、土地和水的健康状况,以及农场、牧场和林场的生产能力。

自然资源生态实验室研究包含了两个"景观"的概念。出于实际研究的目的,自然地理障碍、组织机构、政治边界,或人类发展和管理边界,都在空间上对景观进行了界定。景观定义还包括一个所关注事物的时间范围,因为景观能随着时间推移而改变(见第一章第九节第一部分)。

景观的概念是一块由生态地境所构成地理区域,这些在景观生态地境之间通过物质流动或信息流动连接。例如,一个生态地境可为食草动物提供天然掩护,那么食草动物就会在附近觅食或饮水(Woodmansee,1981,1990;Bailey et al.,1996)。景观中的生态地境可以通过以下方式进行连接:水(间流、流入或流出、侵蚀或沉积)、风(侵蚀或沉积)、动物(包括人类。食物的选择、去除、处理和再分配,排尿,排便;动物对植物群落分布和多样性的影响;动物对甲烷、氨气和氧化亚氮产生的影响)。在这一景观概念中,常见的生态地境聚集是土链(catenas)(沿斜坡向下的一系列土壤剖面)、浇灌地点和栅栏角落(Schimel et al.,1985)。人类可以极大地影响这些相互作用。

景观的另一个概念,强调具有明确边界的景观尺度内的生态地境模式,以及此模式对动物和人类利用生境(habitat)的影响(Coughenour et al.,1985;Risser,1990;Reid et al.,2008;Reid,2012;Stabach et al.,2016)。由植物群落、本地动物和迁移的动物(mobile animals)(包括人类)以及微生物共同组成的斑块,为所包括的有机体提供必要的生态系统服务。从这个景观视角来看,重要的景观概念是植物和动物的生物多样性、迁移模式和廊道,以及人们对景观的利用。人们及迁移的大型动物在整个景观迁移,而不仅仅是在其中斑块迁移。

与土地利用直接相关的人类活动,大多发生在生态层次的景观尺度上。小流域、农场、牧场、森林经营、城市发展和户外娱乐活动(如狩猎、滑雪和徒步旅行),都发生在景观尺度上。因此,管理决策通常被用于景观。

关于生态系统科学和系统生态学方法的早期研究,主要集中在生态地境和较小等级尺度上。随着科学和方法的发展,人们更加重视景观、区域和更大的尺度。以下几点介绍了景观重点问题发展趋势的例子。

一、生境研究

生境研究一直遵循着生态学家所熟知的长期观点来开展工作,并从 20 世纪的小规模研究转向宏观生态学(Brown,1995;Boone and Krohn,2000c;Mingyang et al.,2008)。相对于备受关注的平衡和非线性,生态系统可变性在研究中变得更加重要,不连续性也受到了关注(Wiens,1984;Ellis and Swift,1988;Nash et al.,2014)。现在重点放在跨尺度和生境所在的矩阵等研究(Rodewald,2003)。人类现在也更多地被认为是耦合系统的要素,而不是在实验中要控制的可变性来源(Coughenour et al.,1985;Reid and Ellis,1995;Boone et al.,2002;Galvin et al.,2004;Boone and Galvin,2014)。例如,过去我们认为城市地区是对自然生态系统利益的扰动,但现在由城市主导的生态学和服务于城市的生态学引起了大家极大兴趣(McHale et al.,2013,2015;Pickett et al.,2016)。

根据物种绘制生境选择分布图是规划中的一个重要步骤,让一些保护工作被优先考虑。生物物理学筛选(Biophysical filters)构成了流行的物种-栖息地建模方法的基础(Boone and Krohn,2000a)。几十年来,美国地质调查局(USGS)内部一直在开展一个工作计划,称为"差异分析计划"(Gap Analysis Program),致力于绘制常见物种生境图并加以保护。在一个维度上列出生境类型矩阵,在另一个维度上列出物种,记录了每个州或区域内各个物种的生境。编制了土地覆盖类型地图和其他辅助数据,以划定生境类型。物种范围是根据出现的数据或专家评审确定的,随后可以在地理信息系统中对物种出现进行预测。然后将预测的出现量进行堆叠,并将物种密度与保护网络进行比较,以确保常见物种得到充分保护(Boone and Krohn,2000b)。

自从差异分析计划开展以来,在物种—生境出现频率制图方面已取得了巨大进展。遥感和空间数据为物种—生境关联的区域制图提供了基础,并在这些资源利用方面取得了显著进步。例如,美国地球资源卫星(Landsat)计划现在已经收集了40多年的中等分辨率的地球图像;中等分辨率成像光谱仪计划(Moderate Resolution Imaging Spectroradiometer,MODIS)自21世纪初以来,提供了一系列粗分辨率产品;非常高的分辨率图像现在也可以通过商业途径轻易获取。

这些数据已被用于与美国西部石油和天然气开发有关的物种出现(species occurrences)方面变化的制图(Homer et al.,2013)。物种出现的数据集也得到了扩展。例如,在美国地质调查局开展的繁殖鸟类调查(Breeding Bird Survey)中,一个分层随机分布集合,共有数千条沿已经开展了50年调查的二级公路的路线,并在每条路线上建设了50个站点(Sauer et al.,2017)。建模可以使用资源选择函数(resource selection functions),以严格的方式在景观尺度上量化物种对生境的利用(例如,Stabach et al.,2016)。这些方法可以按照等级进行组合,以细化对生态地境尺度的选择。如对艾草榛鸡筑巢生境进行建模(Aldridge et al.,2012),以及对不同季节的生境选择进行建模(Fedy et al.,2014,针对同一物种)。

当哈钦森(Hutchinson,1957)发表"多维超体积"(n-dimensional hypervolumes)时,限制物种分布的生物物理条件,在某种程度上被正式确定为"生态位"(niche)维度,而且人们发现这种程度很有说服力。温度及其极值、水或能量的可利用性、食物的可得性、土地覆盖类型以及所有其他物种的出现,可以构成坐标轴(axes),共同描绘一个物种可能生存的范围。这种观点导致了在自然资源生态实验室和其他地方流行的生态位包络(niche envelop)模型和绘图技术的出现。MaxEnt(Phillips et al.,2004;Phillips and Dudik,2008)等工具利用一个物种出现数据的分布来确定此物种生态位包络,即在建模中使用空间数据下可能出现的超大空间范围(图6-12)。在此基础上,此方法允许跨空间推断物种的分布,映射了用于建模中所使用的图像像素与定义的超大空间范围之间的一致性。自然资源生态实验室的科学家们已经用这种方法绘制了入侵物种分布图,预测了它们随时间的传播(见下文),并预测了在气候变化影响下的物种分布变化(例如,Evangelista et al.,2008;Kumar et al.,2009,2014;Graham et al.,2011)。这是通过构建以目前气候为候选条件的模型、以进入生态位包络的定义来实现的。如果气候能决定物种分布,预测的未来气候地表可以代替当前地表状态,并需用同样的生态位理论重新绘制分析其相互关系。

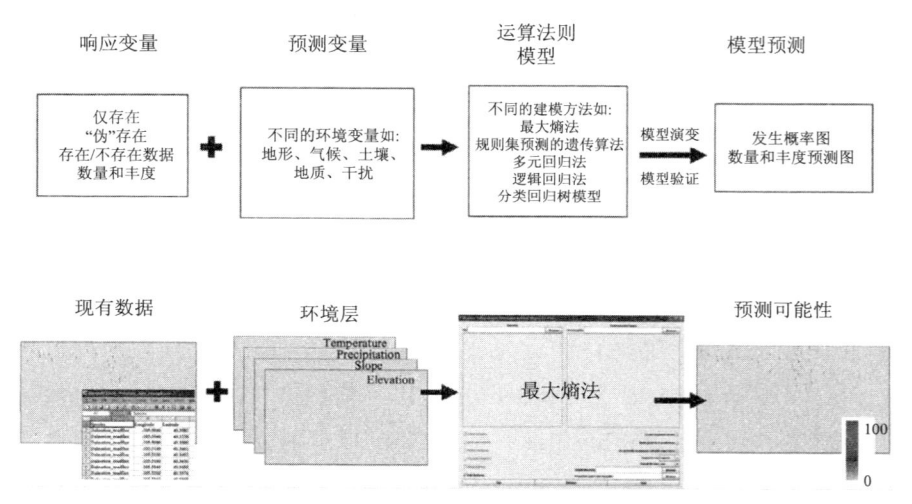

图6-12 MaxEnt工具预测美国科罗拉多州入侵植物的潜在生境分布

注:MaxEnt工具用于预测物种在空间和时间上入侵(或任何物种迁移)的示意图。

生物筛选(Biotic filters)包括竞争,因为竞争决定了一个物种是否能占据一个区域,而且一个物种必须能够与同类以及其他物种开展竞争。这些竞争关系并不包括在我们所描述的建模方法中。布恩(Boone)、库马尔(Kumar)和斯塔巴赫(Stabach)调整了用于植物物种形成的方法,使用包括逐渐发展的计算视角的和基于 Agent 的模型以模拟鸟类种间竞争(Boone,2017)。美国各地鸟类物种都有确定的生态位维度。由于对新景观占据的选择压力,每一代鸟类的生态位都可能发生轻微变化。

二、野生动物和牲畜的丰度

1989~2003年,奥古图等(Ogutu et al.,2009)广泛调查了肯尼亚马赛马拉(Maasai Mara)国家保护区野生动物和牲畜丰度。通过统计分析数量持续下降的动物,发现此动物数量持续下降的原因主要是周边土地利用变化。类似的方法可以用来调查,野生动物是否被这一地区的马赛人家庭所吸引或排斥(Bhola et al.,2012)。

破碎化带来的影响一直是自然资源生态实验室的研究重点(Galvin et al.,2008;Hobbs et al.,2008)。其中一些是局部区域尺度的分析,如追踪单个牲畜群在空间移动的分析(BurnSilver et al.,2003)或追踪领养的角马在破碎的景观中移动的分析(BurnSilver et al.,2003)。其他的分析是综合性的,研究牲畜和野生动物大量进入半干旱和干旱地区以满足自身需求的方式,以及使破碎化地区得以持续发展的外部输入实质(图6-13;Coughenour,1991;Galvin et al.,2008)。布恩(Boone,2007)和布恩等(Boone et al.,2005)对牲畜进行相关探讨,确定"能够进入"意味着能够获取足够的水、饲料和遮蔽物;其他因素包括迁移,主要是季节性、食物获取或交配等诱因促使动物进行长距离迁徙。里德等(Reid et al.,2008)绘制了肯尼亚卡贾多县(Kajiado County)基滕格拉地区(Kitengela)关于动物迁移的破碎化情况图(图6-14)。与许多非洲公园一样,肯尼亚内罗毕国家公园(Nairobi National Park)在几十年前被定义为一个相对较小的公园,并假定周围地区可供野生动物使用。然而,由于人们在这些区域建造了围栏、建筑物和其他基础设施,这些地区的环境发生了变化,从而导致了地区动物传统迁徙路径发生改变(Stabach et al.,2016)。

三、估算动物的丰度和状况

生态学家常常试图利用一些表面信息来推断动物丰度或条件变化。由于这些信息量过少或干扰因素过多,往往难以得出准确结论。N. T. 霍布斯(N. T. Hobbs)有先进的贝叶斯建模技术方法。此技术使用概率论和重复抽样来推断

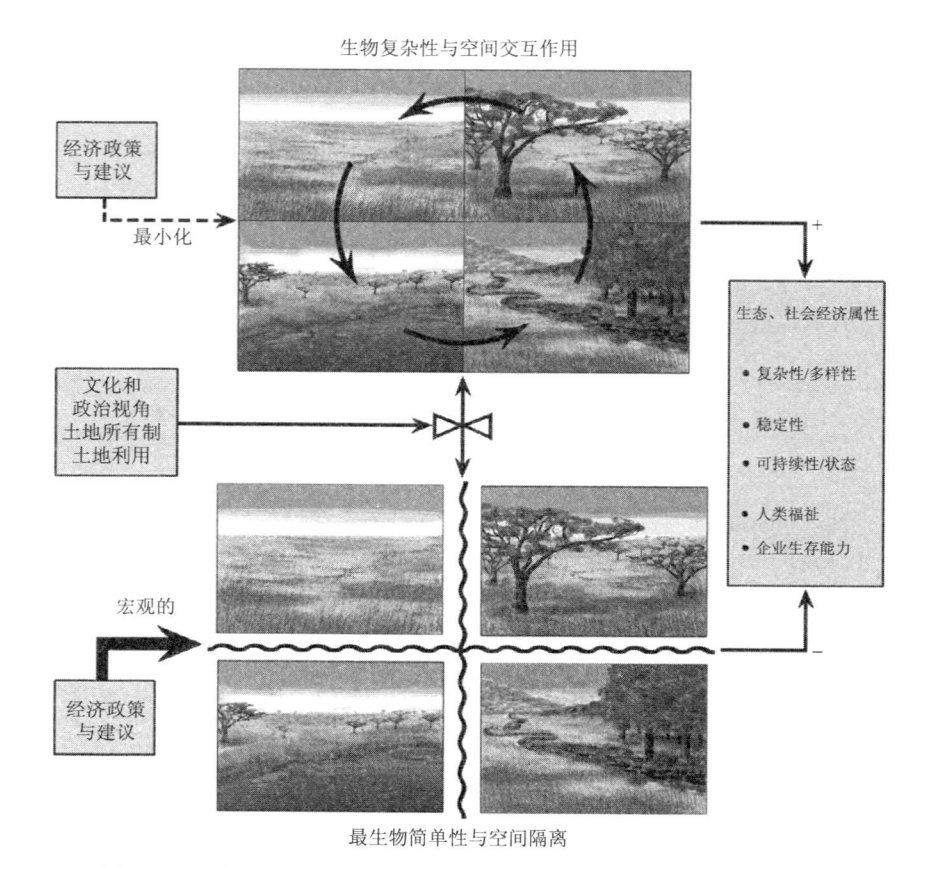

图 6-13 半干旱和干旱地区破碎化效应的概念图(Hobbs et al., 2008)

结果,包括对复杂问题误差估计结果的推断。例如,对动物种群的长期调查,以严格的方式推断其变化率。对驯鹿的调查就是如此(Hobbs and Hooten, 2015)。一个霍布斯主导的研究项目探究了,美国拉里默县(Larimer County)骡鹿(空齿鹿属黑尾鹿种(Odocoileus hemionus))患慢性疾病的频率变化。被称为能影响动物的"朊病毒"(prions)的蛋白质可能发生了错误折叠,并能抵抗任何形式的分解。错误折叠的蛋白质会促使其他蛋白质也发生折叠错误。这些畸形蛋白质在动物体内形成并造成动物死亡。霍布斯的研究项目使用无线电和支持地球定位系统(GPS)的项圈追踪了几十只动物,然后每年捕获这些动物以评估它们疾病状态。统计分析使用重复抽样数据来确保此疾病不会在整个牧群中

第六章 生态系统科学中跨尺度结构和功能化过程研究的兴起

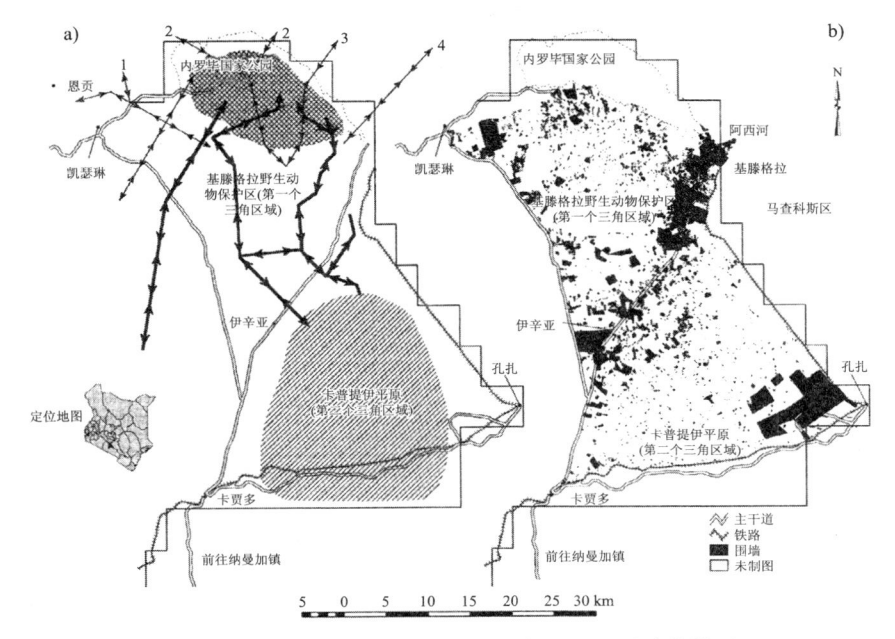

图 6-14 肯尼亚卡贾多县基滕格拉地区的破碎化情况

注:宽箭头 a)显示了以前的阿提—卡帕图伊平原和内罗毕国家公园之间迁徙动物路径。2004年 b)绘制的土地破碎化及其对动物迁徙的影响。来自 Reid et al.,2008,有改动。

蔓延。

一些项目已经使用追踪装置来推断动物的踪迹。尖端的技术研究已经开发出一种附着于马尾上追踪马的 GPS 装置(S. King and K. Schoenecker,未发表的数据)。R. 布恩主持了一个名为角马景观(Gnu Landscapes)的项目。该项目评估了破碎化和更频繁的干旱对角马的影响,并追踪了肯尼亚 36 只角马每小时移动情况。这项工作还使用粪便分析方法(fecal analysis)定量分析了不同人为扰动程度的角马栖息地的应激水平(Stabach et al.,2016)。

一个物种的许多种群在某种程度上是相互孤立的,它们被此物种未占据的区域所分隔开。这些曾经宜居的区域受到生物物理限制、历史上偶发事件或人类活动的影响而被分割开来。如果个体在种群之间只是偶尔迁徙,而不是频繁到被认为是一个种群的迁徙,则它们被称为"复合种群"(metapopulation;Levins,1969)。偶尔的迁徙可能是重要的,因为为局部灭绝种群的恢复提供了可能性。偶尔的个体混合，也会产生重要的遗传影响。布恩等（Boone et al.，2006）提供了一个案例：使用基于个体的模型来观察明尼苏达州春季池塘中的林蛙（Rana sylvatica，栖息于森林的蛙属动物）在被森林采伐而隔离的种群之间迁徙的可能性。

四、物种—生境之间的关系

一个物种因需要食物、水、遮蔽物和空间而占据一个区域。这些属性和其他属性构成了此物种的生境（也就是说，生境是针对特定物种的，尽管生境类型有时是一个总体使用的术语）。这些属性的差异可能有利于某个物种的出现，而不是另一种物种的出现。例如，水不是一种统一资源：落基山脉高山溪流可能是美洲河乌（河乌属 Cinclus mexicanus）在快速流动的水中捕食水生昆虫的家园，而一个开阔的水库可能是秃鹰（Haliaeetus leucocephalus）来回飞行进行捕鱼的地方。丝兰（yucca sp.）的出现需要专性传粉者的存在，即丝兰蛾（丝兰蛾科家族成员）的存在。反之，只有与飞蛾共同进化的物种存在时，飞蛾（丝兰蛾）才会出现。空间和遮蔽物也可能限制物种出现，例如特殊生境特征——为在洞穴里筑巢的鸟类提供生存条件的直立的枯树。

总的来说，这些要求可以被看作是物种进入当地集合体（local assemblages）的生物物理限制。这是一个分级过程。在这个过程中，根据生物地理学限制条件过滤区域性的物种库。如山脉或大型水体阻止了一个物种进入一个区域。各种生理筛选也限制了物种的出现（Rahel，2002）。例如，鸟类的出现受到能量供应和温度限制（Root，1988），因为一些物种可能无法在过热或过冷地区生存。此外，一些物种对生物物理具有较高耐受性，可以在各种生境生存。如红狐（Vulpes vulpes）和美国乌鸦（Corvus brachyrhynchos）栖息于美国农村和城市地区，以多种多样的食物为食。有些物种的耐受性较低，仅能在某类生境下生存，如红嘴鸟（Loxia curvirostra）。正如红嘴鸟的名字所暗示的那样，它们的饮食如此专一，以至于它们的喙有交叉尖端，可以撬开针叶树锥体以获取种子。另外，我们认为生境的选择在空间、时间或亲缘分类关系上是动态的。例如，落基山脉的鼠兔（Ochotona princeps）仅在某类生境中生存，它们栖息于海拔

3 350 米(11 000 英尺)以上的悬崖和岩石表面——这种分布使它们容易受到气候变化影响。然而，落基山脉鼠兔的近亲——西藏高原鼠兔(Ochotona curzoniae)非常常见，它们与北美草原土拨鼠(Cynomys spp.)有着许多生态系统食物链关联。

生境的丧失是对维持生物多样性的严重威胁。识别对物种重要的生境，也是许多自然资源生态实验室研究人员及其学生以及其他同事目前正在进行的极其重要的工作。在此列举几个例子：气候变化对落基山脉高海拔地区的白尾雷鸟(Lagopus leucura)的影响一直是自然资源生态实验室工作人员的研究重点(Wann et al.，2016)；艾草榛鸡(Centrocercus urophasianus)对生境的利用方式受到石油和天然气开采的影响等相关研究已经开展(例如，Aldridge and Boyce，2007；Aldridge et al.，2012)；埃塞俄比亚高原地区稀有羚羊物种山地羚(Tragelophus buxtoni)生境利用等重要研究工作已经完成(Evangelista et al.，2007，2008)。

五、扰动、演替以及状态—转换

生态系统的扰动和演替，是生态学在20世纪前三分之二时期的核心问题。这些话题至今仍然是热点。自20世纪60年代以来，我们对扰动和演替的实际思考方式发生了深刻变化，以至于一些生态学家认为这些术语阻碍了清晰的思考，需要被废弃(Binkley et al.，2015)。在这一节中，我们将简要介绍20世纪60年代关于这些主题的主流思想观念，然后结合生态学中几个关键实证分析和破坏了当时范式的理论发展。最后，以我们目前对生态系统动力学的理解进行了总结。

20世纪60年代的主流生态学理论，将群落描述为总体稳定、高度协同进化的生物组合，它们偶尔会受到各种自然和人为因素的扰动或破坏。在受到扰动后，普遍的生态演替过程将继续进行，直到群落恢复到成熟气候状态(Christensen，2014)。生态演替的基本框架是由弗雷德里克·克莱门茨(Frederick Clements)在半个世纪前明确提出的(Clements，1916)。随后，奥德姆(odum，1969)对其进行了阐述和扩展。他的"生态系统发展战略"概述了群落多样性、生命史、能量学和稳定性方面的一般演替趋势。以富有激情的方式将这些观点传授给了自然资源科学及管理领域的学生。演替的例子通常是普通生物学教科书中生态学部分的核心内容。土地管理者也接受了这种范式——通常认为野火和造成树木死亡的昆虫是需要去避免的不良扰动。自然资源保护主义者在景观中寻找需要保护的顶极群落的良好范例。

当然，早期也有对生态演替范式的批评者。①格利森（H. A. Gleason, 1926,1939）在很早就反驳了克莱门茨的"有机体"概念。这个概念与在早期的共同进化的植物相关联，而格利森主张一种个体主义模型，即物种分布在环境梯度上的波动在很大程度上独立于其他物种（H. A. Gleason, 1926,1939）。②瓦特（A. S. Watt, 1947）指出，人们可以在被归类为成熟或顶极森林①的地方找到所有假定的演替阶段。③威斯康星植物生态学学派（Wisconsin School of Plant Ecology）认为，植被组成沿着非生物梯度的变化是连续的而不是离散的（Curtis, 1959; Whittaker, 1975）。④康奈尔和斯莱泰尔（Connell and Slatyer, 1977）从机械角度提出了三种植被变化内生驱动模型，其中克莱门茨的促进模型，可能不如竞争模型和耐受性模型常见。⑤恩格勒（Egler, 1975, 1981）提出要向有关机构捐出一大笔钱，只要这个机构能提出案例以证明植物群落演替，即所谓"接力植物区系学说"（relay floristics; Egler, 1954）。显然，他根本不需要付款。但这些批评者仍无法动摇学者们普遍接受植物演替理论的决心，主要原因也许是植物演替理论十分直观且易于理解，并具有普适性，而且批评者从未提出过合理的、令人信服的范式来取代此理论。

奥德姆（Odum, 1969）的综合报告的巨大价值之一，是他的"生态系统发展趋势"中几乎全部成果都被表述为可以通过实证分析验证的假设。20世纪70年代，生态学家们开始积极验证这些假设（Drury and Nisbet, 1973），结果对于任何一个与主导范式结合的对象来说都不是很理想。几乎在所有情况下，实证分析证据都不支持这些假设。研究表明，物种多样性通常在森林演替的早期或中期阶段最丰富，而不是在后期阶段（Loucks, 1970; Connell, 1978）。在北美针叶林中，被认为是能对植物演替的早期和成熟阶段起到指示作用的物种，也被发现

---

① "顶极森林"是指，一个代表天然演替终极阶段的森林群落。——译者注

存在于所有年龄的林分中。前者只是在火灾后不久更加丰富或明显,后者在几十年后更加丰富(Egler,1954;Johnson and Fryer,1989;Romme et al.,2016)。人们进一步发现,古老的森林不是最稳定的发展阶段,实际上比年轻的森林更容易遭受火灾和昆虫虫害并造成死亡(Safranyik,1974;Clark,1989;Romme,1982)。

  人们很早就认识到,真正的植物群落演替的"顶极"群落是相对的、不常见的,但这被简单解释为由现代人类广泛的扰动影响所带来的(Clements,1935)。然而,对北美西部针叶林树木年轮研究表明,在欧洲人到来之前,火灾已经反复发生了几个世纪,并影响这些森林的某些特征(Baisan and Swetnam,1990;Swetnam,1993)。土地管理者开始认识到,完全消除自然扰动并不能实现生态系统的保护,反而会损害他们所要维持的生态系统。美国内华达山脉大型国家公园的管理者开始在他们管理的森林中恢复较低危险程度的火灾(Kilgore,1973)。"历史变化范围"(historical range of variation)(Keane et al.,2009)为国家森林、草原和其他公共土地上的生态系统管理和恢复提供了一个自然生态条件的基准。

  即使在现代世界,火灾、风、食草动物和疾病等对生态系统的自然扰动,也被视作一种普遍现象。即使是发育成熟的湿润热带森林——长期以来被当作演替顶极状态的一些最佳案例,事实上也经常被大树倒下后形成的树冠间隙所推翻,因为早期演替的物种在这些间隙中蓬勃发展,为这些森林的多样性做出了巨大贡献(Brokaw and Busing,2000)。许多著名的非洲大草原,存在于那些气候有利于密闭森林生长的地方。只有火灾和食草动物的长期扰动,才能维持这个生态系统的开放生境和特有的野生动物(Sankaran et al.,2005)。在原始草原上,草原土拨鼠定期清除顶极演替状态的杂草,形成一块块的裸地。这些裸地的具体位置随时间的推移而变化(Augustine et al.,2008)。对冰期后植被变化的新研究表明,树木并没有像克莱门茨学派理论所预测的那样,作为离散而稳定的群落从冰期避难所向北移动。相反,物种是单独迁移的,因此,新建立的物种组合与冰川时期的不同(Davis and Shaw,2001)。

  除了这些类型的实证研究,生态学家开始从新的理论角度来研究群落与生态系统动力学。空间和时间尺度作为任何分析的关键定义特征,占据了核心位置(Levin,1992)。一些关于植被动力学的激烈争论,最终被证明是主要由生态学家在尺度上思考的差异造成的。例如,美国阿巴拉契亚山脉南部的森林物种组成是否稳定? 如果我们在长达一个世纪时间内观察一个0.25公顷的样地,这里的物种组成并不稳定:耐阴树木可能逐渐取代不耐阴树木,或者一场暴风雨可能导致树冠折损,进而促进不耐阴物种出现跳跃式发展。

即便如此,在1 000公顷流域范围内的物种组成可能在几百年内保持稳定,但在更精细的空间尺度上会出现持续性的周期变化。博尔曼和莱肯斯(Bormann and Likens,1979)在他们的"漂移斑块恒定状态平衡观"(shifting mosaic steady state)中,正式阐述了这一观点。特纳等(Turner et al.,1993)提供了一个空间和时间尺度的预测模型。在这个模型中,生态系统会表现出平衡和长期稳定性,但在较短的时间框架内会出现或高或低的可变性,或者从不稳定转换到一个完全不同的状态。

其他关键性的理论发展,明确证明了多种稳定的状态(Holling,1973)以及对植被动态的随机影响。例如,状态—转换模型(state-and-transition models)允许植被在多种环境影响下向多个方向变化(Westoby et al.,1989)。根据实证分析得出的概率,可以将植被分配给每一种在不同状态之间转换的状态,系统的生态系统动态可以沿着时间向前预测。这些模型可以用于较小的尺度,例如单个林分或生态地境(Horn,1975);也可以用于更大的景观尺度,如多个林分的复合体,其中每个林分随着时间的推移经历相同的概率动态(Baker,1989;Westoby et al.,1989;Briske et al.,2005)。状态—转换模型已被越来越多地应用于草原(Bestelmeyer et al.,2011;WSS,2018)和森林(例如,美国LANDFIRE计划①,Rollins,2009)的土地管理决策中。这表明,人们认识到基于过去的植物演替范式的管理往往会导致过度放牧和火灾压制所带来的资源破坏。

新的理论模型在以前的理论模型基础上增加了复杂性和细微差别,并且许多模型保留了在随时间变化的生态系统过程中固有的稳定性和可预测性,即人

---

① https://landfire.gov/ LANDFIRE (LF),景观火灾和资源管理规划工具,是美国农业部林务局和美国内政部的荒地火灾管理计划之间的共享计划,提供景观尺度地理空间产品以支持跨边界的规划、管理和运营。——译者注

们只需要在足够广泛的空间或时间尺度上观察系统，至少会出现某种形式的稳定性。虽然人们普遍承认，如果环境的基本特征发生变化，转换概率也会发生变化。例如，在更新世末期全球气候发生变化时，人们尚未认识到这种变化即将再次发生。在 21 世纪的第一个十年，有一件事是显而易见的：大量的气候变化已经开始，并且到本世纪末，变化的幅度甚至可能接近 12 000 年前的冰河时期的过渡期（glacial transition）。任何平衡的概念，甚至基于过去的可预测性，都突然遭到质疑：正如一篇有影响力的论文的标题所述，"稳定性已死"（Milly et al.，2008）。

那么，"扰动"和"演替"这两个词呢？一些生态学家已经对它们感到不舒服了，甚至发现它们令人深感不安。"扰动"这个词可能意味着对以前稳定的、健康的和理想的状态的破坏，所有这些都非常有克莱门茨学派色彩。皮克特等（Pickett et al.，2009）建议用植被动态来代替植物演替，以避免克莱门茨和奥德姆所带来的思想包袱。同样，《森林生态学与管理》（*Forest Ecology and Management*）的编者（Binkley and Fisher，2012）发出质疑，当我们真正的意思发生变化时，我们为什么一直在谈论扰动和演替。变化可能是快速的，也可能是缓慢的；它可能来自许多不同类型的促进因素，也可能朝着许多不同的方向发展。把所有这些都概括进一个"演替"的概念中，会模糊它们之间重要的区别，而且这些区别正是生态学家应该关注的（Binkley et al.，2015）。然而，许多生态学家认为，我们都知道扰动和演替的含义，而且我们已经远远超越了克莱门茨和奥德姆的简单化概念，但这些只是一个方便的术语，用来区分生态系统变化和世界上其他方面的变化。

那么，在 2021 年我们的科学状况如何呢？今天的大多数生态学家都会同意克里斯滕森（Christensen，2014）的观点，即一个大的统一理论或演替策略是虚幻的。我们已经脱离了前几代人的整体范式，转而采用更加简化的研究范式，因为这些研究范式准确记录生物、环境和生态系统对不同影响因素的反应，需要实证分析证据来支持我们的解释，并将环境变化和随机性加到我们的预测模型之中。

基础生物地理学和古生态学虽然不是 20 世纪末研究前沿的分支领域，但已经重新焕发活力，成为理解和预测物种与生态系统应对未来新环境做出反应的关键方法。我们拥有惊人的基于卫星的新技术，可以在广阔的空间尺度上获取高分辨率数据，并拥有功能强大的计算工具来处理新理论和复杂的数据。如果我们打算帮助防止或尽量减少未来后代将面临的生态退化，那么对于一个生态学家而言，这是一个激动人心的时代，也是一个重要的时代。

六、景观尺度的植物多样性

在生态地境尺度上对植物多样性的描述是十分必要的。然而，为了监测气候变化、土地利用和扰动机制（disturbance regimes）的变化以及有害植物、动物、疾病入侵的影响，测量物种丰富度及其多样性、植物多样性模式、物种与环境的关系以及物种从景观到区域尺度的分布已经变得越来越重要。需要与遥感数据和时空模型相联系的多尺度采样设计，以保护稀有和本地物种以及重要生境，或者模拟有害物种入侵，以指导这方面控制措施的制定（图6-12；Stohlgren，2007）。

当然，这样一项雄心勃勃的工作需要精确的野外数据。设计或重新设计测量植物多样性的多尺度方法，如改良的惠特克（Whitaker）采样技术。这种改良的惠特克采样技术包括四个尺度及其测量值（1、10、100和1 000平方米地块），通常还与遥感信息相联系。这使得生态学家可以将细粒度的采样方法外推到景观和区域尺度（Stohlgren，2007）。

在入侵物种方面，科学家们曾认为植物多样性不足的地区会很快且很容易被入侵，因为多样性丰富的地区会表现出竞争性排斥。然而，事实恰恰相反。在许多景观中，例如在草原、灌木丛、河岸区和落基山生态系统中，物种丰富的地区更容易受到入侵。这种"富者愈富"（rich get richer）的入侵格局，在美国各地的植物、鱼类和鸟类中都是如此（Stohlgren et al.，2006），并在其他地方也得到证实。因此，国家公园、荒地和水道的自然资源管理者开始把监测目标放在物种丰富的地区和经常受扰动的生境。

七、森林生态学及其结构

森林结构及其变化一直是自然资源生态实验室的一个研究重点。一本描述森林系统中土壤的重要书籍,包含了关于森林生态系统结构和功能的信息(Binkley and Fisher, 2012)。在其他研究中,列夫斯基等(Lefsky et al., 1999)发现冠层结构可以通过航空或空间设备发出的能量来推断,并在一个称为"雷达"的系统中被树木、灌木和土壤所反射。信号从树冠返回到传感器所需的时间比从土壤返回的时间短,因此可以推断出树冠的高度和结构。根据这些结果以及基于野外考察或遥感的物种信息组合,人们可以估计出树冠的体积、碳储量等。

八、入侵物种

目前,入侵物种被广泛认为是本地物种减少、消失和灭绝的主要原因。在过去的 20 年里,自然资源生态实验室的科学家一直是生物入侵领域的国际领导者(Stohlgren et al., 1999, 2006, 2014; Evangelista et al., 2009)。对入侵物种的知识空白(Gaps in knowledge)进行了评价,主要集中在三方面需求上:①改善多尺度的采样技术,以更好地从地貌尺度推演到区域及更大的尺度(Stohlgren, 2007);②开发新的空间和时间建模技术,以更好地评估在土地利用、气候和人类辅助的迁移变化下,有害物种的当前和未来分布(Kumar et al., 2014; Wakie et al., 2016);③与国际同事、政府机构、大学、部落和公众合作,从而发展一个"行动共同体"(community for action; Stohlgren and Schnase, 2006)。这将有助于更好地设计采样,加强与遥感信息的紧密联系,以及提升绘制和预测景观、区域和国家尺度的入侵物种分布的新建模技术。

九、景观尺度的水资源研究

在景观中水的流动形成了排水系统的通道,这些通道结合在一起形成了流域。追溯到美国国际生物学计划的最初几年，自然资源生态实验室的研究人员就对水在景观上的移动方式产生兴趣，并对微流域（microwatersheds）进行了研究。在过去十年中，随着流域科学家加入自然资源生态实验室后，这方面的工作得到了极大的扩展（MacDonald et al.，1991；Kampf et al.，2005；Covino and McGlynn，2007；Kampf and Burges，2007；Fassnacht et al.，2017）。例如，麦克唐纳和赫夫曼（MacDonald and Huffman，2004）研究发现，在科罗拉多州北部一场火灾后，土壤斥水性（water repellency）会下降。火灾使土壤中和土壤上的有机物挥发，这些有机物黏附在土壤表面使其排斥水。研究者指出斥水性与火灾严重程度有关，并在火灾后一年内下降。雪及其特性一直是法斯纳赫特（Fassnacht et al.，2009）的研究重点。这些研究重点还包括一系列基于现场的点测量和通过开展跨越空间的雪深度的插值方法对雪表面粗糙度的测量（Fassnacht et al.，2003）。物理水文过程和水在景观中流动的建模方法，已经被比较并改进（Kampf and Burges，2007）。S. 坎普夫最近在"水流追踪者"（Stream Tracker）项目中利用公民的帮助来监测间歇性溪流内水流（Kampf et al.，2018）。

第六节　区域和全球变化的驱动因素

关于景观如何与区域相联系，仍然存在许多疑问（见第二章），但宏观生态学（Brown，1995）和全球可持续性科学（Liu et al.，2015）已经利用大尺度的采样数据及过去40年易于获得的遥感数据，并模拟研究区域和全球变化的驱动因素。一般环流模型（General circulation models）模拟了过去和未来的气候及与海洋和土地覆盖的相互作用。这些模拟结果在政府间气候变化专门委员会（IPCC）的报告中和其他地方发表。自然资源生态实验室的科学家对此也参与研究并做出贡献。一系列长期生态研究站点，包括矮草草原的长期生态学研究网络（LTER）。目前，此网络由28个站点组成，其结果有助于研究人员了解长期和跨区域的生态变化。美国国家生态观测站网络（National Ecological Observatory Network，NEON）是美国政府的一项重要的工作成就，以系统的方式在整个大陆 81 个有代表性的陆地和水生地点收集生态数据，并将这些数据免费提供给所有人。这些数据包括 180 多个因变量，将至少在未来 30 年内收集，为美国生态系统状态及变化提供非凡的记录。

目前，区域和全球分析在自然资源生态实验室很常见。例如，此机构开展了一个由美国农业部支持的项目，称为中波紫外线监测与研究计划（UV-B Monitoring and Research Program）。高炜主任负责观测与管理一个与气候学有关的测量站点的网络。此网络建立了中波紫外线（UV-B）辐照度的空间和时间特征；遵循了基于网格的设计原则，并将全国划分为 26 个面积大致相同的区域。中波紫外线辐射会损害农作物，因此此计划提供了必要的基础信息，以支持评估中波紫外线对农作物和森林的潜在破坏性影响（Gao et al.，2004；Reddy et al.，2004）。奥格尔等（Ogle et al.，2005）通过对 100 多项研究的元分析（meta-analyses），定量分析温带和热带区域土壤有机碳储存变化。最近，奥格尔使用他团队开发的方法（Ogle et al.，2003），在全美国的农村开展了需要总结数千次单独模拟结果的土壤有机碳变化的年度存储清查（见第四章）。关于草地对气候变化响应的全球分析强调了对以下问题的关注：非洲草地、碳储存潜力、温室气体通量和对畜牧业生产的挑战（Del Grosso et al.，2008，2009；Henderson et al.，2015；Boone et al.，2018）。在一个超过 30 年的研究计划中，巴伦（J. Baron）从局部尺度到区域及国家尺度量化了氮沉降对景观的影响（Baron et al.，2000；Fenn et al.，2003）。

自然资源生态实验室承担的其他定期监测区域和更大规模的项目，包括研究大尺度氮传输和负荷（见第八章），模拟大平原生态系统（见第四章），以及建立美国农业部区域气候中心（USDA Regional Climate Center）（见第七章）。

专栏 6-1　植物—动物相互作用的早期研究

风洞项目（The Wind Cave Project）是由美国国家科学基金会之前支持的动植物相互作用项目发展起来的。此项目的一个主要假设是，在中等（最佳）放牧强度下，地上净初级生产力将最大化（所谓的放牧最优化假设；McNaughton，1979，Hilbert et al.，1981）。曾经的理学硕士生莱恩·科波克从事该项目研究，打算在美国风洞国家公园（Wind Cave National Park，WCNP）

开展实地研究,以评估第一种假设。研究方法是沿着假设的野牛(Bison)放牧强度梯度,在它们使用的水源的不同距离处测量净初级生产力。正如经常发生的那样,这种研究方法在自然资源生态实验室设计试验比野外实际试验更容易实施,故他最初的项目研究设计被证明是难以实现的。

在接下来的几周里,莱恩在整个美国风洞国家公园(面积超过11 000公顷,主要是北部混合草原)中观察野牛觅食。在此过程中,他注意到在草原土拨鼠(Cynomys ludovicianus)聚居区上似乎发现了更多的野牛踪迹,比它们随机使用草原栖息地所预期的要多。然后,他为那个夏天的剩余时间和接下来的生长季节构建了一套采样程序,以确定他的初步想法是成立的。研究还使用了植被采样方案来比较各种植被属性。这些植被分别来自草原土拨鼠聚居区和几个已知年龄的群体(从小于2岁到大于26岁)。与麦克诺顿(McNaughton,1976)在非洲草原上对角马和汤姆森瞪羚之间的放牧促进作用的研究类似,科波克(Coppock)的研究相当有说服力地证明了以下几点:①在夏季生长季节期间,野牛选择草原土拨鼠聚居区(特别是那些仍完全或部分由禾本科植物主导的群落)作为觅食地点(Coppock et al.,1983b);②无论是从叶片(氮)还是从体外消化率来看,草原土拨鼠聚居区的草料质量都比非聚居区所在地点的质量更高,尽管草原土拨鼠聚居区的草原生物量更低(Coppock et al.,1983a)。这为野牛聚居偏爱提供了潜在的因果解释。这项研究还发现,经过中度时期(3～8年)的草原土拨鼠群落的植物物种多样性和丰富度最大,因此符合康奈尔(Connell,1978)的"中度扰动假说"(Intermediate disturbance hypothesis)。最后,野牛增加了对非聚居区的使用,并在春季预先设定的火灾之后,减少了对聚居区的使用(Coppock and Detling,1986)。

地上与地下的联系

科波克的研究是国家科学基金会后续资助的美国风洞项目的基础。此项目将草原土拨鼠聚居区作为非聚居区草原基质中生物活动增强的斑块或"热点地区"进行研究,并强调在此草原生态系统中开展地上与地下连接研究的重要性。此研究包括对温室与生长箱实验(growth chamber)的一体化、野外观察、熟练操作的野外实验,以及仿真建模。

草原土拨鼠和其他食草动物在地上的密集放牧,降低了地下植物根系生物量。减少的程度随着草原土拨鼠占用时间而增加(Whicker and Debling,1988;Debling,1998)。在地面上密集的放牧活动明显促进了寄生在根系并消耗土壤微生物的某些种类的线虫摄食和种群增长(Ingham and Detling,1984)。在后来的野外实验中,我们估计以根系为食物的线虫所减少的地上净初级生产力的生物量是它们所消耗的生物量的16倍(Ingham and Detling,1990)。草原土拨鼠聚居区土壤的地下净氮矿化速率(net nitrogen mineralization)高于邻近非聚居区草原土壤(Holland and Detling,1990)。部分原因可能是尽管地上净初级生产力相似,但草原土拨鼠聚居区的氮矿化速率较高,草原土拨鼠聚居区的地上植物净氮产量高于非聚居区草原(Whicker and Debling,1988)。然而,在野外(Green and Detling,2000)和实验室(Jaramillo and Detling,1988;Polley and Detling,1989)剪叶实验中,也观察到地上氮产量增加。这表明落叶引起的植物生理变化也可能与氮吸收的增加有关。

另一项研究考察了在重度放牧的草原土拨鼠聚居区上"生态放牧型"草原自然选择的潜力,以及这种生态型分化(在物种多样性范围内)对草原生态系统功能的潜在影响。与附近轻度放牧的非聚居区的单株或长期(50年)围栏放牧的单株相比,从草原土拨鼠聚居区采集到的四种草的单株显得更短、更匍匐。在被移植到一个共同的环境后,其形态上的差异保持了几个生长季节(Painter et al.,1993)。霍兰等(Holland et al.,1992)使用 Century 模型,探讨了"在聚居区"和"离开聚居区"种群对落叶强度的不同生理反应(physiological responses),以及如何调节草原生态系统营养物质流动。模拟结果表明,两个种群的生理反应的差异,可能对控制生态系统中的氮流失具有很大影响。

草原土拨鼠放牧对小气候的影响

与周围更轻放牧程度的非聚居区草地的特征相比,草原土拨鼠重度放牧的景观斑块的一个显著特征是植物冠层更矮、更开阔,地表凋落物数量更少。这些植物冠层的结构变化,导致草原土拨鼠聚居区植物冠层在白天的温度和植物冠层上方的风速更高(Day and Detling,1994)。然而,即使小气候变暖,群落蒸发需求增加,土壤有效水分仍会增加。其原因可能是蒸腾叶片面积和吸收力强的根系生物量减少。因此,气孔导度(Stomatal conductance)和叶水势(leaf water potentials)都比较高(Archer and Detling, 1986; Day and Detling, 1994)。

尿在斑块中的动态

放牧的有蹄类动物,通过排尿将大量速效氮输送到土壤中(Detling, 1988),从而在整个草原景观中创造了大量的小型富氮斑块。我们在美国风洞国家公园(Day and Detling, 1990a, 1990b)和怀俄明州高地草原研究站(Jaramillo and Detling, 1992a, 1992b)的研究表明,这些尿斑与周围的草原基质在几个方面有所不同:①较高的叶片(氮),②较高的叶片生物量,③C_3与C_4禾本科植物的相对丰度。随着时间推移,这些斑块在排尿事件后比周围基质中的植物被更频繁和密集地放牧。例如,在一个美国风洞国家公园试验区,施用人工牛尿的斑块,仅占2%的研究区面积,在整个夏季为地上食草动物提供了7%的草量和14%的氮(Day and Detling, 1990a)。

参 考 文 献

Aldridge, C. L., and Boyce, M. S. (2007). Linking occurrence and fitness to persistence: Habitat-based approach for endangered Greater Sage-grouse. *Ecological Applications*, 17, 508–26.

Aldridge, C. L., Saher, D. J., Childers, T. M., Stahlnecker, K. E., and Bowen, Z. H. (2012). Crucial nesting habitat for Gunnison Sage-grouse: A spatially explicit hierarchical approach. *Journal of Wildlife Management*, 76, 391–406.

Anderson, D. W., Heil, R. D., Cole, C. V., and Deutsch, P. C. (1983). *Identification and Characterization of Ecosystems at Different Integrative Levels*. Special Publication. Athens, GA: University of Georgia, Agriculture Experiment Stations.

Archer, S., and Detling, J. K. (1986). Evaluation of potential herbivore mediation of plant water status in a North American mixed-grass prairie. *Oikos*, 47, 287–91.

Archer, S., and Smeins, F. E. (1991). Ecosystem-level processes. In *Grazing Management: An Ecological Perspective*, ed. R. K. Heitschmidt and J. W. Stuth. Portland, OR: Timber Press, 109–39.

Augustine, D. J., Matchett, M. R., Toombs, T. B., Cully, J. F., Johnson, T. L., and Sidle, G. (2008). Spatiotemporal dynamics of black-tailed prairie dog colonies affected by plague. *Landscape Ecology*, 23, 255–67.

Bailey, D. W., Gross, J. E., Laca, E. A., et al. (1996). Mechanisms that result in large herbivore grazing distribution patterns. *Journal of Range Management*, 49, 386–400.

Baisan, C. H., and Swetnam, T. W. (1990). Fire history on a desert mountain range – Rincon Mountain Wilderness, Arizona, USA. *Canadian Journal of Forest Research-Revue Canadienne De Recherche Forestiere*, 20, 1559–69.

Baker, W. L. (1989). A review of models of landscape change. *Landscape Ecology*, 2, 112–34.

Baron, J. S., Barber, M. C., Adams, M., et al. (2014). The effects of atmospheric nitrogen deposition on terrestrial and freshwater biodiversity. In *Nitrogen Deposition, Critical Loads, and Biodiversity*, ed. M. K. Sutton, L. Mason, H. Sheppard, et al. Dordrecht: Springer, 465–80.

Baron, J. S., Poff, N. L., Angermeieret, P. L., et al. (2002). Meeting ecological and societal needs for freshwater. *Ecological Applications*, 12, 1247–60.

Baron, J. S., Rueth, H. M., Wolfe, A. M., et al. (2000). Ecosystem responses to nitrogen deposition in the Colorado Front Range. *Ecosystems*, 3, 352–68.

Bedunah, D. J., and Sosebee, R. E. eds. (1995). *Wildland Plants: Physiological Ecology and Developmental Morphology*. Denver, CO: Society for Range Management.

Bell, C. W., Tissue, D. T., Loik, M. E., et al. (2014). Soil microbial and nutrient responses to 7 years of seasonally altered precipitation in a Chihuahuan Desert grassland. *Global Change Biology*, 20, 1657–73.

Bestelmeyer, B. T., Goolsby, D. P., Archer, S. R. (2011). Spatial perspectives in state-and-transition models: A missing link to land management? *Journal of Applied Ecology*, 48, 746–57.

Bhola, N., Ogutu, J. O., Piepho, H. -P., et al. (2012). Comparative changes in density and demography of large herbivores in the Masai Mara Reserve and its surrounding human-dominated pastoral ranches in Kenya. *Biodiversity and Conservation*, 21, 1509–30.

Binkley, D., Adams, M., Fredericksen, T., Laclau, J. P., Makinen, H. H., and Prescott C. (2015). Editors note: Clarity of ideas and terminology in forest ecology and management. *Forest Ecology and Management*, 349, 1–3.

Binkley, D., and Fisher, R. (2012). *Ecology and Management of Forest Soils*. New York: John Wiley and Sons.

Bolin, B., and Cook, R. B. ed. (1983). *The Major Biogeochemical Cycles and Their Interactions* (SCOPE Report 21). Chichester, published on behalf of the Scientific Committee on Problems of the Environment (SCOPE) of the International Council of Scientific Unions (ICSU). New York: John Wiley.

Boone, R. B. (2007). Effects of fragmentation on cattle in African savannas under variable precipitation. *Landscape Ecology*, 22, 1355–69.

  (2017). Evolutionary computation in zoology and ecology. *Current Zoology*, 63, 675–86.

Boone, R. B., BurnSilver, S. B., Thornton, P. K., Worden, J. S., and Galvin, K. A. (2005). Quantifying declines in livestock due to subdivision. *Rangeland Ecology & Management*, 58, 523–32.

Boone, R. B., Conant, R. T., Sircely, J., Thornton, P. K., and Herrero, M. (2018). Climate change impacts on selected global rangeland ecosystem services. *Global Change Biology*, 24, 1382–93.

Boone, R. B., Coughenour, M. B., Galvin, K. A., and Ellis, J. E. (2002). Addressing management questions for Ngorongoro Conservation Area using the Savanna Modeling System. *African Journal of Ecology*, 40, 138–50.

Boone, R. B., Galvin, K. A. (2014). Simulation as an approach to social–ecological integration, with an emphasis on agent-based modeling. In *Understanding Society and Natural Resources: Forging New Strands of Integration across the Social Sciences*, ed. M. Manfredo, et al. New York: Springer, 179–202.

Boone, R. B., Johnson, C. M., and Johnson, L. B. (2006). Simulating wood frog movement in central Minnesota, USA using a diffusion model. *Ecological Modelling*, 198, 255–62.

Boone, R. B., and Krohn, W. B. (2002a). An introduction to modeling tools and accuracy assessment. In *Predicting Species Occurrences: Issues of Accuracy and Scale*, ed. J. M. Scott, J. H. Haglung, M. L. Morrison, et al. Washington, DC: Island Press, 265–70.

(2000b). Predicting broad-scale occurrences of vertebrates in patchy landscapes. *Landscape Ecology*, 15, 63–74.

(2000c). Relationship between avian range limits and plant transition zones in Maine. *Journal of Biogeography*, 27, 471–82.

Boone, R. B., Lackett, J. M., Galvin, K. A., Ojima, D. S., Tucker III, C. J. (2007). Links and broken chains: Evidence of human-caused changes in land cover in remotely sensed images. *Environmental Science & Policy*, 10, 135–49.

Bormann, F. H., and Likens, G. E. (1979). *Pattern and Process in a Forest Ecosystem: Disturbance, Development, and the Steady State Based on the Hubbard Brook Ecosystem Study*. New York: Springer.

Briske, D. D., Fuhlendorf, S. D., and Smeins, F. E. (2005). State-and-transition models, thresholds, and rangeland health: A synthesis of ecological concepts and perspectives. *Rangeland Ecology & Management*, 58, 1–10.

Briske. D. D., and Heitschmidt, R. K. (1991). An ecological perspective. In *Grazing Management: An Ecological Perspective*, ed. R. K. Heitschmidt and J. W. Stuth. Portland, OR: Timber Press.

Brokaw, N., and Busing, R. T. (2000). Niche versus chance and tree diversity in forest gaps. *Trends in Ecology and Evolution*, 15, 183–8.

Brown, J. H. (1995). *Macroecology*. Chicago: University of Chicago Press.

Brown, L. F., and Trlica, M. J. (1977). Interacting effects of soil water, temperature and irradiance on CO_2 exchange rates of two dominant grasses of the shortgrass prairie. *Journal of Applied Ecology*, 14, 197–204.

Burke, I. C., Lauenroth, W. K., and Wessman, C. A. 1998. Progress in understanding biogeochemistry at regional to global scales. In *Successes, Limitations, and Challenges in Ecosystem Science*, ed. P. Groffman and M. Pace. New York: Springer Verlag.

Burke, I. C., Mosier, A. R., Hook, P. B., et al. (2008). Organic matter and nutrient dynamics of shortgrass steppe. In *Ecology of the Shortgrass Steppe: A Long-Term Perspective*, ed. W. K. Lauenroth and I. C. Burke. Oxford: Oxford University Press.

BurnSilver, S., Boone, R. B., and Galvin, K. A. (2003). Linking pastoralists to a heterogeneous landscape: The case of four Maasai group ranches in Kajiado District, Kenya. In *Linking Household and Remotely Sensed Data: Methodological and Practical Problems*, ed. J. Fox, V. Mishra, R. Rindfuss, and S. Walsh. Boston: Kluwer Academic Publishing, 173–99.

Carpenter, S. R., Mooney, H. A., Agard, J., et al. (2009). Science for managing ecosystem services: Beyond the Millennium Ecosystem Assessment. *Proceedings of the National Academy of Science USA*, 106, 1305–12.

Ceballos, G., Ehrlich, P. R., Barnosky, A. D. A., et al. (2015). Accelerated modern human-induced species losses: Entering the sixth mass extinction. *Science Advances*, 1(5), e1400253.

Chapin, F. S., Chapin, M. C., Matson, P. A., and Vitousek P. (2011). *Principles of Terrestrial Ecosystem Ecology*. New York: Springer.

Christensen, N. L. (2014). An historical perspective on forest succession and its relevance to ecosystem restoration and conservation practice in North America. *Forest Ecology and Management*, 330, 312–22.

Clark, F. E. (1977). Internal cycling of ^{15}nitrogen in shortgrass prairie. *Ecology*, 58, 1322–33.

(1981). The nitrogen cycle: Viewed with poetic licence. In *Terrestrial Nitrogen Cycles: Processes, Ecosystem Strategies, and Management Impacts*, ed. F. E. Clark and T. Rosswall. Ecological Bulletin, 33. Stockholm: Swedish Natural Science Research Council (NRF).

Clark, F. E. and Rosswall, T., ed. (1981). *Terrestrial Nitrogen Cycles, Processes, Ecosystem, Strategies and Management Impacts*. Ecological Bulletin, 33. Stockholm: Swedish Natural Science Research Council (NRF).

Clark, J. S. (1989). Ecological disturbance as a renewal process: Theory and application to fire history. *Oikos*, 56, 17–30.

Clements, F. E. (1916). *Plant Succession: An Analysis of the Development of Vegetation*. Publication No. 242. Washington, DC: Carnegie Institute of Washington.

(1935). Experimental ecology in the public service. *Ecology*, 16, 342–63.

Cole, C. V., and Heil, R. D. (1981). Phosphorus effects on terrestrial nitrogen cycling. In *Terrestrial Nitrogen Cycles: Processes, Ecosystem, Strategies and Management Impacts*, ed. F. E. Clark and T. Rosswall. Ecological Bulletin, 33. Stockholm: Swedish Natural Science Research Council, 363–74.

Coleman, D. C., Swift, D. M., and Mitchell, J. E. (2004). From the frontier to the biosphere: A brief history of the USIBP Grasslands Biome program and its impacts on scientific research in North America. *Rangelands*, 26, 8–15.

Coleman, D. C., and Wall, D. H. (2014). Soil fauna: Occurrence, biodiversity, and roles in ecosystem function. In *Soil Microbiology, Ecology and Biochemistry*, ed. E. A. Paul. London: Academic Press.

Conant, R. T., Cerri, C. E. P., Osborne, B. B., and Paustian, K. (2016). Grassland management impacts on soil carbon stocks: A new synthesis. *Ecological Applications*, 27, 662–8.

Conant, R. T., Paustian, K., and Elliot, E. T. (2001). Grassland management and conversion into grassland: Effects on soil carbon. *Ecological Applications*, 11, 343–55.

Connell, J. H. (1978). Diversity in tropical rain forests and coral reefs. *Science*, 199, 1302–10.

Connell, J. H, and Slatyer, R. O. (1977). Mechanisms of succession in natural communities and their role in community stability and organization. *American Naturalist*, 111, 1119–44.

Coppock, D. L., and Detling, J. K. (1986). Alteration of bison/prairie dog grazing interaction by prescribed burning. *Journal of Wildlife Management*, 50, 452–5.

Coppock, D. L., Detling, J. K., Ellis, J. E., and Dyer, M. I. (1983a). Plant–herbivore interactions in a North American mixed-grass prairie: I. Effects of black-tailed prairie dogs on seasonal aboveground plant biomass and nutrient dynamics and plant species diversity. *Oecologia*, 5, 1–9.

(1983b). Plant–herbivore interactions in a North American mixed-grass prairie: II. Responses of bison to modification of vegetation by prairie dogs. *Oecologia*, 56, 10–15.

Cotrufo, M. F., Soong, J. L., Horton, A. J., et al. (2015). Soil organic matter formation from biochemical and physical pathways of litter mass loss. *Nature Geosciences*, 8(10), 1–4.

Cotrufo, M. F., Wallenstein, M., Boot, M. C., Denef, K., and Paul, E. A. (2013). The Microbial Efficiency-Matrix Stabilization (MEMS) framework integrates plant litter decomposition with soil organic matter stabilization: Do labile plant inputs form stable soil organic matter? *Global Change Biology*, 19, 988–95.

Coughenour, M. B. (1991). Spatial components of plant–herbivore interactions in pastoral, ranching, and native ungulate ecosystems. *Journal of Rangeland Management*, 44, 530–42.

Coughenour, M. B., Dodd, J. L., Coleman, D. C., and Lauenroth, W. K. (1979). Partitioning of carbon and SO_2 sulfur in a native grassland. *Oecologia*, 42, 229–40.

Coughenour, M. B., Ellis, J. E., Swift, D. M., et al. (1985). Energy extraction and use in a nomadic pastoral ecosystem. *Science*, 230, 619–25.

Covino, T. P., and McGlynn, B. L. (2007). Stream gains and losses across a mountain-to-valley transition: Impacts on watershed hydrology and stream water chemistry. *Water Resources Research*, 43: W10431.

Coyne, P. I., Trlica, M. J., and Owensby, C. E. (1995). Carbon and nitrogen dynamics in range plants. In *Wildland Plants: Physiological Ecology and Developmental Morphology*, ed. D. J. Bedunah and R. E. Sosebee. Denver, CO: Society for Range Management: 59–167.

Currie, W. S. (2011). Units of nature or processes across scales? The ecosystem concept at age 75. *New Phytologist*, 190, 21–34.

Curtis, J. T. (1959). *The Vegetation of Wisconsin*. Madison: University of Wisconsin Press.

Davis, M. B., and Shaw, R. G. (2001). Range shifts and adaptive responses to climate change. *Science*, 292, 673–9.

Day, T. A., and Detling, J. K. (1994). Water relations of *Agropyron smithii* and *Bouteloua gracilis* and community evapotranspiration following long-term grazing by prairie dogs. *American Midland Naturalist*, 132, 381–92.

(1990a). Grassland patch dynamics and herbivore grazing preference following urine deposition. *Ecology*, 71, 180–8.

(1990b). Changes in grass leaf water relations following urine deposition. *American Midland Naturalist*, 123, 171–8.

Del Grosso, S., Ojima, D. S., Parton, W. J., et al. (2009). Global scale DAYCENT model analysis of greenhouse gas emissions and mitigation strategies for cropped soils. *Global and Planetary Change*, 67, 44–5.

Del Grosso, S., Parton, W., Stohlgren, T., et al. (2008). Global potential net primary production predicted from vegetation class, precipitation, and temperature. *Ecology*, 89, 2117–26.

Detling, J. K. (1988). Grasslands and savannas: Regulation of energy flow and nutrient cycling by herbivores. In *Concepts of Ecosystem Ecology*, ed. L. R. Pomeroy and J. J. Alberts. Ecological Studies, 67. New York: Springer Verlag, 131–48.

  (1998). Mammalian herbivores: Ecosystem-level effects in two grassland national parks. *Wildlife Society Bulletin*, 26, 438–48.

Detling, J. K., Parton, W. J., and Hunt, H. W. (1978). An empirical model for estimating CO_2 exchange of *Bouteloua gracilis* (H.B.K.) Lag. in the shortgrass prairie. *Oecologia*, 33, 137–47.

Drury, W. H., and Nisbet, I. C. T. (1973). Succession. *Journal of the Arnold Arboretum*, 54, 331–68.

Egler, F. E. (1954). Vegetation science concepts: 1. Initial floristic composition, a factor in old-field vegetation development. *Vegetatio*, 4, 412–17.

  (1975). *Plight of the Right of Way Domain*. Mt. Kisco, NY: Futura Press.

  (1981). Untitled letter to the editor. *Bulletin of the Ecological Society of America*, 62, 230–2.

Ellis, J. E., and Galvin, K. A. (1994). Climate patterns and land-use practices in the dry zones of Africa. *BioScience*, 44, 340–9.

Ellis, J. E., and Swift, D. M. (1988). Stability of African pastoral ecosystems: Alternate paradigms and implications for development. *Journal of Range Management*, 41, 450–9.

Evangelista, P. H., Kumar, S., Stohlgren, T. J., et al. (2008). Modelling invasion for a habitat generalist and a specialist plant species. *Diversity and Distributions*, 14, 808–17.

Evangelista, P. H., Norman, J., Berhanu, L., Kumar, S., and Alley, N. (2008). Predicting habitat suitability for the endemic mountain nyala (*Tragelaphus buxtoni*) in Ethiopia. *Wildlife Research*, 35, 409–16.

Evangelista, P., Stohlgren, T. J., Morisette, J. T., and Kumar, S. (2009). Mapping invasive tamarisk (Tamarix): A comparison of single-scene and time-series analyses of remotely sensed data. *Remote Sensing, Ecological Status and Change by Remote Sensing special issue*, 1, 519–33.

Evangelista, P., Swartzinski, P., and Waltermire, R. (2007). A profile of the mountain nyala (*Tragelophus buxtoni*). *African Indaba*, 5(2), special report.

Fassnacht, S. R., Dressler, K. A., and Bales, R. C. (2003). Snow water equivalent interpolation for the Colorado River Basin from snow telemetry (SNOTEL) data. *Water Resources Research*, 39(8), 1208.

Fassnacht, S. R., Sexstone, G. A., Kashipazha, A. H., et al. (2016). Deriving snow-cover depletion curves for different spatial scales from remote sensing and snow telemetry data. *Hydrological Processes*, 30, 1708–17.

Fassnacht, S. R., Web, R. W., and Sanford, W. E. (2017). Headwater regions – physical, ecological, and social approaches to understand these areas: Introduction to special issue. *Frontiers of Earth Science*, 11(3), 443–6.

Fassnacht, S. R., Williams, M. W., and Corrao, M. V. (2009). Changes in the surface roughness of snow from millimetre to metre scales. *Ecological Complexity*, 6, 221–9.

Fedy, B. C., Doherty, K. E., Aldridge, C. L., et al. (2014). Habitat prioritization across large landscapes, multiple seasons, and novel areas: An example using Greater Sage-Grouse in Wyoming. *Wildlife Monographs*, 190, 1–39.

Fenn, M. E., Baron, J. S., Allen, E. B., et al. (2003). Ecological effects of nitrogen deposition in the western United States. *BioScience*, 53, 404–20.

Forrester, J. W. (1968). *Principles of Systems*. Cambridge, MA: Wright-Allen Press.

Galvin, K. A., Reid, R. S., Behnke, Jr., R. H., and Hobbs, N. T. (eds) (2008). *Fragmentation in Semi-arid and Arid Landscapes*. Dordrecht: Springer.

Galvin, K. A., Thornton, P. K., Boone, R. B., and J. Sunderland. (2004). Climate variability and impacts on East African livestock herders. *African Journal of Range and Forage Sciences*, 21,183–9.

Gao, W., Zheng, Y. F., Slusser, J. R., et al. (2004). Effects of supplementary ultraviolet-B irradiance on maize yield and qualities: A field experiment. *Photochemistry and Photobiology*, 80, 127–31. Gleason, H. A. (1926). The individualistic concept of the plant association. *Bulletin of the Torrey Botanical Club*, 53, 7–26.

Gleason, H. A. (1939). The individualistic concept of the plant association. *American Midland Naturalist*, 21, 92–110.

Goselink, R., Klop, G., Dijkstra, J., and Bannink, A. (2014). Phosphorus metabolism in dairy cattle: A literature study on recent developments and missing links. *Livestock Research, Livestock Research Report 910*. Wageningen: Wageningen University and Research Centre.

Gough, C. (2012). Terrestrial primary production: Fuel for life. *Nature Education Knowledge*, 3, 28.

Graham, J., Jarnevich, C., Young, N., Newman, G., and Stohlgren, T. (2011). How will climate change affect the potential distribution of Eurasion tree sparrows *Passer montanus* in North America? *Current Zoology*, 57, 648–54.

Green, R. A., and Detling, J. K. (2000). Defoliation-induced enhancement of total aboveground nitrogen yield of grasses. *Oikos*, 91, 280–4.

Heitschmidt, R. K., and Stuth, J. W. (1991). *Grazing Management: An Ecological Perspective*. Portland, OR: Timber Press.

Henderson, B. B., Gerber, P. J., Hilinski, T. E., et al. (2015). Greenhouse gas mitigation potential of the world's grazing lands: Modeling soil carbon and nitrogen fluxes of mitigation practices. *Agriculture, Ecosystems & Environment*, 207, 91–100.

Hilbert, D. W., Swift, D. M., Detling, J. K., and Dyer, M. I. (1981). Relative growth rates and the grazing optimization hypothesis. *Oecologia*, 51, 14–18.

Hobbs, N. T., Andrén, H., Persson, J., Aronsson, M., and Chapron, G. (2012). Native predators reduce harvest of reindeer by Sámi pastoralists. *Ecological Applications*, 22, 1640–54.

Hobbs, N. T., Galvin, K. A., Stokes, C. J., et al. (2008). Fragmentation of rangelands: Implications for humans, animals, and landscapes. *Global Environmental Change* 18, 776–85.

Hobbs, N. T., and M. B. Hooten. (2015). *Bayesian Models: A Statistical Primer for Ecologists*. Princeton, NJ: Princeton University Press.

Holland, E. A., and Detling, J. K. (1990). Plant response to herbivory and belowground nitrogen cycling. *Ecology*, 71, 1040–9.

Holland, E. A., Parton, W. J., Detling, J. K., and Coppock, D. L. (1992). Physiological responses of plant populations to herbivory and their consequences for ecosystem nutrient flow. *American Naturalist*, 140, 685–706.

Holling, C. S. (1973). Resilience and stability of ecological systems. *Annual Review of Ecology and Systematics*, 4, 1–23.

  (1992). Cross-scale morphology, geometry, and dynamics of ecosystems. *Ecological Monographs*, 62, 447–502.

Homer, C., Meyer, D. K., Aldridge, C. L., and Schell, S. J. (2013). Detecting annual and seasonal changes in a sagebrush ecosystem with remote sensing-derived continuous fields. *Journal of Applied Remote Sensing*, 7(1), 10.1117/1.JRS 7.073508.

Horn, H. S. (1975). Forest succession. *Scientific American*, 232, 90–8.

Houpt, T. R. (1959). Utilization of blood urea in ruminants. *American Journal of Physiology*, 197, 115–20.

Hutchinson, G. E. (1957). Concluding remarks. *Cold Spring Harbor Symposium on Quantitative Biology*, 22, 415–27.

Ingham, R. E., and Detling, J. K. (1984). Plant–herbivore interactions in a North American mixed-grass prairie: III. Soil nematode population and root biomass dynamics on a black-tailed prairie dog colony and an adjacent uncolonized area. *Oecologia*, 63, 307–13.

  (1990). Effects of root-feeding nematodes on aboveground net primary production in a North American grassland. *Plant and Soil*, 121, 279–81.

Innis, G. S., ed. (1978). *Grassland Simulation Model*. Ecological Studies, 26. New York: Springer.

Jaramillo, V. J., and Detling, J. K. (1988). Grazing history, defoliation, and competition: Effects on shortgrass production and nitrogen accumulation. *Ecology*, 69, 1599–608.

  (1992a). Small-scale heterogeneity in a semiarid North American grassland I: Tillering, N uptake and retranslocation in simulated urine patches. *Journal of Applied Ecology*, 29, 1–8.

  (1992b). Small scale heterogeneity in a semiarid North American grassland II: Cattle grazing of simulated urine patches. *Journal of Applied Ecology*, 29, 9–13.

Johnson, E. A., and Fryer, G. I. (1989). Population dynamics in lodgepole pine–Engelmann spruce forests. *Ecology*, 70, 1335–45.

Kampf, S. K., and Burges, S. J. (2007). A framework for classifying and comparing distributed hillslope and catchment hydrologic models. *Water Resources Research*, 43, W05423.

Kampf, S. K., Strobl, B., Hammond, J., et al. (2018). Testing the waters: mobile apps for crowdsourced streamflow data. EOS 99, https://doi.org/10.1029/2018EO096355.

Kampf, S. K., Tyler, S. W., Ortiz, C. A., Muñoz, J. F., and Adkins, P. L. (2005). Evaporation and land surface energy budget at the Salar de Atacama, Northern Chile. *Journal of Hydrology*, 310, 236–52.

Kandylis, K. (1984). The role of sulphur in ruminant nutrition: A review. *Livestock Production Science*, 11, 611–24.

Kareiva, P., and Andersen, M. (1988). Spatial aspects of species interactions: The wedding of models and experiments. In *Community Ecology*, ed. A. Hasting. New York: Springer, 38–54.

Keane, R. E., Hessburg, P. F., Landres, P. B., and Swanson, F. J. (2009). The use of historical range and variability in landscape management. *Forest Ecology and Management*, 258, 1025–37.

Kilgore, B. M. (1973). The ecological role of fire in Sierran conifer forests: Its application to National Park management. *Quaternary Research*, 3, 496–513.

Klein, J. A., Harte, J., and Zhao, X.-Q. (2007). Experimental warming, not grazing, decreases rangeland quality on the Tibetan Plateau. *Ecological Applications*, 17, 541–57.

Kumar, S., Graham, J., West, A. M., and Evangelista, P. H. (2014). Using district-level occurrences in MaxEnt for predicting the invasion potential of an exotic insect pest in India. *Computers and Electronics in Agriculture*, 103, 55–62.

Kumar, S., Neven, L. G., and Wee, Y. L. (2014). Evaluating correlative and mechanistic niche models for assessing the risk of pest establishment. *Ecosphere*, 5(7), 86.

Kumar, S., Spaulding, S. A., Stohlgren, T. J., et al. (2009). Potential habitat distribution for the freshwater diatom *Didymosphenia geminata* in the continental US. *Frontiers in Ecology and the Environment*, 7, 415–20.

Lauenroth, W. K. (1979). Grassland primary production: North American grasslands in perspective. In *Perspectives on Grassland Ecology*, ed. N. R. French. Ecological Studies, 32. New York: Springer Verlag, 3–24.

Lauenroth, W. K., and Burke, I. C., eds. (2008). *Ecology of the Shortgrass Steppe: A Long-Term Perspective*. Oxford: Oxford University Press.

Lauenroth, W. K., Burke, I. C., and Gutmann, M. (1999). The structure and function of ecosystems in the central North American grassland region. *Great Plains Research*, 9, 223–59.

Laurnroth, W. K., Milchunas, D. G., Sala, O. E., Burke, I. C., and Morgan, J. A. (2008). Net primary production in the Shortgrass Steppe. In *Ecology of the Shortgrass Steppe: A Long-Term Perspective*. W. K Lauenroth and I. C. Burke. Oxford: Oxford University Press, 270–305.

Lefsky, M. A., Cohen, W. B., Acker, S. A., et al. (1999). Lidar remote sensing of the canopy structure and biophysical properties of Douglas-fir western hemlock forests. *Remote Sensing of Environment*, 70, 339–61.

Levin, S. A. (1992). The problem of pattern and scale in ecology: The Robert H. MacArthur Award lecture. *Ecology*, 73, 1943–67.

Levins, R. (1969). Some demographic and genetic consequences of environmental heterogeneity for biological control. *Bulletin of the Entomological Society of America*, 15, 237–40.Li, Z., Liu, S., Tan Z., et al. (2014). Comparing cropland net primary production estimates from inventory, a satellite-based model, and a process-based model in the Midwest of the United States. *Ecological Modelling*, 277, 1–12.

Liu, J., Mooney, H., Hull, V., et al. (2015). Systems integration for global sustainability. *Science*, 347, 1258832.

Loucks, O. L. (1970). Evolution of diversity, efficiency, and community stability. *American Zoologist*, 10, 17–25.

MacDonald, L. H. (2000). Evaluating and managing cumulative effects: Process and constraints. *Environmental Management*, 26, 299–315.

MacDonald, L. H., and Huffman, E. L. (2004). Post-fire soil water repellency: Persistence and soil moisture thresholds. *Soil Science Society of America Journal* 68: 1729–34.

MacDonald, L. H., Smart, A. W., and Wissmar, R. C. (1991). Monitoring guidelines to evaluate effects of forestry activities on streams in the Pacific Northwest and Alaska. EPA/910/9–91–001. Seattle, WA: US Environmental Protection Agency.

McGill, W. B., Hunt, H. W., Woodmansee, R. G., and Reuss, J. O. (1981). Phoenix: A model of the dynamics of carbon and nitrogen in grassland soils. In *Terrestrial Nitrogen Cycles: Processes, Ecosystem, Strategies and Management Impacts*, ed. F. E. Clark and T. Rosswall. Ecological Bulletin, 33. Stockholm: Swedish Natural Science Research Council, 49–115.

McHale, D. N., Bunn, M. R., Pickett, S. T. A., and Twine, W. (2013). Urban ecology in a developing world: Why advanced socioecological theory needs Africa. *Frontiers in Ecology and the Environment*, 11, 556–64.

McHale, M. R., Pickett, S. T. A., Barbosa, O., Bunn, D. N., and Cadenasso, M. L. (2015). The new global urban realm: Complex connected, diffuse, and diverse social-ecological systems. *Sustainability*, 7, 5211–40.

McNaughton, S. J. (1976). Serengeti migratory wildebeest: Facilitation of energy flow by grazing. *Science*, 191, 92–4.

 (1979). Grazing as an optimization process: Grass–ungulate relationships in the Serengeti. *American Naturalist*, 113, 691–703.

MEA (Millennium Ecosystem Assessment). (2005). *Ecosytems and human well-being synthesis*. Washington, DC: Island Press.

Meadows, D. H. (2008). *Thinking in Systems: A Primer*. White River Junction, VT: Chelsea Green Publishing.

Milchunas, D. G., and Lauenroth, W. K. (1992). Carbon dynamics and estimates of primary production by harvest, C-14 dilution, and C-14 turnover. *Ecology*, 73, 593–607.

Milchunas, D. G., Lauenroth, W. K., Burke, I. C., and Detling, J. K. (2008). Effects of grazing on vegetation. In *Ecology of the Shortgrass Steppe: A Long-Term Perspective*, ed. W. K. Lauenroth and I. C. Burke. Oxford: Oxford University Press.

Milly, P. C. D., Betancourt, J., Falkenmark, M., et al. (2008). Climate change – Stationarity is dead: Whither water management? *Science*, 319, 573–4.

Mingyang, L., Yunwei, J., Kumar, S., and Stohlgen, T. J. (2008). Modeling potential habitats for alien species Dreissena polymorpha in continental USA. *Acta Ecological Sinica*, 28, 4253–8.

Moir, R. J. (1970). Implications of the N:S ratio and differential recycling. In *Symposium: Sulphur in Nutrition*, ed. O. H. Muth and J. E. Oldfield. Westport, CT: AVI Publishing Co.

Mosier, A. R., Parton, W. J., Martin, R. E., et al. (2008). Soil–atmosphere exchange of trace gasses in the Colorado shortgrass steppe. *Ecology of the Shortgrass Steppe: A Long-Term Perspective* ed. W. K. Lauenroth and I. C. Burke. Oxford: Oxford University Press.

Nash, K. L., Allen, C. R., Angeler, D. G., et al. (2014). Discontinuities, cross-scale patterns, and the organization of ecosystems. *Ecology*, 95, 654–67.

NREL. (2018). Natural Resource Ecology Laboratory. www.nrel.colostate.edu (accessed June 6, 2018).

Odum, E. P. (1969). The strategy of ecosystem development. *Science*, 164, 262–70.

Odum, E. P., and Odum, H. T. (1963). *Fundamentals of Ecology*, 2nd edn. E. P. Odum in collaboration with H. T. Odum. Philadelphia and London: W. B. Saunders.

Ogle, S. M., Breidt, F. J., Eve, M. D., and Paustain, K. (2003). Uncertainty in estimating land use and management impacts on soil organic matter storage for US agricultural lands between 1982 and 1997. *Global Change Biology*, 9, 1521–42.

Ogle, S. M., Breidt, F. J., and Paustain, K. (2005). Agricultural management impacts on soil organic carbon storage under moist and dry climatic conditions of temperate and tropical regions. *Biogeochemistry*, 72, 87–121.

Ogutu, J. O., Piepho, H.-P., Dublin, H. T., Bhola, N. and Reid, R. S. (2009). Dynamics of Mara-Serengeti ungulates in relation to land use changes. *Journal of Zoology*, 278, 1–14.

Ojima, D. S., Galvin, K. A., and Turner, B. L. (1994). The global impact of land-use change. *BioScience*, 44, 300–4.

Ojima, D., Garcia, L., Elgaali, E., et al. (1999). Potential climate change impacts on water resources in the Great Plains. *Journal of the American Water Resources Association*, 35(6), 1443–54.

Ojima, D. S., Kittel, T. G. F., Rosswall, T., and Walker, B. H. (1991). Critical issues for understanding global change effects on terrestrial ecosystems. *Ecological Applications*, 1, 316–25.

Ojima, D., Mosier, A., DelGrosso, S. J., and Parton, W. J. (2000). TRAGNET analysis and synthesis of trace gas fluxes. *Global and Biogeochemical Cycles*, 14, 995–7.

Ojima, D. S., Schimel, D. S., Parton, W. J., and Owensby, C. W. (1994). Long- and short-term effects of fire on nitrogen cycling in tallgrass prairie. *Biogeochemistry*, 24, 67–84.

O'Neill, R. V. (1988). Hierarchy theory and global change. In *Scales and Global Change: Spatial and Temporal Variability in Biospheric and Geospheric Processes*, ed. T. Rosswall, R. G. Woodmansee, and P. G. Risser. SCOPE Series 38. Hoboken, NJ: John Wiley and Sons, 29–45.

Painter, E. L., Detling, J. K., and Steingraeber, D. A. (1993). Plant morphology and grazing history: Relationships between native grasses and herbivores. *Vegetatio*, 106, 37–62.

Parton, W. J., Anderson, D. W., Cole, C. V., and Stewart, J. W. B. (1983). Simulation of soil organic matter formation and mineralization in semiarid agroecosystems. In *Nutrient Cycling in Agricultural Ecosystems*, ed. R. R. Lowrance, R. L. Todd, L. E. Asmussen, and R. A. Leonard. Special Publication No. 23. Athens, GA: University of Georgia, College of Agriculture Experiment Station.

Parton, W. J., Hartman, M., Ojima, D., and Schimel, D. (1998). DAYCENT and its land surface submodel: Description and testing. *Global and Planetary Change*, 19, 35–48.

Parton, W. J., Schimel, D. S., Cole, C. V., and Ojima, D. S. (1987). Analysis of factors controlling soil organic matter levels in Great Plains grasslands. *Soil Science Society of America Journal*, 51, 1173–9.

Parton, W., Silver, W. L., Burke, I. C., et al. (2007). Global-scale similarities in nitrogen release patterns during long-term decomposition. *Science*, 315, 362–4.

Paul, E. A., ed. (2015). *Soil Microbiology, Ecology and Biochemistry Academic Press*, 4th edn. Burlington, MA: Academic Press.

Paul, E. A., Paustian, K., Elliott, E. T., and Cole, C. V., eds. (1997). *Soil Organic Matter in Temperate Ecosystems*. Boca Raton, FL: CRC Press.

Paustian, K., Cole, C. V., Sauerbeck, D., and Sampson, N. (1998). CO_2 mitigation by agriculture: An overview. *Climatic Change*, 40, 135–62.

Peters, D. P. C., Sala, O. E., Allen, C. D, Covich, A., and Brunson, M. (2007). Cascading events in linked ecological and socioeconomic systems. *Frontiers in Evolution and the Environment*, 5, 221–4.

Phillips, S. J., and Dudik, M. (2008). Modeling of species distributions with Maxent: New extensions and a comprehensive evaluation. *Ecography*, 31, 161–75.

Phillips, S. J., Dudik, M., and Schapire, R. E. (2004). A maximum entropy approach to species distribution modeling. *Proceedings of the 21st International Conference on Machine Learning*. New York: ACM Press, 655–62.

Pickett, S. T. A., Cadenasso, M. L., Childers, D. L., McDonnell, M. J., and Zhou, W. (2016). Evolution and future of urban ecological science: Ecology in, of, and for the city. *Ecosystem Health and Sustainability*, 2(7), e01229.

Pickett, S. T. A., Cadenasso, M. L., and Meiners, S. J. (2009). Ever since Clements: From succession to vegetation dynamics and understanding to intervention. *Applied Vegetation Science*, 12, 9–21.

Polley, H. W., and Detling, J. K. (1989). Defoliation, nitrogen, and competition: Effects on plant growth and nitrogen nutrition. *Ecology*, 70, 721–7.

Rahel, F. J. (2002). Homogenization of freshwater faunas. *Annual Review of Ecology, Evolution, and Systematics*, 33, 291–315.

Reddy, K. R., Kakani, V. G., Zhao, D., Koti, S., and Gao, W. (2004). Interactive effects of ultraviolet-B radiation and temperature on cotton physiology, growth, development and hyperspectral reflectance. *Photochemistry and Photobiology*, 79, 416–27.

Redfield, A .C. (1934). On the proportions of organic derivatives in sea water and their relation to the composition of plankton. *James Johnstone Memorial Volume*. Liverpool: Liverpool University Press, 176–92.

Reid, R. S. (2012). *Savanas of Our Birth*. London: University of California Press.

Reid, R. S., Gichohi, H., Said, M. Y., et al. (2008). Fragmentation of a peri-urban savanna, Athi-Kaputiei Plains, Kenya. In *Fragmentation in Semi-Arid and Arid Landscapes*, ed. K. A. Galvin, R. S. Reid, R. H. Behnke Jr., and N. T. Hobbs. Dordrecht: Springer, 195–224.

Reid, R. S., and Ellis, J. E. (1995). Impacts of pastoralists on woodlands in South Turkana, Kenya: Livestock-mediated tree regeneration. *Ecological Applications*, 5, 978–92.

Risser, P. G. (1990). Landscape pattern and its effects on energy and nutrient distribution. In *Changing Landscapes: An Ecological Perspective*, I. S. Zonneveld and R. R. T. Forman. New York: Springer, 45–56.

Robertson, G. P., and Groffman, P. M. (2015). Nitrogen transformations. In *Soil Microbiology, Ecology and Biochemistry*, ed. E. A. Paul. Burlington, MA: Academic Press, 421–46.

Rodewald, A. D. (2003). The importance of land uses within the landscape matrix. *Wildlife Society Bulletin*, 31, 586–92.

Rollins, M. G. (2009). LANDFIRE: A nationally consistent vegetation, wildland fire, and fuel assessment. *International Journal of Wildland Fire*, 18, 235–49.

Romme, W. H. (1982). Fire and landscape diversity in subalpine forests of Yellowstone National Park. *Ecological Monographs*, 52, 199–221.

Romme, W. H., Whitby, T. G., Tinker, D. B., and Turner, M. G. (2016). Deterministic and stochastic processes lead to divergence in plant communities 25 years after the 1988 Yellowstone fires. *Ecological Monographs*, 86, 327–51.

Root, T. (1988). Environmental factors associated with avian distributional limits. *Journal of Biogeography*, 15, 489–505.

Rosswall, T., Woodmansee, R. G., and Risser, P. G. (1988). *Scales and Global Change: Spatial and Temporal Variability in Biospheric and Geospheric Processes*. Scope Series (Book 38). Hoboken, NJ: John Wiley and Sons.

Ryan, M. G. (1991). Effects of climate change on plant respiration. *Ecological Applications*, 1, 157–67.

Ryan, M. G., and Asao, S. (2014). Phloem transport in trees. *Tree Physiology*, 34, 1–4.

Safranyik, L., Shrimpton, D. M., and Whitney, H. S. (1974). *Management of lodgepole pine to reduce losses from the mountain pine beetle*. Forestry Technical Report 1. Victoria, BC: Natural Resources Canada, Canadian Forest Service, Pacific Forestry Centre.

Sankaran, M., et al. (2005). Determinants of woody cover in African savannas. *Nature*, 438, 846–9.

Sauer, J. R., Niven, D. K., Hines, J. E., et al. (2017). *The North American Breeding Bird Survey, Results and Analysis 1966–2015. Version 2.07.2017*. Laurel, MD: USGS Patuxent Wildlife Research Center.

Schimel, D. S., Melillo, M., Tian, H., et al. (2000). Contribution of increasing CO_2 and climate to carbon storage by ecosystems in the United States. *Science*, 287, 2004–6.

Schimel, D. S., Parton, W. J., Adamsen, F. J., et al. (1986). Role of cattle in the volatile loss of nitrogen from a shortgrass steppe. *Biogeochemistry*, 2, 39–52.

Schimel, D. S., Stillwell, M. A., and Woodmansee, R. G. (1985). Biogeochemistry C, N, and P in a soil catena of the shortgrass steppe. *Ecology*, 66, 276–82.

Senft, R. L., Coughenour, M. B., Bailey, D. W., et al. (1987). Large herbivore foraging and ecological hierarchies. *BioScience*, 37, 789–99.

Six, J., Conant, R. T., Paul, E. A., and Paustian, K. (2002). Stabilization mechanisms of soil organic matter: Implications for C-saturation of soils. *Plant and Soil*, 241, 155–76.

Six, J., Elliott, E. T., and Paustian, K. (2000). Soil microaggregate turnover and microaggregate formation: A mechanism for C sequestration under no-tillage agriculture. *Soil Biology and Biochemistry*, 32, 2099–103.

Six, J., Ogle, S. M., Conant, R. T., Mosier, A. R., and Paustian, K. (2004). The potential to mitigate global warming with no-tillage management is only realized when practiced in the long term. *Global Change Biology*, 10, 155–60.

Smith, P., Martino, D., Cai, Z., et al. (2008). Greenhouse gas mitigation in agriculture. *Philosophical Transactions of the Royal Society of London B: Biological Sciences*, 363, 789–813.

Stabach, J. A., Wittemyer, G., Boone, R. B., Reid, R. S., and Worden, J. S. (2016). Variation in habitat selection by white-bearded wildebeest across different degrees of human disturbance. *Ecosphere*, 7(8), e01428.

Stohlgren, T. J. (2007). *Measuring Plant Diversity: Lessons from the Field*. New York: Oxford University Press.

Stohlgren, T. J., Barnett, D., Flather, C., et al. (2006). Species richness and patterns of invasion in plants, birds, and fishes in the United States. *Biological Invasions*, 8, 427–57.

Stohlgren, T. J., Barnett, D., and Kartesz, J. (2003). The rich get richer: Patterns of plant invasions in the United States. *Frontiers in Ecology and the Environment*, 1(1), 11–14.

Stohlgren, T. J., Binkley, D., Chong, G. W., et al. (1999). Exotic plant species invade hot spots of native plant diversity. *Ecological Monographs*, 69, 25–46.

Stohlgren, T. J., Bull, K. A., and Otsuki, Y. (1998). Comparison of rangeland sampling techniques in the Central Grasslands. *Journal of Range Management*, 51, 164–72.

Stohlgren, T. J., and Schnase, J. L. (2006). Risk analysis for biological hazards: What we need to know about invasive species. *Risk Analysis*, 26, 163–73.

Stohlgren, T. J., Szalanski, A. L., Gaskin, J., et al. (2014). From hybrid swarms to swarms of hybrids. *Environment and Ecology Research*, 2(8), 311–18.

Swetnam, T. W. (1993). Fire history and climate-change in giant sequoia groves. *Science*, 262, 885–9.

Thurow, T. L. (1991). Hydrology and erosion. In *Grazing Management: An Ecological Perspective*, ed. R. K. Heitschmidt and J. W. Stuth. Portland, OR: Timber Press.

Turner, M. G., Romme, W. H., Gardner, R. H., O'Neill, R. V., and Kratz, T. K. (1993). A revised concept of landscape equilibrium: Disturbance and stability on scaled landscapes. *Landscape Ecology*, 8, 213–27.

Van Dyne, G. M., ed. (1969). *The Ecosystem Concept in Natural Resource Management*. New York: Academic Press.

Van Dyne, G. M., and Anway, J. C. (1976). Research program for and process of building and testing grassland ecosystem models. *Journal of Range Management*, 29, 114–22.

Wakie, T. T., Laituri, M., and Evangelista, P. H. (2016). Assessing the distribution and impacts of Prosopis juliflora through participatory approaches. *Applied Geography*, 66, 132–43.

Wall, D. H., Bradford, M. A., St. John, M. G., et al. (2008). Global decomposition experiment shows soil animal impacts on decomposition are climate-dependent. *Global Change Biology*, 14, 2661–77.

Wallenstein, M. D., and Hall, E. K. (2012). A trait-based framework for predicting when and where microbial adaptation to climate change will affect ecosystem functioning. *Biogeochemistry*, 109, 35–47.

Wann, G. T., Aldridge, G. L., and Braun, C. E. (2016). Effects of seasonal weather on breeding phenology and reproductive success of alpine ptarmigan in Colorado. *PLoS ONE*, 11(7), e0158913.

Watt, A. S. (1947). Pattern and process in the plant community. *The Journal of Ecology*, 35: 1–22.

Westoby, M., Walker, B., and Noymeir, I. (1989). Opportunistic management for rangelands not at equilibrium. *Journal of Range Management*, 42, 266–74.

Whicker, A. D., and Detling, J. K. (1988). Ecological consequences of prairie dog disturbances. *BioScience*, 38, 778–85.

Whittaker, R. H. (1975). *Communities and Ecosystems*, 2nd edn. New York: Macmillan.

Wiens, J. A. (1984). On understanding a non-equilibrium world: Myth and reality in community patterns and processes. In *Ecological Communities: Conceptual Issues and the Evidence*, ed. D. R. Strong, D. Simberloff, L. G. Abele, and A. B. Thistle. Princeton, NJ: Princeton University Press.

(1989). Spatial scaling in ecology. *Functional Ecology*, 3, 385–97.

Williams III, G. J., and Kemp, P. R. (1978). Simultaneous measurement of leaf and root gas exchange of shortgrass prairie species. *International Journal of Plant Sciences*, 139, 150–7.

Woodmansee, R. G. (1978). Additions and losses of nitrogen in grassland ecosystems. *BioScience*, 28, 448–53.

(1990). Biogeochemistry cycles and ecological hierarchies. In *Changing Landscapes: An Ecological Perspective*, ed. I. S. Zonneveld and R. R. T. Forman. New York: Springer, 57–71.

Woodmansee, R. G, Dodd, J. L., Bowman, R. A., Clark, F. E., and Dickinson, C. E. (1978). Nitrogen budget of a shortgrass prairie ecosystem. *Oecologia*, 34, 363–76.

Woodmansee, R. G., Vallis, I., and Mott, J. J. (1981). Grassland nitrogen. In *Terrestrial Nitrogen Cycles: Processes, Ecosystem Strategies, and Management Impacts*, ed. F. E. Clark and T. Rosswall. Ecological Bulletin, 33. Stockholm: Swedish Natural Science Research Council, 443–62.

WSS. (2018). Web Soil Survey. USDA Natural Resource Conservasion Service. https://websoilsurvey.sc.egov.usda.gov/App/HomePage.htm (accessed June 5, 2018).

第七章 生态系统管理中系统生态学范式的演变

罗伯特·G. 伍德曼斯、迈克·B. 科夫努尔、基思·保斯蒂安、威廉·J. 帕顿、托马斯·J. 斯托尔格伦、威廉·H. 罗默、保罗·H. 埃万杰利斯塔、卡梅伦·奥尔德里奇、丹尼斯·S. 小岛吉雄、威廉·劳恩罗斯、英格丽德·伯克、凯瑟琳·高尔文和罗宾·里德

第一节 引 言

在过去的 50 年里,草原、森林和农业生态系统的管理发生了巨大变化。政府的土地利用政策及其相关的管理实践,已经根据从研究中获得的知识发生了变化,如第六章中所描述的系统生态学范式的应用。现代土地和水资源管理正朝着以生态系统为基础的思维方式发展。这种思维方式依赖于系统生态学范式的许多方面。系统思维(Forrester, 1961, 1968; von Bertalanffy, 1968; Van Dyne, 1969; Meadows et al., 1972)、模拟模型(见第四章)和先进的空间分析(见第五章),结合生态系统科学的知识积累(见第六章和第八章),形成了新的管理范式(National Research Council, 1994, 2010; Williams, 2005)。生态系统研究增加了对地上、地下初级和次级生产力、分解和养分循环途径、植物和动物相互作用、水文循环的认识,并将人类作为能够接受生态系统服务的利益相关者和互动的组成部分(见第一章)。人类不再被简单地视为草原、农田和森林生态系统结构和功能的驱动因素(Paul, 2015; Franklin, 2017; Franklin et al., 2017;

Baron,2002;见第一章和第九章)。这些概念改变了管理和决策中涉及的计算方法。采用系统生态学方法而形成的基于生态系统的管理,将成为未来的管理范式。

第二节　20世纪60年代末期以前的本地土地管理

以本土或归化植被为主的生态系统,包括草原、灌丛和森林。其中,地球上大约63%的陆地表面可以被归类为草地(Suttie et al.,2005)。世界银行估计,林地占据了大约30%(World Bank,2018)。这两种土地类型中都有一部分是耕地。

图7-1所示的是,20世纪70年代前不同定义下原生植被覆盖土地的情况。不同学科对当前我们所说的生态系统和景观,都有着不同的狭隘视角(筒仓式思维[①])。土地管理者和科学家专注于可以用所研究对象的测量值来表示的生产总目标及分目标。这些对象是可以看见、摸到、称重和计数的。例如,草原管理者和科学家关注的是,以千克或磅计量的每公顷或每英亩的牧草产量以及载畜量,如每月放牧的磅数和动物单位。引入植被控制处理、害虫和捕食者清除等管理干预措施和方法,用以提高产量目标。化学处理和机械设备用于提高牲畜产量,并被尝试用于提高收益。但较少关注过度放牧所带来的后果。

农学家和农民关注的是作物生产,例如每公顷农田(多少蒲式耳)的产量、化肥用量、杀虫剂成本和机械成本。许多人认为土壤是一种"免费"和无限的资源。林业工作者主要关注的是每公顷森林(多少板英尺)的材积量、林木再生量以及生产过程表。为了最大限度地提高木材产量,经常开展森林砍伐、火灾防控、道路修建等活动。生态学家衡量的"事物"是可以在地面上被观察到的东西,例如动植物、生物量或降水量(毫米)。他们专注于可以看见、摸到、感受、称重和计数

---

① 筒仓式思维(silo views):"筒仓"是那些又高又厚并且没有窗口的密闭结构的统称。在管理学上,"筒仓式思维"是指那些阻碍部门之间共同协作或合作的——处理高度复杂性问题时所必需的——条块分割的思维和行为。引自科斯塔.即将崩溃的文明:我们的绝境与出路[M].李亦敏,译.北京:中信出版社,2013.——译者注

第七章 生态系统管理中系统生态学范式的演变

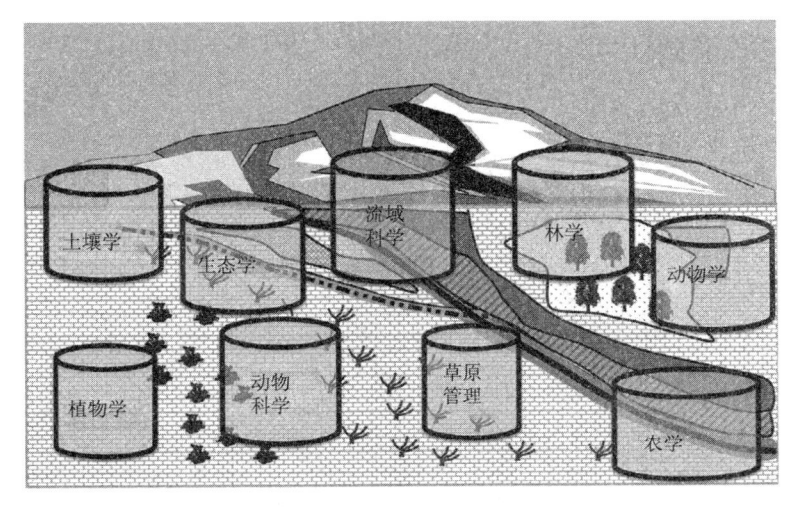

图 7-1 生态系统管理的不同专业视角

注：20 世纪 70 年代以前，学科间的藩篱（筒仓）非常坚固。主要是由于系统生态学范式的影响，僵化的情况已经减少。现在，基于生态系统的管理正在成为标准做法，所有的不同观点都得到了考虑。

的东西。生态学家们推测植物演替和动物种群动态。采矿活动，包括石油和天然气的勘探和开发，不考虑其对周围土地的影响。这些以高产为目的而开展的开发活动所带来的行为后果，导致了我们的森林、草原、农田和湿地的严重退化。美国联邦机构支持特定自然资源开发的管理活动，很少或尚未考虑到更广泛的环境系统。

对可测量的地上部分和生产力的重视，以及狭隘的学科观点（如牲畜、牧草、树木、作物），导致跨学科的互动很少。大学、学院和土地管理机构内的学术部门不愿相互交流，而专业协会则专注于其特定的学科观点。使问题更加严重的是，科学协会和学术部门及机构广泛采用的出版模式，都强调主题狭窄的单作者或双作者研究论文的发表。科学的成功是由个人成果来衡量的。其结果是，限制了对整个环境及其更广泛的影响的认识，以及对可以使人们更好了解全面多维环境活动的认识。

对土地的"筒仓式思维"和对地上产量过分关注的结果，显示了对生态系统过程、景观和区域尺度的认识不足，以及对地下生态系统运转的理解匮乏。这种无知往往导致土地退化的灾难性后果,反过来又促使公众对当前私人和公共的土地、水域的管理提出强烈抗议。

20世纪初,关于植物生态学的观点不断涌现,导致了生态系统管理"筒仓式思维"的瓦解,并最终导致了系统生态学范式的发展。附录7-1介绍了北美植物生态学发展的缩影,它将深刻影响系统生态学范式和现代生态系统管理。

第三节 现代土地利用管理的演变

1960年,美国通过的《多用途和持续产量法》(Multiple Use and Sustained Yield Act)规定,国家森林应"为户外娱乐、草原、木材、流域、野生动物和鱼类生产目的而管理",并标志着土地管理实践转型的开始(见专栏7-1)。1969年,《美国国家环境政策法》(National Environmental Policy Act,NEPA)由尼克松总统通过并签署成为法律。它成为全世界环境政策的典范,并为联邦土地上的环境影响评估建立了正式的程序。一年后,美国环境保护局(EPA)成立,其使命是"保护人类健康和环境",以强化《美国国家环境政策法》的许多要求。1976年,《美国联邦土地利用和管理法》(Federal Land Use and Management Act)指导美国土地管理局(BLM)为了多用途开发利用而管理土地,并保护其自然资源。

专栏7-1 基于生态系统管理的美国主要政策,对公共和私人土地的影响案例

- 《多用途和持续产量法》(1960),美国林务局(USFS)
- 《美国国家环境政策法》(1969)
- 美国环境保护局(EPA)(1970)
- 《清洁空气法》(1970),美国环境保护局(EPA)
- 《清洁水法》(1972),美国环境保护局(EPA)
- 《联邦土地利用和管理法》(1976),美国土地管理局(BLM)
- 农场法案

同时，随着新的美国联邦政策的正式通过，许多著作极大地影响了公众思想。其中一些著作包括：蕾切尔·卡森(Rachael Carson)的《寂静的春天》(Carson,1962)、加勒特·哈丁(Garrett Hardin)的《公地悲剧》(Hardin,1968)、保罗·爱尔里克(Paul Erlich)的《人口炸弹》(Ehrlich,1968)、詹姆斯·洛夫洛克(James Lovelock)和林恩·马古利斯(Lynn Margulis)的《盖亚假说》(Lovelock and Margulis, 1974)、丹尼斯·梅多斯(Dennis Meadows)等人的《增长极限》(Meadows et al.,1972)。在国际上，环境问题科学委员会(Scientific Committee on Problems of the Environment,SCOPE)于1969年成立，1970年联合国设立了"地球日"，1971年联合国教科文组织(UNESCO)发起了"人与环境计划"(Man and the Environment Program)，随后联合国环境规划署(UNEP)于1972年正式成立。正如实证研究表明，随着这些环境计划的建立，人们对地球环境的认识逐渐加深，因为它与土地、水和大气有关。

这些活动是，人们认识到需要新的管理概念来实现环境和自然资源健康和可持续性的最初步骤。到20世纪80年代，推行的一些政策规定，以实现对公共土地进行多目标管理，重点是实现环境和自然资源的保护和可持续性。但如何管理呢？

实现这些目标的知识在哪里？对于复杂的土地管理现实，需要一种全新的思维方式，支持这些全新观点的数据和知识基础亦是如此。回答这些问题的新方法需要通过系统生态学范式，即整体分析复杂的环境和自然资源问题，以及森林、草原、灌丛、农田、溪流和河流挑战的系统思维和方法论。生态系统科学是通过对这些系统及其每个组成部分的相互作用、影响它们的外部因素的研究而诞生的。生态系统科学在20世纪80年代和90年代逐渐成熟，并积累了大量与联邦法律规定的土地管理目标相关的坚实的科学知识(见专栏7-1)。

第四节 生态系统管理的兴起(1968～1980)

美国国际生物学计划草原生物群区计划的首批成果之一是一本由乔治·范·戴因组织和编著的书籍，名为《自然资源管理中的生态系统概念》(Van Dyne,

1969）。它将"系统生态学方法"的概念引入到自然资源管理中。范·戴因在该书的导言中使用了"生态系统方法"这一术语。该书的主要议题包括草原、森林、鱼类和狩猎管理以及流域管理。该书还包括了一章关于在学术培训中对生态系统概念进行介绍的内容。该书预示了这种趋势,即将模拟模型、野外研究、实验室研究集成起来并将之应用于生态系统管理中的趋势。

美国国际生物学计划之草原生物群区计划、自然资源生态实验室（NREL）、科罗拉多州立大学草原科学系和农学系,以及美国农业部农业研究局（USDA ARS,位于美国科罗拉多州柯林斯堡）之间的联系,形成了对草原生态系统的整体看法。整个生态系统及其功能,而不仅仅是结构和产量,将成为美国及全球许多其他国家草原管理的重点（Williams,2005）。"整体系统功能"这一术语,意味着对地上和地下的过程的认识,即地上和地下的初级生产和次级生产、分解过程、营养循环路径、植物和动物的相互作用、生态地境规模以及景观水文学、侵蚀和沉积。以上提到的许多过程,现在被认为是"生态系统服务"。空间和时间的缩放（生态等级）被认为是草原和农业生态系统管理的关键（Anderson et al.,1983；Woodmansee,1990）。仿真模型对于整合这些相互作用的概念的发展至关重要（见第四章）。自然资源生态实验室的早期重点在于运用野外实验室研究、数据分析和整合、模拟建模,以发现生态系统是如何正常运转的。这也是此实验的成功之处。

在20世纪60年代末和70年代,美国科罗拉多州立大学作为生态系统科学和草原管理的全球领导者而闻名（Rykiel,1999）。草原科学系和草原生物群区计划利用研究生、本科生课程以及"生态系统管理短期课程"（见第十一章）,为联邦土地管理者开展关于生态系统结构和功能概念的培训。这些课程强调初级生产、分解、营养循环、土壤、次级生产、企业经济学、统计学、系统生态学和生态系统建模等模块。许多在生态系统科学和管理方面的杰出领导人,在这些课程和后续课程中都接受了培训（见第三章和第十一章）。这将为基础生态系统科学融入应用科学和管理领域奠定了基础（见附录7-1）。

第五节　生态系统科学与管理的
转折(20世纪80年代初期)

20世纪80年代初期,随着国际草原生物群区研究的完成和草原生态系统模型的发表(Innis,1978),系统生态学范式得以建立。为了更好地理解碳、氮、磷和硫循环、地下生物量和食物网的结构和功能、植物和动物的相互作用、景观动态、人类作为生态系统的组成部分、农业生态系统,以及长期生态研究,以生态系统科学为基础的新研究正在进行中(见第三章和第六章)。系统生态学方法和仿真模型是所有这些工作的必需组成部分。关于生态系统功能的新兴知识库,正在逐渐进入到公共和私人土地的政策和管理视角中(Williams,2005)。这种方法为更深入的研究和理解以及管理指导指明了方向。

一、生态系统管理的出现(20世纪80年代至今)

在20世纪80年代中后期,对联邦土地管理新方法的需求、生态系统科学产生的新兴知识,与不断发展的生态系统管理概念相融合。生态系统管理,正如《美国农业部林务局:第一个世纪》(*The USDA Forest Service: The First Century*)中第145页所讨论的(Williams,2005),通常被描述为一种用于管理自然资源和服务于我们社会、经济和文化价值的生态过程的整体方法。其目标是将生态系统作为一个整体进行管理,从而实现和(或)保持生态服务以及生物资源和土壤资源的可持性。这种"新"的管理范式是基于"许多研究人员和公共土地管理者意识到用生态系统科学的方法来管理公共土地,是迈向未来的唯一合理方式"(Williams,2005:145)。

生态系统管理是美国联邦机构所采取的现行政策的驱动力。例如,美国农业部林务局、美国内政部土地管理局(USDI BLM),以及大自然保护协会(The Nature Conservancy,TNC,2018)都支持这一方法,美国环境保护局(EPA)在一定程度上也支持这一方法。生态系统管理结合了科学、企业盈利能力、哲学、保护、经济学、生态学、环保主义、政治和公众参与。以下是关于生态系统管理中基本原则的一些例子：

- 生态系统管理是对所有利益相关者开放的，基于经验和科学的过程。
- 健康、运转良好的生态系统是实现陆地和水域最佳商品（自然产品供给）、服务（清洁水、清洁空气、娱乐机会）和生态过程（养分循环、碳封存、土壤健康、水文循环控制）的关键。
- 作为监管者、商品和服务的捐助者以及决策的利益相关者，人是生态系统的一部分。
- 适应不断变化的条件，如不断变化的气候、经济和政治因素，最好通过利益相关者之间的合作来应对。
- 生态系统往往超越行政及政治的界限；因此，联邦、州和当地机构等各级机构，以及与私营部门之间的合作是至关重要的。
- 文化规范，如人类的态度、信仰和价值观，对于决定生态系统的未来非常重要。

基于科学和经验的生态系统管理模式，即新森林学（new forestry；Franklin，1989）、生态系统健康（Christensen et al.，1996）、草原健康（National Research Council，1994）、适应性管理（Holling，1978）和森林恢复（Forest Restoration，2018），正在不断发展和成熟。无论称谓如何，这些概念是构成了推动现行美国土地利用和管理政策的基础，并影响澳大利亚、加拿大和许多其他国家的政策制定。然而这些日益成功的模式，不断受到政府政策和特殊利益集团的威胁，因为这些政策和特殊利益集团支持资源开采、盈利能力和放松管制。此外，负责土地管理和环境的机构及计划资金的缺乏也威胁到这些模式。在当前和短期人类目标与全球生态系统的长期可持续性之间找到一个平衡点，是一个脆弱且不断变化的挑战。

目前应对生态系统挑战的管理政策，展示了生态系统研究成果、模拟建模、创造性想法、传统知识和经验的巨大的相互作用，比如在本土的旱地草原和森林管理方面。科学家、管理者、政策制定者和利益相关者群体之间在本地、区域、甚至国际上的合作，都是必不可少的（图7-2）。例如，美国环境问题科学委员会（SCOPE）、联合国环境规划署和国际地圈生物圈计划（IGBP）的研究团队内部

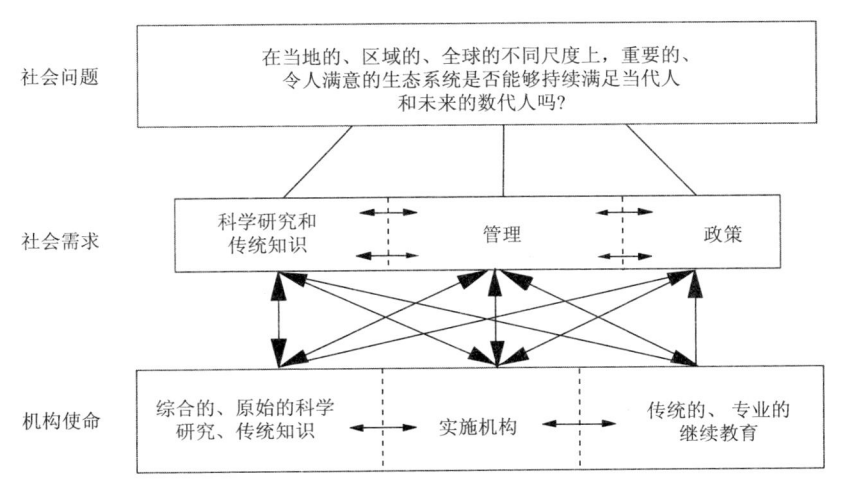

图 7-2 科学和传统知识的理想关系

注：科学和传统知识的理想关系，是以事实和证据为基础的，由管理和政策部门负责解决社会问题、议题并实现目标。在一个理想化的世界里，代表科学、管理和政策部门之间知识共享的箭头将是透明和互动的。为了实现理想状态，许多研究、推广和教育机构必须为政策制定者和管理机构贡献可靠的知识。

及团队之间的合作，极大地影响了生态系统功能的概念，并提高了对生态系统正常运转的理解，例如"生态系统服务"、养分循环的重要性、地下生态系统、生物多样性。基于合作决策的政策制定和管理方案的实施，是利益相关者集体努力的结晶（BLM，2016；USFS，2016）。然而，虽然政策是全面的，但是所有的管理都是地方性的。

由于机构和个人在管理过程中的分散性，确认研究成果与具体联邦政策的精确联系是很困难的。但能够证明的是，生态系统科学知识和系统生态学范式的整合，是如何影响美国及世界其他地方的公共和私人政策的（National Research Council，1994；Christensen et al.；NFF，2016；BLM，2018；TNC，2018；USFS，2018）。例如，美国农业部林务局、美国内政部土地管理局以及美国国家公园管理局（NPS）土地管理目标和策略，是基于生态系统科学和系统生态学方法的实践。同样，美国大自然保护协会的管理哲学也包括这两个方面。

现代生态系统管理包含了多种用途的概念，并强调了健康、运转良好的生态系统。根据越来越多的经验和科学证据,对普通用户来说,管理得当的、健康的生态系统比过去的、以单一产品为目标的管理模式更具生产力和利润(Teague,2009a,2009b)。实现成功的生态系统管理,需要土地管理者及利益相关者的努力工作;此外,还需要政策和充足的资金支持。

二、与生态系统管理相关并正在进行中的研究实例

自然资源生态实验室初期关注的重点及其成功之处,连同其他国家和国际生态系统研究计划,仅是为了更好地理解生态系统如何正常运转。具体的研究项目集中在草原生态系统、农业生态系统、田园社会系统、地下或土壤生态系统、野生动物管理、入侵物种、物种保护、生物多样性以及森林和高海拔高纬度地区的生态系统。随着20世纪90年代初基本知识的建立,现代生态系统管理的概念开始发展,正如"美国生态学会委员会关于生态系统管理科学基础的报告"(Christensen et al.,1996)中所描述的。

1. 长期研究

对生态系统动态和过程的长期研究,一直作为并将继续作为自然资源生态实验室科学家的优先事项。最值得注意的是,矮草草原长期生态研究计划(Shortgrass Steppe Long-Term Ecological Research Program,SSLTER;Lauenroth and Burke,2008)和美国落基山国家公园(RMNP)的洛赫河谷流域(Loch Vale Watershed,LVWS)项目的长期研究(Baron et al.,2009)。

位于美国农业部农业研究局(USDA ARS)中部平原试验区(Central Plains Experimental Range,CPER)的矮草草原长期生态研究计划(SSLTER),于20世纪80年代初启动,并一直持续到2014年(Lauenroth and Burke,2008)。矮草草原长期生态研究计划(SSLTER)是美国农业部林务局在20世纪30年代末启动的研究的延续和扩展,并在20世纪50年代转移到美国农业部农业研究局名下。创建中部平原试验区是为了开展研究,以改进脆弱草原的放牧管理方法。随着20世纪60年代末美国国际生物学计划之草原生物群区计划的建立,中部平原试验区成为研究草原生态系统结构和功能的主要研究站(波尼族站点,Pawnee Site)。本书中所描述的在中部平原试验区进行的许多研究,代表了基

础研究和应用研究的结合,直接带来了本章所描述的管理和政策的转变。现在,这些研究中有许多研究计划,都是在国家生态观测站网络(NEON,2018)和由美国农业部农业研究局(USDA ARS,2018)进行的。

洛赫河谷流域项目跟踪和解释生物地球化学、水文和生物过程的趋势,为美国国家公园管理局提供关于公园边界以外的间接而重要威胁方面的知识(Baron,1992;LVWSP,2018)。该项目设立于1983年,增加了对高海拔高山生态系统和亚高山生态系统的理解。其目标是:①提供更多的解释,并将自然过程与非自然的、人类造成的变化驱动因素区分开来;②理解和量化大气沉降和气候变异(气候变化)对高海拔生态系统的影响;③与管理者分享知识。洛赫河谷流域项目从一开始就采用了生态系统方法,试图量化生物地球化学过程,特别是那些与氮和碳循环有关的过程。

过去和现在都采用了各种研究方法,包括:①长期监测(如 Baron et al.,2009,Mast et al.,2014);②野外和实验室实验(Reuth et al.,2003;Lafrancois et al.,2004;Nydick et al.,2004;Elser et al.,2009);③生态系统建模(Baron et al.,1994,2000);④空间比较(Baron et al.,2000;Meixner et al.,2000;Hartman et al.,2014;O'Reilly et al.,2015);⑤利用在湖泊沉积物中储存历史变化的替代指标,重建过去的物质条件(Wolfe et al.,2003;Enders et al.,2008)。来自大气氮沉降的生物地球化学和生物效应,已经被发现和报告,并被用于制定区域空气质量政策(CDPHE[①],2018)。现在监测将继续,以定量确定这些政策的效力。最近观察到的高山湖泊初级生产量的增加,促使人们进一步研究大气沉降和气候变暖的相互作用(Baron et al.,2009)。

2. 支持生态系统管理的研究

识别最佳管理实践,以保持生态系统在气候变化中的恢复力。中北部气候适应科学中心(North Central Climate Adaptation Science Center,NCCASC)是美国内政部创建的八个区域气候中心之一,以满足美国各地土地和资源管理者不断变化的需求。该中心收集了关于气候变化影响的最新数据、研究工具和知

---

① CDPHE 的全称是:Colorado Department of Public Health and Environment,科罗拉多州公共卫生与环境部。——译者注

识。它直接为资源管理者提供大量气候信息,以服务于做出相关保护决策,并为研究人员提供了一个机会,以与主动应用这些管理实践的社区进行合作(NCCASC,2018)。该项目旨在识别不同的路径。自然资源管理者可以通过这些路径适应气候变化和应对气候变化带来的相关不确定性(NREL,2018a;NCCASC,2018)。他们在该项目以及其他项目上的工作成果,为整个美国中北部地区的智能气候规划(climate-smart planning)提供了大量的科学研究支撑。

关于入侵物种的管理。 自然资源生态实验室科学家在陆生、水生和海洋环境中开创了入侵物种科学和管理方法(Stohlgren et al.,1999;Evangelista et al.,2008;见第六章;NREL,2018a)。他们的研究包括在局部和全球尺度上,本土和非本土物种的相互作用、对生态过程的影响以及对生计和经济的影响。此外,他们的努力通过公民科学计划、新工具和技术的开发以及在线资源,让利益相关者参与进来,以支持早期发现和快速反应来实现对新的入侵物种的管理(Newman et al.,2012)。

考察城市—荒地界面(wildland-urban interface,WUI),应对北美各地的野火和树皮甲虫的流行。 在过去的几十年里,野火和树皮甲虫的爆发,极大地改变了整个北美西部的森林结构。

自然资源生态实验室对影响了生态系统过程和生物资源的这些大型严重的扰动进行了深入研究(Romme et al.,2016;NREL,2018a)。研究人员记录了1988年黄石公园火灾后,超过25年的森林植被再生的空间格局和时间趋势。这项研究表明,落基山森林在那场火灾以及历史上的火灾后,均具有显著的恢复力,即火灾前的物种组成和生态系统过程的迅速恢复,如养分循环。但是,近期火灾之间的时间间隔更短,随之而来的是会出现更高的温度。目前正在开展一些新的研究,旨在评估未来生态系统在面对不断变化的气候和不断增加的火灾频率时的恢复力。

2006年,戴夫·西奥博尔德和比尔·罗默(Theobald and Romme,2007)研究了城市—荒地界面的位置、范围和扩张趋势(城市发展对私人荒地和公共荒地的挑战)。据他们报道,2000年城市—荒地界面的面积超过719 000平方千米,可容纳美国大陆所有住房面积的39%。他们还预测,随着城市的扩张,城市—荒地界面的面积将继续扩大。城市—荒地界面在美国东部出现了不成比例的过高扩张，但是全国性的典型状况是在私人拥有的荒地上被观察到的。城市—荒地界面之内最大的森林管理问题之一是森林火灾。这是因为减少火灾发生的可能性和严重性，需要进行消防和管理干预。

由于私人土地所有权在城市—荒地界面中占据主导地位，有人建议对政策进行重新评估，以便有可能将森林管理和消防费用，从目前的主要由公众承担转移给私人土地所有者。

人类对生态系统的间接影响：人类活动可能会对邻近的生态系统产生意想不到的影响。氮是能量生产、运输和食品生产的副产品，当大量存在时，会损害生态系统。为应对这一威胁，美国国家公园管理局、美国环境保护局和科罗拉多州进行合作，制定了一项计划，以减少这种污染物的排放，从而扭转损害，恢复公园内资源（NREL，2018a）。

落基山脉生物能源联盟网络（Bioenergy Alliance Network of the Rockies，BANR，2018）。该项目探讨了使用甲虫危害致死的森林及其他森林的生物质作为能源原料的问题，并为支持可持续再生能源产业提供了严谨的科学依据。在过去的十年里，松树和云杉树皮甲虫的入侵，导致整个落基山脉的针叶林大面积的树木死亡。自 1996 年以来，美国约有 4 200 万公顷的森林受到影响。随着未来全球气候变化，这一趋势可能将会加剧。由此产生的被甲虫危害致死的森林，代表了一种巨大的生物能源资源。它不需要种植，绕过了选择食物还是选择燃料的问题，并且与其他森林原料相比，具有极其良好的碳平衡。然而，被甲虫危害致死的森林生物质通常远离城市工业中心，位于地形复杂、相对难以到达的地区。对于这一巨大资源的更广泛生产性利用，运输成本一直是关键性障碍。

通过数据采集促进公民科学发展：通过以社区为基础的野生动物监测，让公民参与进来。社区参与和传播科学是自然资源生态实验室的优先事项。调查人员与各种社区利益相关者一起工作，并经常雇佣志愿者来协助科学数据的采集（NREL，2018b）。该项目的主要目标之一是提供支持野生动物管理决策的数据。

美国西部的土地破碎化和资源开发：人类发展及其对种群和物种生物多样性的影响。艾草松鸡（Sage-grouse）是美国西部的一个标志性鸟类物种，已成为土地管理争议的焦点。在过去一个世纪里，由于土地破碎化、石油和天然气开发以及环境变化造成的栖息地退化，艾草松鸡的数量已经下降。艾草松鸡的栖息地与人类活动区域重叠，促使人们努力让野生动物管理者、保护主义者、政治家、旅游休闲者和土地开发商参与到保育和养护中来(NREL,2018b)。

3. 当前支持野生动物管理的研究

东非大草原生态系统：生态系统的植被生产力及其对牧民群落的影响。 牧民部落通常过着游牧生活并放养牲畜，依靠健康的生态系统来支持自身的生计。然而，由于人类发展的增加，牧区往往支离破碎，给已经受到火灾和干旱威胁的景观带来额外的威胁。因此，这些群落被迫寻求方法，以适应不断变化的景观(Boone,2007；NREL,2018a)。

估算野生动物群落的种群规模：研究有蹄类物种的放牧生态学(grazing ecology)，以评估栖息地的生存能力。 多年来，自然资源生态实验室的科学家对北美和非洲的有蹄类物种(有蹄子的动物)、家畜的种群动态和放牧生态进行了研究(NREL,2018b)。在美国西南部，研究人员把研究重点放在更好地理解野驴的种群统计学及社会和生殖行为上。对埃塞俄比亚和索马里兰的非洲野驴的无偿研究正在进行中。这项工作将对全球濒危的马科动物(特别是野驴)的保护产生积极影响。

撒哈拉以南非洲的土地占有、濒危物种和人类—野生动物的冲突：研究人员使用跨学科方法，以解决围绕野生动植物管理的复杂问题(NREL,2018b)。 使用物种分布模型对埃塞俄比亚特有的濒危羚羊物种(山地林羚)的统计资料和栖息地的研究正在进行。该研究已经能够制作出山地林羚种群范围的地图，埃塞俄比亚野生动植物保护局已经利用该地图开发出最佳管理实践。

在过去的20年里，研究人员一直在追踪东非草原生态系统中的角马。他们能够追踪到随时间变化的迁徙格局，并制作迁徙廊道的空间分布图。从这些结果中可以看出，除了人类发展以外，降水和火灾等环境因素是如何影响角马迁徙的。他们的模型发现了传统的迁徙路径。这些路径由于围栏和土地破碎化而被破坏，从而阻塞了以往的迁徙路线。

南非的研究涉及克鲁格国家公园(Kruger National Park)周围的人类与野生动植物冲突。这些研究正在探索种族(race)、族群(ethnicity)和保护管理的交叉点。一个主要的目标是确定如何将当地的人类种群纳入这个保护区的发

预测国家公园内大型食草动物的种群动态。自然资源生态实验室研究人员与国家公园野生动物管理人员合作,可持续地管理野生动物种群。为国家公园野生动物管理人员开发了基于贝叶斯统计方法并可以对有蹄类动物种群动态进行预测的预测模型(NREL,2018b)。这些模型采用了普查数据,以预测种群规模及其构成随时间的变化规律。这些模型预测了有蹄类动物种群的未来行为。管理者正积极利用这些行为来做出决策,以维持国家公园中存活的、健康的野生动物种群。

种群生态学和群落生态学以及对大型食草动物的管理,一直是自然资源生态实验室的另一个研究重点(Bradford and Hobbs,2008;Hobbs et al.,2008)。这项工作强调两个主题:种群建模以及理解食草动物对生态系统的影响。对将动物种群与环境联系起来,以及将科学知识应用于管理和政策中,已对基本理论发展做出了贡献,并对理解种群动态如何受到景观空间异质性和栖息地破碎化的影响,做出了重要的基础性贡献。

东非的大型食草动物也得到了自然资源生态实验室科学家的深入研究(Milne et al.,2015)。这些研究包括肯尼亚和坦桑尼亚的角马的运动和觅食行为,以及跟踪研究它们对破碎化的景观和极端气候的反应情况(Galvin et al.,2008;Reid,2012)。野生动物和牲畜利用地貌的方式,以及不断变化的地貌对它们产生的影响,都令人感兴趣。计算机建模被用来解决这些问题,通过修改模拟模型条件,以反映景观或政策变化,然后报告这些结果。

4. 需要将系统生态学范式应用于大型食草动物管理

在上部分"当前支持野生动物管理的研究"中提到当前的大部分研究,都与本节中描述的模拟模型的开发和野外研究有关。我们重点突出对这些大型食草动物的管理情况,以说明在生态系统重要研究计划中,所需花费的大量时间、工作努力以及需要在不同研究项目之间建立的互相联系。本章所讨论的其他计划,也有类似情况。

在国家公园和其他自然保护区管理本地大型食草动物,需要理解它们在生态系统中的作用。食草动物能改变植被结构、丰度和物种组成。它们通过改变植被来影响养分循环和水文学。它们将营养物质直接返回到土壤中,从而提高了植物的营养物质供给。在某些情况下，本地食草动物被视为"生态系统的工程师"或"关键物种"，显著地改变了生态系统的结构和功能。食草动物的去除或将这些动物的丰度管理到过低或过高的水平，可以引入一种该区域非典型的植被类型。本地食草动物将植被维持在可被视为"自然"的状态，因为它们在欧洲人到来之前就已存在。许多植物物种与食草动物共同进化，并通过适应去抵御食草动物。

相反，食草动物则受到生态系统过程的影响。草料供应受到决定植被生产力及其构成的所有因素的影响，包括水和营养物质的可用性。这些反过来又受到土壤物理特性和养分循环过程的影响，特别是分解作用。通过对食物的竞争，或通过对植被和栖息地结构的影响，其他物种也影响食草动物。还必须考虑捕食问题。因此，食草动物、植被、土壤和捕食者都是一个具有多重反馈回路的动态系统的组成部分。仅仅关注食草动物的种群动态是不够的，因为食草动物种群对植被产生影响，以及植被响应通过食物可得性反馈到食草动物的种群动态上。间接因果关系在这种系统中是很重要的。例如，捕食者可能通过减少食草动物的数量和分布来间接影响植被和土壤。

在国家公园里最普遍的大型食草动物的管理问题，可能是定量确定其自然、适当或可持续的数量。一个简单的方法是询问大型食草动物的"承载力"有多少。在美国国内畜牧业管理中管理者可以评估草料总量可用性，并完全控制食草动物的数量，而国家公园管理的情况与之不同且更为复杂。第一，国家公园的管理是为了"自然性"。这一目标限制了人类通过自然过程对食草动物种群进行调节的干预程度。第二，食草动物会与其他物种互动。他们可能会与其他食草动物竞争草料，也会受到食肉动物存在或缺乏的影响。第三，食草动物对植被影响所要达到的理想状态或可接受状态，与畜牧系统所需的理想状态或可接受状态有所不同。

虽然国家公园管理的主要目标是保护自然过程，但人类以许多方式影响了这些生态系统。即使是面积很大、没有人类开发和人类活动水平很低的大型公园，也会受到影响。例如，在国家公园建立之前，历史上的人类影响会产生持久的影响。这些可能包括重度狩猎压力（例如以市场出售为目的的狩猎、对狼和灰熊等捕食者的消灭、木材采伐和家畜过度放牧）的残留影响。公园边界以外的人类影响,可以影响公园边界内的过程,因为野生动物是流动的且大多数大型公园没有围栏。例如,公园外的狩猎影响了食草动物种群,由于它们在公园边界内部与外部的不同区域之间进行迁徙。

因此,定量确定国家公园内食草动物的"承载力",需要评估现代人类定居之前的生态系统功能和最小管理干预下的生态系统功能。同时,有必要考虑食草动物对生态系统的正常影响,以及在最小的人类干预下定量确定的生态系统动态和食草动物规模化的过程。它要求评估过去和现在人类对食草动物和公园边界之内和之外的生态系统过程的影响。最后,它还要求评估可能需要的管理干预措施,以减轻人类的影响,如消灭食肉动物和限制食草动物的移动。

由于这种复杂性,国家公园中的大型食草动物管理往往是有争议的。最值得注意的是,对食草动物可能过度繁殖及由此对植被产生负面影响,已经产生了争议。在美国国家公园管理局于1968年实施了自然的调节政策后,黄石公园和落基山国家公园的麋鹿数量以及黄石公园的野牛数量有所增加。这一政策的目的是,保护自然过程和尽量减少人类对食草动物种群动态的干预。一个基本的假设是,没有捕食者,大型食草动物种群也可以通过食物限制进行自然调节。反过来,较高水平的麋鹿和野牛的食草性显著地改变了植被,特别是木本植被。一些观察家声称,这些变化是非自然的和破坏性的。这些观察家往往指出,缺乏食肉动物和没有限制食草动物移动是阻碍自然调节的因素。

自然资源生态实验室参与大型食草动物的生态系统科学研究争议和不确定性的结果是,美国国会于1986年指示美国国家公园管理局启动一项研究计划,以解决黄石公园北部麋鹿冬季草原潜在的过度放牧和麋鹿过多的问题(Despain et al.,1986;Yellowstone National Park,,1997)。随后,国家公园管理局寻求科学家来开展研究。自然资源生态实验室的科学家们,被认为是放牧生态系统方面的顶尖专家。自然资源生态实验室的科学家詹姆斯·K.德特林(James K. Detling)及其同事,最近在美国风洞国家公园(WCNP)进行了关于草原土拨鼠食草的研究(Detling,1998;见第六章)。黄石公园的大型食草动物生态学家弗朗西斯·辛格(Francis Singer)于1986年与德特林联系,寻求围绕研究北部牧场的草原对食草动物响应的建议。德特林向辛格介绍了迈克·B.科夫努尔(Michael B. Coughenour),科夫努尔与美国雪城大学(Syracuse University)的生态系统科学家塞缪尔·麦克诺顿(Samuel McNaughton)一起对坦桑尼亚的塞伦盖蒂平原(Serengeti)放牧生态系统进行了生态系统建模和植物生态学研究(McNaughton,1976,1979;Coughenour,et al.,1984)。当时,科夫努尔在自然资源生态实验室工作,参与了肯尼亚北部畜牧生态系统的研究(见第九章)。1987和1988年,他在黄石公园进行了野外研究(Coughenour,1991)。通过这项研究,构建了植被—麋鹿相互作用的种群和生态系统模型(Coughenour,1994;Coughenour and Singer,1996a),揭示了麋鹿和植被对1988年黄石公园火灾的反应(Coughenour and Singer,1996b)。

辛格还邀请了麦克诺顿和他的学生道格拉斯·弗兰克(Douglas Frank)研究北部牧区(Frank and McNaughton,1992)。麦克诺顿以前在塞伦盖蒂的研究中记录了草原植被可以与体型非常庞大、能被自然调节的有蹄类种群稳定共存(McNaughton,1979)。此外,有相当多的证据表明,塞伦盖蒂最丰富的食草动物角马,是因食物限制而进行自然调节的,并非由捕食者调节。他的研究支持这一观点:非洲的草原和食草动物是共同进化的,并且草原很好地适应了食草动物。这项研究是评估黄石公园放牧生态系统的一个极好的可效仿的范例。该系统基本上是正在进行的自然调节的良好试验地点(Coughenour and Singer,1996a)。

在1987~1993年间,辛格领导了许多关于黄石公园麋鹿和植被生态的研究(Yellowstone National Park,1997;Singer et al.,1998a)。这推动了随后在1993~2005年期间由美国国家公园管理局和美国地质调查局(USGS)资助的研究项目的设立。这些项目涉及落基山国家公园、大提顿(Grand Teton,GTNP)和风洞国家公园的麋鹿和野牛生态,以及比格恩峡谷国家娱乐区(Bighorn Canyon National Recreation Area)的普赖尔山野马岭(the Pryor Mountain Wild Horse Range,PMWHR)的野马,并且所有这些项目都有自然资源生态实验室的研究人员参与,例如德特林、科夫努尔、凯特·舍内克尔(Kate Schoenecker)和N.T.霍布斯。在黄石公园研究结束后,辛格被派往位于美国柯林斯堡的美国地质调查局,并在自然资源生态实验室工作。在此实验室,他进行了博士研究,并领导了一个关于落基山国家公园的麋鹿、植被和生态系统过程的大型项目(Singer et al.,2002a;Zeigenfuss et al.,2002b)。如专栏7-2所述,这些项目支持对普赖尔山野马岭、落基山国家公园、风洞国家公园和大提顿生态系统开展建模研究。遗憾的是，弗朗西斯·辛格（Francis Singer）在2005年早早地去世了。

专栏 7-2　建模过程：服务于大型食草动物管理的生态系统模型

建模不仅可以用来模拟食草动物的种群动态，还可以模拟涉及种群调节以及食草动物与生态系统中其他组成部分的相互作用的自然过程。基本想法是开发一个基于过程的生态系统层级的模型，模拟植被、土壤过程、食草动物和捕食者，然后使用该模型模拟"自然"定居前状态下的生态系统动态，以及涉及可供选择的不同水平的食草动物种群管理和人类影响的情景。对于国家公园来说，目标是使用生态系统模型来识别和保持那些产生生态系统动态的自然过程，以及生态系统与大型食草动物的互相影响的方式。

评估生态系统中大型食草动物的生态系统模型应该具有某些特征，其中一些特征可能与因其他目的而设计的模型的特征有所不同。

总体结构。时间分辨率必须是一周或更短时间，以便捕捉季节性动态。该模型必须是空间明确的，以模拟异质性的植被和觅食条件。这要求模型在开始时就具备读取地理信息系统（GIS）数据的能力。该模型还必须由空间变化的温度和降水数据驱动。显然，该模型必须模拟植被和食草动物，但最重要的是食草动物的种群动态受到牧草可用性的影响。

植被子模型。植被模型必须能代表牧草数量和质量在时间和空间上的变化情况。牧草产量是由土壤湿度和营养物质以及温度决定的。牧草生物量随季节和年际条件的变化，取决于物理条件。牧草质量也随着植物变绿而呈现出季节性变化，直至达到生物量高峰，然后下降直到牧草枯萎和衰老。由于生长形式、物候和适口性的不同，必须对多种类型或种类的植物进行模拟。参与植物生长的基本过程，包括光合作用、氮的吸收、碳和氮在各种组织中的分配、蒸腾作用和衰老。通过自身对光合作用组织的影响，植物对食草动物做出实际响应。储存在植物体内的碳和氮,对于春季的重新生长和食草动物捕食后的恢复是很重要的。补偿性生长可能由于一些作用机制而发生。

土壤子模型。 由于土壤水分在推动植物生长方面具有重要作用,必须模拟土壤水分平衡。这就需要模拟降水输入和由于蒸腾、蒸发和径流所造成的土壤水分损失。必须模拟土壤氮的可用性,这需要模拟分解作用和土壤有机物的动态。

降雪模型。 基于以下几个原因,积雪的动态必须被表示出来:第一,雪是冬季降水的储存形式,直到融化。第二,它对牧草的可用性有极其重要的影响。第三,它覆盖草本植物,决定了植物变绿的时间。第四,它在空间上是可变的,特别是在山区环境中随着海拔的升高而变化。这些因素共同决定了食草动物在景观中移动和觅食的位置,有多少牧草在哪个地方和什么时候可供利用,以及这些牧草可供多少草食动物食用。

食草动物觅食和能量平衡。 牧草消耗率决定了食草动物能在多大程度上满足自身能量需求,从而决定了它是在增重、减重、挨饿,还是处于良好状态。因此,该模型必须模拟影响摄入率的因素,如草料生物量、食物构成和雪的覆盖。反过来,该模型必须模拟食草动物的能量平衡和身体状况,因为这是由牧草摄入和能量需求决定的。

食草动物的移动。 大型食草动物会根据牧草、雪、地形、水和其他生境变量的分布情况而自主移动。食草动物的运动也可能受到人类的围栏、狩猎和土地利用的影响。食草动物相对于可用牧草的位置,会影响牧草摄入、能量平衡、种群动态以及食草动物对植被的作用。因此,该模型必须模拟受这些因素影响的食草动物的动态空间分布。

食草动物种群动态。 该模型的一个关键特征必须是,牧草丰度和食草动物种群动态之间的关系。这可以通过使种群变量(比如出生率和死亡率)对身体状态做出的自动反应实现,而身体状况又受到牧草摄入量和牧草的可用性的影响。因此,种群动态受到饲草数量和质量以及降雪覆被在空间和时间变化的影响。通过捕杀或允许的狩猎,进行的人类管理干预措施,可以很容易地被模拟出来。

> **捕食者子模型。**在某些情况下,捕食者存在或曾经存在,并对食草动物种群产生重大影响,同时也对植被产生影响。可以根据猎物的可得性和猎物的消耗情况,定量确定或动态模拟捕食者的数量和分布。

模型应用 经过多年,一种生态系统模型方法被开发出来,用以评估大型食草动物在景观和生态系统中的作用(Coughenour,1992;Weisberg et al.,2002,2006)。1984~1992 年,一个具有许多必要特征的模型被开发出来,以研究肯尼亚北部的一个牧业系统(Coughenour,1992)。在美国黄石公园北部麋鹿冬季草原的研究工作中,首次证明了使用该模型评估大型食草动物承载力的可行性(Coughenour,1994)。由自然调节政策导致的麋鹿过剩问题是非常有争议的,而且也有必要了解为什么麋鹿数量增加到前所未有的水平。该模型已参数化,并由来自北部草原各种研究工作的大量数据所驱动(例如,Coughenour,1991;Coughenour and Singer,1996a)。地理信息系统数据也可供使用(例如,土壤、植被和火灾地图)。生态系统建模方法的可行性,也被证明是 1988 年火灾对麋鹿承载力影响评估的组成部分(Coughenour and Singer,1996b)。火灾导致森林转化为草地植被,从而有可能增加牧草的生物量。该模型被用来估计火灾前和火灾后情景下的麋鹿身体状况和种群动态。

第二项应用是对普赖尔山野马保护区(Pryor Mountain Wild Horse Range)的承载力的评估(Coughenour,1999,2000,2002a,2012)。野马管理在过去和现在一直都存在争议,野马管理者呼吁或多或少地保持不受管理的"野性",而草原管理者则谨慎地要求减少数量以防止草原退化。运用放牧隔离区内外植被生物量动态的异常数据集(Fahnestock and Detling,1999a,1999b;Gerhardt and Detling,2000)和马匹数量和分布的详细数据(Singer et al.,1998b;Gerhardt and Detling 2000),对模型进行了参数化和验证。在不同的马群规模下运行了各种情景,该模型也在没有对马匹进行管理与清除的情况下,运行到动态平衡的状态。由此得出的马匹数量可以被认为是在真正的食物有限情况下的承载量。还模拟了对草本植被的影响,因为在没有管理的情况下,放牧的减少也会导致生物量的减少,但植被仍然持续存在。这一评估明显偏离了美国土地管理局为马匹数量设定"适当管理水平"的传统原则(National Research Council,2013)。

　　第三项应用是旨在评估美国落基山国家公园的麋鹿承载力及其对植被的影响(Coughenour,2002b)。由弗朗西斯·辛格领导的一个大型研究项目。这个项目包括研究草本植物、柳树和杨树的生产力和对麋鹿食草的反应,以及麋鹿种群动态和分布的研究(Singer et al.,1998b,2002a,2002b;Zeigenfuss et al.,2002a,2002b;USDI,2007)。与美国黄石国家公园的麋鹿和普赖尔山野马岭(PMWHR)马的管理一样,这是一个有争议的情况,因为对保护自然过程的必要性有不同的看法;还有人认为,由于土地利用的冲突和缺乏捕食者,纯自然调节是不可行的。用SAVANNA模型进行了几次模拟实验。1949~1998年的实验,包含了对未受管理的麋鹿种群的模拟。麋鹿种群增长到其食物限制的承载量,并稳定下来。到那个时候,旱地上的禾草和杂类草的生物量比对照组分别下降了约10%和30%。柳树覆盖率也有所下降。对海狸和地下水位深度也进行了模拟,进而验证这个假设,即研究海狸数量的减少,可能是由于柳树和杨树的减少降低了地下水位,从而对柳树产生负面影响。采用析因设计试验,在所有可能的组合中改变麋鹿和海狸的密度,以评估它们对植物的相对影响。通过模型的运行,在从1994年开始的50年时间里,模拟了其他的麋鹿管理和麋鹿隔离的情景。有三种减少麋鹿数量的方案。公园边界内的白杨和柳树(无论是否有围栏保护)都要防止麋鹿(elk)和鹿(deer)进入。如果麋鹿数量未减少,并且柳树没有被围栏所保护时,增加水位高度(water table heights)的积极影响极其微弱。开展了模型模拟,以验证对狼的子模型参数的敏感性。这有可能发现捕食可以降低麋鹿种群数量或捕食对其数量无影响的合理的参数值。该模型表明,美国落基山国家公园的情况比自然调节理论所预测的简单的植物—食草动物平衡情况更为复杂。虽然麋鹿—草原子系统可能达到一个平衡,但在狼和其他捕食者的存在下,这个平衡可能不会一直维持。相反,预计会有一个不同的动态平衡,麋鹿数量会受到植被和狼的数量调节。其他更受关注的建模研究,是为了调查柳树的生长以及对麋鹿、海狸觅食的响应(Peinetti et al.,2009),麋鹿和海狸对柳树的竞争(Baker et al.,2012),以及麋鹿觅食对杨树的影响(Weisberg and Coughenour,2003)。

由于辛格的研究项目及许多其他项目和评估中关于野外和建模研究的结果，美国国家公园管理局制定了一个麋鹿和植被管理计划并发布了环境影响声明，以解决这个问题（USDI，2007）。该计划的一个主要内容是，要求2008年在公园内的柳树和杨树群落中建造几个范围非常大的麋鹿围栏。从那时起，这些围栏内的杨树和柳树有了明显的恢复。在完全恢复后，这些围栏就被拆除。该计划还要求，通过有限的捕杀行动将麋鹿数量减少到人类定居和狼灭绝之前可能存在的水平。捕杀行动已经开始实施，但麋鹿也越来越多地迁移到公园外的低海拔地区。由于这两个措施，现在的种群规模比以前更小。

SAVANNA模型在国家公园的第四个主要应用是评估黄石公园的野牛承载力（Coughenour，2005a，2005b，2005c，2006；Plumb et al.，2009）。与麋鹿一样，自实施自然调节以来，野牛的数量有所增加；然而，与麋鹿不同的是，当迁移到公园外时，它们会被定期大规模地捕杀。这样做的正当理由主要是它们携带布鲁氏菌病，据称可能会传播到周围的畜牧业（Yellowstone National Park，1997）。随着野牛数量的增加，更多的野牛迁移到公园边界之外，并在边界处被扑杀。这又是一个仍然有争议的情况，其中一方是野牛的倡导者，主张最低限度的管理和允许公园边界以外的自由放养行为；另一方是畜牧业的关注，主张严格控制野牛的数量和分布。外迁的增加，导致一些人声称这是由于野牛的数量已经超过了公园的承载力。因此，SAVANNA模型被用来验证这一论断。由于以前在北部麋鹿区的工作，该模型已预先适应了在黄石公园的应用。还收集了相当多的新数据，特别是关于野牛种群动态和分布数据。野牛的活动范围明显地扩大，并且以前已经独立的亚种群不断增加了它们之间的混杂。该模型需要表现出这些变化。该模型需要同时模拟麋鹿和野牛，因为它们竞争相同的牧草：麋鹿的数量影响了野牛的数量，反之亦然。另一个关键要求是模拟雪的动态和分布，因为雪会影响野牛和麋鹿的季节分布和牧草可用性。

该建模工作使人们深刻理解了野牛数量增长以及分散到公园边界之外的原因和后果。该模型表明，野牛数量并没有达到理论上的食物限制的承载量。然而，传统承载量的概念对野牛来说过于简单化了。所观察到的是，相较于食物供应和冬季天气引发野牛密度集中而导致的草原扩张和分散,野牛在开始因食物限制而饥饿和死亡之前,就有了寻找食物的趋势。在公园内将野牛围起来是不可行的,也违反了政策。因此,这个模型显示,如果野牛能被限制在公园内,虽然公园可以承载更多的野牛,但是由于野牛的分散趋势和开放的边界,这是不会发生的。因此,继续进行为实现某些种群目标的捕杀,是有必要的。结论是,2 500~4 500 头野牛的种群,能满足有关公园的集体利益。其事关牧草基础、野牛运动生态学、遗传基因多样性的保护、布鲁氏菌病风险管理和现有的社会条件(Plumb et al.,2009)。

SAVANNA 模型还被应用于其他大型食草动物国家公园,包括加拿大艾伯塔省的麋鹿岛国家公园(Elk Island National Park in Alberta)、美国风洞国家公园和美国大提顿国家公园。然而,由于资金限制,这些申请没有完全实现。在东非,该模型已应用于恩戈罗恩戈罗(Ngorongoro)保护区(Boone et al.,2002)、肯尼亚卡贾多(Kajiado)(Boone,2007)、塞伦盖蒂国家公园(Metzger et al.,2005;Coughenour unpubl.)和南非克鲁格(Kruger)国家公园(Hilbers et al.,2015;Fullman et al.,2017)。它还被用于评估科罗拉多州北部的麋鹿管理(Weisberg et al.,2002)、澳大利亚的火灾和放牧牲畜运营(Liedloff et al.,2001;Ludwig et al.,2001)、中国内蒙古(Christensen et al.,2006)和青藏高原的家畜放牧(Boone et al.,未发表)。该模型还与牧民家庭经济模型相结合,且牧民家庭经济模型与人类和生态系统其他组成部分之间具有互动反馈关系(Galvin et al.,2006;Thornton et al.,2006;Boone et al.,2011)。

生态系统模型可用于适应性管理办法(Williams,2011;Williams and Brown,2012),以管理国家公园和其他地方的有蹄类动物。在这种办法中,该模型被用来展示我们目前对生态系统功能的认识。管理被当作一种工具,通过这些假设的模型来验证我们的假设。然后,我们从模型和观察到的对管理的反应之间的一致或分歧中学习,并相应地改进我们的模型。这种办法被推荐用于改善黄石公园生态系统中麋鹿和野牛布鲁氏菌病的管理(NAS,2017),并更广泛地促进生态系统科学在自然资源管理中的应用(Williams,2013)。

第六节 农业生态系统:1968年后的农田管理[①]

在20世纪70年代之前,美国大平原的农田管理通常包括翻耕当地草原、每年翻耕以控制杂草和准备苗床,以及经常让部分农田休耕一年将水储存在土壤中(National Research Council,2010)。这些管理措施带来的结果是,土壤氮通过氨、氧化亚氮和氮气挥发和硝态氮淋溶损失,土壤有机碳通过呼吸损失。碳、氮、磷和其他营养物质,也通过水和风的侵蚀而损失。这些做法导致土壤肥力的损失,取而代之的是越来越多的施肥。

一、农业生态系统管理的出现(1968~1980)

随着放牧、土地科学和管理中生态系统概念和系统生态学范式的发展,农业耕作开始发生变化。来自不同教育机构(科罗拉多州立大学、美国农业部农业研究局、萨斯喀彻温大学、艾伯塔大学)的一些土壤科学家与美国国际生物学计划草原生物群区的研究有关,共同发展了对土壤功能和健康的动态(地下生态系统)的理解。这些科学家与美国和国际系统生态学合作者一起,奠定了现代作物农业(农业生态系统)的科学基础(Lowrance et al.,1984)。

随着人们开始认识到"地下生态系统",由美国国家科学基金会和美国农业部资助的自然资源生态实验室的基础研究,揭示了土壤动物、细菌和真菌的作用,碳、氮和磷的动态,以及土壤结构和土壤团聚体在西部大平原土壤中的作用(Coleman et al.,1983;见第六章)。建立仿真模型被作为研究计划的重要组成部分(Cole and Heil,1981;McGill et al.,1981;Parton et al.,1983;见第四章)。到目前为止,研究都集中在生态地境或生态分辨率较小的尺度内(见第六章)。这就对进一步探索造成了限制(Anderson et al.,1983;Schimel et al.,1985;

[①] 本处原文是"Agricultural Ecosystems: Cropland Management before 1968"。意思为"农业生态系统:1968年前的农田管理"。但是结合下文,均是介绍1968年以后的农田管理,所以对题目进行修改。——译者注

Woodmansee,1990)。

基于植物群落和土壤聚合体(soil polypedons)划分的景观及其邻近生态地境或斑块的限制,在结构和功能上存在着巨大的差异性(见第一章和第六章)。然而,存在这些差异是常态,所以基于一般生态地境而得出的结论,可能会有很大的误导性(Woodmansee,1990)。从这些研究中产生了生态等级的概念——生态地境、土链、景观和更大的"区域"生态系统。景观尺度的生态系统,首次被引入美国国家科学基金会资助的计划,主要包括:氮循环项目(Woodmansee,未发表的数据,1978,国家科学基金会资助的提案;Schimel et al. ,1985),矮草草原长期生态学研究网络(LTER)项目(Woodmansee,未发表的数据,1982,美国国家科学基金会资助的提案),以及大平原项目(Cole,未发表的数据,1983 年,国家科学基金会资助的提案)中。

大平原项目是自然资源生态实验室、美国农业部农业研究局以及科罗拉多州立大学和其他大学的许多部门科学家的合作成果。该项目的目标包括:研究和评估各种耕作和免耕做法,对农业生态系统或农业生态系统中的水、碳、氮和磷动态的影响。该研究在大平原的几个地点进行了野外实验、实验室研究和建模。该项目为美国以及世界其他许多地方的现代农业生态系统管理实践奠定了科学和理论基础(见第三章和第四章)。

大平原项目的主要贡献举例如下:
- 各种耕作实践中涉及碳、氮、磷和水的过程及控制的量化(Paustian et al. ,1997;见第四章)。
- 农业生态系统中有机质库和营养物质的量化(Cole et al. ,1993)。
- 将生态学尺度的系统行为扩展到景观和区域范围(Burke et al. ,1990)。

二、农业生态系统管理的出现(20 世纪 80 年代和 90 年代)

世界各地的研究结果表明,这些新的农业实践可以大大改善"土壤健康",降低肥料成本,减少侵蚀和污染,并减少化石燃料的消耗(National Research Council,2010)。20 世纪末,农业对全球变化的贡献被量化,比如温室气体排放、碳封存,以及进入大气、地下水、河流、溪流和海洋的氮负荷。许多研究与数学模型相互结合。这些模型正在迅速改进,达到并接近预测能力的程度(见第四章)。随着这些模型的使用,空间尺度从生态地境扩展到景观、区域和全球,都将成为可能。

在20世纪80年代和90年代,许多国家的研究人员最低限度耕作或免耕农业的接受逐渐明显。但另一方面,农场主和牧场主的广泛接受却发展缓慢(见第十三章)。

三、农业生态系统管理的发展壮大(2000至今)

自21世纪初以来,人们广泛接受了基于作物管理和可持续性的系统生态学方法。2010年,美国国家研究委员会发表了一份报告《迈向21世纪的可持续农业系统》(*Toward Sustainable Agriculture Systems in the 21st Century*),强调了自20世纪90年代以来农业系统的进步和挑战(National Research Council, 2010)。该报告的主要内容包括:

- 可持续农业创新和技术进步的显著出现。
- 农业部门预计将生产足够的食品、纤维和饲料,并为生物燃料做出贡献,以满足全球人口不断增长的需求。
- 农业部门必须继续满足生产需求,同时承受自然资源减少、气候破坏和某些农业生产做法的负面影响。
- 社会对改善农业环境、社区、劳动力和动物福利标准的期望,正在给农业部门带来更大的政治和经济压力。

这份报告认可了在过去的20年里取得巨大进步的"基于生态的农业系统"(ecologically based farming systems)。报告还提出了四项可持续性目标:

- 满足人类食物、饲料和纤维需求,并为生物燃料需求做出贡献。
- 提高环境质量和资源基础。
- 维持农业的经济可行性。
- 提高农场主、农场工人和整个社会的生活质量。

这四个目标是值得肯定的。然而,如何实现这些目标呢?我们相信,本书所描述的系统生态学范式,是在恰当时间解决上述当前和未来艰巨挑战的正确科学。

随着从当地到全球的变化,农业生态系统相互作用,如气候,碳、氮、磷和水循环,空气和水污染,以及侵蚀和沉积,都取得了越来越多的认识和理解。这大部分归功于从基础和应用研究中获得的知识,如第六章和第八章所述,以及模拟与决策支持模型的持续改进和可靠性(见第四章)。

四、系统生态学范式在农业中的重要性

系统生态学方法与建模对农业生态系统研究和管理的重要性,怎么强调都不为过。由于变量太多,农场和牧场系统太复杂,以至于不采取系统与整体的分析,就难以理解。当从区域到全球尺度的景观对其相互作用进行评价时,尤为如此。

五、用于农业生态系统研究与管理的工作模型

大平原和大气生物圈项目的主要研究工作之一是开发 Century 模型(见第四章)。该模型的最初目标是模拟大平原农业管理实践对作物产量、土壤碳和营养物质动态的影响。该模型还被设计用来描述草原管理实践对大平原草原生态系统动力学的影响。

正如第四章所讨论的,Century 模型的持续发展产生了 DayCent 模型。该模型被用于模拟玉米、小麦、大麦、大豆、高粱、甘蔗、苜蓿等几乎所有主要作物和作物轮作的土壤碳动态、作物产量、土壤营养物质动态和微量气体通量。模型模拟采用了来自美国、澳大利亚、中国、巴西、阿根廷、德国、英国、加拿大等全球各地的观测数据集。

第七节 迈向 21 世纪的研究、管理和政策现状

关于地下生态系统、植物生产与分解的控制、生态地境尺度土壤养分循环、

景观生态学以及生态系统功能模拟模型的构建能力的提高,为减少耕作、免耕管理和精细农业奠定了生物和土壤科学基础。精细农业的实施,还依赖于卫星、航空(现在是无人机)、地理信息系统和全球定位系统技术(见第四章和第五章)。科学和技术知识现在已经具备,很有可能大力改善现代农业并实现这些目标。

COMET-Farm 模型(Paustian et al.,2012;NREL,2018c)是通过建模实现科学和技术整合的强有力的案例。它是一个使用 DayCent 模型组件的决策支持模型(见第四章),是一个完整的农场、牧场的碳和温室气体的核算系统。该工具通过描述农场和牧场管理实践来指导用户,包括未来管理其他的场景。一旦完成,就会生成一份报告,比较当前管理实践和未来情景之间的碳变化和温室气体排放(Paustian et al.,2010;见第四章)。

另一个例子是近期对非食品类生物燃料的关注,如柳枝稷草、芒草、杨树和农业残留物,以及如何将它们纳入当前的农业实践。正在利用各种模型评估使用这些可替代作物的可行性,如 DayCent 模型(见第四章)。

这些工作的一个主要目标是,促进采用改进的土地管理实践,以经济和环境可持续的方式,减少温室气体排放(见第八章)。研究人员将通过提供土地管理者和决策者所需的知识和工具,来实现这一目标,以设计和实施基于土地利用的减缓战略行动,包括减少温室气体排放、碳封存和生物能源生产(NAS,2018)。实施这类战略可以为农场主和牧场主提供新的收入来源,既来自于目前正在开发的减排交易系统,也来自能源生产者。温室气体减排实践的其他好处,包括改善空气、水和土壤质量。

第八节 总 结

本章举例说明了运用系统生态学范式,可以更好地认识草原、森林和农业生态系统的功能。这对于指导"最佳管理实践"的发展至关重要。在我们继续寻求长期可持续发展过程中,将基础科学和应用科学结合起来,以此支持政策和管理决策,也是必不可少的。

附录7-1 植物生态学对系统生态学范式演进的贡献

在这里,"矮人站在巨人肩膀上"的比喻,似乎是恰当的①。另外,我们需要补充的是,矮人需要同事和合作者的支持。

系统生态学范式和生态系统管理的演进,可以追溯到北美植物生态学的发展历史(图7-3)。19世纪末,公认的植物生态学创始人尤金尼厄斯·瓦明(Eugenius Warming)出版了《植物生态地理学教材》(*Lehrbuch der ökologischen Pfloanzengeographie*),这是第一本关于植物生态学的教科书(Warming,1896)。这本书及瓦明的其他著作对美国植物生态学的早期创始人亨利·考尔斯(Henry Cowles)和弗雷德里克·克莱门茨产生了巨大的影响(Humphrey,1961)。在20世纪早期,植物生态学的主要焦点是对植物、植物群落结构、动态

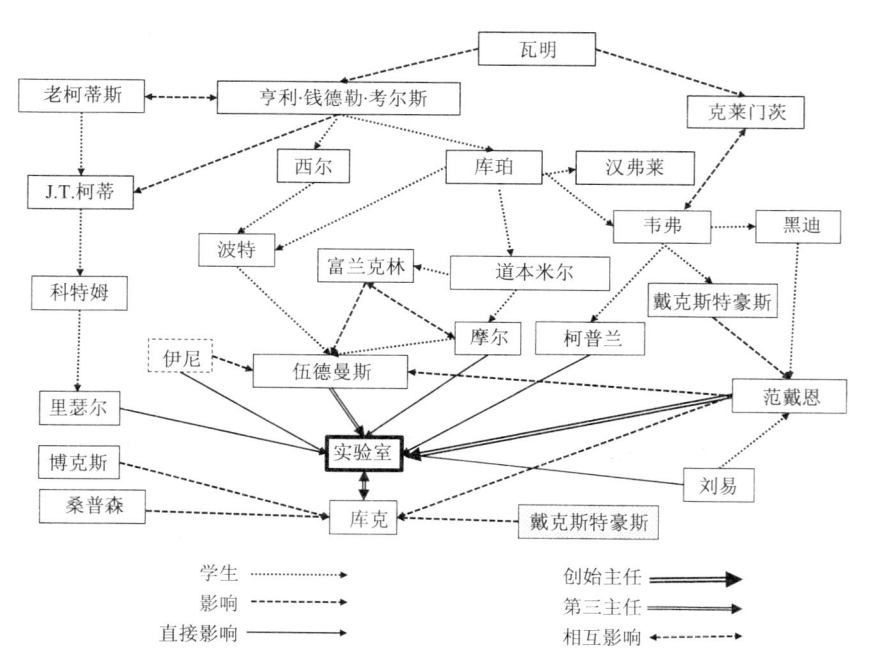

图7-3 美国西部植物生态学家对自然资源生态实验室发展的影响关系图

---

① https://en.wikipedia.org/wiki/Standing_on_the_shoulders_of_giants.

或演替规律的观测描述(Cowles,1899;Cooper,1913;Clements,1916)。分析研究的基础是地上植物结构和植物群落及与其环境的关系。除少数情况外,植物及其群落的地下部分,在很大程度上尚未被充分认识(Weaver and Clements,1935)。

亨利·考尔斯的杰出贡献是他对印第安纳州沙丘上植物群落演替的描述(Cowles,1899)。克莱门茨最为人熟知的是,他提出的生态演替的理论促使"顶极植被"的产生(Clements,1916),以及他对大平原和美国西南部地区植物生态学发展的巨大影响(Humphrey,1961)。他还发表了许多关于西部植被的论文。

亨利·考尔斯还以他在芝加哥大学时指导的学生而闻名,尤其是威廉·库珀(William Cooper)和保罗·西尔斯(Paul Sears),他们都对美国西部植物生态学的发展,起到了重要作用。同样值得注意的是,他那些取得成就的研究生,包括西部植物生态学家约翰·韦弗(John Weaver)、雷克斯福德·道本迈尔(Rexford Daubenmire)、罗伯特·汉弗莱(Robert Humphrey)和洛伦·波特(Loren Potter)。

西尔斯最著名的作品是《三月的沙漠》(*Deserts on the March*;Sears,1935),她是奥尔多·利奥波德(Aldo Leopold)和洛伦·波特(Loren Potter)的女儿,埃斯特拉·利奥波德(Estella Leopold)的博士导师。约翰·韦弗(John Weaver)发表了许多关于北美草原植被和生态的论文和专著(Weaver and Clements,1938;Weaver,1968)。雷克斯福德·道本迈尔因在定量研究植物生态学、植物群落分类和特定地点潜在植被概念方面的贡献而著称。他出版的《植物群落:植物群体生态学教材》(*Plant Communities: A Textbook of Plant Synecology*)是一本经典著作(Daubenmire,1968)。罗伯特·汉弗莱(Robert Humphrey)发表了许多论文,并出版了一本名为《草原生态学》(*Range Ecology*;*Humphrey*,1962)的书。该书涵盖了美国西南部干旱和半干旱土地上的植物生态学的一系列主题。洛伦·波特(Loren Potter)是西南区域少数几位受过传统训练的植物生态学家之一,他最杰出贡献是关于新墨西哥州圣奥古斯丁平原(San Augustin Plains)的植物社会学研究(Potter,1957)。

与前辈一样,早期的植物生态学家是受过正统教育的学者。他们也指导年轻的科学家。然而,到20世纪中叶,出现了两种平行的植物生态学观点:一种是基础研究,一种是应用研究(草原和森林管理)。约翰·韦弗是许多对植物生态学领域产生了巨大影响的著名年轻科学家的导师。E. J. 戴克斯特豪斯(E. J.

Dyksterhuis)是草原管理领域最杰出和最具影响力的植物生态学家之一(Dyksterhuis,1951)。罗伯特·库普兰(Robert Coupland)成为加拿大首屈一指的植物生态学家,也是国际生物学计划加拿大草原生物群区计划的奠基人之一。哈罗德·黑迪(Harold Heady)是草原管理协会的创始人之一,是《草原生态与管理》(*Rangeland Ecology and Management*)(Heady and Child,1999)的合著者,同时也是自然资源生态实验室的创始人、美国国际生物学计划草原生物群区计划第一任主任乔治·范·戴因的主要顾问。

库珀的另一位学生雷克斯福德·道本迈尔(Rexford Daubenmire)是"新森林学之父"杰里·富兰克林(Jerry Franklin)和威廉·莫尔(William Moir)的导师(Franklin,2017)。他在草原生物群区计划和科罗拉多州立大学草原科学系任职时间短暂,但影响却巨大。杰里·富兰克林(Jerry Franklin)后来成为美国农业部林务局的杰出植物生态学家(Moir et al.,1997;Moir and Block,2001)。摩尔(Moir)是罗伯特·G.伍德曼斯的博士导师。洛伦·波特是伍德曼斯的硕士导师。伍德曼斯后来成为草原生态系统建模团队(ELM)的博士后、草原科学系教授和自然资源生态实验室的第三任主任。

阿瑟·桑普森(Arthur Sampson)和C.韦恩·库克(C. Wayne Cook)是著名的学者,尽管他们不属于上述植物生态学家的传承,但他们对生态系统科学的发展有着重大影响。桑普森被认为是首位草原生态学家和草原管理之父。他的著作《草原与草场管理》(*Range and Pasture Management*)是第一本关于干旱和半干旱地区的应用植物生态学教科书(Sampson,1923)。草原管理的早期研究重点是地上部分(结构部分),以最大限度地提高家畜或牧草产量。

20世纪50年代和60年代,植物生态学的重点是从描述性生态学和生态演替,逐步转向生态系统中的能量流动(Odum and Odum,1963)以及地上地下生态过程(见第六章)。牧业管理的转变是从追求最大牲畜或牧草产量到结构优化,并综合考虑现在被称为"生态系统服务"的其他草原资源(见第六章)。这一转变的核心是强调初级生产和植物营养等植物生态生理学,同时认识到根和碳是植物初级生产的支柱,而非能量流动——研究建模(DayCent模型,见第四章;SAVANNA模型,见第九章)和营养循环中非常重要的概念。

C.韦恩·库克是犹他州立大学著名的草原科学家和植物生态学家,1968

年他来到科罗拉多州立大学,并在草原科学系开展了草原生态系统科学(RES)项目。库克的理念是,在初级生产者和次级生产者、分解者、土壤、水文和经济学等跨学科研究的基础上,建立研究生和本科生课程。该项目以应用科学和基础科学为基础,并与发展中的自然资源生态实验室相互补充和相互交流。几位草原科学系的教师,为美国国际生物学计划草原计划做出了贡献。许多自然资源生态实验室的工作人员和学生都基于该计划获得了学位,其中一些毕业生后来在该系获得了学术任职。

20世纪70年代,由于自然资源生态实验室、草原科学系及其国内外合作者的研究、培训和推广,基础植物生态学、应用植物生态学和系统生态学实现了融合发展,促使人们开始逐渐关注一些诸如控制初级生产的过程(见第六章)、利用家畜作为管理植被的工具(见第六章)、优化生态系统服务和草原健康等理论(National Research Council,1994)。

仿真模型支持的系统生态学方法所带来的对基本生态系统过程(初级生产、养分循环、水文循环)的新认识,促使了美国、加拿大和澳大利亚草原管理政策和实践的转变。

参 考 文 献

Anderson, D., Heil, R. C., Cole, C. V., and Deutsch, P. (1983). Identification and characterization of ecosystems at different integrative levels. In *Nutrient Cycling in Agricultural Ecosystems*, ed. R. R. Lowrance, R. L. Todd, L. E. Asmussen, and R. A. Leonard. Special Publication No. 23. Athens, GA: University of Georgia, College of Agriculture Experiment Stations.

Baker, B. W., Peinetti, H. R., Coughenour, M. B., and Johnson, T. L. (2012). Competition favors elk over beaver in a riparian willow ecosystem. *Ecosphere*, 3 (11), 95.

BANR (2018). Bioenergy Alliance Network of the Rockies. Natural Resource Ecology Laboratory. http://banr.nrel.colostate.edu/ (accessed June, 25, 2018).

Baron, J. S., ed. (1992). *Biogeochemistry of a Subalpine Ecosystem: Loch Vale Watershed*. New York: Springer Verlag.

　ed. (2002). *Rocky Mountain Futures: An Ecological Perspective*. Washington, DC: Island Press.

Baron, J. S., Hartman, M. D., Band, L. E., et al. (2000). Sensitivity of a high-elevation rocky mountain watershed to altered climate and CO_2. *Water Resources Research*, 36(1), 89–99.

Baron, J. S., Ojima, D. S., Holland, E. A., et al. (1994). Analysis of nitrogen saturation potential in Rocky Mountain tundra and forest: Implications for aquatic systems. *Biogeochemistry*, 27(1), 61–82.

Baron, J. S., Rueth, H. M., Wolfe, A. M., et al. (2000). Ecosystem responses to nitrogen deposition in the Colorado Front Range, ed. J. Baron. *Ecosystems*, 3 (4), 352–68 (2002).

Baron, J. S., Schmidt, T. W., and Hartman, M. D. (2009). Climate-Induced Changes in High Elevation Stream Nitrate Dynamics. *Global Change Biology*, 15: 1777–1789.

BLM. (2016). Little Snake Resource Management Plan. USDI Bureau of Land Management. https://eplanning.blm.gov/epl-front-office/eplanning/planAndProjectSite.do?methodName=dispatchToPatternPage&currentPageId=93686 (accessed June, 25, 2018).

Boone, R. B. (2007). Effects of fragmentation on cattle in African savannas under variable precipitation. *Landscape Ecology*, 22, 1355–69.

Boone, R. B., Coughenour, M. B., Galvin, K. A., and Ellis, J. E. (2002). Addressing management questions for Ngorongoro Conservation Area, Tanzania, Using the Savanna Modeling System. *African Journal of Ecology*, 40, 138–58.

Boone, R. B., Galvin, K. A., BurnSilver, S. B., Thornton, P. K., Ojima, D. S., and Jawson, J. R. (2011). Using coupled simulation models to link pastoral decision making and ecosystem services. *Ecology and Society* 16(2), 6. www.ecologyandsociety.org/vol16/iss2/art6/.

Bradford, J. B., and Hobbs, N. T. (2008). Regulating overabundant ungulate populations: An example for elk in Rocky Mountain National Park, Colorado. *Journal of Environmental Management*, 86, 520–8.

Bureau of Land Management (BLM) (2018). Moving toward an ecosystem services and management framework among federal agencies. USDI Bureau of Land Management. https://nespguidebook.com/ecosystem-services-and-federal-agencies/introduction/.

Burke, I. C., Schimel, D. S., Yonker, C. M., et al. (1990). Regional modeling of grassland biogeochemistry using GIS. *Landscape Ecology*, 4(1), 45–54.

Carson, R. (1962). *Silent Spring*. Boston: Houghton Mifflin Company.

CDPHE. (2018). Rocky Mountain National Park Initiative. Colorado Department of Public Health and Environment. www.colorado.gov/pacific/cdphe/rocky-mountain-national-park-initiative (accessed June, 25, 2018).

Christensen, L., Burnsilver, S., and Coughenour, M. (2006). Integrated assessment of the dynamics, stability, and resilience of the Inner Mongolian grazing ecosystems. *Nomadic Peoples*, 9, 131–45.

Christensen, N. L., Bartuska, A. M., Brown, J. H., et al. (1996). The report of the Ecological Society of America committee on the scientific basis for ecosystem management. *Ecological Applications*, 6(3), 665–91.

Clements, F. E. (1916). *Plant Succession: An Analysis of the Development of Vegetation*. Publication No. 242. Washington, DC: Carnegie Institute of Washington.

Cole, C. V., and Heil, R. D. (1981). Phosphorus effects on terrestrial nitrogen cycling. In *Terrestrial Nitrogen Cycles: Processes, Ecosystem, Strategies and Management Impacts*, ed. F. E. Clark and T. Rosswall. Ecological Bulletin, 33. Stockholm: Swedish Natural Science Research Council, 363–74.

Cole, C. V., Paustian, K., Elliott, E. T., et al. (1993). Analysis of agroecosystem carbon pools. *Water, Air and Soil Pollution*, 70, 357–71.

Coleman, D. C., Cole, C. V., and Elliott, E. T. (1983). Decomposition, organic matter turnover, and nutrient dynamics in agroecosystems. In *Nutrient Cycling in Agricultural Ecosystems*, ed. R. R. Lowrance, R. L. Todd, L. E. Asmussen, and R. A. Leonard. Special Publication No. 23. Athens, GA: University of Georgia, College of Agriculture Experiment Stations.

Cooper, W. S. (1913). The climax forest of Isle Royale, Lake Superior, and its development. *Botanical Gazette*, 55, 1–44.

Coughenour, M. B. (1991). Grazing responses of upland steppe in Yellowstone's Northern winter range. *Journal of Applied Ecology*, 28, 71–82.

(1992). Spatial modeling and landscape characterization of an African pastoral ecosystem: A prototype model and its potential use for monitoring drought. In *Ecological Indicators*, vol. 1, ed. D. H. McKenzie, D. E. Hyatt, and V. J. McDonald. London and New York: Elsevier Applied Science, 787–810.

(1994). Elk carrying capacity on Yellowstone's northern elk winter range: Preliminary modeling to integrate climate, landscape, and elk nutritional requirements. In *Plants and Their Environments: Proceedings of the First Biennial Scientific Conference on the Greater Yellowstone Ecosystem, Mammoth Hot Springs, 1991*, Technical Report NPS/NRYELL.NRTR-93/XX, ed. D. Despain. Denver: USDI/NPS, 97–112.

(1999). *Ecosystem Modeling of the Pryor Mountain Wild Horse Range*. Final Report to US Geological Survey. Fort Collins, CO: National Park Service, and Bureau of Land Management, Biological Resources Division.

(2000). Ecosystem modeling of the PMWHR: Executive summary. In *Managers' Summary: Ecological Studies of the Pryor Mountain Wild Horse Range, 1992–1997*, ed. F. J. Singer and K. A. Schoenecker. Fort Collins, CO: US Geological Survey, Midcontinent Ecological Science Center, 125–31.

(2002a). Ecosystem modeling in support of the conservation of wild equids: The example of the Pryor Mountain Wild Horse Range. In *Equids: Zebras, Asses and Horses: Status Survey and Conservation Action Plan*, ed. P. D. Moehlman. IUCN/SSC Equid Specialist Group. Gland, Switzerland and Cambridge: IUCN, 174.

(2002b). Elk in the Rocky Mountain National Park Ecosystem: A model-based assessment. Final Report to USGS Biological Resources Division, Fort Collins, CO, and US National Park Service, Rocky Mountain National Park.

(2005a). Plant biomass and primary production on bison and elk ranges in Yellowstone National Park: Data synthesis and ecosystem modeling. Part 1: Final report to US Geological Survey, Biological Resources Division, Bozeman, MT.

(2005b). Interactions between grazing herbivores and herbaceous vegetation on a heterogeneous landscape: Yellowstone National Park. Part 2: Final report to US Geological Survey, Biological Resources Division, Bozeman, MT.

(2005c). Bison and elk in Yellowstone National Park: Linking ecosystem, animal nutrition, and population processes. Part 3: Final report to US Geological Survey, Biological Resources Division, Bozeman, MT.

(2006). Ecosystem research and modeling in protected areas with large mammals: Yellowstone as a case study. In *Wildlife in Shiretoko and Yellowstone National*

Parks: Lessons in Wildlife Conservation from Two World Heritage Sites, ed. D. R. McCullough, K. Kaji, and M. Yamanaka. Hokkaido, Japan: Shiretoko Nature Foundation, 165–75.

(2012). The use of ecosystem simulation modeling to assess feed availabilities for large herbivores in heterogeneous landscapes. In *Conducting National Feed Assessments*, ed. M. B. Coughenour and H. P. S. Makkar. Animal Production and Health Manual No. 15. Rome: FAO.

Coughenour, M. B., McNaughton, S. J., and Wallace, L. L. (1984). Simulation study of Serengeti perennial graminoid responses to defoliation. *Ecological Modeling*, 26, 177–201.

Coughenour, M. B., and Singer, F. J. (1996a). Elk population processes in Yellowstone National Park under the policy of natural regulation. *Ecological Applications*, 6, 573–93.

(1996b). Yellowstone elk population responses to fire: A comparison of landscape carrying capacity and spatial-dynamic ecosystem modeling approaches. In *The Ecological Implications of Fire in Greater Yellowstone*, ed. J. Greenlee. Fairfield, WA: International Association of Wildland Fire, 169–80

Cowles, H. C. (1899). *The Ecological Relations of the Vegetation on the Sand Dunes of Lake Michigan*. Chicago: University of Chicago Press.

Daubenmire, R. F. (1968). *Plants Communities: A Textbook of Plant Synecology*. New York, Evanston, London: Harper & Row.

Despain, D., Houston, D., Meagher, M., and Schullery, P. (1986). *Wildlife in Transition: Man and Nature on Yellowstone's Northern Range*. Boulder, CO: Roberts Rinehart.

Detling, J. K. (1998). Mammalian herbivores: Ecosystem level effects in two national parks. *Wildlife Society Bulletin*, 26, 438–48.

Dyksterhuis, E. J. (1951). Use of ecology on range land. *Journal of Range Management*, 4, 319–22.

Ehrlich, P. R. (1968). *The Population Bomb*. New York: Sierra Club/Ballantine.

Elser, J. J., Andersen, T., Baron, J. S., et al. (2009). Shifts in lake N: P stoichiometry and nutrient limitation driven by atmospheric nitrogen deposition. *Science*, 326 (5954), 835–7.

Enders, S. K., Pagani, M., Pantoja, S., et al. (2008). Compound-specific stable isotopes of organic compounds from lake sediments track recent environmental changes in an alpine ecosystem, Rocky Mountain National Park, Colorado. *Limnology and Oceanography*, 53(4), 1468–78.

Evangelista, P. H., Kumar, S., Stohlgren, T. J., et al. (2008). Modelling invasion for a habitat generalist and a specialist plant species. *Diversity and Distributions*, 14, 808–17.

Fahnestock, J. T., and Detling, J. K. (1999a). The influence of herbivory on plant cover and species composition in the Pryor Mountain Wild Horse Range, USA. *Plant Ecology*, 144, 145–57.

(1999b). Plant responses to defoliation and resource supplementation in the Pryor Mountains. *Journal of Range Management*, 52, 263–70.

Forest Restoration. (2018). Forest restoration. USDA Forest Service. www.fs.fed.us/restoration/index.shtml (accessed June 25, 2018).

Forrester, J. W. (1961). *Industrial Dynamics*. Cambridge, MA: MIT Press.

(1968). *Principles of Systems*. Cambridge, MA: Wright-Allen Press.
Frank, D., and McNaughton, S. J. (1992). The ecology of plants, large mammalian herbivores, and drought in Yellowstone National Park. *Ecology*, 73, 2043–58.
Franklin, J. F. (1989). Toward a new forestry. *American Forests*, 95, 11–12.
  (2017). Understanding and managing forests as ecosystems: A reflection on 60 years of change, and a view to the Anthropocene. *The Pinchot Letter*, 19 (1), 24–9. www.pinchot.org/doc/612 (accessed June 25, 2018).
Franklin, J. F., Johnson, K. N., and Johnson, D. L. (2017). *Ecological Forest Management*. Chicago: Waveland Press.
Fullman, T. J., Bunting, E. L., Kiker, G. A., and Southworth, J. (2017). Predicting shifts in large herbivore distributions under climate change and management using a spatially-explicit ecosystem model. *Ecological Modeling*, 352, 1–18.
Galvin, K. A., Reid, R. S., Behnke, Jr., R. H., and Hobbs, N. T., eds. (2008). *Fragmentation in Semi-arid and Arid Landscapes: Consequences for Human and Natural Systems*. Dordrecht: Springer.
Galvin, K. A., Thornton, P. K., de Pinho, J. R., Sunderland, J., and Boone, R. B. (2006). Integrated modeling and its potential for resolving conflicts between conservation and people in the rangelands of East Africa. *Human Ecology*, 34, 155–83.
Gerhardt, T., and Detling, J. K. (2000). Summary of vegetation dynamics at the Pryor Mountain Wild Horse Range, 1992–1996. In *Managers' Summary-Ecological Studies of the Pryor Mountain Wild Horse Range, 1992–1997*, ed. F. J. Singer and K. A. Schoenecker. Fort Collins, CO: United States Geological Survey – USDI.
Harden, G. (1968). The tragedy of the commons. *Science*, 162(3859), 1243–8.
Hartman, M. D., Baron, J. S., Ewing, H. A., et al. (2014). Combined global change effects on ecosystem processes in nine US topographically complex areas. *Biogeochemistry*, 119(1–3), 85–108.
Heady, H., and Child, R. D. (1999). *Rangeland Ecology and Management*. New York: Avalon Publishing.
Hilbers, J. P., Van Langevelde, F., Prins, H. H. T., et al. (2015). Modeling elephant-mediated cascading effects of water point closure. *Ecological Applications*, 25, 402–15.
Hobbs, N. T., Galvin, K. A., Stokes, C. J., et al. (2008). Fragmentation of rangelands: Implications for humans, animals, and landscapes. *Global Environmental Change – Human and Policy Dimensions*, 18, 776–85.
Holling, C. S. (1978). *Adaptive Environmental Assessment and Management*. New York: John Wiley and Sons.
Humphrey, H. B. (1961). *Makers of North American Botany*. New York: Ronald.
Humphrey, R. R. (1962). *Range Ecology*. New York: Ronald Press Co.
Innis, G. S., ed. (1978). *Grassland Simulation Model*. Ecological Studies, 26. New York: Springer.
Lafrancois, B. M., Nydick, K. R., Johnson, B. M., et al. (2004). Cumulative effects of nutrients and pH on the plankton of two mountain lakes. *Canadian Journal of Fisheries and Aquatic Sciences*, 61(7), 1153–65.
Lauenroth, W. K., and Burke, I. C., eds. (2008). *Ecology of the Shortgrass Steppe: A Long-Term Perspective*. Oxford: Oxford University Press.

Liedloff, A. C., Coughenour, M. B., Ludwig, J. A., and Dyer, R. (2001). Modelling the trade-off between fire and grazing in a tropical savanna landscape, northern Australia. *Environment International*, 27, 173–80.

Lovelock, J., and Margulis, L. (1974). Atmospheric homeostasis by and for the biosphere: The Gaia hypothesis. *Tellus*, 26(1–2), 2–10.

Lowrance, R., Stinner, B. R., and House, G. J., eds. (1984). *Agricultural Ecosystems*. New York: John Wiley and Sons.

Ludwig, J. A., Coughenour, M. B., Liedloff, A. C., and Dyer, R. (2001). Modelling the resilience of Australian savanna systems to grazing impacts. *Environment International*, 27, 167–72.

LVWSP (2018). The Loch Vale Watershed Program. USDI USGS and Natural Resource Ecology Laboratory. www2.nrel.colostate.edu/projects/lvws/index.html (accessed June 25, 2018).

Mast, M. A., Clow, D. W., Baron, J. S., et al. (2014). Links between N deposition and nitrate export from a high-elevation watershed in the Colorado Front Range. *Environmental Science & Technology*, 48(24), 14258–65.

McGill, W. B., Hunt, H. W., Woodmansee, R. G., and Reuss, J. O. (1981). Phoenix: A model of the dynamics of carbon and nitrogen in grassland soils. In *Terrestrial Nitrogen Cycles: Processes, Ecosystem, Strategies and Management Impacts*, ed. F. E. Clark and T. Rosswall. Ecological Bulletin, 33. Stockholm: Swedish Natural Science Research Council, 49–115.

McNaughton, S. J. (1976). Serengeti migratory wildebeest: Facilitation of energy flow by grazing. *Science*, 191, 92–4.

  (1979). Grassland–herbivore dynamics. In *Serengeti: Dynamics of an Ecosystem*, ed. A .R. E. Sinclair and M. Norton-Griffiths. Chicago: University of Chicago Press, 46–81.

Meadows, D. H., Meadows, D. L., Randers, J., and Benhrens III, W. W. (1972). *The Limits to Growth: A Report for the Club of Rome's Project on the Predicament of Mankind*. New York: New American Library.

Meixner, T., Bales, R. C., Williams, M. W., et al. (2000). Stream chemistry modeling of two watersheds in the Front Range, Colorado. *Water Resources Research*, 36(1), 77–87.

Metzger, K., Coughenour, M., Reich, R., and Boone, R. B. (2005). Effects of season of grazing on vegetation diversity, composition, and structure in a semi-arid ecosystem. *Journal of Arid Environments*, 61, 147–60.

Milne, E., Williams, S., Bationo, A., et al. (2015). *Grazing Lands, Livestock and Climate Resilient Mitigation in Sub-Saharan Africa*. www.vivo.colostate.edu/lccrsp/reports/GrazingLandsLivestockClimateMitigation_Paper1_Final6Aug2015editedv4a.pdf (accessed June 25, 2018).

Moir, W. H., and Block, W. M. (2001). Adaptive management on public lands in the United States: Commitment or rhetoric? *Environmental Management*, 28(2), 141–8.

Moir, W. H., Geils, B. W., Benoit, M. A., and Scurlock, D. (1997). Ecology of southwestern ponderosa pine forests: A literature. Gen. Tech. Rep. RM-292. Fort Collins, CO: US Department of Agriculture, Forest Service, Rocky Mountain Forest and Range Experiment Station. NAS (National Academies of Sciences, Engineering, and Medicine). (2017). *Revisiting Brucellosis in the*

Greater Yellowstone Area. Washington, DC: The National Academies Press. https://doi.org/10.17226/24750. www.nap.edu/catalog/24750/revisiting-brucellosis-in-the-greater-yellowstone-area (accessed August 12, 2020).

NAS (National Academies of Sciences, Engineering, and Medicine) (2018). *Negative Emissions Technologies and Reliable Sequestration: A Research Agenda.* National Academies of Sciences, Engineering, and Medicine. Washington, DC: The National Academies Press. https://doi.org/10.17226/25259 (accessed August 12, 2020).

National Research Council. (1994). *Rangeland Health: New Methods to Classify, Inventory, and Monitor Rangelands.* Washington, DC: The National Academies Press.

(2010). *Toward Sustainable Agricultural Systems in the 21st Century.* Washington, DC: The National Academies Press.

(2013). *Using Science to Improve the BLM Wild Horse and Burro Program: A Way Forward.* Washington, DC: The National Academy Press. www.nap.edu/catalog/13511/using-science-to-improve-the-blm-wild-horse-and-burro-program (accessed August 12, 2020).

NCCASC. (2018). North Central Climate Adaptation Science Center. Natural Resource Ecology Laboratory. http://nccsc.colostate.edu (accessed June 26, 2018).

NEON. (2018). Central Plains Experimental Range - CPER. www.neonscience.org/field-sites/field-sites-map/CPER (accessed June, 25, 2018).

Newman, G., Wiggins, A., Crall, A., et al. (2012). The future of citizen science: Emerging technologies and shifting paradigms. *Frontiers in Ecology and the Environment*, 10(6), 298–304.

NFF. (2016). Collaborative Restoration Workshop. The 2016 Collaborative Restoration Workshop, Denver Colorado, National Forest Foundation. www.nationalforests.org/collaboration-resources/collaborative-restoration-workshop (accessed August 17, 2018).

NREL. (2018a). Ecosystem management. Natural Resource Ecology Laboratory. www.nrel.colostate.edu/research/ecosystem-management/ (accessed June 25, 2018).

(2018b). Wildlife management. Natural Resource Ecology Labratory. www.nrel.colostate.edu/research/wildlife-management/ (accessed June 26, 2018).

(2018c). COMET-Farm. Natural Resource Ecology Laboratory and USDA. http://cometfarm.nrel.colostate.edu (accessed June 26, 2018).

Nydick, K. R., Lafrancois, B. M., Baron, J. S., et al. (2004). Nitrogen regulation of algal biomass, productivity, and composition in shallow mountain lakes, Snowy Range, Wyoming, USA. *Canadian Journal of Fisheries and Aquatic Sciences*, 61(7), 1256–68.

Odum, E. P., and Odum, H. T. (1963). *Fundamentals of Ecology*, 2nd edn. E. P. Odum in collaboration with H. T. Odum. Philadelphia and London: W. B. Saunders.

O'Reilly, C. M., Sharma, S., Gray, D. K., et al. (2015). Rapid and highly variable warming of lake surface waters around the globe. *Geophysical Research Letters*, 42 (24): 1–9.

Parton, W. J., Anderson, D. W., Cole, C. V., and Stewart, J. W. B. (1983). Simulation of soil organic matter formation and mineralization in semiarid agroecosystems. In *Nutrient Cycling in Agricultural Ecosystems*, ed. R. R. Lowrance, R. L. Todd, L. E. Asmussen, and R. A. Leonard. Special Publication No. 23. Athens, GA: University of Georgia, College of Agriculture Experiment Stations.

Paul, E. A. (2015). *Soil Microbiology, Ecology and Biochemistry*, 4th edn. San Diego, CA: Elsevier, Academic Press.

Paustian, K., Elliott, E. T., and Killian, K. (1997). Modeling soil carbon in relation to management and climate change in some agroecosystems in central North America. In *Soil Processes and the Carbon Cycle*, ed. R. Lal, J. M. Kimble, R. F. Follett, and B. A. Stewart. Boca Raton, FL: CRC Press, 459–71.

Paustian, K. H., Ogle, Stephen M., and Conant, Rich T. (2010). Quantification and decision support tools for US agricultural soil carbon sequestration. In *ICP Series on Climate Change Impacts, Adaptation, and Mitigation; Volume 1, Handbook of Climate Change and Agroecosystems Impacts, Adaptation, and Mitigation*, ed. D. Hillel and C. Rosenzweig. London: Imperial College Press, 307–41.

Paustian, K., Schuler, J., Killian, K., et al. (2012). COMET 2.0: Decision support system for agricultural greenhouse gas accounting. In *Managing Agricultural Greenhouse Gases: Coordinated Agricultural Research through GraceNet to Address Our Changing Climate*, ed. M. Liebig, A. Franzluebbers, and R. Follett. San Diego, CA: Academic Press, 251–70.

Peinetti, H. R., Baker, B. W., and Coughenour, M. B. (2009). Simulation modeling to understand how selective foraging by beaver can drive the structure and function of a willow community. *Ecological Modeling*, 220, 998–1012.

Plumb, G .E., White, P. J., Coughenour, M. B., and Wallen, R. L. (2009). Carrying capacity and migration of Yellowstone bison: Implications for conservation. *Biological Conservation* 142, 2377–87.

Potter, L. D. (1957). Phytosociological study of San Augustin Plains, New Mexico. *Ecology*, 27(2), 113–36.

Reid, R. S. (2012). *Savanas of Our Birth*. London: University of California Press.

Romme, W. H, Whitby, T. G., Tinker, D. B., and Turner, M. G. (2016). Deterministic and stochastic processes lead to divergence in plant communities 25 years after the 1988 Yellowstone fires. *Ecological Monographs*, 86, 327–51.

Rueth, H. M., Baron, J. S., and Allstott, E. J. (2003). Responses of Engelmann spruce forests to nitrogen fertilization in the Colorado Rocky Mountains. *Ecological Applications*, 13(3), 664–73.

Rykiel, E. (1999). Ecosystem science at the Natural Resource Ecology Laboratory. *BioScience*, 49(1), 69–70.

Sampson, A. W. (1923). *Range and Pasture Management*. New York: John Wiley.

Schimel, D. S., Stillwell, M. A., and Woodmansee, R. G. (1985). Biogeochemistry C, N, and P in a soil catena of the shortgrass steppe. *Ecology*, 66, 276–82.

Sears, P. B. (1935). *Deserts on the March*. Norman: University of Oklahoma Press.

Singer, F. J., Johnson, T., Ziegenfuss, L. C., Coughenour, M., Bowden, D., and Moses, M. (1998b). Population estimation, plant interactions, forage biomass, and consumption and carrying capacity estimation of elk in the Estes Valley. Final report to US National Park Service, Rocky Mountain National Park. Fort Collins, CO: Colorado State University and US Geological Survey.

Singer, F. J., Swift, D. M., Coughenour, M. B., and Varley, J. (1998a). Thunder on the Yellowstone revisited: An assessment of natural regulation management of native ungulates, 1968–93. *Wildlife Society Bulletin*, 26, 375–90.

Singer, F. J., Zeigenfuss, L. C., Lubow, B., and Rock, M. J. (2002a). Ecological evaluation of the potential overabundance of ungulates in U.S. national parks: A case study. In *Ecological Evaluation of the Abundance and Effects of Elk Herbivory in Rocky Mountain National Park, Colorado, 1994–1999*, ed. F. J. Singer and L. C. Zeigenfuss, 205–48. Open-File Report 02-208. Fort Collins, CO: US Geological Survey.

Singer, F. J., and Zeigenfuss, L. C., eds. (2002b). *Ecological Evaluation of the Abundance and Effects of Elk Herbivory in Rocky Mountain National Park, Colorado, 1994–1999*. Open-File Report 02-208. Fort Collins, CO: US Geological Survey.

Stohlgren, T. J., Binkley, D., Chong, G. W., et al. (1999). Exotic plant species invade hot spots of native plant diversity. *Ecological Monographs*, 69, 25–46.

Suttie, J. M., Reynolds, S. G., and Batello, C., eds. (2005). *Grasslands of the World*. Food and Agriculture Organization of the United Nations. Plant Production and Protection Series No. 34. www.fao.org/docrep/008/y8344e/y8344e00.htm (accessed June 25, 2018).

Teague, W. R., Kreuter, U. P., and Fox, W. E. (2009a). Economically efficient rangeland management to sustain ecosystem function and livelihoods. *Range and Animal Sciences and Resources Management*, vol. 2. www.eolss.net/Sample-Chapters/C10/E5-35-26.pdf (accessed July 18, 2018).

Teague, W. R., Kreuter, U. P., Grant, W. E., Diaz-Solis, H., and Kothmann, M. M. (2009b). Economic implications of maintaining rangeland ecosystem health in a semi-arid savanna. *Ecological Economics*, 68(5), 1417–29.

Theobald, D. M., and Romme, W. H. (2007). Expansion of the US wildland–urban interface. *Landscape and Urban Planning*, 83(4), 340–54.

Thornton, P. K., BurnSilver, S. B., Boone, R. B., and Galvin, K. A. (2006). Modelling the impacts of group ranch subdivision on agro-pastoral households in Kajiado, Kenya. *Agricultural Systems*, 87, 331–56.

TNC. (2018). The Nature Conservancy. www.nature.org/en-us/. (accessed October, 18, 2018).

US Department of Agriculture Agricultural Research Service (USDA ARS) (2018). Rangeland Resources and Systems Research: Fort Collins, CO. www.ars.usda.gov/plains-area/fort-collins-co/center-for-agricultural-resources-research/rangeland-resources-systems-research/docs/rrsr/central-plains-experimental-research-location/ (accessed June 25, 2018).

USDI (2007). Elk and vegetation management plan, Rocky Mountain National Park, Colorado. Washington, DC: US Department of the Interior, National Park Service. www.nps.gov/romo/learn/management/elk-and-vegetation-management-plan.htm (accessed August 12, 2020).

USFS. (2016). Northwest forest plan. USDA Forest Service. www.fs.fed.us/r6/reo/ (accessed June 25, 2018).

Van Dyne, G. (1969). *The Ecosystem Concept in Natural Resource Management*. New York: Academic Press.

Von Bertalanffy, L. (1968). *General Systems Theory: Foundations, Development, Applications*. New York: George Braziller.

Warming, E. (1896). *Lehrbuch der ökologischen Pflanzengeographie*. Berlin: Gebrüder Borntraeger.

Weaver, J. E. (1968). *Prairie Plants and Their Environment: A Fifty-Year Study in the Midwest*. Lincoln, NE: University of Nebraska Press.

Weaver, J. E., and Clements, F. E. (1938). *Plant Ecology*. New York: McGraw-Hill.

Weisberg, P., and Coughenour, M. (2003). Model-based assessment of aspen responses to elk herbivory in Rocky Mountain National Park, U.S.A. *Environmental Management*, 32, 152–69.

Weisberg, P., Coughenour, M., and Bugmann, H. (2006). Modelling of large herbivore–vegetation interactions in a landscape context. In *Large Herbivore Ecology and Ecosystem Dynamics*, ed. K. Danell, R. Bergstrom, P. Duncan, and J. Pastor. Cambridge: Cambridge University Press.

Weisberg, P., Hobbs, N. T., Ellis, J., and Coughenour, M. (2002). An ecosystem approach to population management of ungulates. *Journal of Environmental Management*, 65, 181–97.

Williams, B. K. (2011). Adaptive management of natural resources: Framework and issues. *Journal of Environmental Management*, 92, 1346–53.

Williams, B. K., and Brown, E. D. (2012). *Adaptive Management: The U.S. Department of the Interior Applications Guide*. Washington, DC: US Department of the Interior, Adaptive Management Working Group.

Williams, B. K., Wingard, G. L., Brewer, G., et al. (2013). U.S. Geological Survey ecosystems science strategy – Advancing discovery and application through collaboration: U.S. Geological Survey Circular 1383–C. Reston, VA: US Geological Survey.

Williams, G. W. (2005). *The USDA Forest Service: The First Century*. FS-650. Washington, DC: USDA Forest Service.

Wolfe, A. P., Van Gorp, A. C., and Baron, J. S. (2003). Recent ecological and biogeochemical changes in alpine lakes of Rocky Mountain National Park (Colorado, USA): A response to anthropogenic nitrogen deposition. *Geobiology*, 1(2), 153–68.

Woodmansee, R. (1990). Biogeochemical cycles and ecological hierarchies. In *Changing Landscapes: An Ecological Perspective*, ed. I. S. Zonneveld and R. T. T. Forman. New York: Springer, 57–71.

World Bank. (2018). Forest area (% of land area). World Bank. https://data.worldbank.org/indicator/AG.LND.FRST.ZS (accessed June 25, 2018).

Yellowstone National Park. (1997). *Yellowstone's Northern Range: Complexity and Change in a Wildland Ecosystem*. Mammoth Hot Springs, WY: USDI, National Park Service.

Zeigenfuss, L. C., Singer, F. J., and Bowden, D. (2002a). Vegetation responses to natural regulation of elk in Rocky Mountain National Park. Biological Science Report USGS/BRD/BSR-1999-0003. Denver: US Government Printing Office.

Zeigenfuss, L. C., Singer, F. J., Williams, S. A., and Johnson, T. L. (2002b). Influences of herbivory and water on willow in elk winter range. *Journal of Wildlife Management*, 66, 788–95.

第八章 土地—大气—水相互作用

罗伯特·G. 伍德曼斯、迈克·B. 科夫努尔、高炜、劳里·理查兹、威廉·J. 帕顿、大卫·S. 席梅尔、基思·保斯蒂安、斯蒂芬·奥格尔、丹尼斯·S. 小岛吉雄、理查德·科南特、马修·沃伦斯坦

> 没有人是一座孤岛。
> ——约翰·多恩(John Donne,1572~1631)

第一节 引 言

本章概述了气候变化、二氧化碳动力学、碳封存、大规模氮动力学、中波紫外线对生态系统的影响,以及大气沉积计划等前沿研究进展。虽然本章所述研究内容主要是以自然资源生态实验室(NREL)科学家及其合作者的研究活动为重点,但全球其他合作科学家对相关研究所起的关键作用,也是非常重要且被充分认可的。本章开头提到的名言"没有人是一座孤岛",比以往更能真实地表达现在的情况。

本书的研究重点是从区域性到全球性的挑战(见第二章),以及为解决这些挑战而出现的各种工作计划。这些计划是基于对生态系统功能及其管理的基本认识(见第六章和第七章),以及对农田与草原、森林与地表水、大气之间相互作用认识程度不断深化的知识。随着土地利用变化及与气候变化、温室气体动力学、养分流动变化的相互作用成为研究焦点,未来在此领域开展的深化研究,对气候变化、化学辐射环境的减缓和适应将变得至关重要。

自然资源生态实验室的发展历史,及此实验室的合作者在土地、大气、水相互作用方面分享的学术成果,有力地证明了系统生态学方法的应用价值(图8-1,见第一章)。在过去的几十年里,该方法的迭代特性,使人们对生态系统的运行原理有了更为深刻的理解,并提高了相关预测的准确度。随着时间的推移,此方法的应用,也证明了单一研究组织拥有长期可持续的行动力。

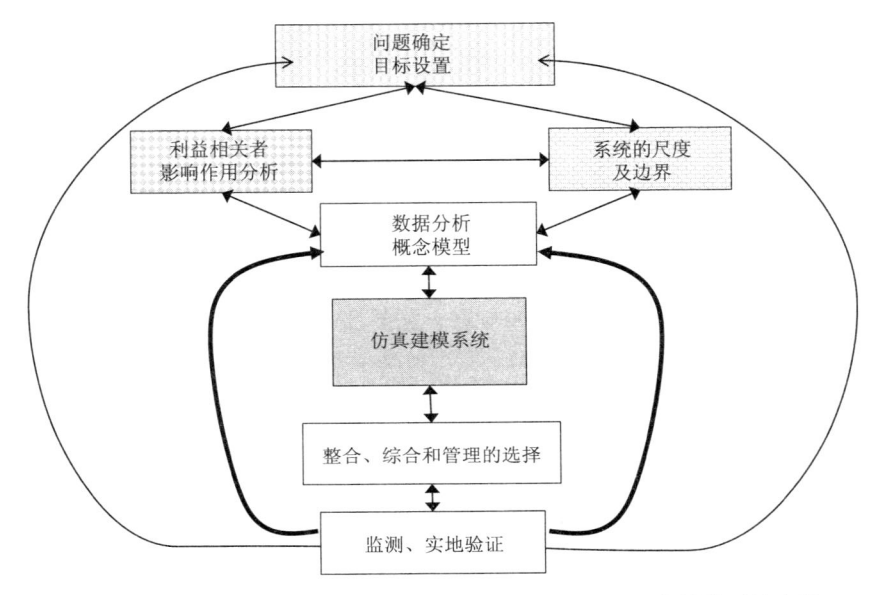

图 8-1　运用系统生态学方法系统而协作地解决社会重大挑战时的步骤

与其他章节相同,本章仅引用一些重要工作计划成果形成的主要著作。本章引用材料中的参考文献目录,可以引导读者更为全面地了解其他文献的记载。此外,本章也会提供网站链接,包括当前进行中的研究项目的进展情况、相关政府和机构网站,以及在线数据资源。

第二节　国际生物学计划的早期工作（1967 年至 20 世纪 70 年代末）

在美国国际生物学计划（Brown and Trlica,1977;Detling et al.,1978;

Williams and Kemp,1978)成立初期,曾尝试使用二氧化碳同化箱来测量草原的净初级生产量(图8-2)。此类站点的测量实践旨在量化光合作用和植物呼吸,但由于监测温度、湿度和辐射等技术力量的不足,该测量结果是很不准确的。此外,土壤微生物呼吸作用的重要性(Coleman et al.,1983;Paul,2014)也没有得到重视。但是,这些前期研究以及二氧化碳交换模型的探索,为复杂的野外实验和后续建模研究奠定了基础。

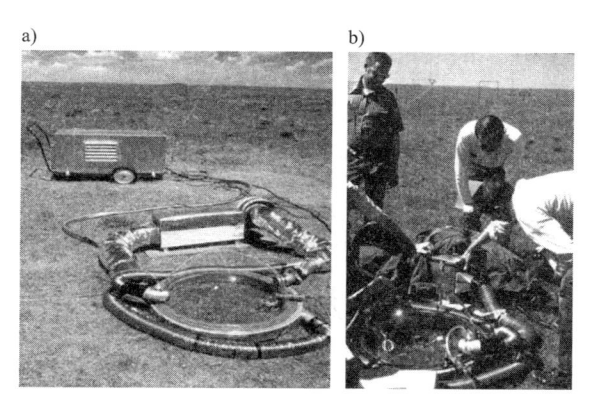

图8-2 早期的光合作用/二氧化碳(呼吸作用)同化箱

注:a)早期的光合作用/二氧化碳(呼吸作用)同化箱,暴露在阳光下难以有效控制辐射负荷;b)/二氧化碳(呼吸作用)同化箱,即使装有冷却设备,也难以控制辐射负荷。

温度、辐射、降水、蒸发、蒸散和径流等非生物驱动变量的测量,是国际生物学计划初期工作的重点。这些变量的测定实验是在草原生物群区网络中许多站点的气象站中进行的(Lauenroth and Burke,2008;见第四章),经过分析,对草原水动力学有了基本的认识,相关分析结果为草原生态系统模型(ELM;Innis,1978)提供了关键的驱动变量数据。

早期的各类研究尽管在现代技术水平下显得相对粗糙,但对于提高对草原生态系统功能的理解至关重要(Laauenenth and Burke,2008)。他们展示了除系统生态学方法和模型之外,经验应用和实验科学的结合,将为人们认识生态系统结构和功能带来重大突破。

另外,上述测量结果也被作为二氧化碳动力学(如净初级生产量、土壤呼吸)

的关键驱动变量,用以开发仿真模型。之后,此模型进一步被推广,促进了土地、大气、地表水相互作用(包括温室气体动力学、气候变化对陆地生态系统的影响机制、氮运输机制、生态系统承载理论等;见第四章)理论的发展。

第三节 快速发展期(20 世纪 70 年代末至今)

一、模型、实验室与野外研究之间的相互联系

基于美国国际生物学计划初期在生态系统分析和系统生态学方法方面的研究经验,到 20 世纪 70 年代末,人们通过以下项目的推进发现了碳、氮、硫等元素气态交换的新线索:

(1)地下生态系统项目(1975),项目负责人为 D. C. 科尔曼,项目参与人为 C. V. 科尔(C. V. Cole)、D. 克莱因和 C. P. 里德,由美国国家科学基金会(NSF)资助;

(2)二氧化硫对草地影响效应项目(1976),项目负责人为罗伯特·G. 伍德曼斯,项目参与人为 J. L. 多德和 W. K. 劳恩斯(W. K. Lauenenth),由美国环境保护局(EPA)资助。

(3)草原氮循环项目(1977),项目负责人为罗伯特·G. 伍德曼斯,项目参与人为 H. W. 亨特和 J. L. 多德,美国国家科学基金会资助;1979 年开始,项目负责人为伍德曼斯,项目参与人为 W. J. 帕顿和 W. 莱科克(W. Laycock)。

(4)大平原项目(1981),项目负责人为 C. V. 科尔,项目参与人为 G. 彼得森(G. Peterson)、R. D. 海尔(R. D. Heil)、D. C. 科尔曼和 J. 多兰(J. Doran),由美国国家科学基金会和美国农业部农业研究局(USDA ARS)资助。

随着碳、氮、磷、硫、水等元素物质的基本生物地球化学循环机理在生态尺度上得到明确表达并模拟出来(Woodmansee,1975;Coughenour et al.,1979;Cole and Heil,1981;McGill et al.,1981;Parton et al.,1983;Schimel et al.,1985),碳、氮和硫元素的气体交换,及土壤微生物在碳、氮、磷转换过程中的作用开始得到广泛关注(Woodmansee,1978;Woodmansee et al.,1978;Paul,2014)。

二、二氧化硫与草原

在国际生物学计划实施之后，自然资源生态实验室开展了首个生态系统研究项目。该项目由美国环境保护局（EPA）资助、自然资源生态实验室科学家杰罗德·多德和威廉·劳恩斯（William Lauenenth，曾参与 IBP 研究）负责，旨在调查美国蒙大拿州南部草原上燃煤发电厂二氧化硫污染的潜在影响（Preston et al.，1981）。项目从 1974 年持续到 1979 年。虽然数个研究机构参与了该项目研究，但其中大部分研究内容是由自然资源生态实验室的科学家完成的。该项目的核心工作是在美国蒙大拿州南部草原开展原位二氧化硫暴露研究：使大片样地持续暴露在三种不同二氧化硫浓度的土壤浓聚物中（Heitschmidt et al.，1978；Laurenth et al.，1979），进而研究了二氧化硫对初级生产、植物群落物种组成、分解过程、养分循环、草料品质、土壤水动力学、土壤微生物群、昆虫的直接和间接影响。该项目的许多方法和概念是在国际生物学计划之草原生物群区计划期间开发的。与国际生物学计划研究相似，它也是一个重视生态系统过程间交互关联作用的系统性研究项目。在具体研究中，生态系统建模采用了 ELM 模型的后续版本（Coughenour，1978；Coughenour et al.，1980），因为该模型用于美国怀俄明州和蒙大拿州的露天煤矿开采研究中，又被称为"strip-ELM 模型"。

该项目还研究了二氧化硫与陆地硫循环之间的交互作用（Coughenour，1978；Coughenour et al.，1981），发现二氧化硫中的硫能够以气态形式干沉降于叶片和土壤表面，进而被纳入陆地硫循环。二氧化硫不仅限于干沉积于叶片表面，一旦通过气孔进入叶片内部，将被吸收溶解在植物的水分中（Coughenour et al.，1979；Lauenenth et al.，1979），并转移到根部（Coughenour，1981）。二氧化硫与陆地硫循环间交互模型的构建，需要涉及大气过程、气体运输的物理学，以及生物物理学和植物生态生理学等众多学科（Coughenour，1981）。硫元素从叶、根、凋落物到土壤，与氮元素共同通过植物吸收和组织周转循环到土壤微生物群。在早期版本的 PHOENIX 生物地球化学模型（McGill et al.，1981）中，硫元素的迁移模型与氮元素相似。

调节植物和微生物中碳、氮、硫比例，是一个重要的建模理念，因为它能对植物和微生物的元素流提供反馈控制,并影响养分动态,从而影响生态系统动态(Coughenour,1981)。硫是植物的必需营养物质,在某些条件下会限制植物的生长,从而潜在影响初级生产和其他过程。研究表明,陆地生态系统通过生物地球化学养分通量变化,以及空气对植物生长的直接影响,实现与大气系统的交互作用。

三、第二代氮循环研究

第二代氮循环研究包括氮的添加和损失,特别是草原的气态氨和氧化亚氮(Schimel,1986;见第四章)。当时氧化亚氮还没有被当作一种温室气体得到充分的研究,景观内转移和空间变异性在氮动力学中的重要性也尚未被发现(Hutchinson and Viets,1969;Senft et al.,1987)。在此期间,科学家完成了PHOENIX 氮动态模型(McGill et al.,1981)。该模型将碳和氮联系起来,但尚未体现氨或氧化亚氮的损失。后来,Century 版本的模型(DayCent 模型)模拟了生态系统中氧化亚氮的生产,并至今仍在业界得到广泛的研究和使用。

大平原项目主要目标之一是研究各种耕作方式对碳、氮、磷等土壤养分的影响(见第七章)。该项目整合了野外、实验室、模型等研究,是一个应用系统生态学方法的良好案例。虽然该项目的研究重点是土壤养分,但该项目也认识到农业面临的另一个主要问题是土壤有机质的损失。随着土壤有机质的分解,碳元素以二氧化碳形态流失;而随着土壤有机质的形成,碳元素被化学键所固定(碳汇)。直到几年之后,人们才会意识到这些土壤碳含量变化在温室气体排放中的重要性。大平原项目最重要的成果之一就是开发了上述的 DayCent 仿真模型(见第四章)。该模型从最初的 ELM 草原生态系统模型发展而来,成为研究碳、氮、磷养分动力学、初级生产(二氧化碳吸收)与分解作用(微生物呼吸和二氧化碳产生)的标准模型。

在氮循环和大平原项目启动后不久,1982 年美国国家科学基金会资助了名为"矮草草原生态:长期视角"(R. G. Woodmansee,PI and W. K. Lauenroth and W. A. Laycock, Co-PIs)[①]的矮草草原长期生态研究计划(LTER)。项目成员与美国农业部农业研究局的研究人员合作，利用舱室与涡动技术联合建模方法，开发了二氧化碳、氮气交换野外测量的新技术(Mosier et al.，2008)

20 世纪 80 年代末和 90 年代，系统生态学方法(图 8-1)为自然资源生态实验室及其合作者充分参与美国和国际项目(如政府间气候变化专门委员会)创造了条件，并一直持续到今天。

四、植物和生态系统对二氧化碳增加及气候变化的响应

20 世纪 80 年代末到 90 年代初，随着人们对全球气候变化关注的增加，对大气中二氧化碳浓度上升潜在影响生态系统的关注也在不断提升。鉴于化石燃料是二氧化碳排放的主要来源，美国能源部对这一主题表现出了特别的兴趣。温室气体浓度上升的气候效应和直接生理效应，都会对植物生态系统产生影响。这种生态变化又通过影响陆地生物物理特性，逆向对气候产生反馈。为了模拟不同生态过程在多个时间尺度上的相互作用，1988 年科学家提出了一些关于二氧化碳和气候变化的生态响应预测案例，但仍缺少一种能够综合叶片、植物、群落(生态地境)、生态系统(景观)及区域等要素，且能明确做出生态响应预测的建模方法(Kittel and Coughenour, 1988)。

自然资源生态实验室的科学家们有能力评估二氧化碳浓度上升对生态系统的潜在影响，因为他们所采用的整体系统方法综合了植物生理生态、碳氮转化的土壤过程以及土壤水分动态。例如，在 20 世纪 80 年代早期开发的从机制上解释了塞伦盖蒂生态系统中禾本科植物对食草动物和气候反应的植物生长模型(GRASS;Coughenour, 1984;Coughenour et al.，1984)，也有助于研究二氧化碳浓度的影响。近 10 年，该模型未被使用，但在 1989~1992 年间，在美国能源部(DOE)的资助下，该模型被重新启用和修订，以解决草原对二氧化碳和气候变化的响应(Coughenour et al.，1993)。后来，最初的 GRASS 模型的土壤中水

[①] 1982 年初，是 R. G. 伍德曼斯(R. G. Woodmansee)被国家科学基金会招募为生态系统研究项目主管，国家科学基金会要求他放弃对氮循环项目和短草草原长期项目的领导，W. J. Parton 接管了氮循环项目研究，W. K. Laurenenth 接管了后者。

流和热流程序,被一个相对成熟的模型(Parton,1978)取代。该模型的使用方式与 GRASS 类似,被命名为 SoilWat 模型(Sala et al.,1992;Laauenenth and Bradford,2006)。在之后改进型的 GRASS2 模型中,模型通过气孔功能明确模拟了植物蒸腾作用,并将蒸腾和裸土蒸发速率作为叶片和土壤表面能量平衡的一部分进行了计算。为了更全面地反映二氧化碳的响应机制,陈德兴等人(Chen et al.,1993)开发了更为精细的 C_3 植物和 C_4 植物光合作用子模型。大多数草本植物、树木和冷季草采用 C_3 植物光合作用途径,暖季和热带草则使用 C_4 植物途径。C_3 植物光合作用的子模型是基于法夸尔等人(Farquhar et al.,1980)的模型得到,而 C_4 植物光合作用子模型是作者原创的(Chen et al.,1993)。鲍尔等(Ball et al.,1987)报道,气孔导度能与光合速率[①]耦合,此方法在随后的许多其他陆地表面模型中得到使用。与前期模型相同,GRASS2 模型也将固定碳水化合物分配到植物组织中,并动态模拟活性碳水化合物储量。GRASS2 模型还与 Century 土壤有机物模型(Century soil organic matter model,CSOM;Parton et al.,1987)中的分解和氮循环过程的日时间步长实现关联,形成后来的 GRASS-CSOM 模型。

有学者应用关联生态系统模型,研究了美国科罗拉多州、堪萨斯州和肯尼亚草地生态系统水平对二氧化碳、温度、降水和全球变暖情景的响应机制(Coughenour and Parton,1995;Parton et al.,1996;Coughenour and Chen,1997)。该模型预测在当前二氧化碳水平下,温度升高会降低初级生产量,但大气二氧化碳浓度的升高会逆转这种下降趋势(Coughenour and Chen,1997)。这是因为除二氧化碳对 C_3 植物光合作用的施肥效应外,二氧化碳浓度响应的一个重要组成部分是气孔关闭将使水分利用效率提高。在当前大气二氧化碳水平下,由于过量(两倍)的二氧化碳抵消了气候变化的负面影响,预测的气候因素将导致净初级生产量和土壤有机质含量的较小波动或减少。陈德兴(Chen et al.,1996)用该模型的后续版本进行了一组类似的实验。结果显示,虽然二氧化碳和气候直接影响了植物的光合作用过程,但这一结果是应急性、系统性的反应,涉及植物和

[①] 光合速率又称"光合强度",是光合作用强弱的一种表示法。光合速率的大小可用单位时间、单位叶面积所吸收的二氧化碳或释放的氧气表示,亦可用单位时间、单位叶面积所积累的干物质量表示。——译者注

土壤之间碳、氮、水流动等大量交互作用和相互反馈,以及大气和陆地生态系统之间的能量和质量转移。例如,虽然二氧化碳可能刺激光合作用,但植物生长也受到氮供应的限制;二氧化碳影响植物的用水量,进而影响土壤湿度和分解率。在此之后,此类模型有了长足发展,并被广泛用于评估陆地生态系统在全球碳收支中的作用(见第四章和第七章)。

五、大气圈与生物圈的相互作用模型

1989年,美国国家科学基金会在美国国家科学技术中心举办了一场学术竞赛。在此期间,自然资源生态实验室与科罗拉多州立大学(CSU)大气科学系(Department of Atmospheric Sciences,DAS)合作,提议成立区域生态系统动态分析中心(Center for Analysis of the Dynamics of Regional Ecosystems,CADRE),为期五年,资金需求约为2 750万美元。拟议的主要研究者是罗伯特·G. 伍德曼斯(NREL)、J. E. 埃利斯(J. E. Ellis,NREL)、T. H. 范德·哈尔(T. H. Vander Haar,DAS)、R. A. 皮尔克(R. A. Pielke,DAS)和J. K. 德特林(NREL)。该提议的主题是为了在北美大平原的范围内,利用本书中所述的系统生态学范式(SEP)整合生态圈、大气层和社会干预等因素。关于成立区域生态系统动态分析中心(CADRE)的提议在学术竞赛中排名第三,但只有前两名获得了资助。但是后来,R. A. 皮尔克(通讯联系人)提到,关于成立区域生态系统动态分析中心(CADRE)的提议,在他所做过的落选提议中是最成功的。他的评论主要是基于以下合作和后续相关研究工作。

"我们对温室气体(尤其是二氧化碳)变化产生生态系统响应机制的研究兴趣,加上所用的系统方法,共同引导我们考虑植被与地表之间的相互作用,这种作用是一种涉及陆地生态系统和大气系统之间的双向反馈的系统过程。假设这种反馈是存在的,那么任何不考虑反馈的单向评估行为,都会导致错误评估结果的产生。"自然资源生态实验室的科学家以传统的跨学科方式,试图与大气科学家合作考虑此类问题(Coughenour et al.,1993)。幸运的是,科罗拉多州立大学的一个非常强大的研究团队做出了回应。其中,以罗杰·皮尔克(Roger Pielke)为首的大气科学系研究团队一直致力于此项工作,重点研究陆地表面和土地利用变化对大气过程的影响(Pielke et al.，1991，1993，1999;Chase et al.，1999)。该团队开发了一种被广泛使用的中观尺度的大气过程模型，称为区域大气模拟系统(RAMS)，由于该模型相对较高的空间分辨率，非常适合研究陆地表面对大气的影响(Pielke et al.，1992;Walko et al.，2000;Liston et al.，2001)。皮尔克团队和自然资源生态实验室研究人员之间的合作始于20世纪80年代末(Kittel and Coughenour，1988;Schimel et al.，1991;Pielke et al.，1993)。

1989~1992年，自然资源生态实验室和大气科学系的第一个联合项目是在美国能源部资助下进行的(Coughenour et al.，1993)。期间除了开发草原生态系统模型(GRASSCSOM，Coughenour and Chen，1997)外，研究人员还开发了一个生物物理地表模型(biophysical land surface model，LSM)，又被称作"一般能量和质量传输模型"(general energy and mass transport model，GEMTM)。该模型后来被公认是第三代生物物理地表模型(Chen and Coughenour，1994)。由于能有效体现地表能量平衡，以及大气、土壤和植被之间水和能量的通量，LSM模型被认为是所有气候模型的关键组成部分。地表的水汽通量能决定潜热通量[①]和感热通量[②]之间的能量分配。皮特曼(Pitman，2003)回顾了生物物理地表模型的发展，区分了前后三代模型：第一代模型代表对水蒸气流动的单一整体表面阻力；第二代模型区分了气孔和对水蒸气流动的物理控制；第三代模型将水蒸气的气孔流动与植物光合作用、碳分配联系起来，从而能够模拟地上和地下植物生长。皮特曼称这个发展过程为生物物理地表模型的"绿色化"。

"绿色"的LSM模型发展，为实现大气—生态系统耦合模型的最终目标奠定了基础。一个完全耦合的模型，能够对大气、土壤和植被间的双向交互作用和反馈机制做出评估，也能对由土地利用变化和植被造成的温度、二氧化碳浓度上升现象，以及继而引发的天气和气候影响进行评估。这是自然资源生态实验室和科罗拉多州立大学大气科学系研究人员在1995年9月开展的一个项目的研究目标。项目由陆地生态学和全球变化计划(Terrestrial Ecology and Global

---

① 潜热通量(Latent Heat Flux)为温度不变条件下单位面积的热量交换。——译者注
② 感热通量(Sensible Heat Flux)也叫作显热通量，是指由于温度变化而引起的大气与下垫面之间发生的湍流形式的热交换。物体在加热或冷却过程中，温度升高或降低而不改变其原有相态所需吸收或放出的热量通量。——译者注

Change Program,TECO)资助,该计划是由美国国家科学基金委员会(NSF)、美国能源部(DOE)、美国航空局(NASA)和美国农业部(USDA)组成的机构间合作组织。项目工作之一是将一般能量和质量传输模型(GEMTM,Chen and Coughenour,1994)中包含的植物模型整合到区域气候模型系统(RAMS)中,两者耦合模型被称为 GEMRAMS。在项目开始的前两年,陈德兴、科夫努尔(NREL)和鲍勃·沃尔科(DAS)完成了两者的初始耦合。生态学家们用相当长的学习曲线,来熟悉这个大型复杂的大气模型及其计算机代码。随后,陈德兴离开了这个项目,由一名大气科学系的研究生约瑟夫·伊士曼(Joseph Eastman)接替了他的工作。研究小组利用耦合模型在区域范围内进行了若干试验,以研究二氧化碳升高、生态过程和土地利用变化如何对气象和生态状态产生关键影响(Eastman et al.,2001a,2001b)。该研究结果尚未在其他模型系统中得到验证,因为这是当时在该领域内唯一一个同类的模型系统。值得一提的是,模型中的光合作用和气孔功能是在日间基础上模拟的,这个时间步长与 RAMS 模型中的昼夜能量和水通量是一致的。此外,光合作用中的碳被用来模拟植物生长过程,由于该过程受土壤水分影响,因此植物和 RAMS 模型是完全互动的。

项目的第一组实验研究了当前和潜在自然植被之间的差异、大气二氧化碳浓度倍增,以及美国中部地区二氧化碳倍增引起的太阳辐射的变化趋势(Eastman et al.,2001a)。结果显示,从整个区域平均而言,在二氧化碳倍增情景下,自然植被产生了较低的温度上限、较高的温度下限和较少的降水。由于二氧化碳倍增引发的辐射变化量较小,整个区域的反应存在高度的差异性,且与各地区间植被变化对气候变化的影响情况,存在一定的相关性。第二组实验定量研究了畜牧生产与二氧化碳之间的关系(Eastman et al.,2001b),目的是检验北美大平原上曾经存在的数百万头野牛对气候的影响。研究表明,在没有畜牧发展的情况下,气候将具有较低的温度上限、较少的降水,但畜牧业发展对区域气候存在影响,所以需要在畜牧业发达地区研究此类问题。这两组实验证明了植物对于二氧化碳、土地利用、畜牧发展,以及反照率和表面能量平衡对大气过程影响的重要性。

GEMRAMS 模型还被用于研究土地利用变化对南美洲南部大气的影响(Beltrán Przekurat et al.,2012)。将草地转变为农业生产用地,能带来更为凉爽潮湿的环境；而从林木繁茂的草地和林地转变为农业生产用地则会带来气温上升。在澳大利亚，GEMRAMS 模型也用于研究植被对于二氧化碳浓度升高和土地利用变化存在的潜在影响(Narisma et al., 2003;Narisma and Pitman, 2004)。该模型模拟了二氧化碳浓度升高情景下植物出现叶片气孔导度降低和生长增速的现象。这两种情况都会影响大气过程，气孔导度的降低，会导致植物蒸腾作用的下降和地表温度的升高；而叶片面积的增加，则会产生相反的影响。研究者将此类组合反应称为"生物圈反馈"(biospheric feedback)。模型实验还表明，生物圈反馈可能会减少土地利用变化的影响，因此，想要准确地预测土地利用变化的影响，就必须将这些反馈包含进去。贝茨等(Betts et al., 1997)早些时候也得出了类似的结论。

第四节　决策支持系统

当前，自然资源生态实验室及其合作者研究陆地-大气活动的关键内容是 DayCent 模型。它是第二代 Century 模型和第三代 ELM 模型(见第四章)。DayCent 模型的输出包括每日氮通量(N_2O、NO_x、N_2)、土壤异养呼吸的二氧化碳通量、土壤有机碳氮、净初级生产量、水和硝酸根淋溶及其他生态系统参数。本地、区域和全球研究人员开展重大项目，均需依靠 DayCent 模型来开展温室气体估算(Ogle et al., 2005;Paustian,2014)、确定温室气体减排方法(Conant et al., 2016)和农业决策支持系统(COMET-Farm,2018)。

COMET 是 COMET-Farm 的早期版本，是美国农业部的官方温室气体量化工具。COMET-Farm 模型(COMET-Farm, 2018)是由 K. 保斯蒂安(K. Paustian)及其同事在自然资源生态实验室和美国农业部自然资源保护局(NRCS)开发的。该模型是可用于一个完整的农场和牧场的温室气体核算系统。它以管理实践为基础，利用美国农业部数据库(由计算机工具自动提供)所提供的气候、土壤条件的空间信息，综合运用一系列模型工具，实现对温室气体排放和碳固定来源的评估，并通过整合自然资源保护局土壤地理调查(Soil Survey Geographic, SSURGO)数据库和特定地点气候数据,将特定地点的结果呈现给模型用户。模型内部嵌套了农田、牲畜、农林业、能源等多个模块,主要依赖于生物地球化学过程模型、政府间气候变化专门委员会(IPCC)相关方法和其他同行的前期研究成果。该模型通过特定流程指导用户从事农场和牧场管理实践,包括未来管理替代方案。模型运算完成后将生成一份比较分析用户当前和未来情景下碳变化与温室气体排放情况的报告。

第五节 全球变化

本节重点介绍了一些自然资源生态实验室科学家及其国内国际合作者开展的研究工作。正如约翰·多恩(John·Donne)在 1624 年说过:"没有人是一座孤岛。"在讨论全球变化时,这句话绝对是合适的,因为本地和全球的合作是必不可少的。

一、气候变化

气候变化涉及地球上的一切,包括水、农业、草原和森林健康、火灾和虫害爆发、生物多样性和人类健康等。自然资源生态实验室的科学家及合作者积极参与识别潜在影响,寻求有助于缓解气候变化的解决方案,并探索与以往不同的气候适应战略。

随着人口的持续增长,人类对食物、燃料、纤维、能源等需求增加,导致了更多的气体被排放进入大气中,这些气体就像覆盖在温室上的塑料薄膜一样,使热量辐射返回地球表面。这种变暖态势对许多其他气候特征产生驱动效应,如降水和融雪的时间数量、森林生长周期、风暴的级别频率、极端高温天气等。二氧化碳浓度的增加也将直接影响植物生长。气候变化与生态系统管理、可持续发展、粮食和水资源安全等相互作用,并给农业、林业和畜牧业的可持续发展带来挑战。几乎所有生态系统服务,都将受到气候变化的影响,因此,减缓气候变化的速度、防止最糟糕的预期影响,以及适应那些不可避免的变化,是当今社会面临的最重要的环境管理问题。研究人员正通过监测区域和全球温室气体排放,研究气候变化对草原、森林、北极和农业生态系统的影响,探索培训自然资源管理人员的新方法,系统而务实地应对气候变化带来的影响。

二、温室气体的排放与封存

温室气体管理的途径,主要是如何准确、一致地监测来自农业、森林和其他类型土地产生的温室气体(主要包括二氧化碳、氧化亚氮等)的存量和通量(Ogle,2014;Paustian,2014;见第四章)。此类研究对于确定农业温室气体排放量,以及通过创新管理减少排放都至关重要。碳封存,即通过植物、海洋、土壤等捕获并储存大气中的二氧化碳,被认为是能在短期内减少大气中温室气体浓度,以及与这些温室气体相关的气候系统影响的、成本最低的路径之一。

三、温室气体减排

温室气体排放和气候变化是人类社会面临的两个长期最大的挑战。虽然化石燃料燃烧是温室气体的最大来源,但土地利用和农业活动的排放量,几乎占据了导致地球变暖的全部人为活动排放量的三分之一。因此,改进管理实践,对减少因土地利用变化产生的温室气体排放(二氧化碳、氧化亚氮和甲烷)至关重要(Conant et al.,2016)。碳封存是一种低成本的早期缓解行动方案,通过改进土地利用管理,在土壤和生物量中积累碳储量,将二氧化碳从大气中去除,也能重建土壤肥力。目前,美国近四分之一已施用的氮肥(全美国为1 100万吨)从土壤中流失,导致地下水硝酸盐污染、沿海"死亡区域"和原始生态系统退化。与碳封存相关的提升作物氮利用效率的措施,可以有效减少土壤氧化亚氮排放,大幅提高环境质量。另外,减少畜牧业生产中的甲烷排放,能够提高动物生产能力、产生可再生能源(捕获甲烷),并改善空气质量。长远来看,利用农业的废弃物来生产可再生能源,潜在地减少了化石燃料使用。为了以环境可持续的方式充分实现这一潜在的可能性,需要新的作物和生物能源生产管理系统。

此项研究的主要目的是加快采用改进的土地管理手段,以经济和环境可持续的方式减少温室气体排放。

四、北极灌木和土壤微生物

在阿拉斯加的北极地区,气候迅速变暖的影响已在整个生态系统的营养层级上显现出来。海冰的消退和野生动物行为的改变,是最明显的影响之一,且地表以下的生态系统也发生了显著的变化。自然资源生态实验室工作人员及合作者主动研究灌木向冻原扩张的影响,包括对改变富碳土壤中土壤碳储量和微生物活性的影响(Wallenstein and Hall,2012;Bailey et al.,2017)。他们发现,气候变暖促进了灌木的扩张,增加了氮的可用性和微生物的代谢效率,这些因素共同促进了有机质的形成,提升了冻土地区富有弹性和卓越的储碳能力。自然资源生态实验室研究人员通过野外和实验室手段,量化了生物、化学和物理控制的相互作用,从而更好地理解了极地土壤的碳循环和气候变化的复杂影响。

五、政府间气候变化专门委员会

自然资源生态实验室的科学家通过开展研究,以及对政府间气候变化专门委员会和美国气候变化国家评估报告工作(IPCC,2018)[①]的支持,为使人们更好地理解气候变化对草原和森林生态系统的影响做出了重大贡献。这些科学家为温室气体清单的编制及由这些气体产生的气候变化影响研究,提供了土壤二氧化碳和氧化亚氮排放量的估算,并开发了美国自愿减排计划中使用的农业碳汇核算系统。此外,自然资源生态实验室还研究了气候变化如何改变植物生产力、土壤肥力、生物多样性和物种迁移。自然资源生态实验室记录了最近严重的大规模森林火灾和昆虫爆发对森林结构、树木再生和碳储存的影响。

六、联合国气候变化框架公约

自然资源生态实验室的科学家每年都会对农田温室气体排放和封存进行全

---

① 2007年,时任成员为基思·帕斯蒂安、斯蒂芬·奥格尔、凯瑟琳·高尔文和丹尼斯·S.小岛吉雄,因对政府间气候变化专门委员会的贡献而获得2007年诺贝尔和平奖。

国性调查评估,并向联合国气候变化框架公约(UNFCCC)提交报告[①]。该年度评估详细记录了1990年以来每年的农业温室气体排放,包括化肥的氧化亚氮排放、水稻种植的甲烷排放以及作物和草原的碳储量变化。

七、中北部气候适应科学中心

美国内政部(DOI)中北部气候适应科学中心(NC CASC)[②]是美国八个区域气候科学适应中心之一。该中心职能是提供科学信息、工具和技术,使资源管理者可以用来监测、预测和适应其区域气候变化。2011~2017年,丹尼斯·S.小岛吉雄在科罗拉多州立大学担任中北部气候适应科学中心主任。该中心与自然和文化资源管理人员合作,收集科学信息,为帮助鱼类、野生动物和生态系统适应气候变化提供技术工具。该项工作启动之后,工作任务已扩展到土地、能源、文化遗产等资源。除了创建数据库和模型外,中心还与资源管理机构合作,开发所需的技能和软件,以便生态系统在气候变化中保持可恢复和可持续。中北部气候适应科学中心将这一愿景,同美国中北部地区土地和资源管理人员的具体需求相结合,为用户提供数据、技术和将过去、现在和未来气候变化的最佳认识纳入决策过程的培训。

中北部气候适应科学中心寻求通过跨部门协作,与资源管理人员、决策者和公众合作参与以实现以下四个目标:

• 汇编现有气候数据并进行预测,以用于区域气候模型,为短期管理目标提供信息。

• 确定气候驱动因素及其对区域关键部门的影响:自然、文化和能源、生态系统服务。

• 从物理、生态和社会角度评估脆弱性,并考虑适应能力,重点关注民生、健康和安全。

• 开发出用户驱动式的决策支持工具,以制定有效的气候变化应对策略和

---

① www.nrel.colostat.edu/projects/alusofware/home/;UNFCCC,https://unfcc.int.
② https://cascan.usgs.gov/centers/northcentral.

弹性的管理策略。

美国国家和区域的各个合作方,已就一套指导原则达成一致,以确保实现该中心的目标。因此,中北部气候适应科学中心需要遵循:

- 在现有的档案、评估、指标和框架的基础上开展工作,而不是做重复工作。
- 让资源管理人员了解温度和降水随时间变化的非稳态气候的影响。
- 优先考虑对终端用户有用的研究。
- 确保中心成为一个专注于区域工作的互相合作的研究团队。
- 尊重不同利益相关者和研究搭档的特殊需求和约束,使每个人都受到不同的激励和环境约束。

八、美国农业部气候中心

美国农业部气候中心(USDA CH)[1]是由美国 10 个区域的农业研究局和林务局高级主管共同领导的特殊合作机构。其他对该工作做出贡献的机构,还包括自然资源保护局、农业服务局、动植物卫生监督局和风险管理局。美国农业部将其内部的研究和项目机构联合起来,向农业生产者和专业人士提供及时权威的工具和信息。

美国农业部气候中心与自然资源生态实验室合作,开发并向农业和自然资源管理者提供信息和技术,以便管理者根据气候情况做出决策,并为执行这些决策提供支持。

愿景——在气候异常和气候变化日益严重的形势下,确保农业生产和自然资源的稳定健康。

使命——与美国农业部相关机构及合作伙伴一道,为农业和自然资源管理者提供以科学为基础的、具有地区针对性的信息和技术,使他们能够做出气候方面的决策,并为实施这些决策提供支撑。这与美国农业部的使命相一致,即在明智的公共政策、最佳的可用的科学知识和有效的管理政策的基础上,领导粮食、

---

[1] www.climatehubs.oce.usda.gov.

农业、自然资源、农村发展、营养等领域工作。

自然资源生态实验室向美国北方平原气候中心（Northern Plains Climate Hub）提供关于气候模式的信息，以及大气中二氧化碳浓度变化对草原牧草状态的影响分析，以便畜牧业生产者能够调整其实践方式以适应气候变化的影响。

第六节 氮：全球变化的另一种主要类型

氮是地球上所有生命的基本元素，是 DNA 和蛋白质的组成成分，但在地球进化史的大部分时间里，氮长期限制着植物和动物的生长（Vitousek et al.，1997；Galloway et al.，2004）。虽然氮气占大气成分的 78%，但氮气分子（N_2）是不活泼的，无法用于初级生产。在农业和工业革命之前，活性氮供应短缺，因其只有两类自然来源：一是闪电，它能在大气中提供足够能量以破坏氮气的化学键；二是固氮生物，如蓝藻以及与豆科植物共生的固氮细菌等。如今，人工生产合成的氮肥和人为燃烧产生的活性氮，已经远远超过天然活性氮的数量。虽然这提高了人口数量和生活质量，推动了现代社会的发展，但同时过量的活性氮不经意间流失到环境中，造成了全球性的变化。这种变化与温室气体排放增加所造成的变化相类似。在过去的几十年里，全球人工来源活性氮的增加量，远远超过了所有陆地生态系统的总产量，尤其是自 20 世纪 60 年代以来，其增长率更是急剧升高（详见国际氮素倡议，International Nitrogen Initiative，INI）[①]。

有效的活性氮，大大提高了人类的生活质量和人口数量，世界约 40% 的人口的粮食作物依靠人为干预制造的活性氮维持生存。同时，活性氮大量流入整个生物圈内，损害了生态系统和人类健康。活性氮促使流层中氮浓度升高，沿海生态系统富营养化、海洋、森林、土壤、淡水河流湖泊酸化，以及生物多样性丧失。氮元素以氧化亚氮温室气体的形式，导致了全球变暖和平流层臭氧的耗损。

自 20 世纪 70 年代以来，自然资源生态实验室一直致力于研究生态系统中的氮循环。该项基础研究作为生物地球化学的基础理论，并顺理成章地让研究

[①] www.initrogen.org/.

人员不断开拓进取,以开发更好的氮管理方式,使氮具有有益用途,同时尽量减少氮污染造成的损害。

一、氮循环研究项目

罗伯特·G. 伍德曼斯及其学生在国际生物学计划矮草草原项目中开展的氮研究,最早为氮循环、生态系统氮收支以及氮对各种生态系统的影响机制研究提供了一些借鉴。如前所述,此类研究为 ELM 模型和 Century 模型等生态系统模型提供了关键的建议和验证数据,但这些研究成果本身是相对独立的,并且至今仍被引用。氮循环和氮收支相关研究,描述了土壤有机质、坡面地貌和地表地下草本植物等因素对土壤肥力的影响(Woodmansee et al., 1978; Schimel et al., 1985,1986; Holland and Detling,,1990)。后续又有学者研究探讨了野火和放牧对氮循环的影响,并认为这些自然扰动对草原的持续生产是必要的(如 Ojima et al., 1994; Milchunas and Lauenroth, 1995)。这些研究还表明,动物粪便和森林野火的残留物,是氮的重要来源。

二、洛赫河谷流域研究项目

美国落基山国家公园(RMNP)对于氮循环的研究,是始于洛赫河谷流域长期生态学研究与监测计划(Long-term Ecological Research and Monitoring Program,LVWSP)[①]的实施,1982 年建立了从海拔 3 000～4 000 米的流域监测体系,目的是量化酸性大气沉降的来源和影响(Baron,1992)。通过对洛赫河谷国家大气沉积计划(National Atmospheric Deposition Program,NADP)[②]站点数据、以往大气沉积的古生态重建、当代水质研究数据进行分析,可以明显发现,活性氮大气沉降升高(而非酸雨)是影响生态的主要原因(Baron et al., 1986, 2000)。20 世纪中期开始,沉积物中的氮高于背景值,主要原因是美国科罗拉多

---

① www.nrel.colostate.edu/projects/lvws/index.html.
② http://nadp.sws.uiu.edu/.

州弗兰特山脉(Colorado's Front Range)沿线,二战后人口数量的增加和发展,以及利用以下条件发展起来的畜牧业:有利的气候条件、河流跨山改道提供的丰富水资源,使用廉价合成氮肥种植的玉米和大豆(Baron et al.,2004)。对氮沉积增加的反应是,湖泊藻类种类发生变化和湖泊生产力也随之增加(Baron et al.,2000)。在高山和亚高山森林的后续实验中,也记录了微生物氮元素矿化率的提高,以及草和莎草生物量的增加(Bowman and Steltzer,1998;Rueth et al.,2003)。

许多论著和外部评论(Burns,2004;Baron et al.,2016)得出结论,认为氮沉积正在影响落基山国家公园高山亚高山生态系统的生物多样性和水质,违反了美国《清洁空气法修正案》(Clean Air Act Amendments)和《荒野法》(Wilderness Act)。这促使美国国家公园管理局、美国环境保护局和科罗拉多州合作制定了氮沉积削减计划(Nitrogen Deposition Reduction Plan,NDRP;Morris et al.,2014),该计划设定了2007~2032年氮减排的发展轨迹,以将大气沉积负荷恢复到临界线以下[①]。这一史无前例的合作机制,要求能源公司、运输部门、农业部门尽快做到自愿减排,以避免相应的监管行动。目前,最终结果仍有待观察。科罗拉多奶制品农场主与科罗拉多畜牧业协会等利益相关者,需要定期与科学家和管理者会商,制定和实施最佳的管理实践,以减少污染对公园的损害。

洛赫河谷流域研究项目是美国地质调查局、美国国家公园管理局和科罗拉多州立大学的合作项目。迄今为止,项目研究结论主要包括:①大气沉降对活性氮有效性的小幅提升,足以改变氮缺乏地区藻类组合和水体初级生产量(Baron et al.,2000;Elser et al.,2009);②与矮草草原相似,富氮环境改变了土壤微生物活性和食物链(Boot,et al.,2016);③一种涵盖本地利益相关者、资源管理者和监管机构的社会生态学管理方法,可使各方协同起来为共同目标而行动。

三、美国及全球氮研究

过量的活性氮严重威胁到生物多样性(Simkin et al.,2016),还会通过大

---

① www.colorado.gov/Pacific/cdphe/rock-mountain-national-park-initiative.

气、地表水和地下水等途径,对人类健康和环境造成多重额外威胁(Vitousek et al.,1997;Galloway et al.,2004)。氧化亚氮是作为从土壤中释放到大气中的一种温室气体,会导致气候变化(Pinder et al.,2012)。由于氮管理效率低下,全球粮食种植过程中所需的大量氮元素(约80%)流失到了自然环境中,并在气候变化尺度上对人类和生态系统构成生存威胁(Grant et al.,2018)。

多源且过量的活性氮及其所带来的多种后果的综合效应,使氮过量成为全球性威胁(Sutton et al.,2011)。尽管众多氮问题可以在本地、区域和国家范围内加以解决,但提供实际有效的解决方案,如上文所述落基山国家公园氮沉积的解决方案,仍然难以实现。因此,2003年成立了国际氮素倡议,目的是优化粮食和能量生产中的氮素使用,并最大限度地减少对人类和环境的危害。国际氮素倡议是由环境问题科学委员会(SCOPE)和国际地圈生物圈计划共同发起成立,现在总是与未来地球[①]的相伴出现。国际氮素倡议在全球共设有五个区域中心,其中北美中心负责对人类活动改变北美氮流动进行评估,定量确定这种改变对环境、人类健康和经济的影响,并帮助制定解决方案来减少这些问题。具体目标是:

• 改进氮污染源及成因的评估,重点评估通量和环境暴露趋势。
• 改进北美对氮污染影响生态环境和人类健康的评估。
• 促进专家对氮循环变化现有知识进行判断,以确定科学上可信的潜在解决方案。
• 在政策制定和个人决策方面,向公众传达关于环境中过量氮的基础科学知识和潜在解决方案。

全球氮循环的破坏是人类活动的直接后果,且与粮食种植、加工、运输和消费方式具有很大关系,因此,解决方案须与人类社会紧密联系。虽然氮循环是典型的生态系统尺度的过程,但氮管理的核心是社会生态学。参与国际氮素倡议的科学家在促进欧洲对氮问题认识方面取得了非凡的成功,制定了《欧洲氮评估》(European Nitrogen Assessment,ENA,2018),并提出了一些旨在促使政府和人们改善氮管理方面的其他举措。近期的研究报告也认识到氮对全球食物系

---

① www.futureearth.org/.

统的重要意义,开始讨论饮食、健康问题(如肥胖和心脏病)、食物浪费与气候变化之间的联系(如 Westhoek et al., 2014)。

在全球环境联合会的支持下,2017 年发起了国际氮素管理系统(International Nitrogen Management System,INMS)①计划,参与者来自世界各地和社会各界,目的是通过国际氮政策进程支持政府和其他机构。国际氮素管理系统由四部分构成,计划用于认识和管理氮循环、氮流动的定量化、威胁和效益,以及展示各国跨界合作的案例,以提高全球对氮议题的认识。例如,加拿大和美国联合开展了"一个北美示范"(A North American Demonstration)②项目,旨在解决流入贝灵汉湾(Bellingham Bay)的农业以及其他的氮源径流问题。在市民、农民、市政当局和部落之间寻求协作式解决方案,在改善环境的同时,保护并提高所有居民的生活质量和经济水平。国际氮素管理系统期望通过对整体氮循环管理的改进,在经济范围内实现氮利用效率的提高,同时减少可能成为污染的富余氮。

四、美国国家大气沉降计划

1977 年,美国国家农业实验总站(State Agricultural Experiment Stations,SAES)组织了一个后来名为"国家大气沉积计划"(National Atmospheric Deposition Program,NADP)③的项目,以用来测量大气沉积并研究其对环境的影响。1978~1997 年间,曾任美国自然资源生态实验室主任的吉姆·吉布森成为该项目的负责人。

美国国家大气沉降计划中的沉降化学监测网络站点于 1978 年正式运行,目的是提供沉降中酸、养分和碱性阳离子的数量、变化趋势和地理分布等相关数据。该站点在 20 世纪 80 年代初得到了迅速发展壮大,大部分资金是由美国国家酸雨评估计划(National Acid Precipitation Assessment Program,NAPAP)资助。该评估计划始于 1981 年,旨在提高对酸雨成因和影响的认识。为了反映美

---

① www.inms.international/.
② www.inms.international/north-america-experation/north-america-experation.
③ http://nadp.sws.uiec.edu/.

国国家酸雨评估计划在国家大气沉积计划中的作用,网络站点名称更改为国家大气沉积计划国家趋势网络(National Trends Network,NTN)。截至目前,国家大气沉积计划仍属于美国国家农业实验总站的国家研究支持项目(National Research Support Project)。目前,美国国家趋势网络共有 250 个站点。

美国国家大气沉降计划的第二个监测网络——大气综合研究监测网络(Atmospheric Integrated Research Monitoring Network,AIRMoN),于 1992 年建立,目前有 7 个站点。虽然大气综合研究监测网络的监测对象与美国国家趋势网络相同,但该监测网络采样周期是每天一次而非每周一次。这些分辨率更高的样本,更有利于研究人员运用计算机模拟大气传输和污染物去除来评估排放物如何影响降水化学机理。该网络还评估了其他的样本采集和保存方法。

美国国家大气沉降计划的第三个监测网络——氨监测网络(Ammonia Monitoring Network,AMoN),源于 2007 年的一项特别研究,于 2010 年建成并加入美国国家大气沉降计划网络体系,目前包括大约有 50 个监测点。氨监测网络是唯一一个提供全美国的长期、持续性氨气浓度记录的监测网络。

五、美国农业部中波紫外线监测与研究计划

中波紫外线(UV-B)虽然只占地球表面太阳辐射的小部分,但对玉米、大豆、棉花等农作物,以及草原、森林等环境具有显著的影响。由于地球生态系统是在紫外线辐射的影响下缓慢进化的,因此任何紫外线水平的改变,都应受到科学界的重视。平流层的臭氧层能使地表免受紫外线的有害影响,而 20 世纪中后期的监测显示,南极地区平流层臭氧显著损耗(Farman et al.,1985),北极地区也出现了轻度的臭氧损耗(von der Gathen et al.,1995),这些均是由人为臭氧层破坏、含氯氟烃化合物使用造成的。结果导致极地地表紫外线的同步增强(Bernhard et al.,2013)。由于担心臭氧空洞扩张致使全球地表紫外线的增加,1987 年联合国制定并发布了《蒙特利尔议定书》(Montreal Protocol),并开始在全球逐步淘汰破坏臭氧层的物质。近期关于臭氧层恢复情况的调查结果,表明《蒙特利尔议定书》取得了显著成效(Solomon et al.,2016)。然而,气候变化或地球工程对平流层臭氧的潜在影响(Shindell et al.,1998;Heckendorn et al.,

2009),加之损耗臭氧层的某些物质的新增排放(Rigby et al.,2019),增加了未来地表紫外线辐射的不确定性。

为应对地表紫外线辐射增加,美国农业部于1991年研究了在全美国范围内开展紫外线监测活动的必要性。科学界的积极响应,促使美国农业部启动了中波紫外线监测与研究计划①(UV-B Monitoring and Research Program, UVMRP;Bigelow et al.,1998)。该项目在科罗拉多州立大学的自然资源生态实验室内进行,任务是建立紫外线气候学,并研究紫外线辐射对农业(农作物、草地和森林)效益的影响。目前,中波紫外线监测与研究计划是唯一一个监测全美国的紫外线辐照度的监测网络。该网络由37个气候监测站点和4个研究站点组成,其中绝大部分分布在美国各地,只有两个站点分别位于加拿大和新西兰。这些站点围绕20个生态地区布局。

中波紫外线监测与研究计划中数据收集和质量控制工作的成果,为美国提供了超过20年跨度的高精度地表紫外线和可见光辐射数据,这些数据已被项目人员和研究人员用于解决数个学科(包括农学、医学、生态学和大气学等)的关键研究课题,例如:①对卫星观测结论的验证(Xu et al.,2010;Sun et al.,2015);②美国紫外线辐射趋势的调查(Zhang et al.,2019);③皮肤癌病例与地表紫外线间关系的评估(Chang et al.,2010);④与紫外线相关的大气参数检索,如颗粒物光学特性(Corr et al.,2009)和臭氧气柱含量(Gao et al.,2001);⑤关于树冠对紫外线拦截情况的调查(Qi et al.,2003)。此外,以此形成的紫外线指数及其他衍生品,也是农业地区和社会公众经常使用的。总的来说,中波紫外线监测与研究计划拥有来自教育机构、政府机构、商业企业和国际机构等300多个不同类型的用户。

中波紫外线监测与研究计划除了持续收集气候数据,还将工作扩展到效应研究、综合评估等领域。过去十多年间,中波紫外线监测与研究计划的研究者及其合作者开展了环境实验控制箱的实验,评估了紫外线、温度、水分利用等因素的影响,及这些因素对农作物的综合影响,其中包括调查低温、干旱条件,对植物生理、形态和物候参数(如根结构和种子质量)的不良影响(Singh et al.,2018;

---

① http://uvb.nrel.colostate.edu.

Wijewardana et al., 2018)。研究还识别出紫外线照射对农作物的有害效应 (Reddy et al., 2003、2013、2016),以及温度和二氧化碳如何分别强化和减轻这些影响(Reddy et al., 2004; Brand et al., 2016)。上述研究结果表明,可以选择适应性最佳的农作物品种,以应对未来气候变化的环境。

中波紫外线监测与研究计划的研究者及合作者,还在开发一个用于风险分析、经济影响评估和战略规划的综合预测系统,以确保在充满变化的环境中实现农业可持续发展。近期的相关经济分析表明,农作物生产力参数与环境变量之间存在很强的相关性(Wu et al., 2015; Lianget al., 2017)。此外,研究还发现,在中高浓度温室气体排放情景下,预计到2050年,农作物生产力将降低到1980年以前的水平。一项正在开展的涉及农作物生长和气候模型耦合的研究工作,也将评估不同气候条件下农业和气候系统之间的关联机制(Xu et al., 2005; Liang et al., 2012)。同时,另一项类似工作也正在进行中,主要开展了环境胁迫因素对更广泛植物类型影响的建模工作,以分析这些因素在生态系统尺度上对植物的影响。例如,将紫外线对半干旱草原凋落物分解和氮循环的影响关系纳入生物地球化学模型的初步分析结果表明,在紫外线的影响下,各项生态变量指标均出现了一致性提高(Chen et al., 2016; Asao et al., 2018)。

参 考 文 献

Asao, S., Parton, W. J., Chen, M., and Gao, W. (2018). Photodegradation accelerates ecosystem N cycling in a simulated California grassland. *Ecosphere*, 9(8), e02370–1–e02370–18.

Bailey, V. L., Bond-Lamberty, B., DeAngelis, K., et al. (2017). Soil carbon cycling proxies: Understanding their critical role in predicting climate change feedbacks. *Global Change Biology*, 24(3), 1–11.

Ball, J. T., Woodrow, I. E., and Berry, J. A. (1987). A model predicting stomatal conductance its contribution to the control of photosynthesis under different environmental conditions. In *Progress in Photosynthesis Research*, vol. 4, ed. I. Biggins. Dordrecht: Martinees Nijhof, 22–4.

Baron, J. ed. (1992). *Biogeochemistry of a subalpine ecosystem: Loch Vale Watershed*. Ecological Study Series No. 90. New York: Springer Verlag.

Baron, J. S., Blett, T., Malm, W. C., Alexander, R., and Doremus, H. (2016). Protecting national parks from air pollution effects: Making sausage from science and policy. In *Science, Conservation, and National Parks*, ed. S. Beissinger, D. D. Ackerly, H. Doremus, and G. E. Machlis. Chicago: University of Chicago Press, 151–69.

Baron, J. S., Del Grosso, S., Ojima, D. S., Theobald, D. M., and Parton, W. J. (2004). Nitrogen emissions along the Colorado Front Range: Response to population growth, land and water use change, and agriculture. In *Ecosystems and Land Use Change*, ed. R. DeFries, G. Asner, and R. Houghton. Geophysical Monograph Series 153. Washington, DC: American Geophysical Union, Wiley, 117–27.

Baron, J., Norton, S. A., Beeson, D. R., and Hermann, R. (1986). Sediment diatom and metal stratigraphy from Rocky Mountain lakes with special reference to atmospheric deposition. *Canadian Journal of Fisheries and Aquatic Science*, 43, 1350–62.

Baron, J. S., Rueth, H. M., Wolfe, A. M., et al. (2000). Ecosystem responses to Nitrogen deposition in the Colorado Front Range. *Ecosystems*, 3, 352–68.

Beltrán-Przekurat, A., Pielke Sr., R. A., Eastman, J. L., Coughenour, M. B. (2012). Modeling the effects of land-use/land-cover changes on the near-surface atmosphere in southern South America. *International Journal of Climatology*, 32, 1206–25.

Bernhard, G., Dahlback, A., Fioletov, V., et al. (2013). High levels of ultraviolet radiation observed by ground-based instruments below the 2011 Arctic ozone hole. *Atmospheric Chemistry and Physics*, 13, 10573–90.

Betts, R. A., Cox, P. M., Lee, S. E., and Woodward, F. I. (1997). Contrasting physiological and structural vegetation feedbacks in climate change simulations. *Nature*, 387, 796–9.

Bigelow, D. S., Slusser, J. R., Beaubien, A. F., and Gibson, J. H. (1998). The USDA Ultraviolet Radiation Monitoring Program. *Bulletin of the American Meteorological Society*, 79(4), 601–15.

Boot, C. M., Hall, E. K., Denef, K., and Baron, J. S. (2016). Long-term reactive nitrogen loading alters soil carbon and microbial community properties in a subalpine forest ecosystem. *Soil Biology and Biochemistry*, 92, 211–20.

Bowman, W. D., and Steltzer, H. (1998). Positive feedbacks to anthropogenic nitrogen deposition in Rocky Mountain alpine tundra. *Ambio*, 27(7), 514–17.

Brand, D., Wijewardana, C., Gao, W., and Reddy, K. R. (2016). Interactive effects of carbon dioxide, low temperature, and ultraviolet-B radiation on cotton seedling root and shoot morphology and growth. *Frontiers of Earth Science*, 10, 607–20.

Brown, L. F., and Trlica, M. J. (1977). Interacting effects of soil water, temperature, and irradiance on CO_2 exchange rates on two dominant grasses of the short-grass prairie. *Journal of Applied Ecology*, 14, 197–204.

Burns, D. A. (2004). The effects of atmospheric nitrogen deposition in the Rocky Mountains of Colorado and southern Wyoming, USA: A critical review. *Environmental Pollution*, 127(2), 257–69.

Chang, N., Feng, R., Gao, Z., and Gao, W. (2010). Skin cancer incidence is highly associated with ultraviolet-B radiation history. *International Journal of Hygiene and Environmental Health*, 213(5), 359–68.

Chase, T. N., Pielke Sr., R. A., Kittel, T. G. F., Baron, J. S., and Stohlgren, T. J. (1999). Potential impacts on Colorado Rocky Mountain weather due to land use changes on the adjacent Great Plains. *Journal of Geophysical Research*, 104, 16673–90.

Chen, D. X., and Coughenour, M. B. (1994). GEMTM: A general model for energy and mass transfer at land surfaces and its application at the FIFE sites. *Journal of Agricultural and Forest Meteorology*, 68, 145–71.

Chen, D. X., Coughenour, M. B., Owensby, C., and Knapp, A. (1993). Mathematical simulation of C4 grass photosynthesis in ambient and elevated CO_2. *Ecological Modeling*, 73, 63–80.

Chen, D. X., Hunt, H. W., and Morgan, J. A. (1996). Responses of a C3 and C4 perennial grass to CO_2 enrichment and climate change: Comparison between model predictions and experimental data. *Ecological Modeling*, 87, 11–27.

Chen, M., Parton, W. J., Adair, E. C., Asao, S., Hartman, M. D., and Gao, W. (2016). Simulation of the effects of photodecay on long-term litter decay using DayCent. *Ecosphere*, 7, e01631.

Cole, C. V., and Heil, R. D. (1981). Phosphorus effects on terrestrial nitrogen cycling. In *Terrestrial Nitrogen Cycles: Processes, Ecosystem, Strategies and Management Impacts*, ed. F. E. Clark and T. Rosswall. Ecological Bulletin, 33. Stockholm: Swedish Natural Science Research Council, 363–74.

Coleman, D. C., Reid, C. P. P., and Cole, C. V. (1983). Biological strategies of nutrient cycling in soil systems. *Advances in Ecological Research*, 13, 1–55.

COMET-Farm (2018). What is Comet Farm? USDA, NRCS, Natural Resource Ecology Laboratory, Colorado State University. http://cometfarm.nrel.colostate.edu (accessed July 31, 2018).

Conant, R. T., Cerri, C. E. P., Osborne, B. B., and Paustian, K. (2016). Grassland management impacts on soil carbon stocks: A new synthesis. *Ecological Applications*, 27, 662–8.

Corr, C. A., Krotkov, N., Madronich, S., et al. (2009). Retrieval of aerosol single scattering albedo at ultraviolet wavelengths at the T1 site during MILAGRO. *Atmospheric Chemistry and Physics*, 9(15), 5813–5827.

Coughenour, M. B. (1978). Grassland sulfur cycle and ecosystem responses to low-level SO_2. PhD dissertation, Colorado State University.

  (1981). Sulfur dioxide deposition and its effect on a grassland sulfur-cycle. *Ecological Modeling*, 13, 1–16.

  (1984). A mechanistic simulation analysis of water use, leaf angles, and grazing in East African graminoids. *Ecological Modeling*, 26, 203–20.

Coughenour, M. B., and Chen, D. X. (1997). An assessment of grassland ecosystem responses to atmospheric change using linked ecophysiological and soil process models. *Ecological Applications*, 7, 802–27.

Coughenour, M. B., Dodd, J. L., Coleman, D. C., and Lauenroth, W. K. (1979). Partitioning of carbon and SO_2 sulfur in a native grassland. *Oecologia*, 42, 229–40.

Coughenour, M. B., Kittel, T. G. F., Pielke Sr., R. A., and Eastman, J. (1993). Grassland/atmosphere response to changing climate: coupling regional and local scales. Final report to US Department of Energy. DOE/ER 60932-3.

Coughenour, M. B., McNaughton, S. J., and Wallace, L. L. (1984). Modeling primary production of perennial graminoids: Uniting physiological processes and morphometric traits. *Ecological Modeling*, 23, 101–34.

Coughenour, M. B., and Parton, W. J. (1995). Integrated mode models of ecosystem function: A grassland case study. In *Global Change and Terrestrial Ecosystems*, ed. B. H. Walker and W. L. Steffen. Cambridge: Cambridge University Press.

Coughenour, M. B., Parton, W. J., Lauenroth, W. K., Dodd, J. L., and Woodmansee, R. G. (1980). Simulation of a grassland sulfur-cycle. *Ecological Modeling*, 9, 179–213.

Detling, J. K., Parton, W. J., and Hunt, H. W. (1978). An empirical model for estimating CO_2 exchange of *Bouteloua gracilis* (H.B.K.) Lag. in the shortgrass prairie. *Oecologia*, 33, 137–47.

Eastman, J. L., Coughenour, M. B., and Pielke Sr., R. A. (2001a). The regional effects of CO_2 and landscape change using a coupled plant and meteorological model. *Global Change Biology*, 7, 797–815.

Eastman, J. L., Coughenour, M. B., and Pielke Sr., R. A. (2001b). Does grazing affect regional climate? *Journal of Hydrometeorology*, 2, 243–53.

Elser, J. J., Andersen, T., Baron, J. S., et al. (2009). Shifts in lake N:P stoichiometry and nutrient limitation driven by atmospheric nitrogen deposition. *Science*, 326 (5954), 835–7.

ENA (European Nitrogen Assessment) (2018). Nitrogen in Europe, Current Problems and Future Solutions. European Science Foundation. www.nine-esf.org/node/204/ENA.html (accessed July 31, 2018).

Farman, J. C., Gardiner, B. G., and Shanklin, J. D. (1985). Large losses of total ozone in Antarctica reveal seasonal ClO_X/NO_X interaction. *Nature*, 315, 207–10.

Farquhar, G. D., Von Caemmerer, S., and Berry, J. A. (1980). A biochemical model of photosynthetic CO_2 assimilation in leaves in C_3 species. *Planta*, 149, 78–90.

Galloway, J. N., Dentener, F. J., and Capone, D. G., et al. (2004). Nitrogen cycles: Past, present, and future. *Biogeochemistry*, 70(2), 1 3–226.

Gao, W., Slusser, J., Gibson, J., et al. (2001). Direct-Sun column ozone retrieval by the ultraviolet multifilter rotating shadow-band radiometer and comparison with those from Brewer and Dobson spectrophotometers. *Applied Optics*, 40 (19), 3149–55.

Grant, S. B., Azizian, M., Cook, P., et al. (2018). Factoring stream turbulence into global assessments of nitrogen pollution. *Science*, 359(6381), 1266–9.

Heckendorn, P., Weisenstein, D., Fueglistaler, S., et al. (2009). The impact of geoengineering aerosols on stratospheric temperature and ozone. *Environmental Research Letters*, 4(4), 045108.

Heitschmidt, R. K., Lauenroth, W. K., and Dodd, J. L. (1978). Effects of controlled levels of sulphur dioxide on western wheatgrass in a south-eastern Montana grassland. *Journal Applied Ecology*, 15, 859–68.

Holland, E. A., and Detling, J. K. (1990). Plant response to herbivory and below-ground nitrogen cycling. *Ecology*, 71(3), 1040–9.

Hutchinson, G. L., and Viets Jr. F. G. (1969). Nitrogen enrichment of surface water by absorption of ammonia from cattle feedlots. *Science*, 166, 5 4–15.

Innis, G. S., ed. (1978). *Grassland Simulation Model*. Ecological Studies, 26. New York: Springer.

IPCC (Intergovernmental Panel on Climate Change) (2018). Special Report on Global Warming of 1.5 °C (SR15). World Meteorological Organization and United Nations Environmental Program. www.ipcc.ch (accessed July 31, 2018).

Kittel, T. G. F., and Coughenour, M. B. (1988). Prediction of regional and local ecological change from global climate model results: A hierarchical modeling approach. In *Monitoring Climate for the Effects of Increasing Greenhouse Gas Concentrations*, ed. R. A. Pielke and T. G. F. Kittel. Fort Collins, CO. Cooperative Institute for Research in the Atmosphere, Colorado State University, 173–93.

Lauenroth, W. K., Bicak, C. J., and Dodd, J. L. (1979). Sulfur accumulation in western wheatgrass exposed to three controlled SO_2 concentrations. *Plant and Soil*, 53, 131–6.

Lauenroth, W. K., and Bradford, J. B. (2006). Ecohydrology and the partitioning AET between transpiration and evaporation in a semiarid steppe. *Ecosystems*, 9, 756–67.

Lauenroth, W. K., and Burke, I. C. (2008). *Ecology of the Shortgrass Steppe: A Long-Term Perspective*. New York: Oxford University Press.

Liang, X., Wu, Y., Chambers, R. G., et al. (2017). Determining climate effects on US total agricultural productivity. *Proceedings for the National Academy of Sciences of the United States of America (PNAS)*, 114(12), E2285–E2292.

Liang, X., Xu, M., Gao, W., et al. (2012). Physical Modeling of U.S. Cotton Yields and Climate Stresses during 1979 to 2005. *Agronomy Journal*, 104(3), 675–83.

Liston, G. E., and Pielke Sr., R. A. (2001), A climate version of the Regional Atmospheric Modeling System. *Theoretical Applied Climatology*, 68, 155–73.

McGill, W. B., Hunt, H. W., Woodmansee, R. G., and Reuss, J. O. (1981). Phoenix: A model of the dynamics of carbon and nitrogen in grassland soils. In *Terrestrial Nitrogen Cycles: Processes, Ecosystem, Strategies and Management Impacts*, ed. F. E. Clark and T. Rosswall. Ecological Bulletin, 33. Stockholm: Swedish Natural Science Research Council, 49–115.

Milchunas, D. T., and Lauenroth, W. K. (1995). Inertia in plant community structure: State changes after cessation of nutrient-enrichment stress. *Ecological Applications*, 5(2), 452–8.

Morris, K. A., Mast, M. A., Wetherbee, G., et al. (2014). *2012 Monitoring and Tracking Wet Nitrogen Deposition at Rocky Mountain National Park*. NPS Natural Resource Report NPS/NRSS/ARD/NRR-2014–757, 36.

Mosier, A. R., Parton, W. J., Martin, R. E., et al. (2008). Soil–atmosphere exchange of trace gases in the Colorado Shortgrass Steppe. In *Ecology of the Shortgrass Steppe: A Long-Term Perspective*, ed. W. K. Lauenroth and I. C. Burke. New York: Oxford University Press.

Narisma, G. T., Pitman, A. J., Eastman, J., Watterson, I. G., Pielke Sr., R., and Beltra'n-Przekurat, A. (2003). The role of biospheric feedbacks in the simulation of the impact of historical land cover change on the Australian January climate. *Geophysical Research Letters*, 30(22), 2168.

Narisma, G. T., and Pitman, A. J. (2004). The effect of including biospheric responses to CO_2 on the impact of land-cover change over Australia. *Earth Interactions*, 8(5), 1–28.

Ogle, S. M. (2014). Quantifying greenhouse gas sources and sinks from land use change. In *Quantifying Greenhouse Gas Fluxes in Agriculture and Forestry: Methods for Entity-Scale Inventory*, ed. M. Eve, D. Pape, M. Flugge, R. Steele, D. Man, M. Riley-Gilbert, and S. Biggar. Technical Bulletin 1939, July 2014. Washington, DC: US Department of Agriculture, 7.1–7.15.

Ogle, S. M., Breidt, F. J., and Paustain, K. (2005). Agricultural management impacts on soil organic carbon storage under moist and dry climatic conditions of temperate and tropical regions. *Biogeochemistry*, 72, 87–121.

Ojima, D. S., Schimel, D. S., Parton, W. J., and Owensby, C. E. (1994). Long- and short-term effects of fire on nitrogen cycling in tallgrass prairie. *Biogeochemistry*, 24(2), 67–84.

Parton, W. J. (1978). Abiotic section of ELM. In *Grassland Simulation Model*, ed. G. S. Innis. New York: Springer Verlag, 31–53.

Parton, W. J., Anderson, D. W., Cole, C. V., and Stewart, J. W. B. (1983). Simulation of soil organic matter formation and mineralization in semiarid agroecosystems. In *Nutrient Cycling in Agricultural Ecosystems*, ed. R. R. Lowrance, R. L. Todd, L. E. Asmussen, and R. A. Leonard. Special Publication No. 23. Athens, GA: University of Georgia, College of Agriculture Experiment Stations.

Parton, W. J., Coughenour, M. B., Scurlock, J. M. O., et al. (1996). Global grassland ecosystem modeling: Development and test of ecosystem models for grassland systems. In *Global Change: Effects on Coniferous Forests and Grasslands*, ed. A. I. Breymeyer, D. M. Hall, J. M. Melillo, and G. I. Agren. SCOPE 56. New York: John Wiley and Sons.

Parton, W. J., Schimel, D. S., Cole, C. V., and Ojima, D. S. (1987). Analysis of factors controlling soil organic matter levels in Great Plains Grasslands. *Soil Science Society of America Journal*, 51, 1173–9.

Paul, E. A., ed. (2014). *Soil Microbiology, Ecology, and Biochemistry*, 4th edn. San Diego, CA: Elsevier, Academic Press.

Paustian, K. (2014). Carbon sequestration in soil and vegetation and greenhouse gas emissions reduction. In *Global Environmental Change*, ed. B. Freedman. Dordrecht, Heidelberg, New York, London: Springer Reference, Springer, 399–406.

Pielke, R. A., Cotton, W. R., Walko, R. L., et al. (1992). A comprehensive meteorological modeling system: RAMS. *Meteorology and Atmospheric Physics*, 49, 69–91.

Pielke, R. A., Dalu, G., Snook, J. S., Lee, T. J., and Kittel, T. G. F. (1991). Nonlinear influence of mesoscale landuse on weather and climate. *Journal of Climate*, 4, 1053–69.

Pielke, R. A., Schimel, D. S., Lee, T. J., Kittel, T. G. F., and Zeng, X. (1993). Atmosphere-terrestrial ecosystem interactions: Implications for coupled modeling. *Ecological Modelling*, 67, 5–18.

Pielke, R. A., Walko, R. L., Steyaert, L. T., et al. (1999). The influence of anthropogenic landscape changes on weather in south Florida. *Monthly Weather Review*, 127, 1663–73.

Pinder, R. W., Davidson, E. A., Goodale, C. L., et al. (2012). Climate change impacts of US reactive nitrogen. *Proceedings of the National Academy of Sciences*, 109(20), 7671–5.

Pitman, A. J. (2003). The evolution of, and revolution in, land surface schemes designed for climate models. *International Journal of Climatology*, 23, 479–510.

Preston, E. M., O'Guinn, D. W., and Wilson, R. A., eds. (1981). The bioenvironmental impact of a coal-fired power plant. Sixth interim report, Colstrip, Montana, August 1980. Corvallis Environmental Research Laboratory Office of Research and Development, US Environmental Protection Agency, Corvallis, Oregon. EPA 600/3–81–007.

Qi, Y., Bai, S., Gao, W., and Heisler, G. M. (2003). Intra- and inter-specific comparisons of leaf UV-B absorbing-compound concentration of southern broadleaf tree in the United States. Proceedings of SPIE, Ultraviolet Ground- and Space-based Measurements, Models, and Effects II, 4896. http://doi:10.1117/12.466231.

Reddy, K. R., Kakani, V. G., Zhao, D., Koti, S., and Gao, W. (2004). Interactive effects of ultraviolet-B radiation and temperature on cotton physiology, growth, development and hyperspectral reflectance. *Photochemistry and Photobiology*, 79(5), 416–27.

Reddy, K. R., Kakani, V. G., Zhao, D., Mohammed, A. R., and Gao, W. (2003). Cotton responses to ultraviolet-B radiation: Experimentation and algorithm development. *Agricultural and Forest Meteorology*, 120, 249–65.

Reddy, K. R., Patro, H., Lokhande, S., Bellaloui, N., and Gao, W. (2016). Ultraviolet-B radiation alters soybean growth and seed quality. *Food and Nutrition Sciences*, 7, 55–66.

Reddy, K. R., Singh, S. K., Koti, S., et al. (2013). Quantifying the effects of corn growth and physiological responses to ultraviolet-B radiation for modeling. *Agronomy Journal*, 105(5), 1367–77.

Rigby, M., Park, S., Saito, T., et al. (2019). Increase in CFC-11 emissions from eastern China based on atmospheric observations. *Nature*, 569, 546–50.

Rueth, H. M., Baron, J. S., and Allstott, E. J. (2003). Responses of Engelmann spruce forests to nitrogen fertilization in the Colorado Rocky Mountains. *Ecological Applications*, 13(3), 664–73.

Sala, O. E., Lauenroth, W. K., and Parton, W. J. (1992). Long-term soil-water dynamics in the shortgrass steppe. *Ecology* 73, 1175–81.

Schimel, D. S. (1986). Carbon and nitrogen turnover in adjacent grassland and cropland ecosystems. *Biogeochemistry*, 2(4), 345–57.

Schimel, D. S., Kittel, T. G. F., and Parton, W. J. (1991). Terrestrial biogeochemical cycles: global interactions with the atmosphere and hydrology. *Tellus A: Dynamic Meteorology and Oceanography*, 43, 188–203.

Schimel, D. S., Parton, W. J., Adamsen, F. J., et al. (1986). Role of cattle in the volatile loss of nitrogen from a shortgrass steppe. *Biogeochemistry*, 2, 39–52.

Schimel, D. S., Stillwell, M. A., and Woodmansee, R. G. (1985). Biogeochemistry of C, N, and P in a soil catena of the shortgrass steppe. *Ecology*, 66(1), 27 –82.

Senft, R. L., Coughenour, M. B., Bailey, D. W., et al. (1987). Large herbivore foraging and ecological hierarchies. *BioScience*, 37, 789–99.

Shindell, D. T., Rind, D., and Lonergan, P. (1998). Increased polar stratospheric ozone losses and delayed eventual recover owing to increasing greenhouse-gas concentrations. *Nature*, 392, 589–92.

Simkin, S. M., Allen, E. B., Bowman, W. D., et al. (2016). Conditional vulnerability of plant diversity to atmospheric nitrogen deposition across the United States. *Proceedings of the National Academy of Sciences*, 113(15), 4086–91.

Singh, B., Norvell, E., Wijewardana, C., Wallace, T., Chastain, D., and Reddy, K. R. (2018). Assessing morpho-physiological characteristics of elite cotton lines from different breeding programs for low temperature and drought tolerance. *Journal of Agronomy and Crop Science*, 1–10. http://doi:10.1111/jac.12276.

Solomon, S., Ivy, D. J., Kinnison, D., Mills, M. J., Neely, R. R., and Schmidt, A. (2016). Emergence of healing the Antarctic ozone layer. *Science*, 353(6296), 269–74.

Sun, Z., Davis, J., and Gao, W. (2015). Combined UV irradiance from TOMS-OMI satellite and UVMRP ground measurements across the continental US. Proceedings of SPIE, Remote Sensing and Modeling of Ecosystems for Sustainability XII, 9610, 961004. http://doi:10.1117/12.2188760.

Sutton, M. A., Oenema, O., Erisman, J. W., et al. (2011). Too much of a good thing. *Nature*, 472(7342), 159.

Vitousek, P. M., Aber, J. D., Howarth, R. W., et al. (1997). Human alteration of the global nitrogen cycle: Sources and consequences. *Ecological Applications*, 7(3), 737–50.

Von der Gathen, P., Rex, M., Harris, N. R. P., et al. (1995). Observation evidence for chemical ozone depletion over the Arctic in winter 1991–92. *Nature*, 375, 131–4.

Walko, R. L., Band, L. E., Baron, J., et al. (2000), Coupled atmosphere-biophysics-hydrology models for environmental modeling. *Journal of Applied Meteorology*, 39, 931–44.

Wallenstein, M. D., and Hall, E. K. (2012). A trait-based framework for predicting when and where microbial adaptation to climate change will affect ecosystem functioning. *Bioegeochemistry*, 109, 35–47.

Westhoek, H., Lesschen, J. P., Rood, T., et al. (2 14). Food choices, health and environment: effects of cutting Europe's meat and dairy intake. *Global Environmental Change*, 26, 196–205.

Wijewardana, C., Reddy, K. R., Shankle, M. W., Meyers, S., and Gao, W. (2018). Low and high-temperature effects on sweetpotato storage root initiation and early transplant establishment. *Scientia Horticulturae*, 240, 38–48.

Williams III, G. J., and Kemp, P. R. (1978). Simultaneous measurement of leaf and root gas exchange of shortgrass prairie species. *International Journal of Plant Sciences*, 139, 150–7.

Woodmansee, R. G. (1975). Sulfur in grassland ecosystems. *Sulfur in the Environment*. In W. M. Klein, J. G. Severson, Jr., and H. S. Parker. St. Louis: Missouri Botanical Garden, 134–40.

(1978). Additions and losses of nitrogen in grassland ecosystems. *Bioscience*, 28(7), 448–53.

Woodmansee, R. G., Dodd, J. L., Bowman, R. A., Clark, F. E., and Dickinson, C. E. (1978). Nitrogen budget of a shortgrass prairie ecosystem. *Oecologia*, 34(3), 363–76.

Wu, Y., Liang, X., and Gao, W. (2015). Climate change impacts on the U.S. agricultural economy. Proceedings of SPIE, Remote Sensing and Modeling of Ecosystems for Sustainability XII, 9610, 96100J. http://doi:10.1117/12.2192469.

Xu, M., Liang, X.-Z., Gao, W., and Krotkov, N. (2010). Comparison of TOMS retrievals and UVMRP measurements of surface spectral UV radiation in the United States. *Atmospheric Chemistry and Physics*, 10, 8669–83.

Xu, M., Liang, X.-Z., Gao, W., Reddy, K. R., Slusser, J., and Kunkel, K. (2005). Preliminary results of the coupled CWRF-GOSSYM system. Proceedings of SPIE, Remote Sensing and Modeling of Ecosystems for Sustainability II, 5884, 588409. http://doi:10.1117/12.621017.

Zhang, H., Wang, J., Garcia, L. C., et al. (2019). Surface erythemal UV irradiance in the continental United States derived from ground-based and OMI observations: Quality assessment, trend analysis and sampling issues. *Atmospheric Chemistry and Physics*, 19(4), 2165–81.

第九章　生态系统中的人类

戴维·M. 斯威夫特、兰德尔·B. 布恩、迈克·B. 科夫努尔和
格雷戈里·纽曼

第一节　引　言

在生态学开始成为一门专业学科时,其从业者主要专注于没有或少量人为干预的自然生态系统;生态系统生态学的初始阶段也是如此。美国国际生物计划(IBP)中考虑的最不"自然"的生物体是牛,它们被纳入了草原生物群区研究中。最初,如果人类被考虑进去,那也是作为一种外部的、干扰性力量。这在当时可能是一个好方法,因为即使不考虑人类,所研究的系统也足够复杂,给新学科带来了艰巨的挑战。然而,随着时间的推移,人们越来越清楚地认识到,实际上大多数生态系统中都有人类参与其中。我们可以预期会有两个方向的影响:从人类部分到非人类部分,反之亦然。此外,如果生态系统生态学要产生重大的社会影响,我们就必须开始研究包括人类在内的生态系统,并将人类作为系统的组成部分。本章追溯了"生态系统中的人类"这一思想的发展,包括从其最初到现在的发展,着重对发展过程中里程碑式的事件进行了概述。

图9-1为生态系统与人类关系发展主线示意图。首先,研究对象从纯自然系统转向以人类主导的生态系统,这为生态系统生态学家带来了两个新的发展方向:第一个发展方向是针对农业生态系统,正如自然资源生态实验室(NREL)基思·保斯蒂安的描述:"在大麦田里发现生态学家是可以接受的(摘自个人通讯)"。另一个方向是研究包含人类的生态系统,并将其视为生态系统的一部分,

而非外部力量。

随着我们研究了越来越多的有人类参与的生态系统,并与人们讨论了他们对所居住的系统的利用以及他们对这个系统如何运行的想法,我们对让当地人参与科学过程产生了越来越大的兴趣,包括从研究问题的提出到知识的共同创造。这也使得我们对了解那些当地人认为重要的生态系统服务越来越感兴趣。

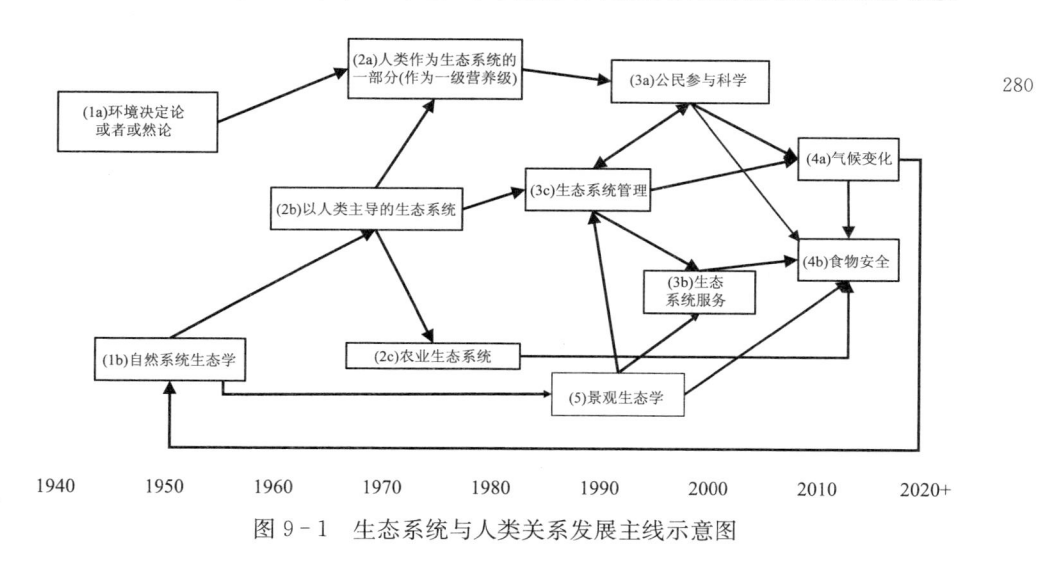

图9-1 生态系统与人类关系发展主线示意图

20世纪80年代,地理信息系统(GIS)的日益广泛使用和计算机技术的进步,使生态学家能够摆脱传统的空间束缚,开始跨空间研究生态系统,由此诞生了景观生态学。最近,景观生态学的思想已经被应用到生态系统服务的研究中,使我们能够了解人们感兴趣的那些生态系统服务是如何在整个景观中产生的。

同时,随着气候变化成为社会关注的焦点,人们对其认识不断深化,加之农业生态系统研究、景观生态学、公民科学以及对可持续性的兴趣与日俱增,促使人们对粮食安全分析产生了兴趣。

图9-1中的框3c展示了生态系统管理与本章讨论的其他内容之间的关系。本章没有明确讨论生态系统管理这一主题,因第七章中包含了相关内容,所以本章仅对它与其他内容的相互关系进行了论述。

图9-1中的框4b的内容为粮食安全。随着全球范围内民众对气候变化的

日益关注、对科学问题的日益参与、对理解和管理农业生态系统兴趣的增加,粮食安全成为研究热点之一,但本章未涉及相关内容,而是在第十三章中予以讨论。

第二节　将人类纳入生态系统:南图尔卡纳生态系统项目

南图尔卡纳生态系统项目开始于1981年。两个重要的思想流派促成了项目的立项,并为分析和理解肯尼亚西北部图尔卡纳人的生态和社会提供了方法。当然,其中之一是我们在整体研究生态系统(生态系统科学和生态系统方法)方面的经验;第二个是人类学中的一个概念,即生态决定论、地理决定论或文化决定论。虽然这个概念以各种表现形式出现,有些还受到强烈的批评,但吸引我们生态学家的是,人们的社会和文化受到他们生活的生态系统及其所带来的压力和机会的强烈影响。无一例外,当向其他生态学家提出这个想法时,他们的回应也是肯定的。

与众多科学事业相似,偶然性在这个项目起始阶段发挥了重要作用。在我们提议开展南图尔卡纳生态系统项目研究之前,吉姆·埃利斯和戴维·斯威夫特均是科罗拉多州立大学人类学硕士研究生,服务于凯瑟琳·高尔文学位委员会。凯瑟琳·高尔文也对东非畜牧业的社会与生态研究很感兴趣,因此,我们所有人都阅读所能收集到的所有文献,并制定东非畜牧业体系的研究计划。文献中最有帮助的是来自纽约州立大学宾厄姆顿分校的内维尔·戴森·哈德森(Neville Dyson-Hudson)的论文。他写了大量关于乌干达卡拉莫宗的文章,并参与了1968~1970年英格兰皇家地理学会的南图尔卡纳探险。内维尔在这两个地方都做过实地工作,开始非常坚定地相信,他在这些民族的文化和社会中观察到的特征,已经发展成为对在干旱和不可预测的环境中牲畜饲养者生活变迁的适应性反应。1979年,内维尔到访自然资源生态实验室,询问是否愿意共同开展合作,提出一项关于南图尔卡纳人及他们的生态系统研究的项目申请。实验室同意了他的合作建议,并开始向美国国家科学基金会提出申请建议,并于

1981年成功得到了生态系统和人类学项目的初期为两年的资助。之后资金资助一直持续到1992年。

在项目研究的11年里,我们追踪了在整个系统中从植物到牲畜再到人类流动及进入系统外人类食物中相当小一部分的能量和氮(Coughenour et al.,1985),估算了动物、人类生长繁殖过程中所需的能量和氮平衡量(Coppock et al.,1986a;Galvin,1992;Galvin and Little,1999;Galvin et al.,1999),得到了出乎意料的结果:或许能量流向人类的最主要途径,是从紫背草到骆驼,再经过骆驼奶最后到人类。从数量上看,骆驼在图尔卡纳人的饮食中比牛更重要,即便之前图卡纳人认为自己是"牛人"而非"骆驼人"。

图尔卡纳人所使用的保持牲畜种类多样化技术的重要性也逐渐被人所知晓。图尔卡纳人饲养的五种牲畜(牛、骆驼、绵羊、山羊和驴)的不同饮食结构通过生态位的最大化分离,确保了物种间最小的竞争关系(Coppock et al.,1986a)。这意味着所有草食动物的生态位均被填满,以确保本地的任何植物都可以为其中至少一种牲畜提供食物供给,从而为牧民的福祉做出贡献。家畜种类的多样性工作也带来了众多就业机会,如幼龄儿童可以放羊,较大龄的青少年和成年人可以安心看管骆驼和牛,从而为畜牧业做出自己的贡献。

项目还能证明,系统中存在两种基本上独立的能量流动和氮流动路径,这两种路径具有差异化的时间动态,且对人们的福祉具有不同的贡献。一条路径是在短暂的雨季之后从草到食草动物再到人的传输路径,此路径具有供给时间短、效率高的特点(Coppock et al.,1986b);第二条路径是从灌木到食草动物再到人类,此路径的供给时间较长,并且在不同年份之间的变化较小,但其单位时间内处理的能量不如以草为基础的路径多。以草为基础的路径是一种生长或生产途径,而以灌木为基础的路径则是生存途径。我们将这两者分别称为脉冲最大化途径和脉冲衰减途径,因为它们转化当地的脉冲型雨水并使之进入人类食物的方式不同(Swift et al.,1996)。

也许从这个项目得出的最重要的生态学洞见是非平衡系统的理念(Ellis and Swift,1988)。基本思想是在年际降雨量变化大、干旱频繁而绵长的大多数系统中,系统动力学并不能很好地被传统的系统范式所描述。传统范式围绕着某个平衡状态发生变化,而且其结构是由系统各组分间的强大的负反馈网络来维持的。相反,我们觉得这个系统几乎完全由自身非生物驱动因素及可变性控制。因此,在大多数其他变量较小的系统中发现的负反馈,要么不存在,要么很少被激活。在我们看来,这两类生态系统在动力学上存在质的差异,需要采取不同的管理方法。

我们认为,我们还驳斥了长期以来的一种信念,即自给自足的畜牧业是一种固有的破坏性系统,主要是由于非理性的"东非牛群难题"(East African cattle complex),以及将草原当作共有资源的客观事实,将不可避免地导致草原退化和破坏(Herskovits,1926)。相反,放牧被证明是一种合理的土地利用形式,它可以通过增加放牧流动性来应对整个景观中资源丰度的时空变化(Coughenour,2012)。草原等自然资源远远不是"人人免费"的公地,资源利用应受到相关规范的约束,如特定群体在特定时间的放牧和用水权。

项目的另一个观点是,社会和文化在多大程度上受自身发展环境的影响。这是一个没有得到很好的解决的问题,许多人类学家仍然对这一观点持怀疑态度。本章无意在此解决这一问题,而只是指出东非牧区社会所特有的许多传统的适应值。

大多东非牧区社会都有共同的文化传统和社会特征,包括牧民试图最大限度地增加牲畜积累、实行一夫多妻制、要求支付"新娘彩礼"给准岳父以获得结婚许可、"互惠式乞讨"牲畜或其他形式的内部牲畜再分配,以及当地群落成员之间高度的个人自由。这些做法在东非牧区社会普遍存在,这也许只是巧合,但此类做法似乎具有显著的适应值。因此,我们必须考虑到,以下是它们可能存在的原因:

• 牲畜积累。许多东非牧区系统处于非平衡的生态系统中,因此会受到大量与牧群密度无关的牲畜损失。还有一些牲畜虽然处于潜在的平衡生态系统中,但仍然处于危险中,如牲畜可能因疾病或人为袭击而损失。大量牲畜积累,对这种不确定性起到了对冲效果,确保了在发生牲畜灾难时,牧群主仍有足够的牲畜数量来恢复。从本质上讲,这是一种降低风险的方法,也是牧民采用的许多方法之一,比如分群放牧和维持多样化的牧群。

• 一夫多妻制。这种做法能使牧民增加其子女数量,满足畜牧发展所需的劳动力,通过成为牧民、水资源收集者(water gatherers)和安全代理人,来确保

第九章 生态系统中的人类

草原的成功管理。拥有大量劳动力可以使牧群主人最大限度地增加其牲畜数量。

- 新娘彩礼。一个男人用他的牲畜向他未来的岳父支付新娘要求的彩礼，证实了他是一个智慧的牲畜管理者，能够为自己和他的新婚妻子提供持续的支持。在图尔卡纳，传统的新娘彩礼非常高，新郎常通过向亲友借钱完成支付。如果亲友对借款人的还款能力有信心，则此类借款更容易获得，而不称职的牧民经常因新娘彩礼无法支付，而被牧民社会所淘汰。当地的农业或渔业地区居民基本是被淘汰的牧民，他们大多被迫迁移至此。

- 互惠式乞讨。该词的含义略带贬义，通常被用来形容牧民向亲友索取牲畜作为借款或礼物的习俗。这是一种降低风险和社会保障的形式。因为在危险的环境中，牲畜群灭绝很常见，而且缺乏像美国那种制度化的救灾体系。大多数牧区牧民借助这种方式在同伴之间形成了错综复杂的义务网，几乎每个牧民都有许多其他人的牛、羊、骆驼或山羊，同样其他人也有他的牲畜。当一个人遭受严重的牲畜损失时，他可以收回他的"贷款"，以用来恢复和补充畜群。在图尔卡纳，这种索取牲畜或货物的习惯，已成为一种普遍的行为，并被当地社会所接受。例如，可能会碰到一个年轻的图尔卡纳小伙子走近吉姆·埃利斯说："给我一辆自行车。"

- 当地群落成员之间高度的个人自由。显然，这代表了我们对图尔卡纳社会特征的个人看法。虽然图尔卡纳有关于如何获得水和牧草的规定，但这些规定通常用于当地圈子之外的人。在当地圈子内部，每个人都可以自由决定饲养什么牲畜、在哪里放牧，以及如何处理它们。因此，在系统内部，随时都有许多不同的策略在发挥作用。这对于牧群发展很有帮助，因为如果某些因素导致一种策略失败，那么其他策略可能会成功。这实际上是一种风险分散的形式，与上面提到的"互惠式乞讨"共同发挥作用。与"互惠式乞讨"相似，这一社会特征已经超越了牲畜管理的范畴，以至于图尔卡纳人很少对别人指手画脚。

第三节　南图尔卡纳生态系统项目的后续工作

一、快速变化压力下的马赛牧民营养状况评价

到 2000 年,东非牧区系统的变化速度明显加快,包括:①生计多样化,特别是对农业的依赖增加;②牧民无论是作为销售者还是消费者,越来越多地参与到市场经济中;③拥有更多机会获得人类和兽医保健服务;④景观破碎化和牧民定居化程度提高。为确定这些快速变化对肯尼亚卡加多县马赛牧民营养状况的影响,项目还开展了一项研究(Galvin et al. , 2015),对马赛牧民营养状况进行了评估,并与 1930～2000 年的研究成果进行了比较。结果表明,马赛牧民的营养状况很差,而且一直很差,尽管近期他们得到了更好的兽医护理和市场整合等帮助,但结果依然如此。上述这些变化的潜在效益显然被人口增加和流动性下降所抵消。

二、将牧区系统的经验应用于现实问题

1. IMAS 和 POLEYC 项目

通过南图尔卡纳生态系统项目的实施,对东非半干旱畜牧系统动态和牧民社会组织有了基本了解,但相关结果是否能够实际应用于解决东非畜牧社会所面临的问题,尚有待观察。但是,由美国国际开发署全球牲畜合作研究支持计划(GL-CRSP)资助的两个项目,给了我们解决这些问题的机会。第一个是 IMAS 项目,由迈克·科夫努尔和凯瑟琳·高尔文领导的"集成建模和评估系统研究"(Integrated Modeling and Assessment System),研究周期为 1997～2001 年;第二个是 POLEYC 项目,主题是基于牲畜的生计和生态系统保护的政策选择(Policy Options for Livestock-based livelihoods, and EcosYstem Conservation-2001-2),由吉姆·埃利斯和戴维·斯威夫特负责。

这些项目旨在协助东非的管理者和其他利益相关者,在有牧民居住的且野

生动物资源丰富的生态系统中,平衡粮食安全、野生动物保护和生态系统完整性之间的关系。项目在两个主要研究地点开展研究,其中一个是肯尼亚的卡贾多地区,包括安波塞利国家公园;另一个是属于坦桑尼亚的与塞伦盖蒂国家公园毗邻的恩戈罗恩戈罗保护区(Ngorongoro Conservation Area,NCA)。两个地区都存在乡村土地开发利用与野生动物保护之间的现实冲突或潜在矛盾,并且两个地方都位于从肯尼亚南部到坦桑尼亚北部的马赛草原范围内,属于马赛人传统领地。恩戈罗恩戈罗保护区是一个多用途的特殊保护区,也是一个可以保留原住民习俗并与野生动物共存的地方。不幸的是,传统的乡村土地利用格局已经改变。随着当地人口增加,与野生动物冲突的可能性正在增加。由于发展集体牧场的需要,卡贾多地区的牧场设立了边界,这使该地区传统的开放性的土地利用格局发生了改变。此举导致了景观的破碎化,限制了传统牧民及他们的牲畜的自由迁徙。对牧民来说,限制迁徙尤其成为问题,因为在旱季或降雨不均的情况下,大范围的自由迁徙对他们的生存至关重要。

这些项目使用了SAVANNA模拟系统,用以解决两个研究区所关注的问题。SAVANNA是在南图尔卡纳生态系统项目期间首次开发的空间显性生态系统模型(spatially explicit ecosystem model),模拟了整个景观中的植物生产、畜牧量、牲畜分布,以及牲畜和野生动物的状况和生产力(Coughenour,1992,2012;Weisberg et al.,2006)。本项目使用的SAVANNA模拟系统,包含了SAVANNA模型本身(Boone et al.,2002,2006)、一个动物疾病模型(animal disease model),以及牧民家庭社会经济模型(pastoral household socioeconomic model,PHEWS;Thornton et al.,2003;Galvin et al.,2004),且各个模型之间是动态关联的。关于SAVANNA模拟系统的详细描述,见第四章和第六章。

项目利用SAVANNA模拟系统,在恩戈罗恩戈罗保护区研究站点,评估了降雨减少、改善兽医护理、允许或限制保护区关键区域放牧、改造非功能性水源、人口增长以及增加保护区内耕作面积等可能的系列变化因素对野生动物和家畜的影响。

最引人注目的结果预测,包括以下内容:

(1)兽医护理条件的改善,将增加马赛人出售或屠宰牲畜的数量。

(2)人口以目前3%的速度增长,在15年内将增加50%,所需的耕作面积也将增加约50%。

（3）野生动物和牲畜的数量均未受到太大影响，这对野生动物是有利的，但对马赛人来说是个问题，因为人均牲畜量将持续下降。如果马赛人要继续依靠自有牲畜生存，则必须维持足够的人均牲畜量。但由于人类的数量将会持续增加，稳定的牲畜数量将导致这一比例下降到难以接受的水平。

（4）保护区内耕作面积的增加量控制在5%时，对牲畜和野生动物种群的影响最小，但对马赛人的营养状况可能产生显著的正面影响。随着人口增加、人均牲畜量下降，这一点将变得特别重要。

在卡贾多研究点，项目组对比了传统自由放牧条件下整个区域的牲畜数量与将迁徙限制在单个群体牧场或其他区域时的牲畜数量，发现在所有情况下，限制迁徙均对牲畜种群产生了强烈的负面影响。

这些模型实验的结论已被传递给马赛人及两个研究区域的所有利益相关者，为他们在做出政策或管理决策时提供了参考。

美国国际开发署要求采用以需求为导向的方法，而这需要得到利益相关者的支持。因此，我们举办了许多研讨会，并邀请各种利益相关者参会，包括牧民、野生动物管理机构（如肯尼亚野生动物局、坦桑尼亚野生动物管理局、肯尼亚国家公园、坦桑尼亚国家公园管理局）、当地大学研究人员、国际牲畜研究组织的研究人员、旅游从业者、农业机构和国际保护团体。我们会见了这些机构和团体的代表，以获得他们的帮助来定量确定适当的模型开展研究，并评估和选择潜在的研究地点，但要求这些研究地点存在野生动物与牲畜之间的严重冲突。

集成建模和评估系统研究（IMAS）项目是以综合评估理念为基础，研究方法不仅涉及生态系统和人类活动过程的整体系统模型，还涉及来自各种学科（如土壤和植被生态学、野生动物生态学、田园生态学、兽医科学、人类学）的知识整合及相关领域研究活动。这是一种真正的全系统方法。这种方法的目的是，直接或间接地整合系统各部分之间相互作用的知识，然后在牲畜和野生动物的需求之间找到最佳平衡。这需要对特定的互动模式进行分析和基于过程的建模。例如，对牧草的竞争、疾病传播、野生动物损害以及对牲畜和作物的掠夺进行分析。此外，通过这种全系统综合评估方法，可以确定各种替代政策与管理实践的效益和成本。

2. 草原破碎化对野生动物、牲畜和人类的影响

近期存在一种趋势,即将牧民的传统土地保有模式调整为涉及更多私人所有权的替代形式,这是因为人们普遍担心使用公共土地会导致土地退化(如公地悲剧;Hardin,1968)。这通常涉及集体牧场的形成,然后细化分配到户,使牧民的流动性被限制在细分单元内。自由放养的牲畜,依赖于获得整个景观上的各种资源,包括水源、遮蔽物和提供不同食物数量的牧草地块。由属地化的单元组成的景观,使牲畜的自由移动面临风险,这又会威胁到牧民的福祉。自然资源生态实验室已故的科学家詹姆斯·埃利斯(Coughenour et al.,2004)曾组织一个大型团队(后来由 N. T. 霍布斯领导),提议就破碎化对四大洲 22 个研究地点的草原及其居民的影响进行研究。这项研究取得了一些成果。例如,桑顿(Thornton et al.,2006)在肯尼亚卡加多模拟了这种土地破碎化和分配到户对牲畜数量、粮食安全的影响,并得出以下结论:这种分配到户导致牲畜数量大幅减少的部分原因,是牧民不得不出售牲畜获取现金用于购买非牧业食品。从长远来看,牲畜数量的减少,对随后的现金流和粮食安全产生了不利影响,这种应对措施是不可持续的,被称为"贫困螺旋"(poverty spiral)。

布恩等(Boone et al.,2005)曾提出,由于牧民及其牧群失去了响应性的流动性,分配到户制度可能导致集体牧场可承载的牲畜数量减少。他们在假设的不同细化分配程度的前提下,对卡贾多地区的各种集体牧场所能承载的牲畜数量进行了模拟。该模型表明,假设将牧场分割成 1 平方千米的地块,与没有分割且牧民可自由放牧的牧场相比,该牧场对牛的承载数量将降低 25%。因此,分配到户制度导致流动性降低进而影响了牲畜数量,之后牧民又需要出售牲畜以换取用于购买非牧业食品的资金,进一步使牲畜数量减少。

该项目取得了一些额外成果,包括研究了破碎化对澳大利亚草原的影响(如 Stokes et al.,2006)、对蒙古国恶劣天气影响的启示(Begzsuren et al.,2004),以及东非地区的综合模拟(Galvin et al.,2006)。项目最终形成了两个主要成果:一本综合了许多研究结果的专业书籍(Galvin et al.,2008)和一份综合研究概要(Hobbs et al.,2008)。

第四节 服务于大平原牧场主的关于生长季节产量的早期预测

目前,自然资源生态实验室高级研究员威廉·J. 帕顿和一个合作团队正致力于开发一种基于模型的系统——Grass-Cast 模型,该系统可以在生长季节对大平原的牧草产量进行早期(春季)预测。

该系统旨在帮助牧民通过购买或销售牲畜来调整存栏率,以匹配预期的牧草产量。从 2018 年 5 月开始,牧民和其他人都可以在科罗拉多州立大学网站上获得预测结果。最近的降水数据被纳入系统的预测中,每两周在网站更新一次,直到当年的 7 月底。牧民以及涉及该地区土地管理的联邦机构,对想在网站看到的信息类型提出大量实质性的建议。

第五节 生态系统服务:埃塞俄比亚贝尔山脉的空间分布

将人类作为生态系统的组成部分,并参与土地管理过程,使人们对生态系统服务评价产生了更大的兴趣。来自自然资源生态实验室和其他地方的科学家一直在埃塞俄比亚贝尔山区工作,以更好地理解植物所提供的服务在空间上是如何分布的,以及哪些服务由于气候变化和人类压力而变得脆弱(Luizza et al.,2013)。

该地区植被的特点是,在山区所有九种已确定的植被类型中设置经过改进的惠特克(Whittaker)样地(Barnett and Stohlgren,2003)。各种植物物种提供的服务,是通过对当地奥罗莫(Oromo)农牧业男女的访谈来定量确定的。有趣的是,男性和女性对不同物种用途的理解存在巨大差异。这凸显了同时对男性和女性访谈的重要性(Luizza et al.,2013)。将用途与植被分布等两组数据组合起来,就可以很清楚地理解哪些植被对哪些服务起到关键作用、哪些服务由一种植物物种提供、哪些服务由多种植物提供(M. W. Luizza)。

第六节 景观生态学

一、肯尼亚图尔卡纳地区的干旱敏感性

南图尔卡纳生态系统项目的开展,促成了一项与挪威国际开发署的合作,为了评估图尔卡纳地区各区域的相对干旱敏感性,并阐明这些区域之间存在敏感性差异的原因。虽然在之前开展的南图尔卡纳生态系统项目中已经涉及了相关空间特征,但这项更深入的研究则明确讨论了降雨、地形、主要牲畜类型、牧民管理策略之间的关系,以及对干旱敏感性的影响。

该研究将野外数据采集与区域先进的高分辨率辐射计分析相结合,用以估计不同降雨条件下整个地区的初级生产量。

该研究的主要发现是,在大小不同规模的空间范围内,地形多样性增强了牧民抵御干旱的能力,减缓了从干旱直接发展到饥荒的趋势。与干旱敏感性有关的其他因素,包括每个地区的主要牲畜类型和可用于畜牧业开发的区域的空间范围(Ellis et al., 1987)。

二、城市—荒地界面调查

2007年,自然资源生态实验室前研究员戴夫·西奥博尔德和现任研究员比尔·罗默研究了美国城市化扩张地区的"城市—荒地界面"(WUI)的位置、范围和扩张趋势(Theobald and Romme, 2007;见第七章)。研究认为,2000年城市—荒地界面覆盖了71.9万平方千米,包含了美国大陆所有已居住土地面积的39%。同时,研究还预测,随着城市面积的扩大,城市—荒地界面的面积将继续扩大。城市—荒地界面在美国东部出现的比例过高,主要涉及全国范围内的私有荒地。在城市—荒地界面内面积最大森林的管理问题之一是森林火灾,这涉及森林消防以及减少森林火灾可能性与严重性所需要的管理干预。

由于在城市—荒地界面内以私有土地权属为主体,西奥博尔德和罗默(Theobald and Romme,2007)建议重新评估管理政策,以便将目前主要以公共承担为主的森林管理与消防成本,更多地转移给私有土地所有者。

第七节　公民参与生态系统科学

在自然资源生态实验室,公民参与生态系统科学的理念,是随着实验室不断认识到人在生态系统及其科学体系中的重要性而发展起来的。在自然资源生态实验室的早期项目(如南图尔卡纳生态系统项目)中,产生了这样一种观点,即人们的社交和文化受到他们所处生态系统的强烈影响。在这个观点基础上产生了一种理解,人们也应该参与到科学活动中,且此类参与能有效放大科学对社会的影响。

在本章前面所讨论的 IMAS 和 POLEYC 项目中,当地居民和其他利益相关者可以通过我们的综合建模平台,参与确定未来情景的研究过程,并在建模工作完成后向他们解释模型结果。这些项目需要"以需求为导向",确保满足牧民和野生动物权益相关群体的利益,因此需要举办许多讲习班和外联会议开展培训和讨论。利益相关者群体有时对我们的预测结果并不满意,但由于在开发阶段建立了融洽的关系,以及他们有机会从一开始就为分析提供建议,即使有时不情愿,他们通常也会接受这些预测结果。

美国加州州立大学和肯尼亚内罗毕大学的科学家们共同在内罗毕大学建立了可持续旱地生态系统和社会研究中心。2011 年底,该中心在内罗毕举行了"社区声音研讨会",来自肯尼亚各地的牧民社区成员参加了会议。研讨会的目的是向干旱地区生活的人们征求意见,了解他们认为哪些问题是本地区最重要的研究课题。在此情况下,公民在确定研究任务方面发挥了重要作用。

罗宾·里德是南图尔卡纳生态系统项目的博士研究生。她在获得学位后回到肯尼亚,一直在内罗毕的国际牲畜研究所工作。她多年来专注于畜牧业问题,并坚持将牧民利益相关者纳入研究过程,包括研究议题的设定、数据的收集、结果的应用、牧区土地管理。里德等(Reid et al.,2014)报道称,他们在肯尼亚马拉地区开发了一种社区保护的新模式,包括基于牧民的关切或观察来设定研究问题和方向、协同开展研究,以及最终由当地利益集团开展的保护措施。

在我们开始设计和实施全球公民科学支持平台及个别当地与区域公民科学项目之前,托马斯·斯托尔格伦就已经与自然资源生态实验室的生态学家、研究助理和研究生团队一起,研究了入侵物种对人类及生态系统影响的相关问题(Stohlgren et al.,1997,1998,1999;Young et al.,2012)。但是,当我们在研究和模拟物种入侵(目的是做出预测来为决策者提供参考)时,发现用于物种分布和栖息地适宜性建模的数据存在缺失和不足。不久就清楚地发现,我们虽然有道路和厕所附近的数据,以及可进入的公共土地上的数据,但缺乏关于私人土地和其他采样不足地点的入侵物种去向的重要数据。我们如何在这些难以取样的地点获得关键数据?这时机缘巧合的故事发生了。

当研究团队开始模拟入侵物种时,他们发现了另一个艰巨的挑战,即如何有效地搜集入侵物种的野外动态数据(包括后来的覆盖率和丰度数据),以及如何更好地存储这些数据,以便在随后的物种分布建模中方便地获取和使用。在此背景下,野外数据采集应用程序的雏形被设计出来,最初是 Palm 操作系统(如 EcoNab),后来升级成智能手机应用程序和企业级关系数据库系统,以用于数据整理、存储、分析、可视化、使用和长期管理。总体而言,研究团队开发了一个能够满足入侵物种研究项目需要的网络基础设施支持系统(Graham et al.,2007,2008,2010),并且该网络基础设施被美国地质调查局的国家入侵物种科学研究所(National Institute of Invasive Species Science,NIISS,2018)应用转化为一个在线门户网站,进而成为其主干网络。通过该网络,野外工作人员开展的基于野外的观察,为日益增长的且对模拟和科学研究有价值的入侵物种事件数据库(database of invasive species occurrences)做出贡献。这反过来又促进了特定物种事件数据门户网站的开发(比如网址为 TamariskMap.org 的网站;通常称为 T-Map)、区域门户网站开发(比如大湖早期探测和监测网络;Great Lakes Early Detection and Monitoring Network)、全球数据库开发(比如全球入侵物种信息网络;Global Invasive Species Information Network;Jarnevich et al.,2015;Gisin,2018)。以上工作助推了"全球公民科学平台"(global citizen science platform)(CitSci,2018)的成立发展,该平台包括 463 个项目成果和近 100 万项由普通公众成员完成的科学测量结果,有效地推动了科学研究(Newman et al.,

2011)。

随着研究团队对入侵物种建模工作的推进,我们愈发意识到人类在生态系统中所起的作用,尤其是对入侵物种的传播和扩散的作用。我们也认识到让公众参与科学研究的重要性,他们在科学研究、保护生物多样性和长期生态系统监测等方面发挥着重要作用。这些主题是在我们调查评估柽柳(Tamarix)生物量(Evangelista et al.,2007),以及不同气候条件下蟒蛇传播和潜在分布(Rodda et al.,2009)时发现的。此类针对特定入侵物种的制图和建模项目的工作,使我们走出家门深入到野外环境中,并让我们亲眼目睹了人类在生态系统和科学本身中的重要性。另外,当我们需要帮助时,当地人总是会伸出援手。

因此,我们开始了现在被视为新兴领域的公民科学研究工作(Bonney et al.,2009,2014)。训练有素的志愿者对入侵物种的高质量数据的采集程度(Crall et al.,2010),以及参与公民科学项目对这些志愿者的态度、行为、科学素养、自我效能的影响程度(Crall et al.,2012),是我们团队的研究重点,并为该领域的发展和进步做出了贡献。团队成员格雷格·纽曼后来担任了"公民科学协会"(Citizen Science Association)的首届理事会主席,并围绕这一不断增长的研究领域和实践社区的未来(Newman et al.,2012)、公民网络科学(Newman,2014)及网络地图用户体验设计(Newman et al.,2010)等方面,撰写了许多论文。公民科学现在是一种允许科学家通过招募训练有素的志愿者进行空间和时间尺度采样的模式,而这种空间和时间尺度的采样工作是传统研究生团队无法处理的(Cooper et al.,2007;Theobald et al.,2015);同时,它也使大型的数据解释工作变得可行。例如,Galaxy Zoo 能够在数周内完成数百万张斯隆数字巡天(Sloan Digital Sky Survey,SDSS)星系图像的梳理工作,并对其进行分类(Clery,2011)。对公民科学模式的进一步研究,使我们能够利用"全球公民科学平台",检验并揭示这两者之间的关系,即在材料中使用的基于场景(place-based)的公民科学项目与其产生的数据被用于保护决策的程度之间的关系(Newman et al.,2017)。正在兴起和发展的项目,包括与吉尔·巴龙博士合作对高山湖泊有害赤潮现象的调查,以及斯蒂芬妮·坎普夫、迈克尔·列夫斯基和格雷戈里·纽曼博士领导的运用遥感技术探测和预测短暂河流流量的溪流追踪者(StreamTracker)的公民科学项目。

从公民科学调查到复杂生态系统科学主题所获取的数据,和对人类在这些系统以及对这些系统的科学研究中所扮演的各种角色的认识,已经成为生态系统科学以及自然资源生态实验室科学家和全世界生态系统科学家工作的新范式。《重新发现》(*Reinventing Discovery*)(Nielsen,2012)、《第四范式》(*Fourth Paradigm*)(Hey et al.,2009)和《科学起源》(*The Origin of Science*)(Liebenberg,1990)等著作中出现的新观点认为,不仅任何人都可以参与科学,而且科学推理能力可能因此成为人类大脑的一种天赋。这对自我教育、分享传统知识和公民科学具有深远的影响,特别是意味着,无论其读写能力或语言素养如何,任何人都可以开展严谨的科学分析(Liebenberg,2013)。

第八节 总 结

1981年,南图尔卡纳生态系统项目获得资助,这是美国国家科学基金会首次资助的一项将人类作为生态系统组成部分的研究项目。资助来自于两个国家科学基金会计划,分别是生态系统研究计划(Ecosystems Studies)和人类学计划(Anthropology)。需要两个不同学科的计划为一个项目统筹提供资金,这是以前从未发生过的事情。因此,美国国家科学基金会创建了自然和人类系统耦合动力学计划(Dynamics of Coupled Natural and Human Systems,CNH),唯一目的是资助这种类型的项目。2016年,自然和人类系统耦合动力学计划获得了1670万美元的研究资助,见证了人类居住的生态系统以及人类和非人类组成部分之间的相互作用等相关研究数量的大幅增长。

然而,生态系统生态学中与人类有关的研究方面也在向其他方向发展。其中,最重要的研究领域是农业生态系统生态学和对生态系统服务的认识。在这些领域正在进行的研究使人们认识到,作为研究对象的生态系统中的人类居民,可以与科学家们合作,共同创造有关生态系统及其运行规律的科学知识。

因此,在相对较短的时间内,我们见证了生态学从一门需要制定原则的新科学，发展成为能够为管理自然系统和人类主导的系统以及改善人类福利提供指导的一门成熟科学。

参 考 文 献

Barnett, D. T., and Stohlgren, T. J. (2003). A nested-intensity design for surveying plant diversity. *Biodiversity and Conservation*, 12, 255–78.

Begzsuren, S., Ellis, J. E., Ojima, D. S., Coughenour, M. B., and Chuluun, T. (2004). Livestock responses to droughts and severe weather in the Gobi Three Beauty National Park, Mongolia. *Journal of Arid Environments*, 59, 785–96.

Bonney, R., Ballard, H., Jordan, R., et al. (2009). *Public Participation in Scientific Research: Defining the Field and Assessing Its Potential for Informal Science Education*. A CAISE Inquiry Group Report. Washington, DC: Center for Advancement of Informal Science Education (CAISE).

Bonney, R., Shirk, J., Phillips, T., et al. (2014). Next Steps for Citizen Science. *Science*, 343, 1436–7.

Boone, R. B., BurnSilver, S. B., Thornton, P. K., Worden, J. S., and Galvin, K. A. (2005). Quantifying declines in livestock due to subdivision. *Rangeland Ecology & Management*, 58, 523–32.

Boone, R. B., Coughenour, M. B., Galvin, K. A., and Ellis, J. E. (2002). Addressing management questions for Ngorongoro Conservation Area, Tanzania, using the Savanna modeling system. *African Journal of Ecology*, 40, 138–58.

Boone, R. B., Galvin, K. A., Thornton, P. K., Swift, D. M., and Coughenour, M. B. (2006). Cultivation and conservation in Ngorongoro Conservation Area, Tanzania. *Human Ecology*, 34, 809–28.

CitSci. (2018). Global Citizen Science Platform. www.citsci.org (accessed August 13, 2020).

Clery, D. (2011). Galaxy Zoo volunteers share pain and glory of research. *Science*, 333, 173–5.

Cooper, C. B., Dickinson, J., Phillips, T., and Bonney, R. (2007). Citizen science as a tool for conservation in residential ecosystems. *Ecology and Society*, 12. www.ecologyandsociety.org/vol12/iss2/art11/ (accessed August 13, 2020).

Coppock, D. L., Swift, D. M., and Ellis, J. E. (1986a). Seasonal nutritional characteristics of livestock diets in a nomadic pastoral ecosystem. *Journal of Applied Ecology*, 23, 585–96.

Coppock, D. L., Swift, D. M., Ellis, J. E., and Galvin, K. A. (1986b). Seasonal patterns of energy allocation to basal metabolism, activity, and production for livestock in a nomadic pastoral ecosystem. *Journal of Agricultural Science – Cambridge*, 107, 357–65.

Coughenour, M. B. (1992). Spatial modeling and landscape characterization of an African pastoral ecosystem: A prototype model and its potential use for monitoring drought. In *Ecological Indicators*, vol. 1, ed. D. H. McKenzie, D. E. Hyatt,

and V. J. McDonald. London and New York: Elsevier Applied Science, 787–810.
    (2004). The Ellis paradigm: Humans, herbivores and rangeland systems. *African Journal of Range & Forage Science*, 21, 191–200.
    (2012). The use of ecosystem simulation modeling to assess feed availabilities for large herbivores in heterogeneous landscapes. In *Conducting National Feed Assessments*, ed. M. B. Coughenour and P. S. Harinder. Animal Production and Health Manual 15. Rome: FAO, 155–63.
Coughenour, M. B., Ellis, J. E., Swift, D. M., et al. (1985). Energy extraction and use in a nomadic pastoral ecosystem. *Science*, 230, 619–24.
Crall, A. W., Holfelder, K., Waller, D. M., Newman, G. J., and Graham, J. (2012). The impacts of an invasive species citizen science training program on participant attitudes, behavior, and science literacy. *Public Understanding of Science*, 22(6), 745–64.
Crall, A. W., Newman, G. J., Jarnevich, C., et al. (2010). Improving and integrating data on invasive species collected by citizen scientists. *Biological Invasions*, 12, 3419–28.
Ellis, J. E., Galvin, K. A, McCabe, J. T., and Swift, D. M. (1987). *Pastoralism and Drought in Turkana District, Kenya*. A Report to NORAD. Nairobi, Kenya, Mimeo
Ellis, J. E., and Swift, D. M. (1988). Stability of African pastoral ecosystems: Alternate paradigms and implications for development. *Journal of Range Management*, 41, 450–9.
Evangelista, P., Kumar, S., Stohlgren, T. J., Crall, A., and Newman, G. (2007). Modeling aboveground biomass of *Tamarix ramosissima* in the Arkansas River Basin of Southeastern Colorado, USA. *Western North American Naturalist*, 67(4), 503–9.
Galvin, K. A. (1992). Nutritional ecology of pastoralists in dry tropical Africa. *American Journal of Human Biology*, 4(2), 209–21.
Galvin, K. A., Beeton, T., Boone, R., and BurnSilver, S. (2015). Nutritional status of Maasai pastoralists under change. *Human Ecology*, 43, 411–24.
Galvin, K. A., Coppock, D. L., and Leslie, P. W. (1999). Diet, nutrition and the pastoral strategy. In *Nutritional Anthropology: Biocultural Perspectives on Food and Nutrition*, ed. A. H. Goodman, D. L. Dufour, and G. H. Pelto. Mountain View, CA: Mayfield Publishing Company, 86–96.
Galvin, K. A., and Little, M. A. (1999). Dietary intake and nutritional status. In *Turkana Herders of the Dry Savanna: Ecology and Biobehavioral Response of Nomads to an Uncertain Environment*, ed. M. A. Little and P. W. Leslie. Oxford: Oxford University Press, 125–45.
Galvin, K. A., Reid, R. S., Behnke, Jr., R. H., and Hobbs, N. T., eds. (2008). *Fragmentation in semi-arid and arid landscapes*. Dordrecht: Springer.
Galvin, K. A., Thornton, P. K., Boone, R. B., and Sunderland, J. (2004). Climate variability and impacts on East African livestock herders. *African Journal of Range and Forage Science*, 21(3), 183–9.
Galvin, K., Thornton, P. K., Roque de Pinho, J., Sunderland, J., and Boone, R. B. (2006). Integrated modeling and its potential for resolving conflicts between conservation and people in the rangelands of East Africa. *Human Ecology*, 34, 155–83.

GISIN. (2018). Global Invasive Species Information Network. www.gisin.org.

Graham, J., Newman, G., Jarnevich, C., Shory, R., and Stohlgren, T. J. (2007). A global organism detection and monitoring system for non-native species. *Ecological Informatics*, 2, 177–83.

Graham, J., Newman, G., Kumar, S., et al. (2010). Bringing modeling to the masses: A web based system to predict potential species distributions. *Future Internet*, 2, 624–34.

Graham, J., Simpson, A., Crall, A., Jarnevich, C., Newman, G., and Stohlgren, T. J. (2008). Vision of a cyberinfrastructure for nonnative, invasive species management. *Bioscience*, 58, 263–8.

Hardin, G. (1968). The tragedy of the commons. *Science*, 162, 1243–8.

Herskovits, M. J. (1926). The cattle complex in East Africa. *American Anthropologist*, 28, 633–4.

Hey, T., Tansley, S., and Tolle, K. (2009). *The Fourth Paradigm: Data-Intensive Scientific Discovery*. Redmond, WA: Microsoft Research.

Hobbs, N. T., Galvin, K. A., Stokes, C. J., et al. (2008). Fragmentation of rangelands: Implications for humans, animals, and landscapes. *Global Environmental Change*, 18, 776–85.

Jarnevich, C. S., Simpson, A., Graham, J., Newman, G. J., and Bargeron, C. (2015). Running a network on a shoestring: The Global Invasive Species Information network. *Management of Biological Invasions*, 6, 137–46.

Liebenberg, L. (1990). *The Art of Tracking: The Origin of Science*. Claremont, South Africa: David Publishers. www.cybertracker.org/tracking/tracking-books/276-the-art-of-tracking-the-origin-of-science (accessed August 13, 2020).

(2013). *The Origin of Science*. Cape Town, South Africa: CyberTracker.

Luizza, M. W., Young, N., Kuroiwa, C., et al. (2013). Local knowledge of plants and their uses among women in the Bale Mountains, Ethiopia. *Ethnobotany Research and Applications*, 11, 315–39.

Newman, G. (2014). Citizen cyberscience: New directions and opportunities for human computation. *Human Computation*, 1, 103–9.

Newman, G., Chandler, M., Clyde, M., et al. (2017). Leveraging the power of place in citizen science for effective conservation decision making. *Biological Conservation*, 208, 55–64.

Newman, G., Graham, J., Crall, A., and Laituri, M. (2011). The art and science of multi-scale citizen science support. *Ecological Informatics*, 6, 217–27.

Newman, G., Wiggins, A., Crall, A., et al. (2012). The future of citizen science: Emerging technologies and shifting paradigms. *Frontiers in Ecology and the Environment*, 10, 298–304.

Newman, G., Zimmerman, D. E., Crall, A., et al. (2010). User friendly web mapping: Lessons from a citizen science website. *International Journal of Geographical Information Science*, 24, 1851–69.

Nielsen, M. (2012). *Reinventing Discovery: The New Era of Networked Science*. Princeton, NJ: Princeton University Press.

NIISS. (2018). USGS-based National Institute of Invasive Species Science. www.niiss.org (accessed August 13, 2020).

Reid, R. S., Kaelo, D., Nkedianye, D. K., et al. (2014). The Mara-Serengeti ecosystem and Greater Maasailand: Building the role of local leaders, institutions and communities. In *Conservation Catalysts*, ed. J. N. Leavitt. Danbury, CT: Westchester Publishing Services, 205–27.

Rodda, G. H., Jarnevich, C. S., and Reed, R. N. (2009). What parts of the US mainland are climatically suitable for invasive alien pythons spreading from Everglades National Park? *Biological Invasions*, 11, 241–52.

Stohlgren, T. J., Binkley, D., Chong, G. W., et al. (1999). Exotic plant species invade hot spots of native plant diversity. *Ecological Monographs*, 69, 25–46.

Stohlgren, T. J., Bull, K. A., and Otsuki, Y. (1998). Comparison of rangeland vegetation sampling techniques in the central grasslands. *Journal of Range Management*, 51, 164–72.

Stohlgren, T. J., Chong, G. W., Kalkhan, M. A., and Schell, L. D. (1997). Rapid assessment of plant diversity patterns: A methodology for landscapes. *Environmental Monitoring and Assessment*, 4, 25–43.

Stokes, C. J., McAllister, R. R. J., and Ash, A. J. (2006). Fragmentation of Australian rangelands: Processes, benefits and risks of changing patterns of land use. *Rangeland Journal*, 28, 83–96.

Swift, D. M., Coughenour, M. B., and Atsedu, M. (1996). Arid and semi-arid ecosystems. In *East African Ecosystems and their Conservation*, ed. T. R. McClanahan and T. P. Young. Oxford: Oxford University Press, 243–72.

Theobald, D. M., and Romme. W. H. (2007). Expansion of the US wildland–urban interface. *Landscape and Urban Planning*, 88, 340–54.

Theobald, E. J., Ettinger, A. K., Burgess, H. K., et al. (2015). Global change and local solutions: Tapping the unrealized potential of citizen science for biodiversity research. *Biological Conservation*, 181, 236–44.

Thornton, P. K., BurnSilver, S. B., Boone, R. B., and Galvin, K. A. (2006). Modelling the impacts of group ranch subdivision on agro-pastoral households in Kajiado, Kenya. *Agricultural Systems*, 87, 331–56.

Thornton, P. K., Galvin, K. A., and Boone, R. B. (2003). An agro-pastoral household model for the rangelands of East Africa. *Agricultural Systems*, 76, 601–22.

Weisberg, P., Coughenour, M., and Bugmann, H. (2006). Modelling of large herbivore–vegetation interactions in a landscape context. In *Large Herbivore Ecology and Ecosystem Dynamics*, ed. K. Danell, R. Bergstrom, P. Duncan, and J. Pastor. Cambridge: Cambridge University Press, 348–82.

Young, N., Stohlgren, T. J., Evangelista, P., et al. (2012). Regional data refine local predictions: Modeling the distribution of plant species abundance on a portion of the central plains. *Environmental Monitoring and Assessment*, 184(9), 5439–51.

第十章 基于社区决策的系统生态学方法：结构分析法

罗伯特·G. 伍德曼斯、萨拉·R. 伍德曼斯

今天的问题难以用以前造成这些问题时所用的思维方式加以解决。

——阿尔伯特·爱因斯坦

第一节 引 言

从家庭到政府机构的许多人类社区，都在努力解决与土地可持续利用、自然资源与环境优化管理等相关的问题。本章详细介绍了系统生态学范式的应用，即结构分析法（Structured Analysis Methodology，SAM），作为那些希望实施协作决策过程的人们的出发点，旨在促进可恢复、可持续和理想的生态系统。首先，我们阐述了为什么需要结构分析法等方法来更好地管理地球生态系统的背景和理念。其次，描述了结构分析法，并认识到存在许多类似的后续方案。然后，讨论了利益相关者选择参与的基本需求。最后，提供了一套广泛的问题和数据需求，作为有效解决复杂环境、自然资源和社会问题的模板。

为实现生态系统健康与可持续性，确保现在和子孙后代的需求都能得到满足，需要在多种尺度上经过科学测试和验证的、合理的土地利用和环境管理理念（见第一章；Lubchenco et al., 1991；Hautaluoma and Woodmansee, 1994；Millennium Ecosystem Assessment Board, 2005；Future Earth, 2014；UNSDG, 2015）。除了最教条的否认主义者和理论家外，人为因素对环境和人类福祉造成

的不良和不可持续的影响,已经是显而易见的(Achenbach,2015)。因此,需要采用审慎的理念和方法,以避免人类活动造成严重的负面影响。如果成功采用这些理念和方法,除了能维持重要和理想的生态系统外,还将改善经济条件、人类福祉,并保持人口持续健康增长。但如何才能实现这一目标呢?

作为当今和未来社会的成员,每个人都有权选择他们的生活方式以满足其基本需求,包括食物和水、住所、安全、归属感、自尊和精神。人们还应该生活在一个能够提供健康、幸福感、自信和安全服务的世界中(图 10-1)。人类活动的目的是为了改善生活质量的某些方面,但大多数情况下强调的是积极方面,而很少强调这些活动的意外后果。而那些旨在实现积极目标的活动,也可能会对环境造成不可预期的负面影响。因此,每个人都有责任将自身活动带来的负面、意外后果降到最低。

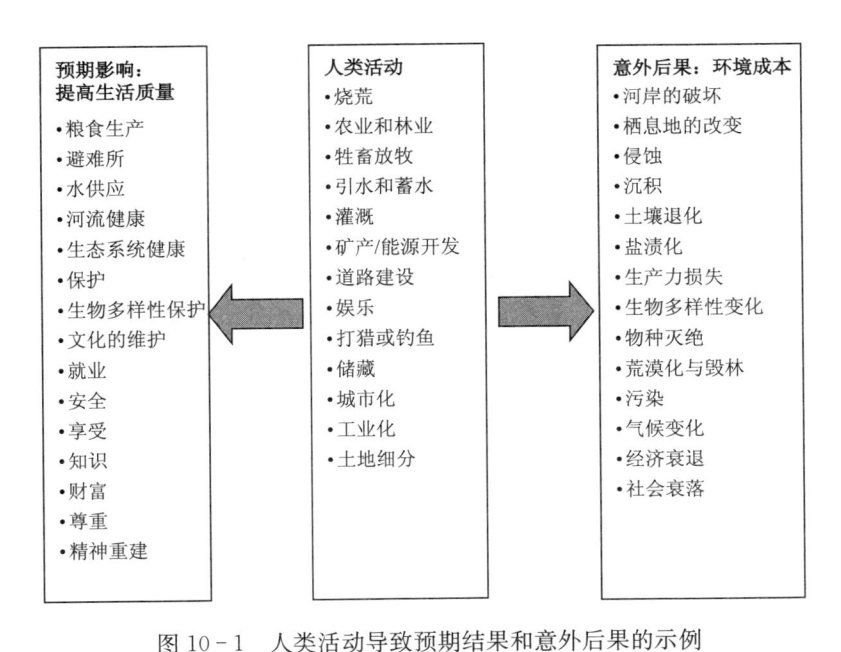

预期影响:提高生活质量	人类活动	意外后果:环境成本
·粮食生产	·烧荒	·河岸的破坏
·避难所	·农业和林业	·栖息地的改变
·水供应	·牲畜放牧	·侵蚀
·河流健康	·引水和蓄水	·沉积
·生态系统健康	·灌溉	·土壤退化
·保护	·矿产/能源开发	·盐渍化
·生物多样性保护	·道路建设	·生产力损失
·文化的维护	·娱乐	·生物多样性变化
·就业	·打猎或钓鱼	·物种灭绝
·安全	·储藏	·荒漠化与毁林
·享受	·城市化	·污染
·知识	·工业化	·气候变化
·财富	·土地细分	·经济衰退
·尊重		·社会衰落
·精神重建		

图 10-1 人类活动导致预期结果和意外后果的示例

当同一景观或时空范围内发生环境、经济、政治和社会变化时,预测人类活动后果是一个非常复杂和充满困难的工作;而气候与土地利用同时发生变化,则使问题更加复杂。这种"完美风暴"或共存因素有时会导致巨大的破坏,例如 20

世纪 30 年代北美大平原和西南部旱灾(见专栏 10-1)。当前,其他因素同时发生变化的例子包括:环境、自然资源和经济政策;人类和动物种群统计;改善的通讯和旅行;市场全球化;前所未有的组织和政治变革;生物影响因子下的多物种再分布;提高非土地利用者的警觉和参与度;战争。更复杂的是,人们对生态系统生产力、效益、可持续性和社会公平的局限性有了新的认识,故确定这些新变化对具体问题的影响则要求做到以下几方面:①在地理空间上(从当地到全球)、时间尺度上和组织尺度上,谨慎周密地界定所关注的领域;②精确理解具体的议题和问题是什么;③确定评估和解决方案的目标;④确定参与成员。另外,还需要合理透明的方法来创建解决方案,并监测实施方案的进展。

专栏 10-1 概述了一个需要用合作决策框架来解决问题的案例。该问题是:"在受到剧烈扰动后,流域及其景观如何恢复健康功能?"

专栏 10-1　当事情开始变糟时的案例

科学、管理和政策之间缺乏协调的例子,通常出现在面临重大经济压力、土地管理实践变革、极端气候等多种情景同时发生的时候。例如,20 世纪 30 年代和 50 年代北美大平原和西南部的旱灾、20 世纪 80 年代非洲旱灾以及最近(2014~2018)非洲之角的旱灾,同时发生,其后果对于人类社区及其相关生态系统是灾难性的。随着当地人口的减少,整个家庭为了寻找食物、就业或安全而离开家园,社区被遗弃,人们流离失所和移民的现象十分普遍。在干旱条件下缺乏科学的土地管理,以及缺乏人力资源部门提供的社会服务、经济援助和失业保险,均加速了这种人口迁移。

这些干旱造成了大量的生态变化,流域高地原生植被等地表覆盖物的丧失,使许多农牧场受到严重侵蚀。河岸栖息地功能的丧失和改变,包括沟壑下切,已经扰乱了河流和溪流的原始动态,导致可用地表水的流失,并由于大量的沉积而严重损害了剩余的水资源。可再生资源生产力的降低、生物多样性的丧失和外来物种的引进,是人类干预产生的生物物理效应的其他例子。在同一时期,气候的剧烈波动经常会加剧人为的影响。

> 无数流域生态系统的生态变化被其居民所影响,之后生态系统又反向影响居民的经济与文化福祉。许多曾经是农业生产区的城镇和村庄被遗弃,人口已经迁往城市。传统的以自然资源为基础的生活方式,受到损害或破坏,包括灌溉系统在内的农业基础设施遭到废弃。年轻居民向城市迁移的趋势,削弱了当地交通、教育、卫生、劳动力供应等地区可持续发展所需的基础条件。
>
> 许多流域内土壤侵蚀的外部影响,也破坏了下游社区的生态与经济福祉,泥沙淤泥等沉积物破坏了下游的自然生态过程,并因沉积物中的盐分、微量金属以及某些情况下的放射性元素而损害了水质。由于泥沙淤积,许多水坝和水库系统的蓄水能力和预期寿命显著降低。世界各地都存在灌溉系统和河流河道清淤维护的长期难题,河口和海岸沉积物也是如此。

评估人类活动导致了生态系统健康和社区福祉下降的影响,并扭转其不可预期的负面后果,是目前需要解决的紧迫问题。造成评估工作复杂化的因素包括:地理空间破碎化(geographical mosaics);个人、社区、公共土地和水域的混合所有权格局,及其多样化且经常冲突的管理目标;与土地利用相关的时间和组织维度或尺度;生态系统的扰动历史。因此,扭转不可预期的后果同样是一项艰巨的任务。

政策分析师、科学家、管理者和公众都对所讨论的环境充满了自己的看法,并受经验和培训的限制,往往导致问题分析和决策过于简化(图10-2)。每个参与者都有自己的方式来管理、分析和反馈大量不同的数据和信息,以便对真实而复杂的系统问题做出明智的决策。在任何区域或景观内对生态系统进行全面管理,都是一项重大挑战。

从历史角度看,土地和水资源的管理和管制制度一直强调对环境和自然资源的有限(狭隘)观点,(WCED,1987;Kessler et al.,1992;Grumbine,1994;Christensen et al.,1996),而这些狭隘观点聚焦于经济和就业、商品生产、学科偏见(学术和机构的"筒仓")、孤立的污染物影响、单一物种、个别生态系统服务以及其他狭隘的目标和问题上(Walker and Salt,2006)。与这些狭隘的观点一

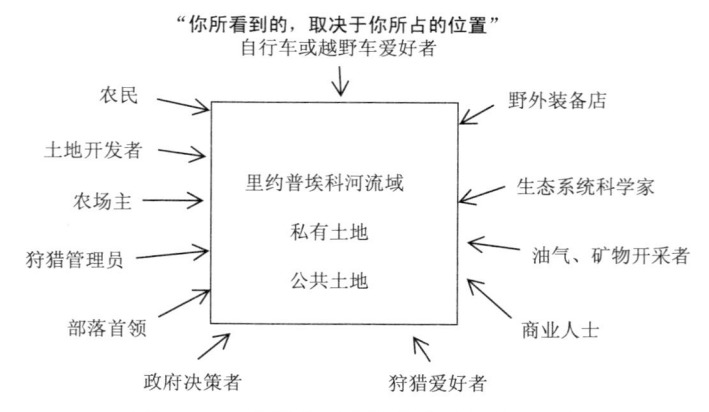

```
                    "你所看到的,取决于你所占的位置"
                         自行车或越野车爱好者
                                ↓
         农民  →    ┌─────────────────┐    ← 野外装备店
      土地开发者 →   │   里约普埃科河流域  │    ← 生态系统科学家
        农场主 →    │      私有土地     │
      狩猎管理员 →   │      公共土地     │    ← 油气、矿物开采者
       部落首领 →   └─────────────────┘    ← 商业人士
                    ↑                ↑
                政府决策者          狩猎爱好者
```

图 10-2　流域案例分析中涉及的某些观点

注:了解流域案例分析所涉及的众多观点有助于回答一些特定问题,比如"流域(新墨西哥的里约普埃科河流域)及流域内的景观如何在受到剧烈扰动后恢复健康功能"。

阿尔伯特·爱因斯坦、C. S. 刘易斯(1955),在其著作《魔术师的外甥》以及其他作品中都曾使用过这句格言"你所看到的,取决于你所站的位置"。

本图由里布萨姆和伍德曼斯(Riebsame and Woodmansee,1995)修改而成。

致的是,许多生态系统的管理是由合法任命的非当地的行政人员执行某些机构授权的结果。这些管理结构往往是分层的,相对简单,并允许通过行政命令做出具体部署。在此过程中,显性或隐性的政策法规以无数种方式进行衍生和解释,随后指导管理决策,但这些管理决策往往不透明。

社会正在认识到,重要且健康的生态系统能否可持续性发展,最终将取决于特定景观和区域的管理,因为自然生物和物理过程,并不遵从人类强加的边界或政策(Christensen et al.,1996)。农场、林场、牧场、河岸廊道、海岸带、城乡区域、荒野保护区和公园等,都是动态、互动的生态系统的组成部分,像"马赛克"(mosaic)式的空间布局。作为全球系统的一部分,这些土地利用类型之间相互影响。

需要全新的创造性的制度和社会安排,利用新集成和原创性的科学研究,以协调利益相关者的需求、土地利用和管理目标(Riebsame and Woodmansee,1995)。不幸的是,目前针对决策过程中影响因素的研究结论并不理想(Hautaluoma and Woodmansee,1994)。分析发现,政策和规则制定者受到特殊利益和付费游说团体的影响。这强烈影响了相关法规政策的制定和实施。如图10-3所示,科学家和实施者提出的反馈意见,对于决策者和监管者的影响往往是较弱的,尽管在理想情况下,所有的反馈都同样强烈,尤其是从科学到决策者和管理者的反馈。

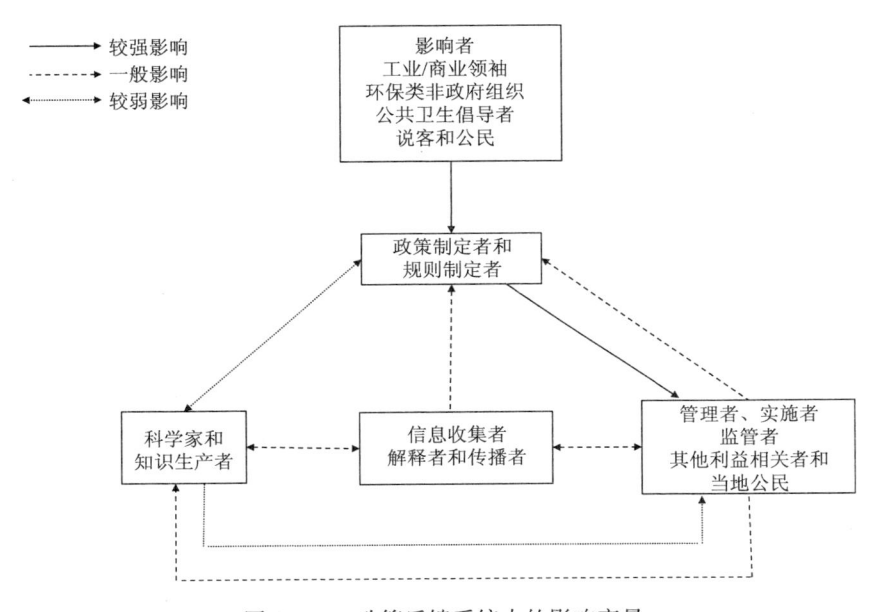

图10-3 政策反馈系统中的影响变量

注:根据豪塔鲁马和伍德曼斯(Hautaluoma and Woodmansee,1994)修改而成。

为综合图10-4所示的所有维度,制定和实施可持续的土地利用、自然资源和环境政策,需要更多的公众参与以及所有群体(如国家、区域、地方、利益集团和公民)之间的合作。关于空间维度的具体讨论见本书的第一章和第六章。在此,我们提醒读者,空间边界是根据法律、生物物理特征或社会文化用途来定义的,可以被绘制在地图上,而土壤类型、植被群落、农业实践、政治边界和行政边界、地理特征以及地质学等属性,可以在空间维度上进一步进行界定。

从时间维度上区分事件,例如:①洪水、森林、龙卷风和飓风等短期影响事件;②以年为单位的典型事件,例如,昆虫爆发、短期干旱和有毒化学品泄漏;③这种扰动会持续几十年或者需要几十年才能恢复,例如森林火灾、飓风、耕地退

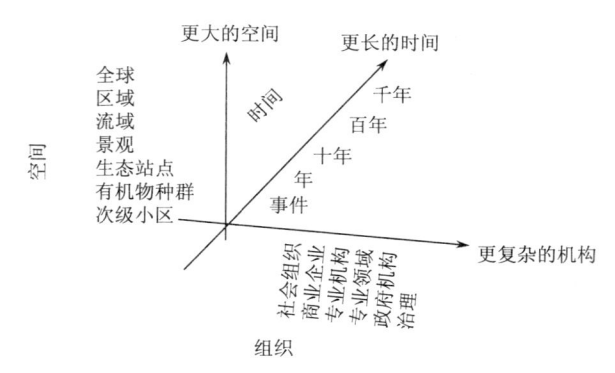

图 10-4 评估和管理生态系统/社会生态系统时需要特别注意的等级维度

化和气候变化,持续影响数个世纪甚至几千年。

在组织维度可以分为社会组织,如家庭、家族、宗族、部落、社区、城镇、州(省)和国家。另外,还包括商业企业、专业机构,以及学术、艺术、劳工、其他技能(学科)、政府、非政府的组织机构。根据正在处理的问题、难题或疑问,考虑其中任何一个或多个等级,对于这些问题的分析和解决是至关重要的。

实施退化生态系统修复、改善水质、固碳、减少污染、保护生物多样性和改善野生动物栖息地等公共利益行为,需要土地和水资源管理部门的协同合作,以往由单个科学家、土地所有者、专业协会、资助机构、监管机构以及特殊利益集团采用的单一决策过程,将不再有效(Hautaluoma and Woodmansee,1994;详见第十三章)。

第二节 协同决策

解决目前日益复杂的环境和自然资源问题,需要新的决策方法(见第七章)。这些方法可以被称为基于社区的协同决策,其更强调利益相关者的共同参与。我们推荐读者自行参阅一些典型的参考材料(Reed,2008;Hicks et al.,2016;National Forest Foundation,NFF,2016;Lavery,2018),而不用在这里回顾协同决策的优缺点。虽然这些方法的相关理论和实践仍处于起步阶段（Lavery，2018），但缺乏更好的其他选择，至少这些方法是有潜力的（见专栏10-2和第十三章）。

一、示例方法

这里所描述的生态系统管理方案是系统生态学方法的正式应用。结构分析法是一个基于科学的过程，其目的是帮助利益相关者开展社区评估，解决小型、区域性（如流域、野生动物保护区、自治区）环境和自然资源问题（见专栏10-2）。结构分析法的基本框架适用于解决所有斑块（生态地境）、景观（农田、草原、湿地等）尺度上的问题，也可以用于更大范围（河流流域、不同国家及其边界，以及食物、水和能源的耦合关系）甚至全球层面的问题。

专栏10-2 结构分析法的起源

影响当地生态系统并受生态系统影响的人类，需要一种协同、基于科学的政策决策和解决问题的方法，以接受和适应生态系统的复杂性，因为这是常态（Woodmansee and Riebsame，1993）。结构分析法是一种生态系统方法，旨在帮助利益相关者群体解决问题。世界各地都已经开始使用系统生态学类似的方法，其名称和描述各不相同，包括：适应性管理（Holling，1978）、生态系统管理（Kessler et al.，1992；Grumbine，1994）和生态系统可持续性（Woodmansee and Riebsame，1993）；草原健康（National Research Council，1994），森林健康（MPWG，2015）、生态恢复力（Resilience Alliance[①]）、生态系统方法（Waltner-Toews et al.，2008）及协作恢复（Hautaluoma and Woodmansee，1994；National Forest Foundation，2016）等。里德（Reed，2008）对许多协同决策的工作成就所取得经验与教训进行了回顾分析。

---

① www.realliance.org.

> 结构分析法是由陆地生态系统区域研究和分析实验室(Terrestrial Ecosystem Regional Research and Analysis Laboratory, TERRA)开发的,是20世纪90年代的一个政府间和私营行业的合作项目(Faber, et al. 1994)。包括结构分析法在内的所有这些方法,要求不能因不切实际的简化和期望而扼杀,也不应该期望该过程快速便捷。一个协作的生态系统方法不应该因等待新研究结果多年而迟迟不做出决定。而且,它决不能因为关键的利益相关者无法相互沟通而瘫痪。福瑞斯特(Forrester, 1968)建议不应以某种假设的完美性来评判模型,而是通过与所关注生态系统的其他描述方法进行比较来判断这个模型。伍德曼斯(Woodmansee, 1978)扩展了这一理念,建议将具有良好资料基础和清晰假设的仿真模型与作为描述系统工具的思维模型、文字模型、照片或图画进行比较。这一理念适用于协作决策过程。至少,它比其他选择要好,最好的情况下能带来持久的问题解决方案。在继续讨论之前,我们要提出一个忠告:结构分析法和其他类似的基于社区的决策过程的应用,对所有参与者来说都是非常艰苦的工作,往往需要很长时间去完成(Walker and Salt, 2006)。

通过运用结构分析法,当地居民被纳入规划、政策制定、管理决策和实施工作中,并成为项目合作伙伴和利益相关者。当地代表的参与,对生态系统和自然资源的成功管理至关重要。如果管理决策是不公平的,且允许利益相关者有权干预(Reed, 2008; Hicks et al., 2016),或者是不受当地社区支持,则注定会失败。当社会和政治结构难以支撑公平决策的产生时,实现生态系统的可持续性是非常困难的。

结构分析法使人们有能力对复杂问题进行科学分析,以提升生态系统健康和人类活力水平。通过运用结构分析法这类工具,利益相关者群体可以将关注重点放在生态系统的生态、经济和社会完整性之间的相互依存关系上。由于生物生产力、恢复力、社会公平、安全和经济保障等因素是相互交织的,政策及决策需要充分考虑它们之间的相互联系。通过协作解决问题,以及确定和实施符合当地生态、文化、社会和经济条件的管理实践,许多社区已经解决了令人困惑的环境问题(National Forest Foundation, 2016; USFS, 2016; Bureau of Land Management, 2018)。

结构分析法利用地理信息系统(GIS)、数据库、仿真模型和数学模型等协作技术,结合互联网生态系统数据库中的丰富信息,并采用传统的强化技术,以组织、整合和传播科学知识。这对政策制定者、管理者和相关公众推动生态系统可持续发展至关重要。如图10-3所示,这些方法将沿着不同维度进行集成。

在生态系统管理和规划中,有许多新的方法可以整合生物、物理、社会等复杂因素,并对它们之间的相互作用进行分析,但需要政策制定者、管理者和广大公众确保决策过程的公开、透明和易于理解。结构分析法指导系统分析方法,为管理生态系统设定目标,通过协作过程将利益相关者聚集在一起,以及通过评估特定地区的生态能力和社区需求来解决问题和冲突。这一过程的最终目的是建立科学合理的管理目标,符合相关地区的生态能力和人类共同需求,并在群体或个人诉诸司法行动或暴力之前,通过社区机构达成共识(Hicks et al., 2016)。这种基于现有先进科学知识的协商一致过程,是生态系统管理成功的必要条件。生态系统管理必须适应许多观点和利益相关者,并通过空间、时间和机构进行长期规划。在此部分,我们介绍了结构分析法的细节,旨在为那些希望实现协作过程的人提供了起点。

二、协作框架

这里描述的结构分析法过程,旨在推动科学、管理和政策争论从抽象和修辞转变为研究、管理和决策的严格定义、分析和实施,而要实现"从愿景修辞到科学应用于决策的不屈不挠的实用主义"(美国商务部部长罗纳德·布朗(Ron Brown),在1993年10月18日在总统可持续发展委员会上的演讲)的转变,则需要一个共同商定的研究分析、整合和综合框架。科学驱动的过程将科学家、管理者、政策制定者和利益相关者聚集在一起,完成对问题的综合和评估,即全球变化的原因和后果,生物多样性的变化,以及生态可持续性的要素和目标。

图10-5右侧所示和下文所述的活动是定义与环境、自然资源和社区问题有关的信息需求和解决方案选项所需的必要步骤。图中所示的系统生态学方

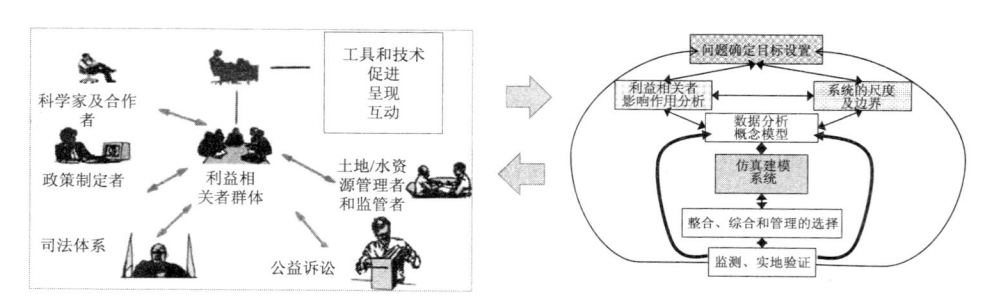

图 10-5　结构分析法的参与主体和实施步骤

注：结构分析法是科学家、管理者、政策决策者和公众之间合作的一种方法。在开放、合作的环境中，使全部或部分利益相关者群体聚焦于特定的环境、自然资源和社区问题和目标，是制定持久解决方案的重要步骤。本图右侧的子图来自图 1-4。

法，要求对具体问题和解决该问题的目标进行清晰明确的陈述，在初始问题陈述期间及之后，确定将利益相关者（受影响的各方）招募到分析团队中，并明确所研究的具体问题对每个利益相关者的影响。如图 10-5 左侧所示，结构分析法将利益相关者引入研究过程。传统的群组交流方式，辅之以强大的基于计算机的协作与可视化技术，可以为参与者之间搭建交流平台（Faber et al.，1994；Balram et al.，2009；Jankowski，2009）。此类互动交流的目标是定义、描述和理解所要解决的问题，并能将这种理解传达给其他受该问题结果影响的人。在问题分析环节，需要考虑一些必要的生态、经济、社会和制度方面的因素，而这些因素必须出现在所有评估过程中，并对其加以解释说明（Woodmansee and Riebsame，1993；见附录 10-1 和附录 10-5）。

在此过程中，必须仔细注意问题的空间、时间和组织尺度（图 10-3）。在初步确定问题后，需要着手研究数据分析与协同系统的概念模型，用以评估一些现实世界中动态和复杂的问题。建模工作需要集成知识、综合概念和制定不同的管理策略。在分析建模及优选管理策略期间，必须结合"基本事实验证"（ground truthing，对基于现实的区域或解决措施所带来的可能结果进行测试），启动监测项目，以评估工作进展并提出适应系统环境变化的建议。

在计算机技术的支持下，结构分析法的过程更省时；然而，真诚的与人交往是无法替代的。健康的相互交流，源于彼此之前的信任和尊重，特别是当利益相关者感觉其福祉、价值观、委托代理权和公平权利得到充分承认时（Hicks et al.，2016）。

三、起点

结构分析法的过程必须由政府或非正式机构开始。该机构能够识别确定特定问题，并指定初始小组以形成协作的工作关系。该机构成员可以从县长、州长、机构负责人、公民团体、非政府组织委员会中选出。一旦选定，小组将开始进行问题的澄清和描述，确定问题初始的空间、时间、组织维度，以及确定与问题有关的其他利益相关者。随着信息收集、确定其他利益相关者等工作的进行，相关要素可能会随时发生变化。

四、团队动力

为了达成目标，结构分析法要求协作成员之间相互信任和尊重，即使他们存在广泛的分歧和不同的观点（图 10-2）。如果成员遵循简单的对话规则，通过达成共识而不是产生分歧成为工作的开端，采用务实、真诚的方式对话，彼此之间就可以建立尊重和信任。每个成员必须能够区分"需要什么"和"想要什么"，以及"空想""神话"和"事实"。利益相关者必须超越空想，接受以事实和科学证据作为决策过程的驱动力（Hicks et al.，2016）。

五、结构分析法

结构分析法由一系列问题组成，旨在促进讨论和小组的产生，以形成一致认同的答案；此外，还提出新的特定问题。附录 10-1 包含了应该解决的问题清单，沃尔特纳·托斯等（Waltner-Toews et al.，2008）也列出了类似的问题。这些问题看似事无巨细，但却意义重大。它们旨在提醒或"思维提示"（mind prompts）人们在讨论自然资源管理、环境和其他类型的土地利用时，经常出现的问题。这些问题往往是由持不同观点的个人或团体所提出的挑战或者只是因忽视而引发的事后思考。不注意这些问题的可能答案，往往会导致不必要的误解和贻误。

目前存在各种信息技术、数据管理和可视化的实用方法，其他还有一些正处于发展阶段的新方法，均可以帮助识别、组织、整合和展示必要的信息，以充分描述生态系统的科学知识，并回答协作者提出的问题（Faber et al.，1994；Jankowski，2009；Kaplan and Newman，2013；Kaplan et al.，2014）。附录10-1和附录10-5中的问题，可以通过地理信息系统（GIS）、全球定位系统（GPS）、互联网数据库和搜索引擎来回答。

1. 制定问题和目标陈述

如何开展明确的陈述，描述生态议题的问题和目标，仍然是生态、自然资源和人类社区分析的致命缺陷。例如，生物多样性丧失、全球变暖或公共土地上林业和牧业管理目标的变化会影响许多人，这是我们都认同的观点，但如果作为问题定义，就显得过于通俗而缺乏专业性，对指导特定的管理分析，或生态和社会科学研究几乎没有帮助。含糊不清的问题陈述和定义，通常会导致无休止的辩论、沮丧和沟通不畅。因此，结构分析法强调，需要通过包容性的过程来创建清晰的问题和目标陈述，目的是在持不同观点的利益相关者之间达成一致的意见（图10-2）。问题陈述和目标设定是所有活动的起点。在这一阶段非常重要的一步是明确定义所需要分析解决的问题。

2. 利益相关者识别和影响分析

随着初始问题陈述的开展，以及特定问题的地理、时间和组织机构维度的构建，那么基本影响、"因果"评估和利益相关者识别阶段的分析，就必须要完成（Riebsame and Woodmansee，1995）。其中，"原因"包括目标变化带来的管理实践的变化，其他生态、社会或经济因素的预期结果和意外后果，或者对现状的"如果不考虑会发生什么"的分析。这一阶段必须建立在自然科学和社会科学最权威的事实和理论基础之上，以及利用现有的最佳数据库和专业知识所获得的相关特定生态系统的最完整信息。

利益相关者（包括发起分析的人、可能对问题解决方案持异议的人或可能受到影响的人）必须被识别和发现，并参与问题定义过程。参与者需要就分析的现实目标,以及问题的空间、时间和组织机构边界或维度达成一致意见。

在对影响的分析阶段,需要解决的问题示例如下:①管理目标对生态系统特定用途和用户的预期影响;②与全球、区域和当地气候的潜在变化相关的政策和管理影响;③识别出负责界定政策目标、管理目标以及实施管理决策的关键组织或个人;④确定生态系统变化的成本承担方和受益方;⑤对生物、物理、经济和社会的限制条件的描述。图10-1显示了原因(活动)和影响(预期结果和意外后果)的示例。附录10-1提供了识别利益相关者并评估其感知的需求、意愿和愿望的案例。这个过程均需要社区参与。

结构分析法的主要目标之一,是通过协作过程将生物、物理、经济和社会部门提供的最好科学和专业知识联系起来,以实现决策。在输入分析中需要检验的总类别包括:可持续性的物理和生物因素、天气和气候、水、土壤性质、生物组合、能量等。可持续性的社会因素包括:在经济、文化、社区和组织内的生存能力、个人行为、政治、政策、法律以及监管。

附录10-2详细说明了在结构分析法影响分析中需要考虑的与生物、土壤和地表水有关的因素。附录10-3列出了全球变化对生态系统和社区的气候、天气、能源和经济因素的影响。附录10-4说明了全球变化对生态系统和社区中社会因素和文化因素的影响。附录10-5列出了与地理和时间尺度有关的问题。附录10-6概述了里约普埃科河流域利益相关者参与结构分析法的过程。

3. 生态系统的空间、时间和组织维度

即使生态系统的空间、时间和组织属性具有模糊性和任意性,它们也需要被清楚地描述出来(图10-4),以便所有利益相关者对系统的基本假设形成共识(图10-5)。严谨描述维度边界,对于避免不同尺度之间的冲突是至关重要的。例如,如果想用山顶的局部土壤属性来描述整个景观的土壤,这时对维度边界的仔细描述,就是非常必要的,因为采用概括和抽象的描述仅具有启发式作用,往往会造成一些无谓的或无尽的争论和误解。要实现分析和综合的目标,需要对特定生态系统的现状、历史、影响因素的性质,以及当前和未来的管理策略进行准确描述。特定系统的描述方法视具体问题而定。该生态系统的地理和时间维度,必须与问题关联。例如,生物入侵将如何在区域、景观或斑块尺度上表现出来,以及具体在什么时间尺度(季节、年度、几十年或几个世纪)上表现出来?另

外,还必须确定受影响或参与的机构因素。

图 10-6 和图 10-7 代表了过去、现在和未来生态系统的概念,以及深入分析所需的信息类型,更多细节见附录 10-5。当生态系统随时间变化时,其空间表达也可能根据自身生物、物理、经济、社会和政治属性而发生变化。必须尽可能对一些重要的属性进行描述和量化,并仔细注意每个属性之间的相互关系。

完成图 10-6 和图 10-7 以及附录 10-5 所示的分析,需要的信息量较大。除了少数生态系统外,其他生态系统都无法获得全部目标信息。但即便如此,我们还是有意识或无意识地对这些属性进行了假设。对重要但常被误解的因素进行假设,是科学、管理和日常生活的重要组成部分。清晰地描述和假设历史的、当前的和理想的生态系统,对于评估全球变化影响、生物多样性丧失,或任何生态系统恢复力和可持续性等问题都是至关重要的。

可以构建与图 10-6 和图 10-7 类似的图,并对图 10-3 所示的组织维度进行讨论。社会组织包括家庭、家族、宗族、社区、乡镇和城市等;商业组织等级包括当地零售专营店的单个部门、城市或州的专营店集团、跨国公司等;另外,专业组织、学科组织和政府机构等也有组织机构等级之分。在所有的系统中,每个层级都是大系统的一部分,但它们也都是由更小的系统组成。参与协作解决问题的利益相关者必须认识到这些理念。图 12-2 描述了这一理念,因为它涉及自然资源生态实验室及其在更广泛领域中的作用。

4. 概念系统的描述与建模

在数据分析和概念建模阶段,在从集成之前的研究结果、数据分析、专家意见、传统知识和一些科学大胆的猜测中得出清晰的假设基础上开展;同时,需要在结构分析法的问题陈述、尺度推演、利益相关者识别或影响分析阶段之后开展。诸如地理信息系统、遥感、高级绘图系统、模拟建模、历史扰动和管理实践数据档案等技术,有助于理解生态系统的演替与发展轨迹。

在确定不同的利益集团并充分听取了他们的观点后,就可以开始解决潜在的问题。以下是需要提出的问题:该系统的出发点是什么;系统是否进行了全面评估;扰动的特点是什么;理想的生态系统的特点是什么;将理想的生态系统置于危险之中的压力或扰动的可能影响是什么;扰动或变化的指标是什么;理想的

第十章 基于社区决策的系统生态学方法：结构分析法

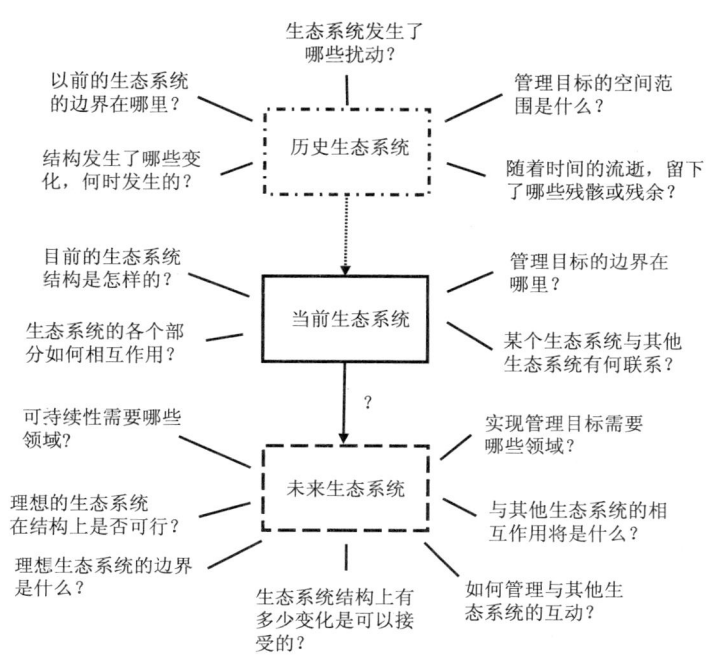

图 10-6 历史、当前和未来生态系统的空间维度及其需要回答的问题示例

注：解决图中所示问题，是为了更好地理解生态系统过去如何运作、现在如何运作以及未来可能如何运作。

生态系统可持续性的标志是什么；当前的生态系统是理想的生态系统吗；某个历史上的生态系统是理想的基准吗。

利益相关者可通过开发一个概念性的系统描述模型或"方框与箭头"（box and arrow）模型来获得帮助。该模型强调系统的过程或各个组成部分之间的联系（Forrester，1968；Meadows，2008）。该概念模型应明确说明在影响分析和利益相关者识别阶段中确定的相关因素，因为这些因素会影响预期目标的实现。模型的组成部分是相互作用和相互依存的，不应在没有经过深思熟虑和记录的情况下忽视其中的任何一部分，并且气候、政策和人口结构等驱动因素，以及时间和空间特征，都应该被包括在内。在对概念模型进行描述之后，如果需要掌握更多的细节，可以开发用于描述各组成部分内部动态的子模型，并强调内部控制和各部分之间的反馈机制。在概念建模阶段，定义了一个系统，以设计和图表形

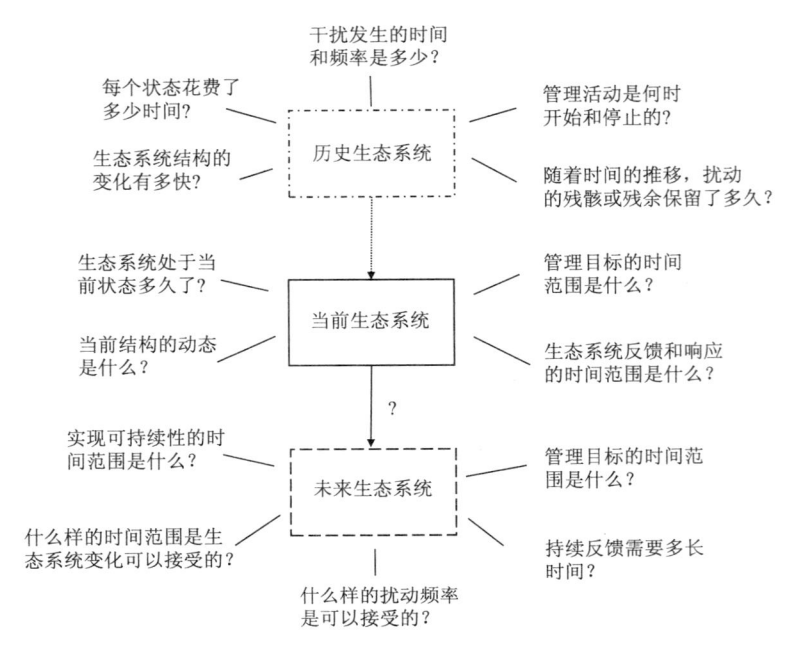

图 10-7 历史、当前和未来生态系统的时间维度及其需要回答的问题示例

注：解决图中所示问题，也是为了更好地理解生态系统过去如何运作、现在如何运作以及未来可能如何运作。

式显示了假定的组成部分、过程、驱动因素及其中的交互作用。

5. 数学与仿真建模

为了更好地理解系统的功能和响应机制，有必要建立一个数学仿真模型，以描述被研究系统的动力学。如果缺少仿真模型等工具，几乎无人能理解这些复杂系统的动力学，因此这些仿真模型具有重要的应用价值。在运用模型解决生态系统问题时，需要补充野外和实验室研究，以描述和验证模型构建中的假设。最后，需要设计野外监控程序来测试模型的有效性，这个过程被称为"基本事实验证"。这里需要注意的是，以上所有这些步骤都必须是迭代的。如果在解决问题确实需要的情况下，那么就要像第四章中 DayCent 模型的运行那样频繁地重复这些步骤。

在建模阶段，可以解决诸如"实现预期目标的关键制约因素是什么"之类的问题。开展生态系统分析,需要评估自然变化、实施的管理实践和法规的有效性,以及人为造成的意外变化,以确保有较大机会实现预期目标。在任何问题分析过程中,都应当明确干扰生态系统可持续性实现的主要因素(人类、自然或生物物理)。这是在可能会应用计算机可视化和协作技术的系统建模过程(包括物理、生物、经济、社会、文化部分)中特别需要注意的一步。

模拟结果的可视化和评估等新方法,以及实证研究、直觉(intuition)和常识(common sense),可以帮助分析和整合上述所有步骤。最终,模拟结果必须经过科学家、管理者、公众代表和政策制定者的互动、辩论和讨论,并在评估模拟结果时形成尽可能多的共识,尤其是当这些结果要用于制定管理战略,以实现可持续性、缓解导致全球气候变化的因素,以及维持或增加生物多样性等目标的时候。

6. 规划的选项、实施和监测

上面提及的协作分析方案,可能通常是可供生态系统管理团队选择的有效方案之一。只有当团队成员通过充分的分析、讨论和辩论达成一致的管理规划时,成功的协作才能实现。

在选择首选方案后,可以实施管理规划,但前提是方案中假定的资源、劳动力和授权可以得到。这一阶段往往是意图良好的规划成败的关键,因为负责促进规划实施的个人和机构由于当地参与者不可控的原因而无法实施(Hautaluoma and Woodmansee,1994),导致了激烈的争吵。如果合作团队保持足够的凝聚力,那么制定规划的影响力要比各行其是时要强得多。

假设规划得到实施,则必须对系统的关键指标或特征进行监测,以观测规划目标是否成功(MPWG,2015)。如果目标难以实现,做出相应调整是至关重要的(Holling,1978)。

第三节 总结:将科学知识同资源管理需求联系起来,一种系统生态学方法

结构分析法的应用对象是区域尺度的、景观尺度的及小尺度的生态系统,以

及生态系统的组成部分和相关的人类社区。它是系统生态学范式的一个案例，其目标是满足实际管理需求，在协作（参与式）决策过程中证明基础科学和系统分析的价值。这种方法可以为政府和社区规划活动提供实用价值，并节约其预算成本。

结构分析法或类似的方法论，能够促进区域行动规划的制定进程，并解决区域和景观范围内紧迫的科学、自然资源和环境问题。过程目标包括：①在区域层面上，以综合方式解决关键的科学、资源管理和环境问题；②加强科学、管理和政策之间的联系，以解决关键的环境问题；③提升当地和区域利益相关者对问题界定、方案设计和实施的参与程度；④在不同合作伙伴之间建立新的制度与合作安排。

此类工作不仅有助于增强生态系统与人类社区的恢复力和可持续性，而且还能搭建一个包含管理机构、科学家、利益相关者的多方合作机制。这个机制可以视作范例，应用于解决专注任何地理区域的科学、自然资源管理和环境问题。

借助系统生态学方法和结构分析法的工具和理念，来自生态系统科学（从广义上看）的巨大知识积累，用于协作、分析和规划的充足资源，以及合作者之间的良好意愿，未来对生态的改善是可以成功的。

附录 10-1　问题定义和疑问导引示例

（1）协作小组面临的问题是什么？
- 哪些问题、政策或议题需要分析？
- 哪些生态系统和人类社区受到问题或议题的影响？

（2）这些影响将会在景观或流域、区域、国家、洲际大陆或全球地理尺度上表现出来吗？
- 分析所关注的最大地理区域是什么？
- 更大范围内生态系统的现状或状态是什么？
- 当前的生态系统是否完全是外来的，如耕地、牧草地、经改造过的森林、被外来杂草入侵退化的本地系统、城市等？

- 当前的生态系统是否与自然条件发生了重大背离?
- 是否预测出将受问题影响的特定生态系统?

(3)这些影响会在季节、年份、数十年、数百年或数千年的时间里表现出来吗?

- 感知影响或变化的时间范围将是多少?

(4)气候、土地利用、植被、人类聚居地和生态系统结构(状态)的变化趋势(生态系统历史)是什么?

- 生态系统中的自然扰动机制是什么,其特征或指标是什么?
- 人为扰动机制是什么,其特征或指标是什么?
- 人类干预是否显著改变了生态系统的自然扰动趋势?
- 人为扰动是否与自然扰动类似?

(5)谁应该参与分析?

- 谁制定政策?
- 谁来确定政策选项?
- 谁来选择这些选项?
- 谁来设定管理目标?
- 谁来实施旨在实现目标的管理措施?
- 谁来承担成本,以什么方式,货币、服务、价值还是产品?
- 谁受益?以什么方式受益?

(6)预计哪种的生物物理、社会、经济或政策因素,会导致特定生态系统的变化?或者说,需要分析和解决的关键和紧迫问题是什么?

- 由关键问题(一阶效应,first-order effects)引起的生态系统内的预期变化是什么?
- 由于关键问题,哪些生态系统和人类社区属性将直接和显著地受到影响?例如,洪水可能会淹死农作物,这是一阶效应。
- 假设关键变化有一些显著的直接影响,那么二阶效应是什么?二阶效应是一阶效应作用的结果,而非直接由外部因素引起的变化。从上面的洪水例子来看,依赖农作物的人们挨饿,这不是洪水造成的直接结果,而是由于农作物被洪水淹死导致的间接后果。

- 生态系统中是否存在会影响分析结果或生态系统可持续性的附属扰动或其他变化？如果存在，它们是否也需要被分析？
  - 是否有迹象表明气候正在发生变化？
  - 环境中是否发生了化学变化？
  - 土地利用变化是由休闲游憩引起的，还是商业企业引起的？

(7) 关注生态系统的目标是什么？分析小组认为哪些属性是确保生态系统可持续性所必需的？什么是理想的生态系统？考虑到当前和预期的土地利用情况，它是否可以实现？
  - 我们希望理想的生态系统能为我们提供什么？这些需求是否与可持续性兼容？（见第一章的讨论）
  - 希望从生态系统中得到哪些产品？
  - 希望从生态系统中得到哪些服务？
  - 希望从生态系统中获取什么价值？
  - 现在和未来需要什么样的生态系统特征（生态终点，ecological endpoints）？该分析小组希望10、100、1000年后的生态系统是怎样的？

(8) 为了实现理想生态系统的目标，需要实施哪些管理措施？是开展更多的干预还是更少的干预？
  - 哪些物理、生物、经济和社会特征（生态终点）能表明管理措施的成败？

(9) 实现预期目标是否存在关键的制约因素（生物的、物理的、社会或文化的、经济或政治的）？
  - 是否存在显著的政治、金融或社会现实阻碍政策、法规或管理目标的实施？
  - 系统中的生物因素（外来物入侵、偷猎、非法采伐等）是否存在可能干扰预期目标实现的重大自然或人为变化？
  - 是否存在可能干扰预期目标的实现的重大经济、社会或制度因素？

附录 10-2 需要考虑的生物物理特性问题

表 10-1 分析全球变化对生态系统和社区的生物、土壤和地表水影响时，
需要解决的问题示例

生物	土壤	溪流和河流	湖泊和水库
天然植被	物理性质	数量	数量
商业种植农作物	有机物	排水时间	排水时间
自养生物	养分	养分状况	养分状况
野生物种	污染物	污染	污染
非野生物种	土壤生物	河岸状况	河岸状况
生物多样性	养分循环	温度	温度
杂草、害虫、疾病	侵蚀	水道构造	水道构造
观赏物种	沉降	植被	植被
	管理策略	微生物	微生物
		中小型动物	中小型动物
		大型动物	大型动物

附录 10-3 气候、天气、能源和经济因素

表 10-2 分析全球变化对生态系统和社区的气候、天气、能源和经济因素的影响时，
需要解决的问题示例

天气和气候	水利开发	能源需求	经济
降水量	农业需求	对外部市场的依赖	生活需求
降水季节性	蓄水和改道	化石燃料出口	现金产品和服务
风暴频率和强度	河流使用配置	化石燃料发电	外部收入
昼夜温度	地表水污染	设备用燃料	补贴
季节性温度	盐渍化	可用于肥料生产的燃料	供水情况

续表

天气和气候	水利开发	能源需求	经济
大气化学	沉积物	副产品及处置	能源可用性
云层	含水层利用和保持	空气和水污染	原材料可用性
	休闲用途	休闲用途,依赖性	肥料可用性
			设备可用性
			服务可用性
			劳动力可用性
			运营成本
			加工成本
			工作岗位

附录 10-4 社会文化因素

表 10-3 分析全球变化对生态系统和社区的社会、文化因素的影响时，需要解决的问题示例

个人需求和行为*	社区和文化（文化规范）	组织	政治和政策
生理需求	群体认同	使命、授权	法律法规
安全需求	尊重需求	总目标、具体目标	使命、授权
爱和归属感需求	传统的狭隘价值观	人力资源结构	总目标、具体目标
尊重需求	当代外部价值观	文化、历史	人力资源结构
自我实现	未来的选项	新想法的接受程度	文化、历史
人口趋势	备选方案的可行性	对变革的态度	新想法的接受程度
基本社会服务	平等议题	适应意外情况	对变革的态度
传统的狭隘价值观	基本社会服务的可用性	稳定性	适应意外情况
当代外部价值观	人口趋势	未来愿景	稳定性
未来的选项	社会成本转换		未来愿景

续表

个人需求和行为*	社区和文化(文化规范)	组织	政治和政策
备选方案的可行性	社区福利		全球视角
政治力量	政治力量		
社会成本转换			

＊ 源于马斯洛需求层次理论。

- 生理需求(食物、水、空气、睡眠、触觉、生殖、性、住所、卫生等)。
- 安全需求(人身、金融、健康、法律秩序、财产等)。
- 爱和归属感需求(友谊、家庭、异性、团队等)。
- 自尊需求(自尊、认同、他人尊重、赞美、成就、地位等)。
- 自我实现(个人成长和充实、道德、创造力、自发性、解决问题、接受事实等)。

附录 10－5　地理空间和时间尺度相关的问题

以下是需要解决的与生态系统及人类社区的地理空间和时间维度有关的问题示例。

当前生态系统

- 在关注的景观或特定区域内,每个生态系统的物理和生物边界在哪里?存在有多久了?
- 管理目标的边界在哪里? 管理方案实施多久了? 方案多久改变一次?
- 拟议管理目标的边界是否与物理和生物边界相匹配? 管理边界变化的频率如何?
- 生态系统的结构是否是已知的,也就是说,植物、动物(包括人)、土壤和地质等结构是否已经被描述? 目前的结构已经保持了多久?
- 生态系统各部分的发展趋势和动态是否已知?
- 正在分析的生态系统与周围生态系统的关系是什么?
- 是否了解自然变化,如洪水、火灾、地震、虫害、干旱等? 它们的自然频率已知吗?

- 是否了解人为扰动,如洪水、火灾、虫害暴发、干旱等?
- 之前的生态系统的结构和功能是如何影响当前生态系统的?

历史生态系统

- 当地历史生态系统的边界在哪里?那些历史生态系统持续了多久?
- 随着时间的推移,当地生态系统结构(自然或土地利用)发生了哪些变化?
- 以前的管理目标和行动在所关注的区域内是否是已知的?这些目标和行动的地理范围(边界)是什么?目标和行动是否成功?每次持续了多长时间?
- 该地区的历史扰动模式是什么?该扰动的频率和持续时间是多少?
- 历史生态系统与其他系统的关系如何?

希望实现的生态系统

- 期望未来生态系统的地理边界是什么?达到理想状态需要多长时间?预计这些生态系统将存在多久?
- 期望未来生态系统在生物和物理结构上可行吗?正确的组成部件是否存在,或者是否曾经存在?期望未来生态系统在经济上、社会上和政治上是否可行?如果可行,会持续多久?
- 考虑可行性和可持续性,生态系统的尺度应该多大?
- 生态系统结构变化程度多大是可接受的?
- 理想生态系统中可以允许哪些扰动,人们将试图在何种程度上控制这些扰动?
- 生态系统需要多大,才能有效地实现管理目标?
- 如何处理或管理期望未来生态系统与其他系统的相互作用?

在这些问题中,有一部分的回答难度较大,但这些问题很重要,即使在无法获取答案的情况下,也必须用假设去代替。与其含蓄地忽视无知,不如明确地陈述和承认假设。

附录 10-6 里约普埃科河流域的人类维度分析

以下概述逐字摘自"陆地生态系统区域研究与分析实验室"(TERRA)工作

人员在20世纪90年代初开展的一个研究项目(Fox et al., 1992)。TERRA的方案类似于McKenzie Mohr(2011)的基于社区的社会营销。

引言

认识和评估里约普埃科河流域的人力资源构成,对制定该地区的土地利用规划至关重要,该规划将提供人类和自然生态系统的可持续运行方案。维持有生存能力的社区,依赖于自然环境因素与人力资源的相互作用,如卫生服务、教育、交通和到贸易中心的距离、当地经济状况、公共福利资源、社区居民的信仰和价值观。对里约普埃科河流域开展的人类维度评估将:①为土地管理和政策决策者提供有关人力资源因素的信息;②作为当前状况的信息基线,以评估今后拟议管理战略的影响;③开发一种功能性手段,从河流和流域变化的最大受益者处获得投入和合作;④在全球变化模型中,为整合人类价值和动机提供初步的近似值。

了解流域内各经济机构的类型和规模,可用于确定各种土地管理战略可能对当地社区产生的影响的类型和规模。公共资源和资金来源的可获得性及其在社区内的价值,增加了社区稳定的可能性,并揭示了各种土地利用规划的影响。目前的利用格局、文化态度和信仰,以及与社区、土地和组织机构相关的价值观,都在土地利用规划过程和获取公众意见与合作过程中发挥重要作用。

关于传统格局和对事先规划的态度、机构间合作的类型和质量,以及文化价值观的历史信息,提供了一个可以衡量发展趋势的背景。个人和集体对草原和水资源管理的历史和现状趋势的看法,将被用于建立排水系统的概念模型,并促进对规划工作感兴趣的社区的更多参与。

人口规模、过去数十年的人口变化量、年龄分布、收入来源与数量、职业等普查数据,可用于描绘当地社区的经济结构和年龄结构,还可以确定直接受里约热内卢普尔科生态系统健康和维护影响的从事农业或职业的人数。

所获数据将为建模过程提供以下信息:①社区的经济活力、补贴、商品与服务的进出口、经济变化趋势和方向;②社区认同、历史、文化、价值观、未来愿景和选项、人口趋势,以及对公平、社区福祉和政治力量的看法;③组织动态、是否存在冲突、首选的参与方式;④政治结构和职能。

告知土地管理者和决策者

土地管理者和其他决策者的规划经常遭到当地的反对,从而导致冗长的听证会和原规划的修改,既消耗时间又耗费金钱。因此,开发一个包括利益相关者态度、压力和长期趋势的模型,可以节省管理精力和资源,并促进形成更有效的规划,也能从土地和水资源管理者、受影响的公众和其他政治组织,例如里约普埃科河流域的地方部落首领和市县政府,获得该地区司法管辖、政治、民族和种族边界的信息。

在这项研究中获得的数据将被整合到一个概念模型中,该模型将使里约普埃科河流域人类系统的知识正式化。相关人群将被分成若干小组,这些小组可以充分地参与整个规划进程。利用这些信息,自然资源管理人员将用一个概念化的方法,来制定规划以及长期和短期目标。

基准信息、当前状况和未来评估措施

在每个社区进行调查,以获得有关该流域的最佳和最完整信息。当地居民掌握的历史信息,可以更清楚地描述排水系统的非人类生态的状况。人口普查数据、营销信息和其他经济数据,将提供可独立测量和验证的现状水平。土地和水资源管理者、受影响的公众和其他政治组织,如里约普埃科河流域的部落首领和市(县)政府,共同参与建立一个环境数据库,并将其纳入陆地生态系统区域研究和分析实验室(TERRA)的建议提到的概念模型中。项目评估措施将是土地和资源管理者以及被选择参与规划的各种政治和社会利益相关者共同开展的规划过程的结果。建模工作的另一个特点是,确定在未来几年可用于衡量项目优势和劣势的总目标和具体目标。

一种从私人和社区利益相关者获得投入与合作的实用方法

里约普埃科河流域的公众与土地和资源管理人员的参与的互动程序,将有助于通过合作管理计划,也有助于确定资源管理的关键角色和有效机构。草原和水资源管理方面的教育和培训加强了合作以及对共同制定的目标的兴趣,还提供了一个统一的、实时的成本优化措施。为了获得有关流域的最佳信息,需要对所有社区进行调查,下面概述的程序整合了现代草原生态学方法和管理学的一些原则。

所有感兴趣的政府管理人员、社区代表和其他利益相关者,将被邀请成为信息采集的参与者,主要参与:①制定从其社区或利益团体获取信息的专门程序;

②提供与目前从事流域和区域工作的社区组织的联系,或从其社区中寻找可能愿意成立流域委员会的人员;③提供必要的解释;④为流域地区制定当地的总目标和具体目标。

流域组织及其政治代表将要求举行会议,以确定就各种因素征求公众意见的最佳方法和开展调查的最有效方法。根据当地的传统和偏好,可以采用访谈的形式对受影响者进行调查,也可以使用陆地生态系统区域研究和分析实验室的技术对全体居民进行调查。在调查完成并总结后,为分享调查结果及后续参与概念建模过程,需要与流域委员会和地方领导举行一系列新的会议。

州和联邦土地及流域管理者,也需要参加这些地方会议,并分别进行各自的目标陈述和调查工作。然后,每个社区需要派出代表参加一系列的建模研讨会,并制定一个全面的流域规划。希望让尽可能多的人参与数据采集和目标制定过程,这有助于制定出更好的管理规划,并提高合作和参与水平。如果这一进程取得成功,今后可利用这一案例鼓励里约格兰德河的用水者和其他对里约普埃科河流域生态系统感兴趣的人参与合作。

勘察

应熟悉现有的社区结构和边界,能够确定信息来源和对里约普埃科河流域的土地和流域管理感兴趣的人。

从外部来源收集数据,如行政地图、人口普查数据、经济数据库和其他资料(文献、个人联系方式等)。

时间:两个月。一个月在新墨西哥州实地调查,另一个月在室内开展文献和数据库研究。

参与

与经过确认的领导层进行联系,开始探索在该地区进行调查的可行性,加强与社区合作以获取当地信息,开始制定问题陈述。评估社区对水和土地问题的兴趣和参与程度。

时间:与新墨西哥州的第一步工作同时进行,为期四到五个月。

规划

综合当地委员会和领导层(包括联邦、土著和州土地管理者)的意见,确定创建调查时应包括的最佳问题、措辞和试运行。

协助委员会宣传其活动和调查。

时间：在第二步结束时开始，进入冬季月份；每月两周，直至问卷完成。

实施

开展社区调查，然后使用描述性统计方法分析结果。

时间：每个社区一周（每个利益相关者群体是一个社区），统计分析需要一个月。

向每个委员会分享结果，为问题定义和建模活动举行新的会议（可能不止一次的讨论），以及开始建立共识。这些会议的程序将由委员会决定。

时间：每个社区一周。

召集一个流域范围的建模小组，成员由每个地区的代表组成，进行问题确定、建模和规划制定。

土地管理者负责制定最终的规划，并与更大的群体共享。

时间：待确定，最好在现场会议前确定，确切的时间长度以及如何使用该时间将在小组的帮助下确定。

评估

对通过该方法得到的程序和信息进行评估。制定用于委员会继续参与流域规划过程的程序。

解除

从活动中退出。

参 考 文 献

Achenbach, J. (2015). The age of disbelief. *National Geographic*, 227, 30–47.

Balram, S., Dragicevic, S., and Feick, R. (2009). Collaborative GIS for spatial decision support and visualization. *Journal of Environmental Management*, 90(6), 1963–5.

Bureau of Land Management (BLM). (1989). *Little Snake Resource Management Plan and Record of Decision*. USDI Bureau of Land Management, Craig District, Little Snake Resource Area, urn:oclc:record:1048789307. https://archive.org/details/littlesnakeresou3740unit (accessed August 20, 2018).

Christensen, N. L., Bartuska, A. M., Brown, J. H., et al. (1996). The report of the Ecological Society of America committee on the scientific basis for ecosystem management. *Ecological Applications*, 6(3), 665–91.

Faber, B. G., Watts, R., Hautaluoma, J. E., et al. (1994). A groupware-enabled GIS. *GIS*, 94, 3–13.

Forrester, J. W. (1968). *Principles of Systems*. Cambridge, MA: Wright-Allen Press.

Fox, D. G., Faber, B. G., DeCoursey, D. G., et al. (1992). *The Terrestrial Ecosystems Regional Research and Analysis Laboratory: Regional Collaboration to Address Global Change Issues*. México: Montecillo, 41–6.

Future Earth. (2014). Future Earth 2025 Vision. http://old.futureearth.org/sites/default/files/future-earth_10-year-vision_web.pdf (accessed August 14, 2019).

Grumbine, R. E. (1994). What is ecosystem management? *Conservation Biology*, 8(1), 27–38.

Hautaluoma, J. E., and Woodmansee, R. G. (1994). New roles in ecological research and policy making. *Ecological International Bulletin*, 21(21), 1–10.

Hicks, C. C., Levine, A., Agrawal, A., et al. (2016). Engage key social concepts for sustainability. *Science*, 352, 38–40.

Holling, C. S. (1978). *Adaptive Environmental Assessment and Management*. New York: John Wiley and Sons.

Jankowski, P. (2009). Towards participatory geographic information systems for community-based environmental decision making. *Journal of Environmental Management*, 90(6), 1966–71.

Kaplan, N. E., Baker, K. S., Draper, D. C., and Swauger, S. (2014). *Packaging, Transforming and Migrating Data from a Scientific Research Project to an Institutional Repository: The SGS LTER Collection*. Digital Collections of Colorado. Fort Collins, CO: Colorado State University. http://hdl.handle.net/10217/87239 (accessed August 13, 2020).

Kaplan, N. E., and Newman, G. J. (2013). *Data Management for NREL and Beyond: A Roadmap and Recommendations*. Digital Collections of Colorado. Fort Collins, CO: Colorado State University. http://hdl.handle.net/10217/87381 (accessed August 13, 2020).

Kessler, W. B., Salwasser, H., Cartwright, Jr., C. W., and Caplan, J. A. (1992). New perspectives for sustainable natural resources management. *Ecological Applications*, 2, 221–5.

Lavery, J. V. (2018). Building an evidence base for stakeholder engagement. *Science*, 361, 554–6.

Lewis, C. S. (1955). *The Magician's Nephew*. New York: Harper Collins Children's Books.

Lubchenco, J., Olson, A. M., Brubaker, L. B., et al. (1991). The sustainable biosphere initiative: An ecological research agenda – A report from the Ecological Society of America. *Ecology*, 72(2), 371–412.

McKenzie-Mohr, D. (2011). *Fostering Sustainable Behavior: An Introduction to Community-Based Social Marketing*. Gabriola Island, BC: New Society Publishers.

Meadows, D. H. (2008). *Thinking in Systems: A Primer*. White River Junction, VT: Chelsea Green Publishing.

Millennium Ecosystem Assessment Board. (2005). Millennium Ecosystem Assessment, 2005. *Ecosystems and Human Well-being: Synthesis*. Washington, DC: Island Press. www.millenniumassessment.org/documents/document.356.aspx.pdf.

Montréal Process Working Group (MPWG). (2015). *The Montreal Process: Criteria and Indicators for the Conservation and Sustainable Management of Temperate and*

Boreal Forests. www.montrealprocess.org/documents/publications/techreports/MontrealProcessSeptember2015.pdf (accessed August 17, 2018).

National Forest Foundation (NFF). (2016). Collaborative Restoration Workshop. The 2016 Collaborative Restoration Workshop, Denver Colorado. www.nationalforests.org/collaboration-resources/collaborative-restoration-workshop (accessed August 17, 2018).

National Research Council. (1994). *Rangeland Health: New Methods to Classify, Inventory, and Monitor Rangelands*. Washington, DC: The National Academies Press.

Reed, M. S. (2008). Stakeholder participation for environmental management: A literature review. *Biological Conservation*, 141, 2417–31.

Riebsame, W., and Woodmansee, R. (1995). Mapping common ground on public Rangelands. In *Let the People Judge*, ed. J. Echeverria and R. B. Eby. Washington, DC: Island Press, 69–81.

UN Sustainable Development Summit (UNSDG). (2015). *Sustainable Development Goals: 17 Goals to Transform Our World*. www.un.org/sustainabledevelopment/sustainable-development-goals/# (accessed June 18, 2018).

USDA Forest Service (USFS). (2016). *Northwest Forest Plan*. www.fs.fed.us/r6/reo/. (accessed August 17, 2018).

Walker, B., and Salt, D. (2006). *Resilience Thinking: Sustaining Ecosystems and People in a Changing World*. Washington, DC: Island Press.

Waltner-Toews, D., Kay, J., and Lister, N.-M., eds. (2008). *The Ecosystem Approach: Complexity, Uncertainty, and Managing for Sustainability*. New York: Columbia University Press.

Woodmansee, R. G. (1978). Critique and analyses of the grassland ecosystem model ELM. In *Grassland Simulation Model*, ed. G. S. Innis. New York: Springer Verlag.

Woodmansee, R. G., and Riebsame, W. (1993). Evaluating the effects of climate change on grasslands. In *Proceedings of the XVII International Grassland Congress*, ed. New Zealand Grassland Association, et al. Palmerston North, New Zealand: The Association. 1191–6.

World Commission on Environment and Development (WCED). (1987). *Our Common Future: Report of the World Commission on Environment and Development*. Oxford: Oxford University Press.

第十一章 环境素养:系统生态学范式

罗伯特·G. 伍德曼斯、约翰·C. 摩尔、格雷戈里·纽曼、保罗·H. 埃万杰利斯塔和凯瑟琳·S. 伍德曼斯

第一节 生态系统科学和系统生态学素养的兴起

由乔治·范·戴因(George Van Dyne, 1969)编著的《自然资源管理中的生态系统概念》(*Ecosystem Concept in Natural Resource Management*)是国际生物学计划之草原生物群区计划的首批成果之一。它将"系统生态学方法"的概念引入自然资源管理问题中(见第一章和第七章)。范·戴因在该书的导言中使用了"生态系统方法"一词。该书的主要议题包括牧业、林业、鱼类和野生动物管理以及流域管理。该书还包括将生态系统概念和系统生态学引入学术培训的章节。该书预示了系统生态学范式(SEP),并将仿真建模、野外和实验室研究集成到自然资源决策、生态系统管理和教育的应用中。

在20世纪60年代末到70年代,科罗拉多州立大学(CSU)成为系统生态学、生态系统科学、草原管理与教育领域的世界领导者(Rykiel, 1999),在C. 韦恩·库克的领导下,草原科学系建立了草原生态系统科学的研究生和本科生课程,该系的很多学生都是由美国国际生物学计划草原生物群区研究资助的。自然资源生态实验室(NREL)和草原科学系共同为联邦土地管理者制定了生态系统结构和功能概念的培训计划(生态系统管理短期课程)(见第七章)。这些课程强调初级生产、分解作用、养分循环、土壤、次级生产、企业经济学、统计学、系统

生态学和生态系统建模等。许多生态系统科学和土地利用管理方面的杰出领导人,都在这些课程和后续课程中接受了培训(见第三章和第七章)。这为实现基础生态系统科学与学术培训、应用科学、实践管理融合发展奠定了基础(见专栏7-2)。

目前关于草原生态系统的整体观点,是源于美国国际生物学计划草原生物群区研究、自然资源生态实验室、草原科学系和科罗拉多州立大学农学系,以及位于科罗拉多州柯林斯堡的美国农业部农业研究局之间的合作(见第七章)。整个生态系统及其功能,而不仅仅是结构和生产(见第六章),都将成为美国和全球其他国家草原管理的焦点(Williams, 2005;见第七章)。在早期,"整个生态系统功能"(whole-system functioning)一词意味着同时理解地上和地下的过程,包括地上地下的初级和次级生产、分解过程、养分循环路径、动植物的相互作用、生态地境尺度与景观水文、侵蚀、沉积等,其中许多过程现在被认为是生态系统服务(Christensen et al., 1996; MEA, 2005)。空间和时间尺度推演(生态等级)也被认为是草原和农业生态系统管理的必要条件(Anderson et al., 1983; Woodmansee, 1990)。直到20世纪80年代末,人类才被认为是生态系统的组成部分(见第一章和第九章)。

第二节 系统生态学和仿真建模培训

对于整合生态系统组成部分之间相互作用的概念的发展,仿真模型起到了至关重要的作用(见第四章)。自然资源生态实验室和草原科学系的早期研究重点和成果是,基于野外和实验室研究、数据分析集成及仿真建模工作获得的知识,发现生态系统如何运作。科罗拉多州立大学的系统生态学和仿真建模教学任务主要是由自然资源生态实验室的工作人员完成的。他们在学校的各个学院开设此类课程,包括短期培训。早期草原生物群区的建模人员来自不同的机构和学科(见第三章和第四章)。自然资源生态实验室的工作人员,如乔治·范·乔丹、萨姆·布莱索(Sam Bledsoe)、弗里曼·史密斯(Freeman Smith)等人,在林业和自然资源学院(College of Forestry and Natural Resources)开设了两门系统生态学和建模课程;农学系的 J. O. 罗伊斯(J. O. Reuss)博士和自然资源生态实验室的罗伯特·G. 伍德曼斯博士开设了另一门相关课程。到 20 世纪 80 年代后期,W. J. 帕顿博士、W. K. 劳伦斯(W. K. Laureneth)博士和 H. W. 亨特博士提供了不同版本的系统生态学或建模课程。但是,由于选课率低,这些课程后来都被取消了。具有讽刺意味的是,20 世纪 80 年代后,科罗拉多州立大学很少开设正式的生态系统建模课程,而这些建模技能是在自然资源生态实验室相关科学家的指导下,通过实践传授给学生和合作者的。

第三节 正式学术项目的兴起

从草原生物群区研究开展以来,自然资源生态实验室在资助本科生和研究生课程方面保持了引人瞩目的历史传统,尽管当时尚未建立一个正式的学术项目。此外,许多非终身教授和终身教授,支持科罗拉多州立大学的研究生和本科生教学。自然资源生态实验室工作人员主要是通过客座讲座或"临时"课堂授课,代替缺课教师参与研究生和本科生的正式教育。对于那些已经获得学术职位的正式教员,大多数课程都是系里安排的课程,因此他们很少提供正式的系统生态学或生态系统科学等课程。

尽管大多数自然资源生态实验室的工作人员没有学术职位,但他们在科罗拉多州立大学①"生态学研究生学位课程"(Graduate Degree Program in Ecology,GDPE)的策划和发展中,发挥了重要作用。该学位课程是一个跨学科的课程,允许来自学术研究部门的学生选修不同院系的个性化课程。因此,按照科罗拉多州立大学的规定,自然资源生态实验室资助的研究生有机会在其他传统院系学习,同时获得生态系统科学和系统生态学的学位。因此,许多学生没有被归入传统的学科的学生范围,而是获得了"生态学"学位。

另一个与自然资源生态实验室关系密切的著名分支,是科罗拉多州立大学

---

① https://ecology.colostate.edu.

的全球环境可持续性学院①(School of Global Environmental Sustainability，SOGEs)。自然资源生态实验室前主任狄安娜·沃尔(Diane Wall)博士曾担任该学院的首任主任。该学院在环境可持续性的科研、教育和参与方面促进了跨校园、跨学科伙伴关系的发展。

2011年,在约翰·C. 摩尔博士的领导下,自然资源生态实验室内部的研究机构发生了变化,新成立了生态系统科学与可持续性系(ESS)②,这是华纳自然资源学院的第五个系,也是最新的一个系。该系最初是由自然资源生态实验室的研究人员组成(见专栏11-1)。

生态系统科学与可持续性系提供生态系统可持续性、温室气体管理与计量和流域科学专业的硕士学位,以及生态系统科学、可持续性和流域科学的学士学位。

第四节 数字时代的非传统教育

系统生态学家和生态系统科学家必须承担起培训新一代公民的任务,无论在校内还是校外,以便让他们对地球,能够做出明智和负责任的行为。为偏远地区的非传统本科生、研究生和博士后学习者③开辟出正规的、跨学科的教育和学习途径,是当今学术机构面临的新挑战。接受过正规认可的学术部门培训,往往是在职专业人员工作安排和职务晋升的必要条件。寻求职业转变的非传统学习者、感兴趣的公民和思想领袖,以及那些想要提升自己学历的人,也可以从正式的在线学术培训中受益。

在线学术课程体现了21世纪教育工作的延伸(见专栏11-2),该方式利用了在线学习管理系统、网络研讨会、博客、视频、交互式虚拟讲座和实地考察等海量资源和功能,以及社交媒体提供的资源。

---

① https://sustainability.colostate.edu.
② https://warnercnr.colostate.edu.
③ 在本讨论中,术语"学习者"与"学生"分开使用,因为需要学习生态系统知识和系统方法的个人和团体不仅包括正式的学生,但他们都是学习者。

为了让学生及其他学习者充分了解基本信息,教师必须提供交互式学习经验。虽然传统的由"讲台上的智者"给一群"学生"授课的模式,对一些人来说是有效的,但这种方式并不鼓励学习者参与教学互动,当然也不适用于在线学习者。教育工作者知道,在主题、信息和实际应用之间建立有意义的联系,是至关重要的。因此,在课堂环境、在线学习环境或两者混合的环境中,使用现实生活中的案例、结合当地问题、学生工作或学习中面临的问题,以及复杂的环境问题,能够鼓励学生将他们所接收的重要信息进行更充分的联系。

专栏 11 - 1　生态系统科学与可持续性系

生态系统包括支持和丰富人类的许多生命过程。这些过程包括有机体和物种之间的相互作用,能量的流动和物质的循环,以及维持微生物、植物和动物的多样化和复杂的社区。我们的责任是认识全球生态系统和人类社会对生态系统过程及其长期可持续性的影响。研究和教育是这种认识的核心,能提高我们管理生态系统、社会和生物圈可持续性的能力。该系的学生将把最新的科学融入到现实世界的决策和公共政策中,最终目标是在未来可持续地管理地球上所有生命赖以生存的自然资源,即空气、水、土地和生物多样性等。

生态系统科学与可持续性系的任务,是认识生态系统的功能及其跨空间和时间的变化,并通过研究自然系统和人类系统之间的相互作用来实现这一认知。通过研究和教育,生态系统科学与可持续性系为理解和支持生态系统及其服务做出了贡献。该系是在当前全球面临气候变化、物种引进、土地利用变化和集约化等压力的背景下,采用最先进的技术和方法,为未来的科学家、教育工作者和决策者提供高质量的教育,并开展前沿的跨学科研究,提供与文化相关的推广计划,使我们的学生和当地、国家和国际上的普通公众获得相关知识能力。

> 生态系统科学与可持续性系与世界一流的"流域科学计划"(Watershed Science Program)合作。该计划最初是森林和草原管理系(Department of Forest and Rangeland Stewardship)的一部分。流域科学是对影响淡水资源的自然过程和人类活动的研究。水是地球生态系统的重要组成部分,用于人类消费、农业、能源生产、运输和再利用。在美国科罗拉多州乃至世界范围内,淡水资源的管理都是一个日益重要和复杂的挑战[①]。

> **专栏 11-2 西部综合资源管理中心(Western Center for Integrated Resource Management, WCIRM)**
>
> 今天的农业管理者所面临的挑战主要是如何管理土地、动物和自然资源,以实现农场、牧场和农村社区的长期盈利和可持续发展。综合资源管理是农业生产中的一个概念,它以趋于更加可持续的产量为导向,仔细审视经济和环境变量。
>
> 科罗拉多州立大学的农业专业在线硕士学位课程被命名为综合资源管理,是一个跨学科的课程,融合了动物学、商业、草原科学、生态学、野生动物、政策和人力资源的内容。这些主题的融合使学习者能够认识到农业资源系统如何全面协同工作的,以及如何将其应用于农业管理背景中。该项目由西部综合资源管理中心提供,并得到农业科学学院(College of Agricultural Sciences)、华纳自然资源学院(Warner College of Natural Resources)、兽医和生物医学科学学院(College of Veterinary Medicine and Biomedical Sciences)以及全球环境可持续性学院的支持。
>
> 自 2009 年以来,该在线课程已经为美国及世界上许多其他国家的学生提供了服务。R. G. 伍德曼斯博士在综合资源管理课程中提供一门核心必修课程,名称为"生态系统可持续性管理"[②]。

---

① https://warnercnr.colostate.edu/ess/.
② www.online.colostate.edu/deges/irm/.

通过为学习者创造机会,让他们参与到主题内容中,并将这些知识应用到现实生活中,教育者让学生将信息转化为对他们有意义的行动。这种参与让所有的学习者,尤其是学生,不仅能在考试中取得好成绩,还能把这些知识带入到现实世界里。以学习者为中心的教育方法,可以让学生将知识转化为行动,也可以让教育者更深入地参与到教学互动。

刚开始,这种以学习者为中心的方法可能会让教育工作者望而生畏;但是,通过与认知专家、教学设计师和教育心理学家的合作,体验式学习将为教师和学生创造更刺激的体验。讲座和多项选择题测试,仍然是有用的工具,但它们应该与讨论、实践项目、多媒体演示相结合,让学习者不仅能反复回味主题内容,还能将这些知识应用到现实世界中。这种方式明显改善了学习者的体验,也能让教育者受益;学习者可能会提出教师之前不了解的问题,或从另一个领域(真正的共同教育)提出新的且不同的观点。

学习者背景的多样性是生态系统科学家和系统生态学家面临的另一个挑战。评估在线学习环境中的参与度通常是困难的。在过去,这类教学活动通常包括幻灯片演示(一般没有旁白)、课本阅读和简单的小测验或测试。而今天的最佳实践要求更多的互动教育体验(Hawtrey,2007;Goh et al.,2019)。需要认识到的是,今天的学习者通常注意力持续时间相对较短,但也能够访问无数资源,可以帮助教育者了解如何在在线环境中最好地呈现信息。通过混有阅读、简短讲座、视频、自主学习、讨论和各种互动学习工具的方式,教育者不仅可以提高学生的参与度,还可以提高学生的注意力。

成人教育,特别是对年轻成人的教育,都是基于将丰富的经验带入学习环境中(Knowles,1977;Pappas,2015)。成年人学习和储存知识的主要方式之一是建立在这些经验的基础上的。一门精心设计的课程,能使学习者能够把他们过去的经验与接受到的新知识联系起来。这与教导那些无法将生活经验带入课堂的儿童,是一个非常不同的过程,所以不应与儿童教育相混淆。

需要考虑的是,成年人的生活环境往往既能带来帮助,也能分散学习的注意力。对于非传统的学生,尤其是接受网络教学的学生来说,把家庭需求、工作需求和经济压力等学习障碍因素考虑在内是很重要的。另一方面,支持性的工作环境,或改善个人及家庭生活的动力,都可以成为强大的动力,激发他们继续受教育的意志。

偏远地区系统生态学和生态系统科学教育面临的另一个主要挑战,是数字时代之前建立的许多知识和文献成果要么无法直接得到,只能在图书馆中获得,要么由于检索困难而被忽视。数字时代前的科学期刊的获取方式正在改善,但获得书籍或其章节的机会仍是困难的。在生态系统科学和系统生态学的发展和演变过程中,许多开创性的论文都是以图书章节的形式发表。因为它们是基于先前的研究和经验整理、提取的概念、思想和模型,而不是原始数据和数据分析。科学期刊审稿人不愿意接受那些没有数据支撑的论文。此类观点最早出现在向美国国家科学基金会(NSF)提交的提案中,这些提案要求利用资金来采集数据和建立模型。当时,美国国家科学基金会和他们的评审小组乐于接受大胆的新想法,从而诞生了一门新的科学。

应对知识传播挑战的一个例子,是不断发展的地球数据观测网络(Data Observation Network for Earth,DataOne)[①]。这是美国国家科学基金会资助的项目,为科学家、管理者、决策者和公民提供这个知识库。地球数据观测网络是新型创新环境科学的基础,通过分布式框架和可持续的网络基础设施,满足科学界和社会对于开放、持久、健康、安全访问的地球观测数据的需求。自然资源生态实验室的几名科学家参与了该网络的开发(Kaplan and Newman,2013;Kaplan et al.,2014;见第十三章)。

面向所有学习者和教育者的教育必须是持续演进和发展的,就像生态系统科学一样,教育方式必须不断更新和演进。在不久的将来,学习者和正式学生都将能够接触到大量的信息(见第十三章),不必像 1985 年的学生那样,必须以各种方式寻求信息,并且常常只依赖于课堂或课本上的信息。现在以及未来,通过互联网提高学习者的参与度,将是环境和生态系统教育成功的关键。

---

① www.dataone.org.

第五节　数字时代公众对生态系统科学的认识和参与

让全社会认识到支持健康而有恢复力的生态系统的价值,是我们的科研和教育系统面临的一个极其重要且具有挑战性的问题。随着社会日益城市化,对有限的学校系统资金的需求持续增加,以及农村地区的自然资源管理者和决策者正在努力了解快速变化的世界,公民、选民、决策者和土地管理者该如何了解生态系统呢?

生态系统教育面临的一个主要挑战,是揭示信息获取和交流的可靠方法,以实现大尺度的最佳管理实践,进而支持共同受益目标(见第十三章)。生态系统科学家和系统生态学家必须继续利用目前可用的数字技术和社交网络(智能手机、社交媒体和互联网资源),作为信息和交流的重要纽带。这些技术在全球范围内不断涌现,越来越多的利益相关者都可以使用(图13-4,图13-5)。这些工具可以用来面向公民、自然资源管理者、决策者以及其他学科的科学家和专业人士,介绍生态系统科学和系统方法的力量。然而,正如麦肯齐·莫尔(McKenzie Mohr, 2011)所指出的,仅仅提供信息是不够的,真正的学习需要信息与互动、参与、共同教育的结合。第十一章第四节中描述的许多方法,都适用于普通大众学习者,但是相关知识信息必须根据特定受众来详细定制。专栏11-3描述了一个例子,体现出自然资源生态实验室工作人员在非学术在线远程学习体验中至关重要。

在信息科学家、图书馆科学家、学习和行为科学家以及市场营销专家之间建立伙伴关系,也能促进对生态系统可持续性且至关重要的资源的共享。我们必须探索获取知识并向不同群体传播知识的新途径。

与课堂和正式的远程教育一样,向社区利益相关者介绍系统生态学的"人文维度"是非常必要的,例如批判性思维、公民教育、行为科学和营销科学。系统生态学家必须更加了解不同教育和专业背景的利益相关者的学习风格,例如农民、家庭主妇、银行家、商人、律师、工程师、牧场主和生态学家。

> **专栏 11－3　地理空间课程和自然资源应用网站**
>
> 该项目由保罗·H. 埃万杰利斯塔（Paul H. Evangelista）博士负责，旨在为土地管理者、研究人员、教师和学生提供在线培训和可获取的信息来源，以促进埃塞俄比亚自然资源的可持续管理和保护。简而言之，项目目标是在所有参与保护埃塞俄比亚野生动物、森林、植被和水资源的人之间建立伙伴关系，并加强信息共享。该信息网站汇集的资料是由来自不同学科的科学家、资源管理人员和学术专业人士共同汇编而成的。他们都有一个共同的目标，即通过分享知识来进行能力建设。
>
> 建立地理空间课程和应用网站，是为了向埃塞俄比亚的土地管理者、研究人员、教师和学生提供地理空间科学方面的培训、资源和支持。作为"华纳自然资源学院—埃塞俄比亚战略联盟[①]"的一部分，该项目的目标是为独立和自主学习的人们提供网络培训机会，以促进埃塞俄比亚自然资源的可持续管理和保护。

第六节　公民科学

近期，《牛津英语词典》（*Oxford English Dictionary*）将公民科学定义为，"通常是与专业科学家和科学机构合作或在其指导下，由普通公众开展的科学工作"。在本章第五节中，我们提出了如何更好地向普通民众传达科学知识的问题。公民科学家概念是一个强有力的模型，它兼容了麦肯齐·莫尔（McKenzie Mohr，2011）所表达的概念，指出了信息以及参与（互动和经验）是如何成为真正学习的必要条件的。通过公民科学活动，公众参与投入了大量精力。这些扩展项目发展迅速，正在成为美国国内和国际上的实施模式。公众参与科学研究或公民科学，通过合作性和变革性的举措，让不同的人和利益相关者参与进来。

---

① https://ethiopia-gis.nrel.colostate.edu.

公民科学框架的一个典型例子是 CitSci.org 网站①，它得到了科罗拉多州立大学自然资源生态实验室的支持(Newman et al., 2017)。这是一项旨在促进公民参与科学研究的倡议。CitSci.Org 网站最初是一个在线支持系统，用于监测和跟踪调查结果。各国领导人正在努力适应广泛的公民科学项目，例如空气和水质、河流监测和能源利用。CitSci.Org 网站能为整个研究过程提供工具：创建和管理新项目、构建制式的数据表、分析收集的数据，以及收集参与者的反馈。

CitSci.org 网站与公民科学中心(Citizen Science Central)②合作，将志愿者协调员与所需资源联系起来，帮助他们开发公民科学计划。他们还与地球数据观测网络③计划的公民科学数据管理工作组合作，促进数据共享和管理。

第七节　儿童和教师参与

除了大学的学术课程计划外，更重要的是发展公共基础教育中的环境教育以及科罗拉多州立大学社区之外的推广与参与项目。这类至关重要的项目正在迅速发展，并正在成为全球公共机构实施的模式。

自然资源生态实验室多年来一直与公共基础教育的学生、科学教师、研究生和成人群体合作，在约翰·C. 摩尔博士的领导下，通过教育经验提供高质量的沉浸式科学实践。他最近作为美国国家科学基金会数学和科学合作项目④(Mathematics and Science Partnership)的负责人，在文化相关的生态学、认知进展和环境素养等方面开展了研究，使我们深刻地认识到系统思维的重要性，以及在学生理解环境原则、教学实践和课程开发时应用分层推理的重要性。

表 11-1 描述了一些当前和过去"公共基础教育"的学习项目，并提供了网络链接。

---

① www.citsci.org/CWIS438/Websites/CitSci/home.php? WebSiteID=7.
② www.cividienscience.org.
③ www.dataone.org.
④ http://lter.mspnet.org/index.cfm/profile.

表 11-1 自然资源生态实验室系统生态学家、生态系统科学家及合作者为提高"公共基础教育(K-12)"的学生和教师环境素养而设计的项目示例

项目/网站	描述	参与者/地点	资金来源
比较水电课程（Comp Hydro），http://ibis-live1.nrel.colostate.edu/CompHydro/	当高中生建立和使用物理、数学、概念模型时，比较水电课程通过整合真实的、基于地点和基于数据的学习，来提高水科学和计算科学素养	科罗拉多州，亚利桑那州，蒙大拿州，马里兰州的中学教师和科学家	美国国家科学基金会
落基山北部生物质能源联盟（Bioenergy Alliance of the Northern Rockies, BANR），http://banr.nrel.colostate.edu/projects/education-3/	教育团队的目标是提高各级学生的生物质能源方面的素养，并培养他们作为具有科学素养的公民参与区域能源、区域气候、区域经济等辩论的能力	科罗拉多州，怀俄明州，爱达荷州，蒙大拿州的"公共基础教育"的教师，研究生，科学家和科学教育工作者	美国农业部国家食品与农业研究所
土壤生态科学强化课程，www.nrel.colostate.edu/education/k-122development-2current/	项目的总体目标是提供一个有吸引力的关于土壤系统生态学的实践科学课程	科罗拉多州的小学生、老师、科学家	柯林斯堡教育系统

续表

项目/网站	描述	参与者/地点	资金来源
华纳自然资源学院联盟地球系统 (WCNR Alliance Earth Systems), www.nrel.colostate.edu/education/k-12-development-current/	与华纳自然资源学院其他部门合作开发的每年为期一周的高中强化课程，提供科罗拉多州地质学、生态学、地理学、生物学和文化历史方面的野外和方法论体验	代表人数不足，主要是科罗拉多州的高一学生	科罗拉多州立大学华纳自然资源学院
火灾生态学, www.nrel.colostate.edu/education/k-12-development-current/	2012年，科罗拉多州柯林斯堡以西的大火所烧毁87 284英亩森林被闪电引发的大火所烧毁。这次意外为科罗拉多州立大学的科学家，"公共基础教育"的教师及其学生，提供了一个研究野火后生态系统恢复的机会	柯林斯堡教育系统	美国国家航空航天局，美国国家科学基金会
自然资源生态实验室的环境素养, www.nrel.colostate.edu/env-lt.html	早期项目的总结，专注于当地系生态学，讲授最紧迫的环境问题	许多地方的"公共基础教育"教师和学生	很多机构

第八节 学院、短期课程和研讨会

在自然资源生态实验室成立的 50 年间，其科学家的职业生涯包括与许多学院合作、讲授短期课程，以及参与或主办本地和国际的研讨会。工作人员从事这些活动的原因有很多，具体包括：学习者的需求，非学术研究人员希望与学生进行教学接触，表达自己的研究热情，更重要的是还提升了非终身职位研究人员的收入。表 11-2 列出了当前相关活动的例子。

第九节 总 结

到目前为止，本书所涉及的所有主题都应该被转化成科学家和感兴趣的非科学家所能理解的语言。回顾数据集和研究结果，并重新审视模型，以便将其转化为通用语言，将为学生、公众、管理者和决策者提供"能付诸实施的学习"（actionable learning；Morrison，2018）、启迪和参与。与可实施的科学一样（见第二章和第十三章），能付诸实施的学习是直接应用于环境、自然资源、生态和社会问题相关的管理和决策中的学习和研究。在生态系统科学被整合为日常管理和决策的实用工具之前，我们的社会将继续基于无知、神话、政治奇想和私利，来管理其资源和环境。因此，认识到科学是必要的，但仅靠科学是不够的，还需要跨学科、更广阔的视野和系统思维（见第一章），以及有效融合生物物理、社会、文化、经济和政治现实的沟通来实现必要的整合。

本章主要关注自然资源生态实验室对教育的贡献，该实验室是一个"经费自理"（soft money）的研究机构，依赖于其成员与合作者之间富有企业家精神的创业文化。自 1967 年成立以来，该实验室已被纳入了一所公立大学（National Research Council，1995）之中。它对生态学、生态系统科学和系统生态学教育的贡献是深远的，因为它具有创造性、灵活性、更广阔的视野，以及成为世界知名研究机构的愿景。对于其他研究机构来说，更重要的是，那些甘愿灵活、冒险、为自己和他人创造机会的成员，可以在一个没有终身职位的工作环境中获得成功。

表 11 - 2 自然资源生态实验室的系统生态学家、生态系统科学家和合作者,为提高环境素养、系统思维和专业技能而举办的研讨会(学院或短期课程)示例

研讨会(学院或短期课程)	描述	参与者及地点	负责人
Century 模型/DayCent 模型培训研讨会,www.nrel.colostate.edu/education/century-and-daycent-model-training-workshop/	主要目标是:为参与者提供与 Century 系列模型相关的生物学和生态学理论信息;培训如何使用 Century 模型和 DayCent 模型。最终的目标是让学生熟悉一个或两个模型的功能,以便在他们自己的研究站点使用	美国、澳大利亚、哥斯达黎加、中国、蒙古和乌拉圭的研究人员、博士后研究员和研究生	威廉·J. 帕顿博士、丹尼斯·S. 小岛吉雄博士和其他人
夏季土壤学院,www.nrel.colostate.edu/education/summer-soil-institute/	参与者获得土壤取样、分析技术方面的实践经验。更重要的是,通过模型开发对土壤系统的全面理解。获得野外和实验室经验,包括土壤岩心和气体流动取样,土壤有机质物理组分分析、稳定的碳和氮同位素自然丰度、微生物和动物群落特征以及仿真模型的使用	研究生、博士后,环境专业人员,以及学院教师和"公共基础教育(K-12)"教师,对象遍布美国和科罗拉多州立大学校园	M. f. 科特鲁福(M. f. Cotrufo)、S. 丰特(S. Fonte)、J. C. 摩尔、K. 保斯蒂安、J. 冯·埃尔蒂赫、M. 沃伦斯坦
贝叶斯建模,www.nrel.colostate.edu/education/bayesian-modeling/	本课程提供了使用贝叶斯方法所需的统计原则的基础,以便深入了解使用从模型中获得的数据	科罗拉多州立大学校园的博士后、大学老师和科学家	N. T. 霍布斯博士
大学生参与生态学研究技能(Skills for Undergraduate Participation in Ecological Research, SUPER),www.nrel.colostate.edu/projects/super/	该项目将生态资源生态实验室的教学与自然资源生态科学家的研究相结合,为学生提供了为期两个学期的强化研究经验的学习机会:①提高学生科学素养;②增强科学能力;③增强学生关于生态学研究能力的信心;④增强学生获得未来研究职位的任职资格	科罗拉多州立大学各科大二、大三学生	S. 琳恩博士

著名的"经费自理"研究组织,需要从学术机构寻求"稳定资金"(hard money)的支持。该组织对经费自理研究人员的资助可能是不连续的,但他们及其研究团队的生计却依赖于此。考虑到获得项目支持的困难,人们倾向于通过寻求学术任命或助理教师职位来"强化"对自身的支持。但教学需求往往被低估,教学可能会干扰创造性研究活动,尤其是在这些活动位于偏远地区或需要大量人员参与的情况下。一个主要的考虑因素,是对不确定资金的恐惧可能会带来创造力和创业成功,也可能导致许多与压力相关的障碍(见第十二章)。

参 考 文 献

Anderson, D., Heil, R. C., Cole, C. V., and Deutsch, P. (1983). Identification and characterization of ecosystems at different integrative levels. In *Nutrient Cycling in Agricultural Ecosystems*, ed. R. R. Lowrance, R. L. Todd, L. E. Asmussen, and R. A. Leonard. Special Publication No. 23. Athens, GA: University of Georgia, College of Agriculture Experiment Stations.

Christensen, N. L., Bartuska, A. M., Brown, J. H., et al. (1996). The report of the Ecological Society of America committee on the scientific basis for ecosystem management. *Ecological Applications*, 6(3), 665–91.

Goh, J., Truman, B., and Barber, D. (2019). Exploring individual differences as factors to maximize interactive learning environments for future learning. *Interactive Learning Environments*, 27(4), 497–507.

Hawtrey, K. (2007). Using experiential learning techniques. *The Journal of Economic Education*, 38(2), 143–52.

Kaplan, N. E., Baker, K. S., Draper, D. C., and Swauger, S. (2014). *Packaging, Transforming and Migrating Data from a Scientific Research Project to an Institutional Repository: The SGS LTER Collection*. Digital Collections of Colorado. Fort Collins, CO: Colorado State University. http://hdl.handle.net/10217/87239 (accessed August 13, 2020).

Kaplan, N. E., and Newman, G. J. (2013). *Data Management for NREL and Beyond: A Roadmap and Recommendations*. Digital Collections of Colorado. Fort Collins, CO: Colorado State University. http://hdl.handle.net/10217/87381 (accessed August 13, 2020).

Knowles, M. (1977). Adult learning processes: Pedagogy and andragogy. *Religious Education*, 72(2), 202–11.

McKenzie-Mohr, D. (2011). *Fostering Sustainable Behavior: An Introduction to Community-Based Social Marketing*. Gabriola Island, BC: New Society Publishers.

Millennium Ecosystem Assessment (MEA). (2005). *Ecosystems and Human Well-being: Synthesis*. Washington, DC: Island Press.

Morrison, T. (2018). *Actionable Learning: A Handbook for Capacity Building through Case-Based Learning*. Tokyo: Asian Development Bank Institute. www.adb.org/sites/default/files/publication/159394/adbi-actionable-learning-handbook-capacity-building-through-case-based-learning.pdf (accessed August 13, 2020).

National Research Council. (1995). *Colleges of Agriculture at the Land Grant Universities: A Profile*. Washington, DC: The National Academies Press. https://doi.org/10.17226/4980 (accessed August 13, 2020).

Newman, G., Chandler, M., Clyde, M., et al. (2017). Leveraging the power of place in citizen science for effective conservation decision making. *Biological Conservation*, 208(4), 55–64. http://dx.doi.org/10.1016/j.biocon.2016.07.019 (accessed August 13, 2020).

Pappas, C. (2015). Pedagogy vs., andragogy in eLearning: Can you tell the difference? *Instructional Design, eLearning Industry*. https://elearningindustry.com/pedagogy-vs-andragogy-in-elearning-can-you-tell-the-difference (accessed August 13, 2020).

Rykiel, E. (1999). Ecosystem science at the Natural Resource Ecology Laboratory. *BioScience*, 49(1), 69–70.

Van Dyne, G. (1969). *The Ecosystem Concept in Natural Resource Management*. New York: Academic Press.

Williams, G. W. (2005). *The USDA Forwst Service: The First Century*. FS-650. Washington, DC: USDA Forest Service.

Woodmansee, R. (1990). Biogeochemical cycles and ecological hierarchies. In *Changing Landscapes: An Ecological Perspective*, ed. I. S. Zonneveld and R. T. T. Forman. New York: Springer, 57–71.

第十二章　组织和行政管理方面的挑战与创新

雅各布·豪塔卢奥马、罗伯特·G. 伍德曼斯、妮科尔·E. 卡普兰、约翰·C. 穆尔和克拉拉·J. 伍德曼斯

领导者需要站在前人的肩膀上。

——改述自法国沙特尔哲学家伯纳德的名言

第一节　引　言

本章描述了自然资源生态实验室(NREL)的特征和影响因素,这些因素使其作为一个组织存在并蓬勃发展了半个多世纪。本章的一个主要目的是,分享经验教训,指导其他机构努力建立或重振自己的研究组织。希望通过本章所述的观点,研究机构能努力克服发展过程中出现的一些不可避免的障碍,在借鉴成功经验的基础上再接再厉。但是,读者也应该记住,虽然自然资源生态实验室成功的因素中,有许多是基于良好、创造性、认真的管理实践,但除此之外的其他因素也是适时的。有时连我们也无法说出它们其中的区别。

本章的另一个目的是告诉所有科学家,他们在进行协作性生态系统研究时,并不是孤军奋战,而是站在了前人的肩膀上,同时需要依靠周围的人来支撑自己,这样他们才能实现自己的目标。

此外,本章还简要介绍衡量组织具有竞争力所需的成功标准:①获取外部资助;②实现组织内部的合作、忠诚和信任(如自然资源生态实验室);③取得主管

部门的支持,如科罗拉多州立大学;④分享行政职能;⑤与科罗拉多州立大学保持内部关系和谐。本章最后将由雅各布·豪塔卢奥马(Jacob Hautaluoma)博士进行概述,他是一位工业与组织心理学家,在超过25年的职业生涯里,他为自然资源生态实验室员工提供了从战略规划到人际关系冲突的咨询(见附录12-1)。这种合作关系是自然资源生态实验室在许多挑战中取得成功的必要条件,他的意见也被纳入到下面的讨论中。对于发展中的组织和需要重振的组织来说,如果忽视豪塔卢奥马博士通过对组织行为的观察所得出的结论和见解,将会带来很大的风险。

在任何时间内,管理任何组织都是一个挑战。领导和管理像自然资源生态实验室这样一个复杂、变化和独特的组织,并将其学术成果和影响力推向未来,同样也是一个巨大的挑战。保留历史成果很重要,原因包括:①有助于推广系统生态学范式(SEP)所蕴含的理念;②忽视历史,将无法指导未来;③能获得自然资源生态实验室与合作者所创造的巨大知识积累,并为数字信息集的开发与维护提供制度性支持;④分享项目和信息,特别是长期研究和模型成果。希望本书能够帮助此类组织保持已有的学术优势和领导地位。

第二节　管理与运营是对杰出科学成果的支持

组织管理与运营职能,是对提高学术水平和生产效率的辅助支持。学术水平和生产效率的衡量标准是成功的拨款、委托合同、学术著作以及国内外的学术领导力。自然资源生态实验室的管理和运营职能是为了支持系统生态学范式而建立的,包括对系统思维、模型作用(见第四章)、长期研究以及以可持续方式解决社会问题(见第一章)的支持。这些职能已经被应用于组织内部,用以避免与其他组织产生利益冲突。成功的管理职能,既取决于科学的领导层,也取决于称职、忠诚和自信的行政辅助人员,能让他们感到需要为集体的成功做出自己的贡献。运营辅助人员的职能包括:①为专业人员提供行政支持;②部门财务管理;③信息技术人员,包括数据管理、办公室支持(deskside support)、基础设施以及各种分析;④内部方案开发和管理;⑤出版和方案编辑;⑥差旅支持;⑦实验室和野外技术支持。设计这些辅助职能时,必须充分考虑组织的主要目标,同时也不能将此与其他竞争机构分享,以免破坏内部的忠诚度。协调好各个层面的任务,能使团队更加强大、高效和富有创新。

第三节　成功的衡量标准

衡量成功的标准,包括通过拨款和委托合同产生的资金、在广泛认可的科学期刊上发表文章、学术领导力和同行的认可,以及通过合作共同形成知识成果。自成立以来,自然资源生态实验室在科学创造性和学术性方面的领导地位,得到了广泛认可(Rykiel,1999),在美国国际生物学计划(USIBP)结束后,有些人曾批评自然资源生态实验室和其他美国国际生物学计划之生物群区计划的参与单位花费了数百万美元,尤其是用于数学建模的资金(Golley,1993;Coleman,2010;见第三章),却没产生相应的科学价值。这些批评大多来自生态学家,他们对美国国家科学基金会分配给生态系统科学的资金数额感到不满。但是,到了20世纪70年代末和80年代初,这些批评被证明是毫无根据的,因为随着对碳、氮、磷循环及其相互作用认识的深入,植物和动物的相互作用被发现,土壤转化过程和相互作用被量化,景观生态学得到重视,长期生态学研究逐步启动,人类开始认识到自己作为生态系统组成部分的重要性。而取得以上所有这些进展的关键是:系统分析、系统生态学范式、仿真模型的作用,以及持续支持这些应用的行政和人事结构的确立。

作为生态研究机构,自然资源生态实验室的生产力是无与伦比的。首先,自然资源生态实验室身处一所美国大学中,其成功和生存的理由主要是其科研人员能够争取到大量资金。其次,在过去50年里,其给科罗拉多州立大学带来了声誉。直到现在,自然资源生态实验室都是一个经费自理的组织,科学人员的工资主要来自于拨款和委托合同,大多数行政人员工资来自于这些拨款和委托合同中收取的间接经费。随着科罗拉多州立大学生态系统科学与可持续性系的建立和发展,自然资源生态实验室得到了来自大学内部新的学术支持。

一、资助申请

自然资源生态实验室的历史发展，可以分为四个阶段。

1. 第一阶段

1968年，生态学家对陆地生态系统的结构认识较多，但对生态系统各组成部分的相互作用和功能知之甚少，尤其是对地下生态系统的作用的了解。同年，美国国家科学基金会批准给自然资源生态实验室一个为期六年的项目，资金约400万美元（相当于今天的2 800万美元），用于启动美国国际生物学计划之草原生物群区计划中的"生态系统的结构和功能"研究，并构思一种新的环境科学，即系统生态学范式。早期的许多经费都用于"学习成本"或"边做边学"、从错误中学习，以及其他"低效"支出，这些在军事、商业和工业中是常见的。系统生态学范式需要从其他学科或发明中借鉴技术。例如，系统概念和基于计算机的方法需要从工程中借鉴。地下生态系统和生物地球化学仅仅是概念，实际应用效果不佳，故需要对它们进行改造和发展。这些所有的发现，成本都是昂贵的。

2. 第二阶段

在这一阶段，自然资源生态实验室的科学家帮助定义了生态系统科学，并制定了国家和国际研究议程。20世纪70年代末和80年代，继美国国际生物学计划研究之后，自然资源生态实验室进入了一个由研究者自主发起的研究阶段，主要得到了美国国家科学基金会的支持（见本章第二节和第六章）。科学家们及工作团队获得了足够规模的项目资金，与之相伴随的是，他们正在认识生态系统如何运行。这一时期的资金主要集中在大约八个项目上，以今天的美元价值计算，总计约3 500万～4 000万美元。

3. 第三阶段

20世纪90年代和21世纪初，许多资助机构更倾向于以项目需求建议书（Request For Proposals，RFP）为驱动的研究项目。转变的原因之一是，美国联邦政府对研究的支持，不像前些年那样快速增长。受保守政治的影响，资助机构的理念正在向内部控制转变。拨款和委托合同规模普遍减少，导致科学家们只能在由多个机构资助的小型项目上继续开展研究。随着更多的新的生态系统科学家加入,只能去竞争更少的科研资金。联邦机构的研究议程,开始从研究者发起的研究项目,转向由政府优先事项驱动的项目需求建议书(RFP)。只有当一个单位的首席研究者是资助机构咨询委员会或审查小组的成员时,研究者发起的研究项目才有可能获得资助。在此期间,自然资源生态实验室收到了大约 8 000 万美元的资金,但需要在 30 个项目中进行分配。"矮草草原长期生态学研究计划"(Shortgrass Steppe LTER program)就占了约 3 000 万美元。

4. 第四阶段

2010~2019 年,自然资源生态实验室的项目资金结构包括大型项目(见第七、八和十一章)、小型项目,以及生态系统科学与可持续性系的学术支持项目。以今天的美元价值计算,该时期的资金总额超过了 8 000 万美元。

从管理上讲,在大型项目与小型项目、基础研究与应用研究、科学研究与学校职责之间寻求平衡,并确保科学的学术性和价值性,这是一个挑战。需要对一些基本问题进行评估:①未来的社会是否需要更多的生态学和生态系统基础研究,或者我们已经知道得足够多了;②与现有的知识、系统方法、数学模型、技术仪器相结合,未来是否需要应用系统生态学范式,以解决现实世界的复杂问题;③在什么情况下,我们再也负担不起为"业余爱好"式的科研资源投入了(见附录 12-1 中的豪塔卢奥马叙述,尤其是"沙坑里玩耍的孩子"(kids in a sandbox)相关内容);④谁来决定。

二、著作

作为一个机构,自然资源生态实验室在主要科学期刊、书籍及特邀章节[①]的同行评审著作中成效显著,这些著作包括研究报告、理论论文、汇编合订本。多作者署名或以机构代表作者署名的著作很常见。在本书中,读者可以通过参考文献发现许多这样的著作。

作为前瞻性思维的案例,自然资源生态实验室工作人员参与了科罗拉多州

---

① https://scholar.google.com/citations?user=z43HJtsAAAAJ&hl=en.

立大学的第一次尝试,即通过部门数据库来储存和探索一系列研究数据集。自然资源生态实验室科学家的数据,可通过搜索、浏览界面或生态信息学数据门户在线被获取(DataOne,2018)。在科罗拉多州立大学的部门知识库中,数据与其他材料相关联,如著作、技术报告、图像文件、野外和实验室协议、提案和演示文稿。所有这些都提供了一个更丰富的背景说明,阐明了数据采集的方式和原因,以及如何解释和使用这些数据来支持已发表的科学发现或提出的新问题。自然资源生态实验室的工作人员与科罗拉多州立大学图书馆的数据管理和服务专家及档案管理员密切合作,开展了这一试点项目。更广泛的学校共同体,受益于校园内一家研究机构首次采集的材料,包括数据。这一合作关系,还启发了自然资源生态实验室有效信息管理服务系统的设计(Kaplan and Newman,2013; Kaplan et al.,2014)。科罗拉多州立大学和全球其他研究机构都将其作为一个成功的典型案例。

三、领导力和同行认可

另一个衡量成功的关键标准,是研究机构的科学家在各机构、科学组织、科学审查委员会及其小组中发挥的科学领导作用。自然资源生态实验室的科学家在以下机构中担任领导职务:①美国联邦机构,如美国国家科学基金会、美国地质调查局、美国农业部;②科学协会,担任官员,编辑和学术领袖;③国家和国际组织,如未来地球(Future Earth)、国际氮素倡议(INI)、氮素管理系统(INMS)、国际科学理事会环境问题科学委员会(SCOPE)、人与生物圈计划(MAB)、国际地圈生物圈计划(IGBP)和政府间气候变化专门委员会(IPCC);④众多的科学审查委员会。

四、内部组织的联合领导和机构和睦:合作与教育

成功的生态系统研究机构,提倡以团队为导向的跨学科研究方法,即是以一种"我们""我方""我们的"的思维方式,而不是以"我""自己""我的"的方式。无论是在机构内部还是与外部合作时都应如此。这些组织机构已经认识到,整合

科学研究成员与辅助人员的天赋以及他们在建模、野外研究和实验室研究活动方面的能力的重要性,这些活动需要建设有凝聚力的团队和高效的管理。

第四节　组织机构的领导：主任

灵活的领导风格以及高层领导的支持,使自然资源生态实验室领导层能够适应外部挑战。尽管每任领导的风格各不相同,但自然资源生态实验室主任的领导能力始终保持富有远见、自信、灵活和注重实效。每任主任都会面临新的挑战,有些挑战是在公立大学中需要面临的长期问题。

在基础研究与应用研究之间总是存在着难以平衡的矛盾,特别是在以农业和自然资源为主业的机构内,以及在国家决策层面的政治观点上。此外,许多资助机构要求证明研究结果是否满足社会需求,有时基础性结论和实用性结论都是必要的,成功的机构需要不断地"审视环境"、保持灵活,并创造性地完成这两方面的工作。

机构的成功始终依赖于研究人员与合作者的科学素养、高素质的科研辅助人员,以及优秀的研究生和博士后研究人员。自然资源生态实验室主任的首要任务一直是推动学术研究,并致力于得到高层管理人员的支持。

特别值得注意的是,一个组织机构的最高级别的行政支持和鼓励,始终发挥着至关重要的作用。许多生态学研究组织之所以失败,是因为上级领导选择了其他发展方向,或者仅仅是失去了兴趣。图12-1反映了自然资源生态实验室与科罗拉多州立大学内外部其他重要合作机构和组织机构的关系。如图12-2所示(见附录12-1),所有这些都很重要。

纵观历史,自然资源生态实验室科学家和工作人员的工资,大都来自由政府拨款和委托合同等渠道提供的"自筹经费"。尽管缺乏"稳定经费"(hard money)资助,自然资源生态实验室仍得到了科罗拉多州立大学最高领导层的坚决支持。这些行政支持包括建筑、实验室、办公室、人事任命自由等。多年来,政府使用了各种形式的财政支持,包括从联邦研究拨款收取的间接经费,以支持行政工作人员,有时也支持高级管理人员。另一个来源包括"坚定"的支持,即有效地对抗那些对自然资源生态实验室合法性的质疑者(图12-2;附录12-1)。随着自然资源生态实验室的成功和声誉的提升,科罗拉多州立大学内部的许多行政单位,将其视为获得了过量资源和认可的竞争对手。高层领导在缓和这些对抗方面,起到了至关重要的作用。

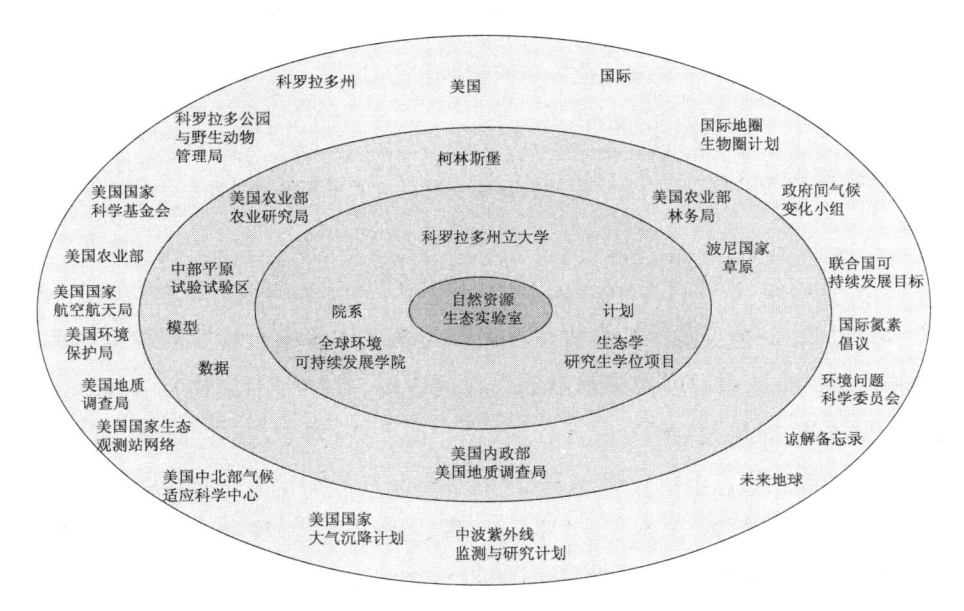

图12-1 自然资源生态实验室与相关组织机构的关系图

注:自然资源生态实验室与科罗拉多州立大学、科罗拉多州柯林斯堡、科罗拉多州、美国和国际组织之间的关系。

自然资源生态实验室主任与科罗拉多州立大学校长保持的良好关系,是该实验室成功的关键。1967年乔治·范·戴因说服当时的科罗拉多州立大学校长,为刚刚起步的美国国际生物学计划之草原生物群区计划专门建造一座实验室大楼。在此之后,每任主任都得到了最高层的支持。行政风格和科研方式各不相同,但两者对科研的贡献都已超过了50年。

一、乔治·M. 范·戴因(1967~1974)

自然资源生态实验室最初和持久的愿景,是由其创始人乔治·M. 范·戴

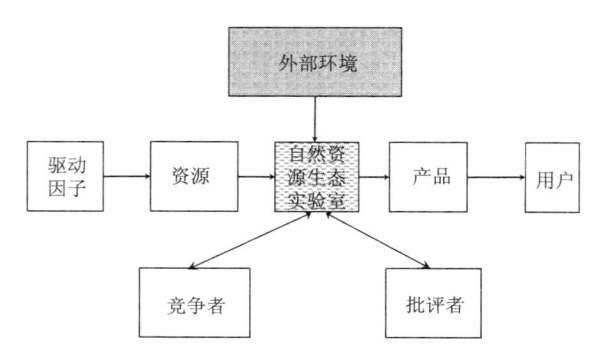

图 12-2　自然资源生态实验室的影响者及其影响因素

因提出的(Golley,1993;Coleman et al.,2004;Coleman,2010;见专栏 12-1,第三章和第七章)。范·戴因拥有将系统思维与现实世界中土地管理理论相结合的独特能力。他来自科罗拉多州南部农村的牧场,并接受了动物科学和草原管理的正规教育(加州大学伯克利分校博士)。他勤奋、博学,其才华、魅力和表达能力超乎寻常。他与杰里·奥尔森(Jerry Olsen)、伯纳德·巴顿(Bernard Patton)、霍华德·奥德姆(Howard Odum)、肯尼思·瓦特(Kenneth Watt)和 C. S. 霍林(C. S. Holling)一起,都是系统生态学家的先驱。他被一个独特的、全新的愿景所驱动,即系统生态学可以成为什么科学、生态系统方法可以为科学做什么、自然资源管理中的生态系统理论对后代有什么意义？这一愿景是基于他对系统生态学在教育中的重要性的理解而推动产生的(Van Dyne ed.,1969;Breymeyer and Van Dyne,1980)。

专栏 12-1　历史贡献

①"系统生态学之父"之一。②卓越、富有远见和创新的科学领导能力,是实现科学成果和基础设施建设的必要条件。③强大的"组织机构及其协作自豪感"的建立,这成为长期成功和可持续性的关键。④谋划和创建一个成功机构所需的特质和能力,可能并不是维持和管理该组织的特质和能力。

范·戴因从美国橡树岭国家实验室来到科罗拉多州立大学的时候,美国国际生物学计划刚刚成立,美国国家科学基金会也开始在"大生物学计划"上投入前所未有的资金(Coleman,2010)。得益于丰富的资源和公众对环境挑战前所未有的新意识,在建立草原生物群区计划的过程中,他是一位积极进取、富有说服力的创立者。科罗拉多州立大学校园内众多的学术部门和学院对建立一个新的、资金充足的组织机构持不同的态度,最好的情况是持怀疑态度,最糟糕的情况是表示强烈反对。范·戴因无视当时学术和学科领域孤立狭隘或"筒仓"式视角,得到了大学高层管理者的支持,在一个公立学术机构中建立了一个前所未有的"经费自理"的研究机构。

范·戴因提出的组织创新中,包括平等主义的文化。在这种文化氛围中,无论级别、头衔或教育程度如何,所有人的观点都应受到重视,大家都有一种"集体荣誉感"(pride of organization),以一种"我们""我方""我们的"的方式,而不是以"我""自己""我的"的方式工作。科学家、研究生、技术人员和行政人员也都用自己的姓名而不是头衔。对范·戴因来说,所有的想法都被认为是有效的。这种哲学的内在理念是"那些聚在一起的人,就一起合作",而不管其工作状况如何。这种兼收并蓄的态度,也促进了本地的、国内的和国际的跨学科合作。支撑这种模式的驱动理念是,与最优秀的科学家和思维方式一起工作,而不管其所隶属的机构和学科。毋庸讳言,在20世纪60年代学术界流行的观点看来(在目前一些地方仍能感觉到),这种理念是冒犯权威的。

特别值得注意的是,范·戴因坚持自然资源生态实验室必须拥有一批高素质和忠诚的科研辅助人员,这些人员包括专业行政、人力资源、技术编辑、差旅助理、出纳、会计、数据管理、数据录入等人员。尽管数字时代的科研辅助工作的性质发生了巨大变化,但在自然资源生态实验室的整个发展过程中,这些管理理念一直存在。

范·戴因在雇佣杰出年轻科学家方面有着非凡的能力(Coleman et al.,2004;Coleman,2010;见第三章),他之所以能够做到这一点,原因之一是美国国际生物学计划为草原生物群区计划提供了资金。范·戴因具有两面性,其中一面是一位才华横溢、崇尚平等、魅力非凡、有远见卓识的科学家,而另一面则是一位盛气凌人、权威专制的男权主义领导者。他雇佣的科研人员大多数都是男性。

范·戴因的致命弱点是,其他人必须遵从他认可的方式,他的方式就是真理,这是典型的垂直或权威领导方式。下属们对实验室组建完成后以及美国国际生物学计划后的工作方向会持有不同的意见,这种情形的出现是无可避免的,甚至都不需要行为学家来预测。1974年,范·戴因被解除了主任职务。更不幸地是,1978年他突然死于心脏病,享年48岁,其为系统生态学留下了宝贵的历史财富。

二、詹姆斯·H. 吉布森(1974~1984)

詹姆斯·H. 吉布森是一名美国西弗吉尼亚大学博士毕业的化学家,被范·戴因雇佣为自然资源生态实验室和草原生物群区计划的业务经理。在此之前,他没有参与任何一个基于生物学的研究计划,也没有在一个财务上如此复杂且成功的组织机构工作的经历。吉布森被证明是一位富有创造力、能力超群、注重细节的管理者(见专栏12-2)。

范·戴因被解雇后,经科罗拉多州立大学领导层与美国国家科学基金会领导层协商后,吉布森接任了主任一职。他对成为生态系统科学家、系统生态学家或有远见的学者缺乏兴趣。恰恰相反,他将自己视为人才的管理者、经纪人和服务者。他是一个被动的领导者,将科学领域的领导权交给范·戴因和乔治·英尼斯聘请的科学家团队(横向管理),其中乔治·英尼斯是草原生态系统模型(ELM)的建模先驱(见第四章)。该团队由前草原生态系统建模高级科学家、博士后及科罗拉多州立大学系统生态学的新毕业生组成(Coleman,2010;见第三章)。这标志着,该实验室从科研上的垂直领导开始向横向或共同领导转变。

专栏12-2 历史贡献

①科学视野和水平是无可替代的,同样,那些胜任的、创造性的管理也是无可替代的。这种管理理念是,管理的目标是支持科学卓越。②科学家很少是称职的运营管理者。③跨组织和跨机构边界开展工作时,必须建立公平和透明的联合资助模式。④推进共同领导。⑤"经费自理"研究机构的"命脉"是其富有创业精神的科学家能否取得成功。

在美国国际生物学计划完成、预算削减以及向生态系统科学的新项目过渡期间,吉布森是支撑自然资源生态实验室团结的行政黏合剂。他鼓励与社会认可的、成就卓著的科学家开展合作,不管这些科学家隶属于什么机构,这促进了新的"生态系统科学"项目的设立和发展。这些新项目,加上原先的草原生物群区计划的科学成就,使自然资源生态实验室和科罗拉多州立大学成为世界领先的生态系研究机构之一。在他的任期内,实验室在行政隶属关系上从自然科学学院(College of Natural Sciences,CNS)转移到林业和自然资源学院(CFNR)。自然科学学院是一个传统的学术学院,专注于基础科学,教师们以个人身份管理自己的实验室,缺乏甚至没有合作的动力,而林业和自然资源学院则主要专注于应用科学,其中一些内容是以应用生态学为基础的。林业和自然资源学院通过参与草原生物群区计划,开始逐步向合作模式转变。此后,实验室和草原科学系之间建立了牢固的关系,使科罗拉多州立大学成为国际公认的草原生态系统研究和教育平台。这个多学科的平台包括科罗拉多州立大学的农学系、美国农业部农业研究局和美国农业部林务局。他们成功的关键是开发了联合资助的模式,允许根据个人的时间和努力公平地分配资金。通过真正专注于管理、运营支持和资金分配的公平性,吉布森能够建立新的资金模型,帮助打破科罗拉多州立大学内部和外部的部门和学科的"筒仓"。当自然资源生态实验室的两位科学家罗伯特·G. 伍德曼斯和 W. K. 劳恩罗斯接受了草原科学系的学术职位任命,同时也选择保留了自然资源生态实验室高级研究员的兼职任命,这使合作关系得到了进一步加强(Coleman,2010;见第三章)。其他一些自然资源生态实验室科学家与其他学术部门建立了合作教学关系。在自然资源生态实验室和草原科学系的共同努力下,首个矮草草原长期生态学研究申请获得了资助,伍德曼斯为首席研究员,劳恩罗斯和 W. 莱科克(美国农业部农业研究局)为共同首席研究员。

在担任自然资源生态实验室主任期间,吉姆·吉布森在美国国家大气沉降计划的制定中发挥了重要作用(Cowling,2008;见第八章)。他于 2008 年因癌症去世,享年 76 岁。

三、罗伯特·G. 伍德曼斯（1984～1992）

1984年，吉姆·吉布森辞去自然资源生态实验室主任一职，罗伯特·G. 伍德曼斯接任。罗伯特·G. 伍德曼斯是科罗拉多州立大学毕业的系统生态学家、植物生态学家、草原和土壤学家，还是一个具有新墨西哥州和科罗拉多州农村农业、牧业背景的生态系统科学家。与范·戴因一样，他的农村背景极大地影响了他对科学研究与真实世界相结合的理念。伍德曼斯在担任主任之前，曾在国家科学基金会担任了两年的生态系统研究项目部主任（见专栏12-3）。

专栏12-3　历史贡献

①对研究机构的成功领导，必须具有科学创造力和远见卓识。②一个成功研究机构的关键标准之一是美国国内和国际同行机构对其学术水平的认可。③成功的研究机构必须有为机构内的学术研究提供支持的行政管理组织。④高层的大力支持是经费自理研究机构成功的关键。⑤机构的领导风格必须与上级行政风格相匹配。⑥成功的组织能从失败中学到的东西，与从成功中得到的一样多。

罗伯特·G. 伍德曼斯不仅继承了范·戴因的系统生态学愿景，及其在环境、自然资源科学和管理中的作用，还继承了吉布森对该实验室良好的组织管理基础。

从科学上讲，罗伯特·G. 伍德曼斯在ELM草原生态系统建模团队、生物地球化学、氮循环、生态等级、景观和区域尺度生态学、长期生态研究（长期生态学研究网络的形成和矮草草原长期生态学研究的主要创始研究者）中建立了自己的学术地位。他积极参与了国际环境问题科学委员会（SCOPE），人与生物圈计划（MAB）以及国际地圈生物圈计划（IGBP）、美国生态系统研究中心协会（AERC，第二任主席）的创立。作为主任，他的目标之一是确保科罗拉多州立大学和自然资源生态实验室的协作者都能参与美国国内和国际科学活动和决策。在此期间，自然资源生态实验室和草原科学系，成为世界上最重要的草原生态系统研究和教育机构之一。美国农业部和科罗拉多州立大学作物和土壤系(Crop and Soils Department)均参与了自然资源生态实验室的此类合作机制。正如草原科学系主任 C. 韦恩·库克所说的那样,"在科罗拉多州立大学之外,我们就是一体的。"

随着科学界逐渐接受气候变化的事实,伍德曼斯推动自然资源生态实验室不断参与政府间气候变化专门委员会的活动。1989 年,自然资源生态实验室参加了美国国家科学基金会的科学技术中心竞赛,提出了一个前所未有的"协作性科学领导力模式":区域生态系统动态分析中心(CADRE)。假如成功,区域生态系统动态分析中心将把生态系统、大气、社会和组织科学整合到北美大平原地区的研究中。尽管这次学术竞赛只有两个奖项,该提议排名第三,但罗杰·皮尔克认为这是他参与过最成功的落选提议。这个提议虽然在当时并不成功,但这个模型成为了第八章中大部分内容的研究基础。成功的组织能从失败中学到的东西,与从成功中学到的一样多。

在伍德曼斯担任主任期间,自然资源生态实验室被确立为科罗拉多州立大学的学术中心,并专门为一些自然资源生态实验室的研究人员提供了几个兼职的学术职位。伍德曼斯领导期间的其他成就,包括实现生态系统和社会科学的融合,将组织科学作为科学管理的合理组成部分,积极促进妇女参与生态系统科学研究(Baron and Galvin,1990),推动和促进国内外研究人员及合作者的学术成就。这些研究人员在生态系统科学和系统生态学范式领域率先取得了众多突破(见第四、第六、第九章)。在伍德曼斯担任主任的后期,他大量参与了生态系统管理和生态系统服务等新兴理论的研究(Christensen et al.,1996)。

四、狄安娜·H. 沃尔(1993～2006)

狄安娜·H. 沃尔是肯塔基大学列克星敦校区植物病理学博士,1993 年,她被聘为自然资源生态实验室主任。她是一名土壤生态学家、线虫学家和生态系统科学家,其研究贡献集中在地下生态系统,特别是生物多样性(Wall and Virginia,1999),以及这些系统如何与更广泛的生态系统功能相互作用。

> **专栏 12-4　历史贡献**
>
> ①强调应使公民和各级政府决策者更容易获得生态学知识。②富有远见,并由精通科学的成员所领导,是一个组织持续卓越的必要条件。③外部高水平评审专家的认可,能够巩固一个机构在本地和美国国内的地位。④在机构内保持团队精神至关重要。⑤在国内和国际上,对机构领导的个人认可,可以提高一个机构的地位。

沃尔对自然资源生态实验室的愿景是,强调应使公民和各级政府决策者更容易获得生态学知识(见专栏 12-4)。她强调解决日益复杂的环境问题,需要综合自然、物理和社会科学的学识,以及从业人员和当地社区的经验。

沃尔是国际、国家和地方合作项目的贡献者,如千年生态系统评估(MEA,2005)、南极麦克默多干谷长期生态学研究(Antarctic McMurdo Dry Valley LTER,MCMLTER,2018)和科罗拉多州立大学全球环境可持续性学院(School of Global Environmental Sustainability,SoGES,2018)。她曾担任美国生态学会主席、环境问题科学委员会(SCOPE)土壤和沉积物生物多样性和生态系统功能委员会分主席、全球土壤生物多样性倡议(Global Soil Biodiversity Initiative)科学主席,并在许多科学组织担任领导职务。她的活动和领导为科罗拉多州立大学带来了知名度和认可。2018 年,她当选为美国国家科学院院士;2012 年,担任英国生态学会坦斯利学者;2015 年,获得都柏林大学学院尤利西斯奖章。在自然资源生态实验室内部,沃尔设立了外部评审委员会和杰出生态系统科学家奖,促进了内部的团队精神、多样性与协作。

在沃尔担任主任期间,实验室始终保持在科罗拉多州立大学的卓越研究中心地位。她将资金来源渠道从美国国家科学基金会扩展到由高级科学家领导的其他美国联邦机构。这些机构主要包括国家科学基金会、美国农业部、美国内政部、美国国家海洋和大气管理局、美国国家航空航天局、美国国际开发署和美国环境保护局等。

然而,经费自理研究机构的资助模式正在发生转变,主要原因是用于研究的联邦资金在不断减少。其结果是,由于研究资金减少和许多年轻的新科学家的涌入,资助规模迅速下降、竞争加剧,科学家们被迫角逐越来越少的资助,以维持他们的科学计划和薪水。一些科学家能够建立跨学科的研究计划,并从多个渠道筹集资金,而其他人则退到更保守、传统的研究计划中。就像20世纪80年代草原生物群区计划所面临的情况一样,除了长期生态学研究计划外,其他相关资助明显地从大型综合项目转向单一资金来源的项目。2006年,沃尔辞去了实验室主任一职,并于2008年成为全球环境可持续性学院的创始院长(SoGES,2018)。

五、约翰·C. 穆尔(2006至今)

2006年,约翰·C. 穆尔在狄安娜·H. 沃尔之后担任主任。穆尔博士是科罗拉多州立大学培养的动物学家、土壤生态学家、理论生态学家和生态系统科学家。他创建了生态系统科学与可持续性系,从而使自然资源生态实验室成为了正规的学术部门,该系提供了几个永久性的学术职位(见第十一章),现在该系的本科和研究生课程的注册人数已超过了所有人的预期(ESS,2018;见专栏12-5)。

专栏12-5　历史贡献

①认识到资助环境发生变化,需要调整和重新确定目标。②在大型研究计划减少的情况下,稳定高级科研人员的资金至关重要。③备选方案是在研究项目逐渐减少的环境中努力生存。④后者的危险在于下定决心,不再需要开展研究。⑤获得大型、开放型研究计划,需要运用系统生态学范式和数学模型的力量,创新与非传统合作伙伴新关系,例如粮食安全、水和土壤安全、气候变化适应和碳管理。

穆尔的科学兴趣主要集中在土壤生态学、食物网生态学和理论生态学上。他的食物网研究已经在南达科他州的风洞国家公园、图里克湖北极冻原长期生态学研究基地、矮草草原长期生态学研究基地和科罗拉多州的旱地农业生态系统中得以实施。2010～2014年,他是矮草草原长期生态学研究基地的首席研

究员。

他在科学教育和环境素养研究方面具有远见卓识,认为公民需要具备参与基于证据的环境问题决策的能力。他促成了许多将自然资源生态实验室科学家、研究生与公共基础教育(K-12)的公立学校结合起来的项目,并增加了不同学术背景学生参与的项目(见第十一章)。穆尔主张,应对环境挑战,需要所有公民都能了解科学知识,而不考虑其专业背景(见第十一章)。他被公认是大学杰出的教学专家。

在穆尔担任主任期间,自然资源生态实验室的数位科学家因在政府间气候变化专门委员会的工作,而获得了诺贝尔和平奖。他促进了肯尼亚、蒙古国、中国与国际机构的合作关系;还依靠各类不同的机构,扩大了实验室的经费基础,并使实验室长期保持了科罗拉多州立大学卓越研究中心的荣誉。

在撰写本书时,穆尔面临的最大挑战是如何保持实验室实现系统生态学范式愿景的能力,以满足当前和未来的挑战,如粮食、水源和土壤安全,适应气候变化和碳管理。很少有其他研究机构拥有这种能力,这使得自然资源生态实验室在这个时期能够出类拔萃。然而,随着新的学术项目的成功申请和实施,要求获得拨款和资助的资金更少更小,以及有时对保持实验室的研究能力、促进环境、社会的福祉都是至关重要的研究资金的可用性还会受到联邦政策的影响,顶级科学家的时间和精力可能会被削弱。穆尔得到了科罗拉多州立大学高层和华纳自然资源学院的大力支持和拥护。

六、领导团队

自然资源生态实验室自成立以来,在多位主任助理、副主任和临时主任的正确领导下,得以蓬勃发展,他们都为实验室的科学使命做出了长期贡献。这些人包括吉姆·吉布森、鲍勃·伍德曼斯、吉姆·埃利斯、泰德·埃利奥特、吉姆·德特林、丹尼斯·S. 小岛吉雄和斯蒂芬·奥格尔。这种"板凳深度"①(bench strength)的力量,通常是机构成功的必要条件。实验室还是培养年轻人领导能

---

① 板凳深度很深,说明替补后备人员的水平都很高。——译者注

力的孵化器。美国国际生物学计划和长期生态学研究,就是年轻科学家在大型合作研究计划中担任领导角色的例子。多年来,实验室一代又一代的领导团队一直致力于研究系统思维、卓越科学、生态系统科学和系统生态学范式。

第五节 内部组织协作、忠诚、信任与成员和睦:合作与教育

在自然资源生态实验室成立后的50多年中,有着许多教训。这里列出了一些重要的经验教训,可能会为其他人参与、发展或领导复杂的组织结构提供帮助:

- 共同创造知识和"组织自豪感"是实验室组织文化的组成部分,它们建立在友情、"我们""我方""我们的"的意识中,建立在使用姓名而非头衔、忠诚和信任的基础上。
- 自然资源生态实验室在其存续的整个过程中,享有行政管理自治权,大部分管理职能独立于传统的大学科层组织管理之外。
- 尽管在学术机构中存在一些不可避免的对立情绪、职场嫉妒心理和内部竞争状况,但自然资源生态实验室始终能够与许多其他部门、学院和机构建立成功的合作关系。
- 自然资源生态实验室内部存在团队自豪感。协作与合作的精神使员工能够利用在学术部门教授课程(见第十一章)、在学术部门获得联合任命、合作协议和创新研究生培训的机会,来建立创新关系。
- 自然资源生态实验室的工作人员还创造性地参与了研究生教育,即允许来自其他学术部门的学生在自然资源生态实验室从事项目研究活动。
- 数量众多的科罗拉多州立大学毕业生在国内外取得了领袖地位,为自己和自然资源生态实验室、科罗拉多州立大学赢得了赞誉和认可。

这种组织模式促成了实验室的长期繁荣——正如俗语所说:"布丁好不好,吃了才知道。"

第六节 总结：优点、缺点以及尚需解决的问题

与其他同类机构一样，自然资源生态实验室一直面临着内部和外部的压力，这些压力主要来自资金来源、组织变革、机构领导、科研人员个人发展和兴趣等方面。引进组织动力学领域的专家，可以极大地提高机构的运作效率。

像自然资源生态实验室这种机构的长期生存条件，主要依赖于主任、研究人员、学术领袖的远见卓识和领导艺术，以及高水平、高素质的科研辅助人员和大学领导层的支持。拥有筹资实体的基础价值，也是至关重要的。

自然资源生态实验室在平衡"经费自理"机构与"稳定经费"支持之间关系时，始终存在着挑战。自然资源生态实验室是一个经费自理的机构，允许研究人员可以不受固有学术责任的束缚，但这种自由和灵活性的代价，就是资金的不确定性和科学家个人压力的增加。

作为一个"经费自理"的机构，吸引和留住顶尖人才是一项持久的挑战，自然资源生态实验室也不例外。实验室的成功取决于其在系统生态学领域学术理念的持续领导地位，这是通过留住毕业生中的顶尖人才得以实现的。由于自然资源生态实验室的"经费自理"性质，招聘系统生态学家是相对困难的，因为这要求个人在没有稳定资金支持保证的情况下自筹资金，没有多少人愿意进入"经费自理"的工作状态。因此，"经费自理"模式加剧了这一挑战。

最后，保存自然资源生态实验室的历史财富也很重要，原因有以下几个：①忽视历史，将无法指导未来；②实验室是一座将系统生态学范式融入其哲学思想的储备库；③实验室及其合作者共同创造的巨大的知识积累；④为数字信息集合的开发与维护提供组织机构保障，包括长期研究和建模工作。

附录 12-1　案例研究：对组织心理学家雅各布·豪塔卢奥马博士的咨询结论

每个组织都面临与人力资源管理相关的问题和挑战，如果想要生存，必须学

会适应不断变化的环境、持续改进以抵消"熵增"。不同的实验室主任采用不同的方法来应对这些挑战。某些主任尝试在几年内保留一名组织心理学顾问,帮助实验室渡过难关,并实现最佳发展,尽管其他地方的实验室大都没有这样做。1978年,吉姆·吉布森博士首次聘请雅各布·豪塔卢奥马博士作为心理顾问,当时正值美国国际生物学计划之草原生物群区计划资助即将结束的时期。豪塔卢奥马博士是科罗拉多州立大学工业与组织心理学专业的全职教员,他积极担任研究员、教师和研究生的顾问,也曾在大学以及全球的其他组织担任顾问。他曾是耶鲁大学组织心理学的博士后研究员,后来参与了美国国家科学基金会"与国家需求相关的研究"(Research Associated with National Needs, RANN)项目,开展跨学科的项目研究。有意思的是,在这个时候,作为自然资源生态实验室定义的起点,系统理论对组织心理学的发展产生了影响(Katz and Kahn, 1966)。豪塔卢奥马博士也是系统思想的有力支持者。

在美国国际生物学计划资助结束时,自然资源生态实验室科学家的一项任务是运用跨学科综合生态系统理念,撰写并发表论文,总结生物群区的研究成果。科学家们发现这很困难,因为许多已经完成的研究主要是从"筒仓式"的学科视角开展的,并且从跨学科的角度进行综合研究被证明是有问题的。吉布森博士和工作人员面临着巨大的压力和困境,这些压力和困境主要是如何履行他所认为的生物群区计划的资助义务,如何获得未来的资金。他和其他人甚至曾质疑过实验室是否应该作为一个实体而存在。已经进行了五年的生物群区计划工作,在完成综合研究任务时遇到了问题,加之又没有提出组织未来发展的愿景,人们怀疑当时实验室的生存能力。科学家们面临着巨大的个人和人际压力,导致了生理和心理上的紧张。

吉布森博士请求帮助处理这些问题。豪塔卢奥马博士最初通过与实验室工作人员进行面谈和小组讨论,提出了"组织诊断"。尽管这项工作与他的专业一致,但当非常有能力的组织成员成为需要心理诊断的对象时,他的诊断工作遭到了大家的抵制。一个组织内的任何人都很难接受,如此庞大的群体竟然需要外来专业人士的帮助。大多数人认为他们自己就是人际关系专家,而且在一定程度上也确实如此。但事实是,做自己的医生往往是相当困难的,而且有时这也不是一个好的做法。幸运的是,尽管面临一些意料之中的阻力,但许多科研人员依然支持他的工作。这项工作持续了 25 年以上。后来，在弗农·科尔（Vernon Cole）、戴维·C. 科尔曼和罗伯逊·海尔的支持下，吉布森博士开始了项目研究，并取得了突破。之后的几年里，罗伯特·G. 伍德曼斯博士也成为豪塔卢奥马博士最忠实的拥护者，泰德·埃利奥特和威廉·劳恩罗斯亦是如此。

豪塔卢奥马博士最初只进行了个案处理，包括矛盾处理、"观点剽窃"、没有获得适当的赞扬、"感到不受尊重"或"感到他们的生计受到威胁"等常见问题。在学术领域上，年轻科学家与年长科学家之间也存在观点分歧，实验室被称作"心脏病高发场所"。

接着，豪塔卢奥马博士为实验室制定了一些跨学科团队合作的培训和改革计划。他大量借鉴了他在科罗拉多州立大学土木工程系（Civil Engineering Department）的一个国际水资源开发项目中的做法。该水利项目培训了来自不同学科和不同文化背景的人员，以便在阿斯旺大坝建设导致尼罗河流量发生变化后，为埃及的水资源、经济、农业和土壤带来有效的成果。他对不同学科和文化背景的人才进行了系统培训，其中仅水利项目的工作人员就包括土木工程师、经济学家、土壤学家、社会学家和其他人员；另外，还包括美国和埃及各领域的工作人员。为了全面了解河流变化的影响，需要所有学科和文化群体的代表，为制定变化信息和有效补救措施做出贡献。该项目的总体优势是运用所有参与者的力量，如果只考虑个别学科或文化群体，项目成果是不可能实现的。用类比的方法，自然资源生态实验室的目标是产生跨学科的结果，但似乎无法在生物群区计划研究结束时实现这一目标。

随后，豪塔卢奥马博士开发了培训模块，用以改变实验室的工作流程。作为培训的第一阶段，参与者（主要是自然资源生态实验室的资深科学家）需要回答以下问题：我们为什么要以一个跨学科实验室的方式存在；我们这样定义自己，会发生什么；参与者被要求描述他们可能在实验室进行的一个跨学科项目或研究计划，这个项目虽然是想象的，但必须符合实际情况。然后，他们必须描述，完成实验室目标所需的预期成果。这涉及目标设定，但与单一学科研究人员描述的目标不同。这些目标是由从事同一项目的科学家团队从不同学科的角度制定的。每个学科都应该做出贡献，因此目标设定应来自于所有相关学科利益的考量。这一目标设定过程必须在项目开始时进行，而不是像生物群区项目那样在项目结束后才进行。

  一个跨学科团队有可能发展成以下几个稳定状态之一：第一种状态称为"多学科小组工作"，成员根据自己的兴趣和才能，从事职业爱好。在这种情况下，参与者能够在项目中保持活跃，做他们最了解的事情。他们有点像"在沙坑里玩耍的孩子"，在建造自己负责的沙堡时紧密合作，大部分时间都相处融洽。这是一个多学科的稳定状态，因为尽管身处不同的学科，但这些参与者主要生产本学科定义的产品。这本身并不坏，但这种由各种学科分别开展工作而得到的研究成果，有时难以满足人们对工作目标的期望。多学科的工作类似于实验室早期的野外研究，即生物群区研究阶段。

  跨学科或跨文化群体的另一个稳定状态，是一个学科从主导学科的角度，通过研究过程中良好的目标和标准进行定义，消除团队合作中任务的模糊性。在某些方面，这被称为"单学科小组工作"（unidisciplinary groupwork）稳定状态。一定意义上，在埃及水利项目中，土木工程师主导了该项目的优先级定义和工作实践。这种说法可能有些过激，但许多项目工作人员感到自己的观点没有得到充分采纳，对项目目标的有效贡献率也不是很大。这种情况下，问题是如何对不同类型的工作人员进行分工，才能使在不同的组织安排下的项目更加有效地运行。

  真正的跨学科团队合作需要从系统理论的角度，来决定为什么需要不同类型的人来完成这一项目。遵循流程，理解实现这些目标所需的努力和贡献，然后从项目参与者那里获得承诺，从而实现这些目标。参与者要了解团队合作的目标和最终要实现的成果。这就要先设定项目目标，然后达成一致。这些目标可能与成员各自制定的目标不同。每个成员都会得到帮助，以确定如何为项目目标做出最佳贡献。同样，在系统思考和设计目标的时候，可能会陷入职业爱好或主导学科的想法，为避免这种情况，需要利用团队中众多观点的长处。事实上，一个项目的促成者，在之前可能已经定义明确了工作的目标，然后团队决定如何最好地实现该项目目标。在任何情况下，项目人员都应该设定或接受团队目标，然后决定每个团队成员必须做些什么来实现这些目标。这通常会改变团队成员关于项目最佳贡献的看法。

  培训的下一阶段是团队沟通。由于缺乏清晰性而导致的沟通障碍需要讨论,讨论的主题集中在反馈上,反馈既是一种重要的奖励机制,也是一种纠正手段。一方面对别人有效行为准确正面的反馈,能够给予其最有力的肯定和支持;另一方面,假如没有负面反馈,那么就很难纠正错误的行为。一般而言,给予正面反馈是相对容易的,负面反馈可能产生不利的影响,除非方法得当。因此,培训的大部分内容是集中在如何以有效的方式给出负面反馈。培训强调,一个有效的跨学科小组的成员应当教学相长,使用正面反馈来激励良好表现,并在必要的时候给予负面反馈。

接下来的培训,强调解决冲突。前面已经提到,在早些年中,团队出现了突出的矛盾情况。豪塔卢奥马博士提出,冲突是不可避免的,无论采取什么措施来阻止它们,它们都会发生。但是,好的团队可以将其影响最小化。而培训的重点是尽早地认识到矛盾,然后掌握解决或补救的措施。豪塔卢奥马博士在实验室工作期间,冲突的频率得到减少。

预防冲突作为一项重要创新,是豪塔卢奥马博士与实验室成员共同在战略规划方面所做的工作之一。参与者被要求确定未来一年左右需要强化的研究领域。豪塔卢奥马博士建议每个研究人员都要说出他们对规划内容中感兴趣的主题。那些选择相似主题的人将会面对面陈述他们在未来项目中想要扮演的角色。需要引导参与者,分享自己想成为首席作者、辅助科学家或其他角色的意愿。如果在项目或角色的选择上存在重叠,科学家们会被要求做出愿意相互竞争的承诺。这使得在项目工作开始之前,对未来可能的工作重叠实现了划分。这样做的目的是阻止以后的相关声明或抱怨,比如"你剽窃了我的想法"。考虑到之前,曾因这样的事情在实验室中引发了人际冲突。因此,这样做的目标是,预先对特定类型的工作期望进行讨论,从而避免未来发生冲突。

在进行了跨学科团队合作培训之后,又进行了战略规划方面的附加培训和实践。这样做是为了促使实验室做出改变,从仅对当前机会做出反应,转变为在确定自己的方向和身份时,更具前瞻性和深思熟虑。战略规划培训也是来自系统理论,改变了科学家们对实验室作为一个系统的看法,认识到它是嵌套在环境和其他系统之中。图12-1展示了这种理念。

图12-2将该实验室置于图的中心。自然资源生态实验室的存在需要投入资源,正如图的上侧所描述的那样,投入的资源可以呈现多种形式,包括人员、想

法、资金、社会或政治支持等。愿意提供资源的人或组织，希望实验室持续发展。图的下侧是实验室的产品及用户，产品包括论文、观点、授课课程、创新和资源管理建议，也可能包括意外或不想要的产品，如废弃的或给实验室造成不良影响的产品。用户是使用实验室产品的人或组织，例如其他科学家、实验室上级管理者、政治家和学生。采用系统理论的条件之一是产品也应该对其他系统有用，否则生产系统就会消亡，如果产品对用户有用，用户也可以成为实验室发展的推动者。图中"自然资源生态实验室"下侧显示了另外两个要素，即竞争者和反对者，竞争对手是开展与自然资源生态实验室类似工作的其他机构，反对者是那些希望看到实验室失败的机构。每一组机构都采用指向实验室的双向箭头描述，以表示其对实验室的相互影响。图中"自然资源生态实验室"上侧显示了实验室所处的环境，包括社会、政治、经济、科学、历史等来自外部环境的力量，其可能影响实验室的正常运转，尽可能多地分清这些力量是有意义的。战略规划实践要求参与者详细讨论该图中的相关要素，然后回答隐含的问题。问题的答案影响实验室的未来，将被用于实验室最佳发展方向的讨论中。

战略规划中的另一项工作是描述自然资源生态实验室的任务。参与者需要回答"实验室的主要业务是什么""它与其他组织有何不同"等问题。参与者还需要确定实验室的愿景，回答"如果实验室做得尽可能好，它会是什么样子""应该做哪些改变以帮助实现这一目标"等问题。参与者使用已经生成的大量资料，来选择实验室的发展方向。这里必须指出的是，实验室成员没有充分参与以上工作，也从未全部完成过上述过程。战略规划是一个漫长而乏味的过程，许多繁忙的参与者很难全部参与完成。这个过程既复杂又令人疲倦，一些科学家甚至认为这类工作没有用处。但是战略规划工作应当周期性开展，因为分析一旦完成，其有效期是有限的。在为这一工作的必要性辩护中，豪塔卢奥马博士希望实验室成员能够选择自己的发展方向，而不是仅仅对项目需求建议书（RFP）做出反应。豪塔卢奥马博士还利用这一工作帮助实验室撰写资助申请。最值得注意的是，他提议美国国家科学基金会资助该实验室，并将其建设成为国家科学基金会科学研究中心。这一工作主要是在伍德曼斯博士担任主任、埃利奥特博士担任临时主任，以及长期生态学研究（LTER）草原项目实施期间开展的。

豪塔卢奥马博士在实验室工作期间，也在科罗拉多州立大学的其他学院开展咨询活动。因此,他经常被邀请充当联络人,促进实验室与大学之间的交流。他在自然资源学院尤其活跃,在那里他有着丰富的经验,例如参与了一个持续一年多的重大战略规划项目的经验。除了担任美国农业部农业研究局(ARS)委员外,他还与比尔·劳恩罗斯博士和英格丽德·伯克博士一起,花了数年时间参与了长期生态学研究草原项目。他为长期生态学研究草原项目解决了许多冲突,做了许多规划活动,这些活动包括为长期生态学研究网络建立了整个系统的战略规划。他参加了美国国家生态科学会议,作为实验室成员发表了论文(Hautaluoma and Woodmansee, 1994)、展示了海报。由于该论文引起了广泛关注,他受邀访问位于华盛顿特区的美国技术援助办公室,就该论文提供咨询,并与他们合作开展战略规划项目。部分由于豪塔卢奥马博士在实验室工作期间的努力,他与美国国家科学基金会建立了联系,从1986年到1988年在华盛顿特区担任一个年度滚动计划的负责人。

豪塔卢奥马博士在实验室工作了25年以上,树立了解决团队矛盾的典范,他在实验室之外的实践也主要是集中在这个主题上。他是实验室执行委员会的成员,在组织管理上提出了个人观点。在实验室工作期间,他还是一名全职教员,后来担任了自然科学学院的副院长。

参 考 文 献

Baron, J., and Galvin, K. A. (1990). Future directions of ecosystem science. *BioScience*, 40, 640–2.

Breymeyer, A. I., and Van Dyne, G. M. (1980). *Grasslands, System Analysis and Man*. Cambridge: Cambridge University Press.

Christensen, N. L., Bartuska, A. M., Brown, J. H., et al. (1996). The report of the Ecological Society of America committee on the scientific basis for ecosystem management. *Ecological Applications*, 6(3), 665–91.

Coleman, D. C. (2010). *Big Ecology: The Emergence of Ecosystem Science*. Oakland: University of California Press.

Coleman, D. C., Swift, D. M., and Mitchell, J. E. (2004). From the frontier to the biosphere: A brief history of the USIBP Grasslands Biome program and its impacts on scientific research in North America. *Rangelands*, 26, 8–15.

Cowling, E. B. (2008). *Thirty Years Down and a Century to Go: A Narrative History of the Origins and Early Development of the National Atmospheric Deposition Program*. Madison, WI: National Atmospheric Deposition Program. http://nadp.slh.wisc.edu/NADP/cowlinghistory.pdf (accessed August 29, 2018).

DataONE (2018). DataONE: Data Observation Network for Earth. University of New Mexico. www.dataone.org (accessed August 29, 2018).

ESS. (2018). Department of Ecosystem Science and Sustainability, Warner College of Natural Resources, Colorado State University. https://warnercnr.colostate.edu/ess/ (accessed September 2, 2019).

Golley, F. B. (1993). *History of the Ecosystem Concept in Ecology: More than the Sum of its Parts*. New Haven, CT: Yale University Press.

Hautaluoma, J. E., and Woodmansee, R. G. (1994). New roles in ecological research and policy making. *Ecology International Bulletin*, 21, 1–10.

Kaplan, N. E., Baker, K. S., Draper, D. C., and Swauger, S. (2014). *Packaging, Transforming and Migrating Data from a Scientific Research Project to an Institutional Repository: The SGS LTER Collection*. Digital Collections of Colorado. Fort Collins, CO: Colorado State University. http://hdl.handle.net/10217/87239.

Kaplan, N. E., and Newman, G. J. (2013). *Data Management for NREL and Beyond: A Roadmap and Recommendations*. Digital Collections of Colorado. Fort Collins, CO: Colorado State University. http://hdl.handle.net/10217/87381.

Katz, D., and Kahn, R. L. (1966). *The Social Psychology of Organizations*. New York: Wiley.

MCMLTER. (2018). McMurdo Dry Valleys LTER. National Science Foundation. https://lternet.edu/site/mcmurdo-dry-valleys-lter/ (accessed August 29, 2018).

MEA. (2005). Millennium Ecosystem Assessment. New York: United Nations. www.millenniumassessment.org/en/Synthesis.html (accessed August 29, 2018).

Rykiel, E. (1999). Ecosystem science at the Natural Resource Ecology Laboratory. *BioScience*, 49(1), 69–70.

SoGES (2018). School of Global Environmental Sustainability. Colorado State University, Fort Collins. https://sustainability.colostate.edu (accessed August 29, 2018).

Van Dyne, G. (1969). *The Ecosystem Concept in Natural Resource Management*. New York: Academic Press.

Wall, D. H., and Virginia, R. A. (1999). Control on soil biodiversity: Insights from extreme environments. *Applied Soil Ecology* 13, 137–50.

第十三章　何去何从？解决棘手的问题

罗伯特·G. 伍德曼斯、丹尼斯·S. 小岛吉雄和妮科尔·E. 卡普兰

> 没有人是自成一体、与世隔绝的孤岛，
> 每一个人都是广袤大陆的一部分。
> 如果海浪冲掉了一块岩石，
> 欧洲就变少。
> 如同一个海岬失掉一角，
> 如同你的朋友或者你自己的领地失掉一块。
> 每个人的死亡都是我的哀伤，
> 因为我是人类的一员。
> 所以，不要问丧钟为谁而鸣，
> 它就为你而鸣！
>
> ——《丧钟为谁而鸣》，约翰·多恩（1572~1631）

第一节　引　言

第二章概述了人类和地球生态系统面临的一些重大挑战，其中包括粮食安全、土壤安全、土地利用变化和破碎化、气候变化和干旱、流域水生产和质量、物种入侵等，这些都是现实、复杂或棘手的问题（Rittel and Webber, 1973; APS, 2007; Balint et al., 2011; Berkowitz, 2017; Wikipedia, 2018）。这些问题是由多

种相互作用的因素造成,受多种驱动力或驱动因素的影响。它们之间相互作用,产生不确定和意外的环境、心理和社会方面的挑战。它们涉及生物、物理、社会、经济和政治子系统内部及其之间的许多鲜为人知的相互反馈。对他们的定义,表达得不够清晰。解决这些问题所需的知识,散落在许多不同的领域和学科之中,如果这些知识确实存在的话。所述问题具有社会复杂性,需要大量的学科和组织之间精诚合作,进行评估和正式议定。解决这些问题,也可能需要改变个人和群体的行为。在本章,上述原则将用于证明系统生态学范式(SEP)在解决全球环境和自然资源问题上的必要性。

仅依靠科学本身,特别是传统的自然科学和生态学,已经不足以解决当前世界面临的重大环境和自然资源挑战。例如,干旱地区气温升高,影响水资源供应和经济发展;工业、城市化、农业和运输过程中产生的化学和营养负荷,污染了大气、水、土壤和沉积物;农村土地和野生动物生态系统结构改变与破碎化;政治动荡甚至战争对粮食、水、能源和安全方面的影响。解决这些问题,需要纳入大量相关政策和管理实践,例如"水—能源—粮食关系"(FAO,2018;Unwater,2018)中描述的问题。也许,最具挑战性的问题,将是说服人们及群体改变对全球土地、水域和自然资源的利用和管理行为。

系统生态学范式可以成为整合知识和解决现实世界中许多复杂(棘手)问题的"直接"方法。在第一章和第十章中定义了系统生态学范式,包括两个主要组成部分:①系统生态学方法(Van Dyne,1969;Montague,2016);②生态系统科学的应用。其中,系统生态学方法是一种整体的、系统的观点和方法,对生态系统进行严谨和系统的研究(图13-1),对系统地阐明、理解和解决环境、自然资源、社会、生态重大挑战至关重要。生态系统科学是一个庞大的科学数据和知识体系,其中大部分是通过生态系统方法集成的。例如,千年生态系统评估(UNMEA,2005)就使用了生态系统方法。生态系统方法在本书以及与环境和自然资源有关的大量科学文献中都有所讨论。这一知识体系包括过去一个世纪或更早的数据、文献和经验(包括传统经验)。必须注意将数字时代之前产生的文献纳入其中,以使其具有可获得性、可访问性、可互操作性和可用性(Wilkinson et al.,2016;Easterday et al.,2018)。迈克尔·厄舍(个人通讯)说过:"这个电子时代存在的一个问题,就是几乎所有在2000年之前出版的印刷品都被人们遗忘了。"

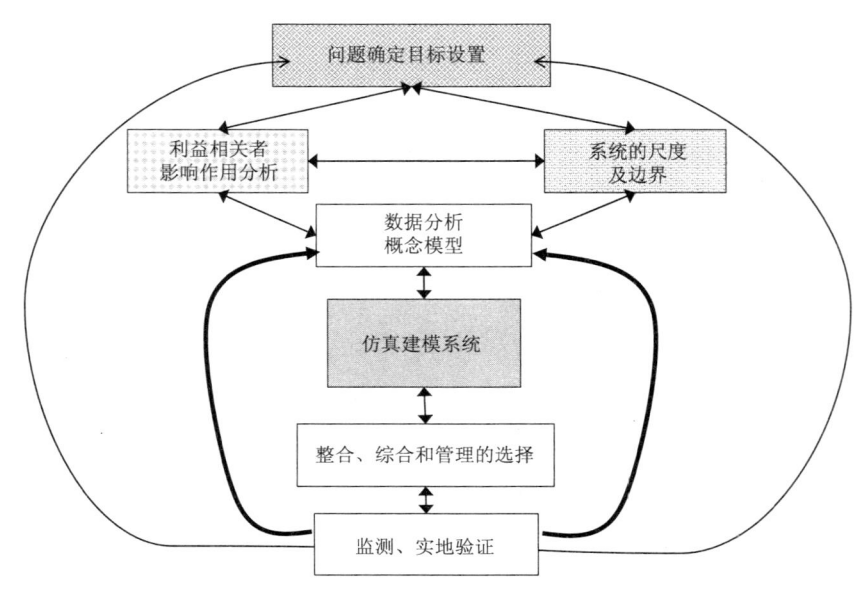

图 13-1 系统生态学范式的一般步骤

除了解决与第二章介绍的问题相关的多尺度科学外,本章还讨论了克服社会障碍、采用有益的管理实践和技术的必要性。主要挑战是克服沟通、知识和创新的障碍,克服有害的文化规范、科学怀疑论以及不利于地球可持续生态系统发展的意识形态。其他的难点是,在尝试解决问题时,如何运用系统生态学方法与所遇到的社会、行为和制度方面的观点进行相互交流、相互影响。

在本书中,我们展示了在图 13-2 中所示的较低生态层级上,运用系统生态学范式解决许多问题的有效性。现在是时候证明,系统生态学范式在解决涉及人类的大尺度棘手问题上的有效性(图 13-3)。

第二节 未来展望

21 世纪,土地和自然资源管理面临的最大挑战,可能不是在生物物理

第十三章 何去何从？解决棘手的问题

科学技术和农业、草原、森林、水产等领域的技术应用方面进行更多的研究和数据收集。这些研究已经取得了成功，并将继续通过原有的资助体系得到支持。

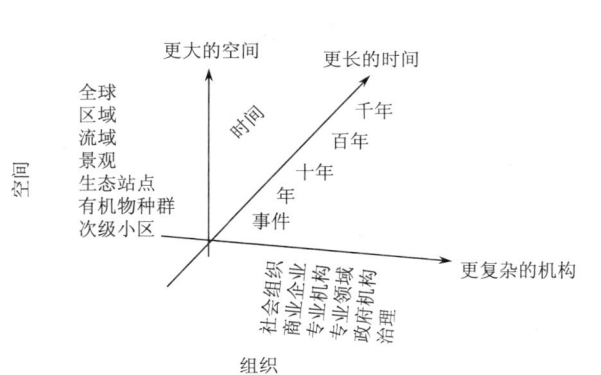

图 13-2 评估和管理生态系统/社会生态系统时需要特别注意的等级维度

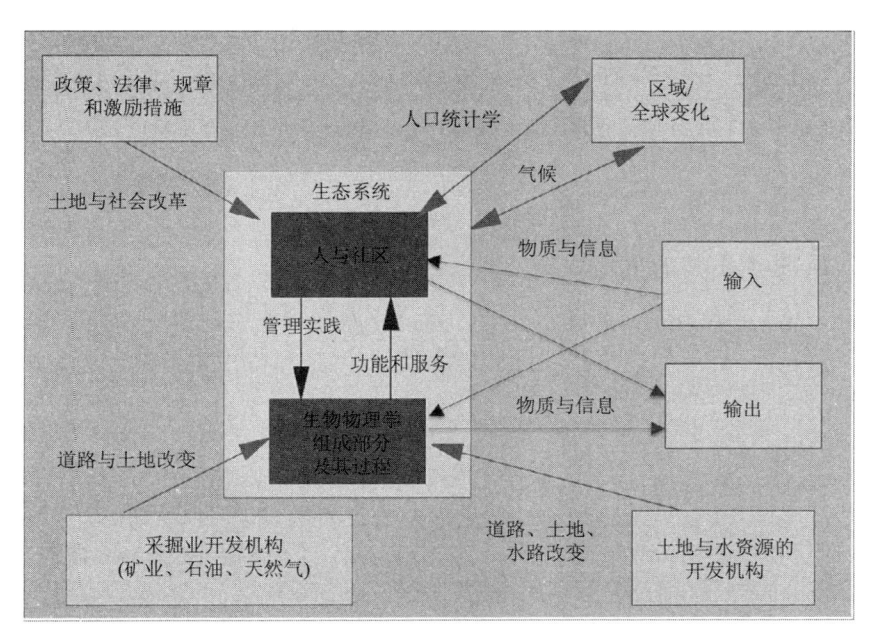

图 13-3 "人与社区"和"生物物理学组成部分及其过程"之间的关系图

现在，需要在社会、行为、认知、经济和营销科学领域进行更多研究，以使政策制定者、私人和公共土地及水资源管理者接受农业、林业和自然资源管理方面的有益创新。景观和区域范围内尤其需要创新，需要采取集体行动来产生有意义的影响（对于尺度大于单个产权范围或司法管辖区范围）。大尺度集体行动的例子，包括：流域内水资源的管理、保护和质量（Grafton et al.，2013）；碳封存；农业互动中的氮排放和损失；减少使用有害农药；减少生境破碎化；恢复受扰动的景观和区域。随着挑战在尺度上越来越大，与该问题有关的利益相关者参与协作解决问题，变得至关重要。

一、概念模型开发

在系统生态学范式（图13-1）中，问题陈述、目标设定、边界确定和扩展、利益相关者识别等步骤，一般是同时发生，且不断迭代的。因此，良好的沟通技巧是必需的，如积极倾听、诚实反馈等。这是因为利益相关者之间的看法和观点各不相同，问题的解决方案往往饱受争议（图13-4）。良好的沟通是利益相关者之间友谊和信任的基础。利益相关者还需要在接下来的工作中，对信息和数据进行分析，并为解决问题制定概念模型和策略。在图13-1所示的系统生态学范式阶段，真正实现了生物、物理和社会科学的相互融合。这其中的人类既是分析的对象，也是分析的主体。

试图认识和解决棘手问题的利益相关者，需要圆满解决分析过程中遇到的沟通、信任和释疑等问题。共同设计概念模型，就是利益相关者相互交流并产生可接受的利益表达的阶段。与动态问题相关的概念模型，可能需要开发仿真模型，具体原因见第一章和第四章。

在棘手问题的协同性概念建模阶段，其基本要求包括：所有利益相关者必须了解、信任和接受系统生态学范式；利益相关者必须了解可用的概念、数据、信息和模型的来源及其局限性；利益相关者必须掌握基本的技能，去获取和演绎科学知识，或者用这些技巧去学会信任他人；利益相关者必须愿意，且能够批判性地评价信息和知识，并愿意接纳采用新的思想和技术。

采用新概念、知识、技术和管理实践的意愿，既对利益相关的分析人员很重

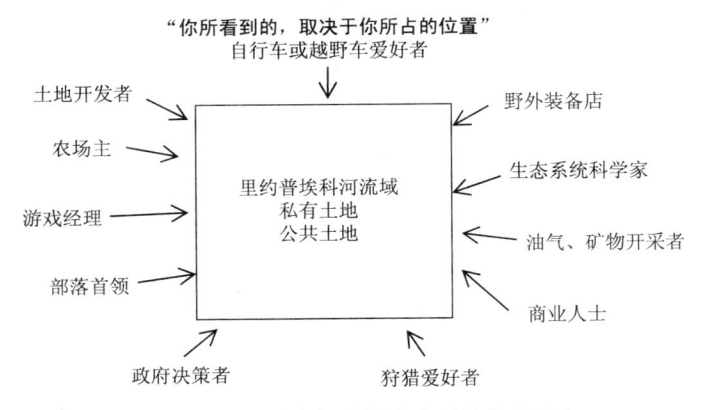

图 13-4 流域案例分析中涉及的某些观点

注：了解流域案例分析所涉及的众多观点有助于回答一些特定问题。例如，"流域（新墨西哥的里约普埃科河流域）及流域内的景观如何在受到剧烈扰动后恢复健康功能。"

阿尔伯特·爱因斯坦、C.S. 刘易斯（1955），在其著作《魔术师的外甥》以及其他作品中都曾使用过这句格言"你所看到的，取决于你所站的位置"。

本图由里布萨姆和伍德曼斯（Riebsame and Woodmansee，1995）修改而成。

要，也对那些建模工作中所提出建议的使用者很重要（见本章第三节）。

二、揭开系统生态学范式的神秘面纱

许多支持系统生态学范式的工具是可用的，但利益相关者并没有很好地理解这些工具。发达国家大多数人都熟悉常见的仿真模型，如天气预报、交通流量和信号、癌症治疗、飞机和航母供应等。牧场、农场、干草作业、流域水流及配置、精准农业等模型，在某些农业部门也是众所周知的（见第四、七和八章）。采用清晰和通俗的语言，证明可将系统生态学范式及其仿真模型作为预测工具，并分析人类活动的各种预期结果和不可预期后果，是非常必要但很困难的工作（见第四章）。

揭开系统方法及其建模过程的神秘面纱，并向所有利益相关者展示其有效性，这是系统生态学家面临的主要挑战之一。我们需要新的学习模式来描述系统思维（Meadows，2008）、系统生态学范式，以及建模对各种用户群体（包括决策者、土地和水资源管理者、思想领袖和所有公民)的价值(Diederen et al.,2003;Rogers,2003;Moore,2014)。需要对行为、认知和营销科学进行研究,以帮助系统生态学和数学模型的合法化,证明其方法论、透明性假设、基于事实和证据的分析,以及证明同行评审能够解决现实的复杂问题。正如尼科尔斯(Nichols,2017)在其《专业知识的消亡:反对既有知识的运动,以及它为什么重要》一书中所述的,建模过程中的专家意见需要被合法化,让决策者参与理性对话,这对于弥合科学研究、特殊利益权力集团、公众、利益相关者和一线管理者之间的差距是至关重要的(Balint et al.,2011;见第七章)。

在系统生态学范式的帮助下,系统生态学家已经能够通过分析生态系统中已知的相互控制力量(驱动因素)和相互关系,来确定生态系统的健康状态,以及在生态系统生物物理领域的预期结果和不可预期后果。系统生态学家已经开始研究相关的生物物理和社会系统,但这一工作仍处于初级阶段,需要更多跨学科的协作和整合,开发社会和环境的交互模型也同样适用(见第四章和图 13-3)。系统生态学家需要继续升级和改进概念模型和数学模型,需要培养更多能够超越"纯"科学和技术思维的新的系统生态学家。许多个人、不同学科,以及持有不同观点的利益相关者之间的合作,是至关重要的(图 13-4)。

三、数据的采集、分析、集成、组合和解释

获得可靠的数据和知识,并判断其有效性的标准,对于维持和维护健康、有恢复力和可持续的生态系统至关重要。在过去的几十年里,土地和水资源的科学家和管理人员获取的信息激增,但是其中只有一部分是可靠的信息。思想领袖、资本家、政治家、科学家和媒体所产生的信息是压倒性的(Nichols,2017)。世界各地的农业和自然资源决策者、管理者和公民都可以获得各种良好的或不实的信息。

判断可用信息的有效性,需要对事实和证据进行评估,采用批判性思维判断其合理性(Thaler and Sunstine,2009;Nichols,2017)。批判性思维是对一个问题进行客观分析和评价,从而形成判断。合理性是指,符合理性或逻辑的本质(Wikipedia,2019)。有效性判断是指基于事实和证据,而不是基于无根据的意

识形态、家庭与文化传统、群体思维或政治思想,这对于区分需要、渴望、欲望、愿望与抱负至关重要。因此,现代管理需要事实和证据(Sohrabi and Zarghi,2015)。表 13-1 列出了土地管理者和利益相关者获得一些信息的来源。在该表中,相对可靠的信息源主要位于表格的上部,而相对不可靠的信息源位于表格的底部。但是,所有来源都需要经过审核、事实核查、交叉检查和验证。因为,一些信息来源,特别是表格下半部分的信息源是不可靠的,而顶部的一些信息来源看起来可能是可靠的,但可能会受到特殊利益集团的操纵影响。

为了支持系统生态学范式的应用,来自野外和实验室研究的证据、可靠模型的模拟值,以及专家意见形成的透明过程,对于获取科学数据的预期结果是至关重要的。美国国家资源委员会将潜在的开源数据,作为一种可以通过各种开放途径挖掘、集成和组合的资源(National Research Council,1995)。但是在庞大的生态知识库中建档和挖掘庞杂的数据和信息方面,仍然存在重大挑战(Waid et al.,2017;Environmental Science,2018;Wikipedia,2018b)。利益相关者需要发现、检索和使用数据和信息,从而生成新知识以支持决策(Gewin,2016)。将数据和信息视为新的数字资产存储库,从中获取最有潜力的设计技术,需要改变思维方式,以对支持数据挖掘、集成和组合等研究活动的新的增值功能进行战略性规划(Peer and Green,2012)。

表 13-1 私人和公共土地管理者周围充斥着大量的信息来源,下表列出信息来源的监督和审查过程及其可靠性

来源	监督和审查	可靠性
科学研究和模型	在信誉良好的期刊上进行同行评议,包括数字技术出现之前的文献,必须证明其信息来源	高可靠性,需要批判性和合理性判断,对于短视或孤立的信息,应该说明资助来源
专业知识、专家意见	基于声誉或已被证明的成果、诚信和透明的记录	一般可靠,需要批判性和合理性判断,需要资助来源的透明度

续表

来源	监督和审查	可靠性
大学课堂课程、论坛、短期课程	基于声誉或已被证明的成果、诚信记录,并接受机构审查	高可靠性,需要批判性和合理性判断
大学在线学习、成人教育、专业继续教育	基于声誉或已被证明的成果、诚信记录,并接受机构审查	高可靠性,需要批判性和合理性判断
扩展的研讨会、论坛、网络研讨会	机构审查流程的监督	可靠,依赖于良好的科学和专业知识,需要批判性思维判断
传统或本地的知识、经验	基于观察和文化规范——"你所看到的,取决于你所站的位置"	可能是很有用的,但经常有偏见,需要严格审查和交叉检查
政府和政府间报告、网络研讨会	机构审查流程的监督	可靠,依赖于良好的科学,需要批判性思维判断,接受政治干预
非政府机构	机构审查流程的监督,主观偏好	可靠、经过充分审查,并基于科学和专业知识,但可能有偏见
全球与国际市场报告	金融和国际组织审查流程的监督	可靠、审查良好,并基于专业知识
市场报告	金融机构审查流程的监督	可靠、审查良好,并基于专业知识
广告、邮件短信和市场营销*	公司领导层的监督	总是带有主观偏见,需要严格审查和交叉检查
连锁大银行和当地银行	公司领导层的监督、政府法规和审查	可靠、审查良好,并基于事实和专业知识
投资者、开发商	没有监督	需要苛刻审查,关注预期结果,很少或没有意外后果,容易受到欺诈和腐败的影响
宣传材料	公司领导层和新闻职业道德规范的监督,取决于消息来源的可靠性,受到虚假新闻的影响	需要对来源进行严格审查,其中有些是可靠的,有些是政治和宗教意识形态的宣传工具

续表

来源	监督和审查	可靠性
广播和电视访谈	公司领导层和新闻职业道德规范的监督,取决于消息来源的可靠性,受到虚假新闻的影响	需要对来源进行严格审查,其中有些是可靠的,有些是政治和宗教意识形态的宣传工具
互联网	没有监督,而是广泛的信息来源,无论内容的好坏,都取决于来源的可靠性	假设不可靠,需要严格审查、交叉检查、事实核查与验证
社交媒体、视频网站	没有监督,具有不确定的潜力	假设不可靠,需要严格审查、交叉检查与验证
家人、朋友、邻居、部长、酒吧的闲聊	没有监督	假设不可靠,需要严格审查、交叉检查与验证
当地农业商人	基于声誉或完整可靠的个人记录	假设可靠,但带有主观偏见,需要批判性判断、审查、交叉检查和验证
游说团体	团体领导的监督	需要严格审查,关注预期的结果,很少或没有意外的后果
政治议题,如特朗普、普鲁厄特、津克等	目前缺乏准则、批判性判断和合理性	假设不可靠,除非得到证明,需要对消息来源进行严格审查,但其中有些是可靠的,有些则是政治和宗教意识形态的宣传工具

* 石油和天然气销售大厅、农业销售大厅、销售经理(种子和基因、设备、大型化工设备等)。

处理挖掘的数据,包括如何解释数据,关键是需要我们继续强化数据管理与建模、野外、实验室和监测之间的联系,促进生态学数据和科学的开放性(Hampton et al.,2015)。在安全和可持续的基础设施中共享数据信息,可以使我们在广泛的知识背景中产生强大的协同作用,能将历史数据应用到新的方法中,消除冗余,并为新的数据密集型科学做出贡献(Cheruvelil and Soranno,2018)。

四、信息和知识的传播

以信息获取和交流沟通来支持共同利益目标的实现并对其方法进行解释说明,是利益相关者和整个社会面临的一个主要挑战。世界上大部分人已经进入了数字时代,使用数字技术和社交网络,成为信息传播和通信(比如,智能手机、社交媒体和互联网)的重要方式,这些技术正逐渐在发达国家和一些发展中国家的农业中得到应用(图 13-5,图 13-6)。

获得信息并不意味着获得可靠的知识。由于种种原因,许多农村居民和老年人不愿意或不会使用新的通讯方法(见本章第二节),而有些人对参与新的合作与协作,尤其是协作技巧,持怀疑态度(见第十章;Ojima and Corell,2009;Balint et al.,2011)。虽然科学事实已证明新模式有效,经验丰富的专家也已提供了相关证据,证明其可改善个人和他人福祉,但仍有相当多的人不愿意放弃既定的信仰、价值观和文化规范等思维方式。为了更好地管理景观、小区域(如流域)、更大区域或范围的生态系统,迫切需要开展消除这些障碍的研究。

图 13-5 农业数字化技术示意图

注:照片由美国农业部自然资源保护局提供。

图 13-6 马赛牧民使用手机娱乐,查看牧群管理技巧和营销信息
注:照片来源未知,可能来源于非洲网站。

五、评估获取信息和知识的能力与意愿

表 13-1 中收集的资料可以帮助人们考虑是否采用新的有价值的概念、方法或技术。这取决于利益相关者的学习能力和个人意愿,探索新方法的动机,以及转向新方法的动机(McKenzie-Mohr,2011)。

要解决学习能力和个人意愿这一敏感问题,需要公开透明地区分"真正无知"(true ignorance)、"自愿或故意无知"(consensual or willful ignorance)和"学习能力不足或缺乏良好判断力"这三种情形对学习过程本身的影响(Cipolla,1987;Pomeroy,2016,2019)。"真正无知"源于知识匮乏或认知不足。真正无知的人缺乏教育或知识,对事物不了解、不知情,并缺乏获得知识的渠道或缺少学习能力。如果一个人在智力上有学习能力,且能接触到必要信息,那么通过了解事实和可靠信息就可以解决这一问题。即使是专家或天才对许多事情也一无所知,我们之中没有多少达·芬奇。由于大多数"真正无知"的人,都有学习的意愿,所以他们都是能接受新思想的优秀后备人选。"自愿或故意无知"是指不愿研究和接受与自己或团体的文化、政治、宗教意识形态不同的知识。它的根源可能在于无法调和科学与信仰,教条地固守对政治文件(如宪法)、宗教著作(如《圣经》《律法》①《古兰经》)的某些固有解释。一般认为,主观无知的人可能有能力学习,但往往选择不学习;他们一般不愿意接纳新思想。因此,有些人确实是缺乏学习能力,而有些人却是因为缺乏理性或明智的判断(Cipolla,1987)。对一些人而言,缺乏良好判断力是一种可选择的行为,就像某些人选择自愿忽视学习,但对另一些人来说并非如此。缺乏良好判断力的人,可能无法成功地接纳新思想,他们甚至可能会破坏团队协作,即使这一破坏对他人或自己都将造成伤害。

六、认识到社区居住群体的差异

个人和群体接受新知识、接纳新方法和新方式的意愿,似乎有所下降(Rogers,2003;Tetard and Collan,2007;Moore,2014)。根据接受意愿情况,罗杰斯(Rogers,2003)将社区群体分为五个基本类别:

• 创新者(2.5%的潜在用户)——愿意承担风险;对科学信息持开放态度;一般财务状况良好;创新者的优秀后备人选。

• 早期采纳者(13.5%的潜在用户)——社区领袖;思想领袖;举止庄重;受过良好教育;谨慎选择创新。

• 早期多数(34%的潜在用户)——接纳创新的速度较慢;领导力不明显;追随者;采用创新的速度较慢。

• 后期多数(34%的潜在用户)——对创新持怀疑态度;最终可能采用;很少有领导力。

• 落后者(16%的潜在用户)——没有领导力;反对变革;主要可能是受到文

---

① 犹太律法。希伯来文意为"教谕"。狭义专指《旧约全书》前五卷中的律法,据说是上帝授予摩西的。

化制约。

罗杰斯未将发明家（科学家、实践者和研究人员）视为一个群体，因为他们拥有新的想法、概念和技术。一般来说，农村土地所有者和管理者属于罗杰斯（Rogers，2003）、潘内尔（Pannell，2006）和万克莱（Vanclay，2004）提出的愿意采纳的类别。《数字营销》（*Digital Marketing*，2018）对采用新概念和技术意愿的具体情况进行了概括。

系统生态学范式研究内容之一，是寻找方法将科学有效的概念、数据和技术传播到个人和社区等目标群体。根据土地管理者面临的问题，对每一群体需要采取不同办法，并结合解决问题所需的地点、文化背景和社区合作程度，最终确定需要采用的方法。为了掌握能够影响利益相关者群体以及其采纳方法的倾向，需要系统生态学、社会科学、行为科学、认知科学、营销科学等领域的科学家共同开展合作（Mckenzie-Mohr，2011）。

七、影响接受新思想和新技术的因素

所有利益相关者学习和接受新技术的主观意愿非常重要，接受土地管理政策新理念也同样重要，这是系统生态学面临的最大挑战之一（Rogers，2003；McKenzie-Mohr，2011）。解决复杂问题时常常需要考虑信息可用性、学习能力、学习意愿、接受新思想的倾向、农村价值观的作用以及管理土地的文化规范等之间相互交织的本质关系。针对如何克服阻碍，并采取有利于个人、社区和整个社会的管理措施，本书中提出了下面一些建议。

正如本章开头的引文所说，"没有人是自成一体、与世隔绝的孤岛。"在考虑采用新思想和新技术时，必须考虑农民、牧民、公共土地管理者及决策者接受新思想和技术的意愿程度，即需要、渴望、欲望、愿望与抱负之间的区别，这至关重要。许多人都熟悉亚伯拉罕·马斯洛等人提出的人类需求层次理论，这一理论在直觉上是合理的（图13-7；Values，2010；McLeod，2018）。一些心理学家和社会学家批评马斯洛理论，就像一些生物学家批评达尔文进化理论一样。但是，大多数人仍然认为他的理论是科学合理的。另一种观点认为，在层次结构中，在不

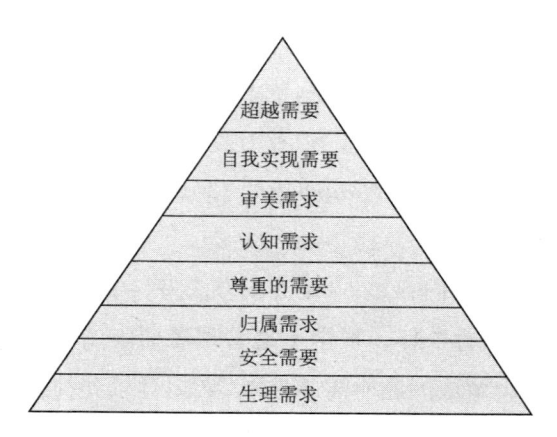

图 13-7　马斯洛需求层次（McLeod,2018）

同时空条件下,个人接受意愿程度取决于当时的需求和动机。对于土地管理者而言,他们的基本需求是必须成功地管理土地,从而间接满足他们的其他需求。为满足需求,农场主、牧场主、公共土地管理者及其决策者,需要大量复杂的信息来源,但最重要的是从已有可用的大量信息中获取有用知识。

作为新理念和新技术的潜在接受者和使用者,个人和团体所面临的现实问题是,如何获得可靠的知识并愿意使用它。因此,必须明确界定采用新理念和新技术的目标是什么(见第十章)？采用的新措施和新技术的后果是什么,以及相对优势是什么(Vanclay,004;Pannell et al,2006)？在决策过程中,转换或接受的实际成本、可用的财政资金等微观经济因素至关重要。在设想集体管理变革的地方,需要与社区合作,找到资金渠道。当选择一个备选方案时,应考虑机会成本或在其他备选方案中的潜在损失收益,并加以评估。必须评估劳动力可用性、成本以及管理的时间和精力。对所涉及风险的预判,必须是清晰、透明的。在接受新的管理实践之前,必须对所有的实际情况进行评估。

第三节 制定管理方案并采用最佳管理实践

第二章讨论了从纳米到全球尺度存在的已知问题,在生态地境和更小的尺度上,存在着大量的生态数据和知识积累,也存在着许多问题的解决方案。主要的挑战是:①如何能发现,需要多少原创研究,才足以应对相关挑战;②如何利用现有数据和信息,来评估重要景观和区域尺度存在的问题,并有针对性地制定管理策略。

一、全球挑战

整合现有知识并综合新的管理策略,可持续地实现图13-2所示的各层次的可持续性,是当前和未来全球主要的管理挑战(见专栏2-1~2-3)。仿真建模及其相关决策支持系统是一种工具和方法论,使系统生态学范式与基于经验的生态系统科学有所区别(见第四章和第七章;图13-1)。它们是需要持续开发的工具,以帮助评估影响新的管理实践的因素之间的相互作用,从而更科学地理解和接受新的管理实践。

这种系统方法在自然资源生态实验室已经使用了50多年,帮助利益相关者和科学家动态地研究生态系统行为。模型能够整合大量信息,可以促进新理念的形成。建模过程能使条件假设变得更加公开透明,并使许多模型变得更加可靠,甚至可以被用作预测模型使用。最后,它们还可模拟现实情景,为管理策略提供支撑信息,并促进新管理实践的应用(见第六、七、八章)。

系统生态学范式的功能是帮助人们实现积极的管理效果,并避免不良后果,正如恢复力的自适应循环管理中所描述的那样(图13-8;Walker and Salt,2006;Mitchell,2014;Resilience Alliance,2018)。

所有的生态系统都经历了对各种扰动的适应周期。历史上的生态系统及其遗迹,都经历了无数个完整周期。如图13-8所示,目前妥善照看的生态系统,经历了从开发(一年生作物和耕作农业)到保护(草原、灌木丛和森林)的阶段,而

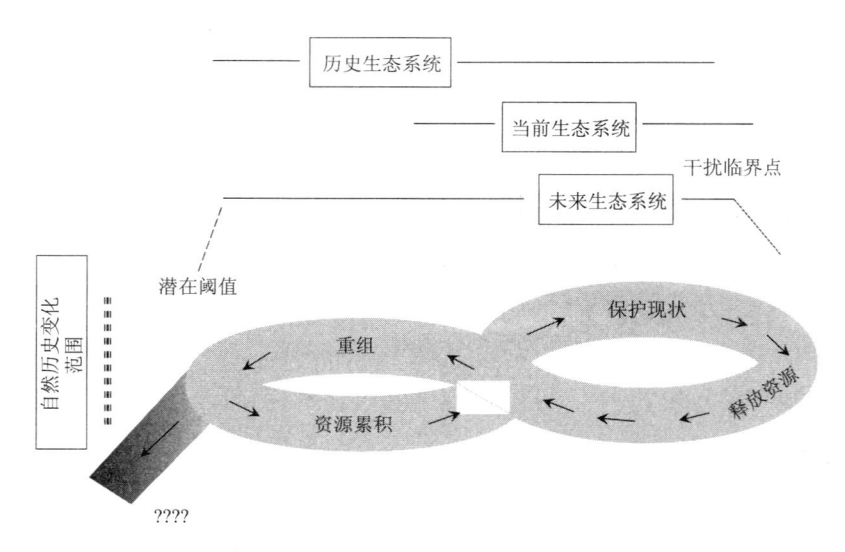

图 13-8　由沃克和索尔特(Walker and Salt, 2006)改进的自适应循环

注：在临界点内,将会从自适应循环转化为重组循环,其结果与现有系统相似。如果干扰严重,系统就有可能被分流,越过临界点,将进入一个新的状态。

由多年生植物组成的生态系统,大多数处于早期保护阶段,管理目标主要是保持现状或引导其进入更理想的状态。

火灾、洪水、火山爆发、露天采矿和基础设施开发(如道路和油气勘探)等扰动,可能会给生态系统带来一个转折性的临界点。如果扰动触发了该临界点,此时管理的目标则是,将扰动释放的破坏幅度限制在可控限度内,以确保生态系统可被预测并实现恢复(即生态系统恢复力)。

实现和维护健康、有恢复力和可持续的生态系统,需要我们调整管理实践、生活方式和行为模式,以确保在面对多种、不断变化、相互作用的系统压力源和驱动因素时,实现生态系统的及时恢复。管理实践必须设法避免达到临界点的极值,以免引发整个适应周期出现不必要的重置,或避免更糟的情况,即突破阈值将生态系统带入不可预测或不良的状态。突破阈值的例子,包括撒哈拉以南非洲的荒漠化、美国新墨西哥州的里约普埃科河流域的沟壑切割现象(见第十章),以及全球林地侵蚀和土壤肥力损失。管理生态系统以实现理想的适应周期，避免出现不想要的阈值(图 13-8)，以及减缓或适应气候变化，这些都是当前较为棘手的问题，需要应用系统生态学范式，需要土地管理者、利益相关者和决策者之间的合作，需要推动评估及做出正式决议的政治意愿。

二、克服采用有效管理实践的障碍

过去的50年，耕地、草地、林地相关的基础和应用科学(野外、实验室和模型)及现代管理实践，都取得了显著进步。这些进展得到了美国联邦土地、水和农业有关政策资金的支持，例如2010、2014和2018年美国农业部农业法案(USDA Farm Bill, 2018)，以及美国国家环境保护局项目、美国国家科学基金会基础研究项目。许多其他国家也采取了类似措施，例如澳大利亚(Kanowski and McKenzie, 2011)、加拿大[①]、英国[②]、欧盟[③]和一些发展中国家[④]。这些政策包括对个人土地所有者的教育计划和激励手段，还包括保护土壤、减少侵蚀和污染、改善水质等措施。美国最近的一项农业法案规定，为碳封存和温室气体减排研究提供资金。但是，对于许多个人土地所有者和管理人员而言，接受和实施新的现代管理方法，并支持这些新方法的科学研究，一直是很困难的。想要解决景观、区域和某些全球问题，需要更多邻近的土地管理者接受最佳管理实践。

生态系统科学家面临的一个主要挑战是，从实际的土地管理者那里获取"最佳管理实践"或至少是"更好的管理实践"的可靠知识。但是，仅有知识信息是不够的(McKenzie-Mohr, 2011)，因为第二个挑战是如何使有个性的管理者接受基于可靠知识的新管理实践。必须鼓励土地管理者协作解决水域、流域和区域内的大尺度问题。想要解决大尺度的问题，需要土地管理者突破自己管理的边界，着眼于更广泛的社区和社会利益。但如何能具体做到这一点呢？

所有利益相关者，包括科学家、决策者和土地管理者在内，都需要学习如何

---

① www.agr.gc.ca/eng/science-and-innovation/agricultural-practices/id=1360876327795.
② https://en.wikipedia.org/wiki/Agriculture_in_the_United_Kingdom.
③ www.eea.europa.eu/themes/landuse/intro.
④ www.fao.org/about/who-we-are/departs/climate-biodiversity-land-water/en/.

克服本章第二节中讨论的重大障碍,包括传播和接受新的和现行的观点、创新成果、已有的知识、技术和管理实践等。在决定是否接受的过程中,评估新概念、方法或技术时,需要考虑许多因素(Vanclay,2004;Pannell et al.,2006),并采用合理的标准来比较个人、团体和社会,并判断他们是否接受有益的管理实践,而这些标准则需要经过具体研究才能制定。

当系统生态学范式中描述的步骤完成后,受影响的利益相关者可以评估并接受不同的实施方案。该方案的实施,将取决于土地的实际管理者。虽然系统生态学范式及其相关的基础科学、应用科学的实证研究,在分析和理解生态系统行为方面取得了巨大进步,但在接受和实施由科学研究和科学认识所提出的最佳管理实践方面,仍然存在显著障碍。主要挑战之一是说服政策制定者和土地管理者采取新的观点、理念、行为和技术,以造福他们自己、社区和社会,并提供健康、精神、经济和环境方面的福祉。全球各地的科学家,以及开展宣传推广的团体、教育和管理机构,都面临这一挑战(见第二章)。

系统生态学范式,包括对利益相关者与社区参与、数据采集与整合、动态仿真建模与协作学习的关注,是评估和解决棘手问题的最佳实践方法。即使其有时不一定能从根本上解决棘手问题,但通过发现和实施更好的管理实践,来分析和适应这些问题,也能使所有人受益。福瑞斯特(Forrester,1968)建议不应以某种假设的完美性来评判模型,而是通过与所关注生态系统的其他描述方法进行比较,对这个模型做出判断。伍德曼斯(Woodmansee,1978)对这一概念进行了扩展,建议将具有良好资料基础和透明假设的模拟模型,与作为描述生态系统工具的思维模型、文字模型、照片或图画进行比较。同样,系统生态学范式不应与构想出来的某些完美概念相比较,而应根据结构的清晰性和假设的透明度来判断,与解决棘手问题的其他方法相比较,例如政治辩论、公共论坛、焦点小组(focus groups)、基于个人兴趣撰写的论文、纪录片、委员会讨论、思维模型、照片、绘画和旧的信仰体系。系统生态学范式的应用过程中,可能需要一些具有固定来源的信息(表13-1),但必须经过仔细评估。该范式真正代表了生态系统科学中的"新前沿"(Weathers et al.,2016),实现了对科学本身的超越,解决了科学实施的问题。

一些领域的新研究,如公共资源理论(Sarker et al.,2008)、基于社区的社会营销(McKenzie Mohr,2011)、协作科学技术(见第十章)、可实施的科学(Weichselgartner and Kasperson,2010)、人类信息与知识系统的耦合(Tabara and Chabay,2013;Moser,2016)等,能够帮助解决上述诸多挑战。但是,在应对这些挑战的过程中,需要获得可靠的数据和知识(表13-1),并了解所有利益相关者学习、接受、适应创新的能力和意愿。关于学习能力和意愿的研究,属于社会、行为、营销和认知科学领域。这些领域迫切需要取得突破,以便说服足够数量的土地管理者采取管理策略,进而尽快减缓和适应这些议题,诸如气候变化、土壤退化、氮负荷、污染和生物多样性丧失(见第二章)。正如考特尼·吴(Woo,2010)援引 J. G. 斯帕思(J. G. Spath)的说法,全球土地和水资源管理者面临的巨大挑战之一是,如何通过学习引入精神和文化上的变革,来克服自私、贪婪和冷漠。而环境科学家也难以回答这一问题。

三、监测与适应性管理

假设一个基于最佳管理实践的管理方案,是由既得利益者负责实施的,那么必须对关键系统特征或指标进行监测,以定量确定方案是否成功(见第十章)。如果目标没有实现,则需要做出调整(Holling 于 1978 年描述为适应性管理)。在极端情况下,可能需要重复图 13-1 所示的系统生态学范式的过程。按照图 13-1 中的步骤,需要评估基本仿真模型中假设和编码的可靠性。同时,可能需要重新检查最初商定的概念模型的逻辑,确定是否需要新的研究来填补知识空白。模型检查结果可能会引发以下反思,即模型中所表示的空间、时间或组织尺度是否正确,以及分析团队(利益相关者)的成员是否具有系统建模所需的专业知识。最后,分析小组可能会痛苦地发现,他们一直在试图解决错误的问题。例如,试图通过抑制火灾和大量砍伐来改善森林健康。即使在最差情境下,系统生态学范式也能为重新评估提供明确指导和清晰路径。

第四节 未来的关键科学需求

一、将系统生态学范式确立为解决问题的"首选"方法

科学和公正的科学研究,是解决现实世界中复杂问题的关键。其中有一些问题相对简单,并已经成为 50 多年来生态系统科学成功发展的驱动力。对于本章和第二章讨论的大尺度棘手问题,目前基于系统生态学范式的最新解决方案,尚在发展完善过程中。科学家、土地管理者、决策者和无数利益相关者需要共同合作,采取集体行动,不断获取、传播和应用新技术,才能为系统生态学范式提供一条前进的道路。

二、揭开系统生态学范式的神秘面纱

揭开系统生态学范式的神秘面纱,并向众多利益相关者解释其功能,这是至关重要的(见专栏 13-1)。要解决复杂的问题,就必须把科学家培养成知识体系的系统集成者。有些人成为集成者,而另一些人则以简单还原论的方式更狭隘地思考问题,认识到这一点是非常重要的。系统生态学家和模型建造者需要善于倾听,能够用可理解的语言与各类利益相关者进行沟通,并实现真正的协作。而实现上述目的,需要专门、全新的培训方法,也需要有远见卓识的人;另外,如何在充满学科孤立的专业氛围中,识别、培养和招聘这些人员,更是行政管理的一个挑战。

三、为系统生态学范式提供资金支持

目前迫切需要建立机制,为跨学科、长期和昂贵的研究项目提供资金,并培训能够开展大尺度生态系统研究的新一代科学家。采用传统的资助模式难以从资助机构处获得资金,来解决本书中所提到的所有棘手问题。另外,自然资源生

态实验室成功的主要原因之一是过去 50 年里建模项目的持续推进(见第四章)。

四、持续开展生态系统实证研究,填补学术空白

继续研究大尺度生态系统结构和功能的方方面面。现有知识积累中的关键空白包括:景观和更大尺度生态系统中各子系统的相互作用,气候驱动变量(如温度、水、养分负荷和污染)的相互作用,生物物理、社会、经济和治理系统之间的相互作用。世界各地研究机构,都是为了满足各自学科自身的实证研究需求而设置的,却很少设置跨学科的研究机构。因此,第二章和本章重点讨论了大尺度、复杂或棘手的问题,并提出解决这些问题需要进行跨学科合作。

专栏 13-1 揭开系统生态学范式神秘面纱的教育方法

想要揭开系统生态学范式的神秘面纱,就需要在教育和知识传播方面进行创新,让土地和水资源管理者、决策者和公民了解其功能。以下是需要大尺度生态系统知识传播、教育,最终接受有效管理实践的理论和技术示例:

• 伯科威茨(Berkowitz,2017)组织了一个名为"生态学教学中棘手问题"的研讨会,并将教育本身视为一个棘手问题。例如,揭开系统生态学范式的神秘面纱,就是此类问题。

• 在线学习在社会上已经非常普遍,包括成人教育、专业继续教育、网络会议、YouTube 上的"怎么做"(how tos)、研讨会和论坛。这些方法对于向利益相关者传播相关知识,具有重大意义。但仅仅提供知识是不够的,利益相关者之间的互动,也是理解这些知识并进行实践的必要条件(McKenzie-Mohr,2011)。

• 向教师、研究人员、公众、宣传推广人员、决策者展示新的技巧,必须成为专业培训的一部分。这里的假设是,大多数科学家不具备倾听能力,不能直接与土地管理者沟通。该模式是以"培养教师"为基础的。

- 教师、研究人员和推广人员需要利用新的方法，积极促使教育对象形成批判性、理性和基于事实的决策，从而可以公开和透明地解决问题。确定可靠知识的来源和使用方法，也是该需求的一部分。
- 教师、研究人员和推广人员通晓人性，是至关重要的。牧场主和农场主与农业、林业和牧业有着紧密的联系，他们专注于专业知识和实践经验。我们必须认识到，牧场主和农场主不是外行，而是我们的同行。如果专注于专业知识和实际经验，可以加深这种理解。
- 有必要让公众了解，政府总部的大部分官员都是专业的，都是凭借其资质和业绩，从基层单位调到区域层级或联邦层级单位，比如华盛顿特区。除个别少数外，他们都是被选调上来的"最优秀、最聪明"的人，他们大都是训练有素、经验丰富、敬业且值得信赖的员工。
- 科学家需要继续更新和发展相关概念和数学模型，培养更多优秀的系统生态学家，使他们能够超越科学本身，解决科学实施的需求。

五、与社会、行为、认知和营销科学的合作

开发私人和公共土地管理者、决策者所需的、有益的管理创新方法，对获得良好生态系统和社会科学的认可至关重要。系统生态科学、社会科学、行为科学、认知科学和营销科学等领域的科学家和专业人士之间，互相接纳、学习和协作是必不可少的。各学科需要进行合作研究，将不同的专业结合在一起，协作解决问题，促进接受科学知识以及有益的管理创新（见本章第三节）。所有合作者都必须学会倾听并相互提供反馈。

六、数据和知识的归档、挖掘和解释

任何探索棘手的环境和社会问题的人都会立即意识到，可用的数据和信息是巨大的。查找、排序、组织以及数据集解析、著作和建模结果，最多只是一项

"要么成功、要么失败"(hit or miss)的工作。现在需要管理大量数据的概念和技术,将系统生态学与用来解决棘手问题的知识联系起来。本章、第十章和《环境科学》(Environmental Science,2018)中对这些例子进行了描述。

汉普顿等(Hampton et al.,2013)将大数据称为是常规数据工具无法轻松处理的大量数据。大数据需要新型的数据基础设施,将合作伙伴及其数据连接在一起,从而为数据发现、数据管理和互操作(包括机器对机器服务)创造新的途径。预计所有数据、代码和其他研究产品,都是可查找、可访问、可互操作和可重复使用的(Wilkinson et al.,2016)。数据共享使研究的数据和成果,更容易在未来进行长期的存档和挖掘。如果要成功地访问和重复使用数据,必须先开发出支持研究人员和数据管理人员工作的基础设施。数据基础设施是战略性、非临时性的,是跨组织可交互(interoperable across organizations)、连贯一致的,是性能稳定、可持续的。其不仅可以向广大研究人员和利益相关者提供开源数据,还能提供额外的数字功能,如数据可视化和分析。数据基础设施可以将个人、实验室、研究中心等科学活动场所链接起来,并可以根据需求来增加新的功能。必须去回答大数据所带来的益处,即通过将较小的数据集合,集成到更大的、异构的数据集合,才能综合研究跨空间、时间和组织等多尺度的现存、过程和格局(Peters et al.,2014)。数据基础设施建设需要创新,需要投入大量资金,以满足相应数据和知识处理的需求。

七、土地管理创新

在协作式土地管理和政策制定中采用有益的创新,是应对 21 世纪环境和自然资源挑战的最重要的需求。整本书中讨论的所有问题,均需要科学的政策、良好的治理,以及众多土地所有者和管理者共同努力。实现这一需求,则需要应用已有的最佳科学、取得利益相关者信任、分享知识,并假设所有利益相关者都是理智的人。重要的是,即便过程中存在干扰解决方案的障碍,也仍需要采取新的方法,说服那些顽固的土地所有者和管理者,促使他们接受新的有效管理实践。

第五节 总 结

通过传统的实证研究和相对知名的建模方法,许多环境和自然资源面临的挑战得到彻底解决,或变得更加容易处理。这些挑战包括对生物地球化学循环、水文循环、土壤侵蚀和沉积机制以及种群动态的基本认识。虽然仍然存在一些知识空白需要填补,但解决这些挑战的基础科学是可用的。现实世界、大尺度、长期、复杂的挑战(棘手问题),涉及机构间相互交流和众多利益相关者,而系统生态学范式应用范围,足以覆盖解决这些问题的领域(图13-9)。在未来管理的替代方案的预测与制定方面,发挥系统生态学范式的作用,对于实现生态系统可持续发展至关重要。

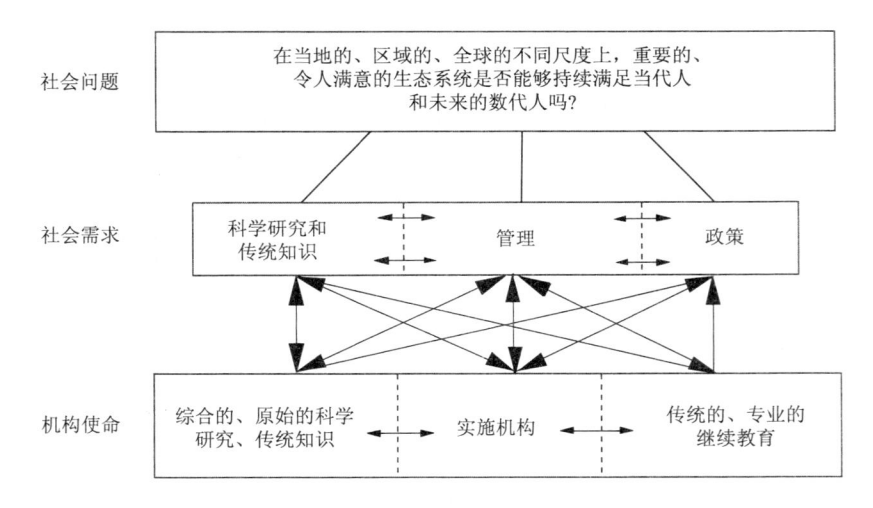

图13-9 科学和传统知识的理想关系

注:科学和传统知识的理想关系,是以事实和证据为基础的,由管理和政策部门负责解决社会问题、议题并实现目标。在一个理想化的世界里,代表科学、管理和政策部门之间知识共享的箭头将是透明和互动的。为了实现理想状态,许多研究、推广和教育机构必须为政策制定者和管理机构贡献可靠的知识。

第十三章 何去何从？解决棘手的问题

运用系统生态学范式应对未来的挑战，需要协调好研究（Moser，2016）、科学发现、知识获取与转让、科学教育与参与的关系，需要在土地管理者和从业人员接受"有效管理实践"等方面取得"突破"。

地球表面的绝大部分是公共和私有的草原、森林和农田，这些土地主要由农场主、牧场主、林务员负责管理。其中，本章重点研究农村私人土地管理者（农场主和牧场主）和公共土地管理者，主要原因是农村土地是解决许多全球性棘手问题的关键所在，而这些问题还需要土地管理者采取集体行动加以解决。对于土地管理者而言，则需要获得可靠的信息、强化学习能力和学习意愿，并具有接受新理念的倾向。但是这些需求却在很大程度上受到其固有价值观、信仰和文化规范的影响。

牧场主和农场主的个性或个人的价值观包括：乡村生活方式、强烈的职业道德、诚实、独立、自立、宗教、环境意识及土地管理、帮助邻居的意愿和宽容（见附录13-1）。万克莱（Vanclay，2004）列出了26种对农场主和牧场主来说重要的价值观。

文化规范是社区共同认可的价值观，是信仰和态度的集合。共同的文化规范包括对传统的坚持，以及将传统价值观与现代知识、技术、社会愿望和利益结合起来的手段。文化规范包括超越自己的界限或个人影响范围的意愿程度，以及为更大的社区利益而进行合作的态度。愿意超越现在的社区，考虑当代的管理活动和文化规范对毗邻或遥远的社区，以及后代的影响。这是至关重要的。

某些人固守的价值观、信仰和文化规范，阻碍着许多环境、社会挑战问题的解决（见附录13-1）。在应对碳封存、水分配、水质、生境破碎化和濒危物种等大尺度挑战时，克服因管理者坚持教条式文化规范和意识形态而导致对有益创新的接受障碍，这是至关重要的。这些挑战要求在景观、流域、区域和全球尺度之内，对公共和私有土地进行协作性、协调式管理。克服这些障碍是一个必须解决的棘手问题。正如，"没有人是一座孤岛。"

附录13-1 一种观点——个人价值观、信仰和文化规范成为生态系统恢复力和可持续性的障碍

本次讨论的重点，是美国西部一些农场主和牧场主所信奉的价值观、信仰和文化规范，往往对其他地区、甚至他们自己的福祉造成不利影响。但是，世界上其他持有类似观点的群体也可能产生类似情况（见专栏13-2）。

1. 生活方式

无论是发达国家的牧场主和农场主，还是美洲原住民、非洲的图尔卡纳牧民或蒙古国的游牧民族，表达同一个核心价值观，即希望维持他们目前的生活方式。

> **专栏13-2　个人观察**
>
> 附录13-1中的观点是高级编辑罗伯特·G. 伍德曼斯提出的，但他并不是社会、行为、认知或营销科学方面的专家。然而，作为一个农民、一个生态系统科学家和教育家、一个有近80年农村生活方式的观察者，我认为有必要改变土地所有者和管理者的态度，使其认识到必须采取新的管理实践方式，这不仅有利于他们自己，也有利于整个社会。
>
> 青年时代，我开始体验农村生活方式。20世纪40年代到50年代，我在美国新墨西哥州中部的一个农场长大。我家农场所在地区属于农牧文化影响区。16世纪和17世纪西班牙殖民文化在那里占据了主导地位。这种文化可追溯到13到14世纪，是西班牙文化与美洲土著普韦布洛（Native American Pueblo）文化融合的产物。在干旱导致美国西部阿纳萨齐文化崩溃后，这些普韦布洛人可能是气候难民，移民到了格兰德河。第二次移民发生在19世纪末美国内战后，当时北欧和西欧血统的"白人"，在征服了敌对的美洲原住民部落之后，迁入美国西部。我们对"西部"或"牛仔"生活方式的概念，起源于这些人。最后一次移民是在20世纪30年代美国大沙尘暴（Great American Dust Bowl）期间，新墨西哥州中部的移民是来自美国干旱地区的

环境难民"白人"。这些人大部分沿用了美国西部的生活方式。来自这些文化背景的所有朋友都是同乡。

在这些文化中,都有一种自给自足、自力更生的意识,都在土地和水资源管理方面有专业文化知识。所有人都知道气候、水和肥料能使动植物生长和繁殖这样一个常识。普韦布洛人和西班牙裔人以他们自己的方式,成功生存了几个世纪。因为他们知道如何在传统知识的基础上,管理他们的土地和水,这是他们的历史传承。而后来的白人定居者由于缺乏对西部干旱土地的管理经验,以至于他们通常把新殖民的土地管理得一团糟。如果没有联邦政府的资助,他们大多数的工作都会失败。

离开农场后,作为生物学本科生和植物生态学硕士研究生,我了解到"生态学",开始学习生态系统中的初级和次级生产,研究分析植物和动物之间如何以及为什么会相互作用。生态学是解释自然世界如何运转的一个极好的方法。我还认识到,生态系统管理不善将如何导致灾难性后果。1969 年,我进入科罗拉多州立大学攻读系统生态学与土壤博士学位,并以博士后的身份加入自然资源生态实验室的草原生态系统模型(ELM)建模团队后,才了解到关于自然界的专业知识。尽管这些知识是必不可少的,但并不足以解释生态系统的所有功能,尤其是在人类被引入生态系统并成为其组成部分后。50 年后,当我成为一个生态系统科学家和系统生态学家时,这些经历和观察引导我形成了这本书中所表达的世界观。这本书由约翰·C. 摩尔、丹尼斯·S. 小岛吉雄和劳里·理查兹共同编著,旨在引导人们更好地理解从当地到全球的生态系统,以及如何找到更好的方法以应对未来不确定的生态环境。

我借鉴其他人的大量工作,并试图将他们的见解与我的经验相结合,以克服阻碍知识传播和接受有益管理实践方面的障碍。是的,与其他无知的人一样,我也有"认知偏见"[5](见本章第二节)。我可以发现问题,甚至可以找出解决问题的方法,但我很难解决或处理涉及个人和群体价值观、信仰、文化规范以及其他合作行动障碍的棘手问题。因此,我呼吁,将系统生态学、生态系统科学与社会科学、行为科学、组织科学、认知科学和营销科学更好地结合起来,以应对这些障碍。

> 本附录中的推断,是我作为农场主、牧场主、系统生态学家、研究人员、草原科学系和自然资源学院的员工、户外工作者、丈夫、父亲、普通退休人员,以及在美国西部农村社区处理现实世界中人类议题的生活经历所形成的。

许多人难以调和这一现实,即自己的生活方式与外部文化、技术和其他现代影响对他们生活方式的侵蚀。他们面临着电视、互联网和数字技术的普及,不断扩大的交通网络,土地所有权和治理的变化,获得社会服务和医疗的机会,以及对子女更好地生活和教育的看法所带来的前所未有的环境变化。一个许多人共同且主要的担忧,是怕失去他们的文化、生计、社区,甚至他们的价值观。正如库布勒·罗斯(Kubler Ross,1969)和韦格谢德·克鲁斯(Wegscheider Crue,1987)所描述的那样,当面对损失时,对这些恐惧的某些反应,可能表现为不同的心理状态,即否认、愤怒、讨价还价、沮丧、接受。个人生活方式和社会角色,通常会通过其外表体现出来。例如,在美国西部,一些男人或男孩把自己视为一个健康正义的美国社会英雄或偶像,他们戴大牛仔帽(室内外皆如此)、穿靴子、佩大皮带扣、一身西部服装,并且他们的臀部口袋上有鼻烟的印记。他们的服饰代表着当地的流行文化,但文化之外的人却不太看重这种外表。文化之外的人经常把他们看作是美国西部博物馆的展品,甚至一些人则可能认为他们是乡下人、乡巴佬和落后的人。类似的描述也适用于农村居民以及世界各地其他具有特定刻板印象群体的人身上,例如环保主义者、帮派成员和外来游客。

环境和自然资源面临的一个主要挑战,是要解决第二章和本章中提出的许多问题,需要依赖农村土地(生态系统)管理者及其生活方式的选择。因此,通过与土地管理者合作,使其接受最好的管理实践,对于解决许多现实复杂问题至关重要。另外,还需要加强所有利益相关者之间的沟通与合作。不幸的是,这种沟通合作常常被服饰、外表、语言和已有刻板印象所阻碍。所以,必须缩小社区间的文化差距,才能实现重要的个人和社会目标。

2. 良好的职业道德

艰苦劳动是农村生活的一部分。农民、牧民手上的老茧、晒黑的皮肤、脏乱的服饰等,以及其他所有农村生活统一表现出的特征,是这一认识的证据。如果用来判断他们与官员、学者、环保主义者、游客、律师等其他舒适职业人群之间的价值区别，那么这些特征是值得称赞的。

3. 诚实

诚实是大多数乡村文化所体现的价值观。在农村，大多数人都努力做到诚实，至少在他们的社区里，社会反馈抑制了不诚实的消极行为。但是，也容易受到一些不良影响，诸如伪善的干预，以及政客和其他思想领袖的谎言、对事实和真相的歪曲。

4. 独立自主

许多农村居民将独立视为一种价值观，但实际上他们是"从众"（herd followers）的人（McKenzie-Mohr，2011）。根据技术接受周期理论（technology adoption cycles），发明者、创新者和早期接受者可能是相对独立的一部分人，但在信仰和意识形态方面，社区内的大多数人都是追随者。

农村居民必须自力更生，因为这符合其自身利益。在美国农村，许多人都是私产理论的忠实信徒，对更广泛的公共产权概念不屑一顾。然而，农场主和牧场主基本都需要依赖工农企业的支持，政府对基础设施的财政支持，政府对农作物、学校、社会服务、医疗保险和医疗补助的价格支持，以及其他政治和政策支持。此外，许多牧场主还得到了政府在围栏、灌溉、水资源管理、商品定价、放牧分配管理、低价放牧税费、通讯服务等其他方面的支持。通常情况下，他们认同"付款给我等激励措施来做正确的事情"，但他们不承认接受新的有益的管理方法所增加的成本，这些成本可能需要通过政府的激励计划用纳税人的钱支付。

5. 宗教信仰

高尚的宗教传统、信仰和行动，在一些农村社区是普遍存在的。但是，这些社区仍然面临着心理健康、少女怀孕、性病，以及阿片类药物、酒精滥用和其他非法药物使用等方面的挑战，这也是美国城乡地区共同面临的挑战（CDC[①]，2018）。另外，虚伪和偏执在一些农村人群和社区中也很常见。

---

① 这里CDC是指美国疾病控制与预防中心。——译者注

6. 土地管理

农村居民所具有的一个显著的价值观是对环境保护和土地管理的强烈意识。对于土地管理者个人及其对土地影响的观念,这可能是真实的,但也许并不适用于更广泛意义上的环境。将联邦和州政府、非政府组织、专业科学协会的职责与商品生产者群体进行比较,可以发现其中的关键区别(见专栏 13-3)。联邦土地管理机构、专业科学协会和非政府组织的职责范围,除了强调生产、利润(经济)和生活方式外,还强调资源保护、生态系统、生物多样性和环境可持续性。牧业和农业组织的职责范围,则只强调了生产、利润、生活方式和政治主张。

从个人角度讲,农场主和牧场主认为,他们价值观的核心内容与联邦土地管理机构、非政府组织和专业科学协会可能是一样的,即所有人都在寻找保护环境和土地的方法。农村土地管理者主要关注当地的经验和财产,联邦和州土地管理者、非政府组织和科学家则关注更长时间、更大区域和更广泛的社区问题。为什么生产者群体在他们的职责声明中,不将环境或更广泛的公民问题纳入其中呢?主要原因是,即使政府机构提供奖励,农村群体可能也不愿意支持自身核心利益以外的其他活动(见专栏 13-4)。

7. 帮助邻居的意愿

邻里互助是农村社区的另一个显著价值观念。这种观念具有明确的存在价值,因为农村地区的资源和服务往往是有限的,仅限于社区中相互认识的人,以及该社区所在和共享的区域。他们的视角,难以延伸到其他更大的范围,农村居民可能也不会为了更大范围的社会利益而进行互助合作。例如,为适应和减缓气候变化、改善河流或流域水质、保护濒危物种和生物多样性等所需的社区集体行动,可能并不为农村居民所重视。

专栏 13-3　部分科学协会、非政府组织、政府机构和农场主、牧场主群体的职责和愿景声明的关键要素

请注意在以下内容中,农场主、牧场主群体并未提及环境、保护、可持续性、公共卫生或安全等主题。

科学协会

美国草原管理协会(Society for Range Management)①
- 研究、保护、管理和维持草原资源。
- 依据生态原则,开展领导和管理工作。

美国林业工作者协会(Society of American Foresters)②
- 通过科学、教育和技术,推进森林资源的可持续管理。
- 运用知识、技能和保护伦理,以确保森林的持续健康和完整。
- 管理森林,永续造福社会。

美国野生动物协会(The Wildlife Society)③
- 通过科学管理和保护,维护野生动物种群和栖息地。
- 履行野生动物保护和管理,确保健康生态系统中野生动物种群的可持续发展。

非政府组织

美国自然保育协会(The Nature Conservancy)④
- 保护自然,为了当代人和子孙后代。
- 保护一切生命赖以生存的土地和水域。
- 保护生物多样性。

塞拉俱乐部(Sierra Club)⑤
- 保护地球上的荒野环境。
- 促进负责任的地球生态系统和资源利用行为。
- 保护和恢复自然环境、人文环境的品质。

---

① https://rangelands.org/about/.
② www.eforester.org/Main/About/History/Main/About/History.aspx?hkey=f112e86-0f07-4cca-B342-b9d4bca0f535.
③ https://wildlife.org/history-and-mission/.
④ www.nature.org/en-us/about-us/who-we-are/our-mission-vision-and-values/.
⑤ www.sieraclub.org/policy.

政府机构

美国农业部自然资源保护局(USDA Natural Resource Conservation Service)①

- 向农民和土地所有者提供各种资源,帮助他们保护土地。
- 确保与高产的土地相协调的健康的生态环境。

美国农业部林务局(USDA Forest Service)②

- 保持国家森林和草原的健康、多样性和生产力。
- 满足当代人和子孙后代的需要。

美国内政部土地管理局(USDI Bureau of Land Management)③

- 保持公共土地的健康、多样性和生产力。
- 管理公共土地,以供当代和后代使用。

牧场主和农场主

美国科罗拉多州牧民协会(Colorado Cattlemen's Association)④

- 作为科罗拉多州牛肉生产的主要代言人和拥护者。
- 提升牛肉生产的历史传承和生存能力。
- 确保成为充满活力和盈利的行业,为子孙后代带来发展和机遇。

美国科罗拉多州羊毛生产者协会(Colorado Wool Growers Association)⑤

- 通过立法、监管和政策议题等管理措施,保护科罗拉多州牧羊业。

美国农场局联合会(American Farm Bureau Federation)⑥

- 改善和提高美国农村生活。
- 建设富强的农业社区。

---

① www.nrcs.usda.gov/wps/portal/nrcs/main/national/people/.
② www.fs.fed.us/about-agency.
③ www.blm.gov/about/our-mission.
④ www.coloradocattle.org/about.
⑤ www.coloradosheep.org/colo-wool-growers-.html.
⑥ www.fb.org/about/overview.

> **专栏 13-4　美国农业部自然资源保护局景观保护倡议**
>
> 自然资源保护局发布景观保护倡议（Landscape Conservation Initiatives），旨在提升自愿保护项目的资源环境效益，例如更清洁的水和空气、更健康的土壤和更好的野生动物栖息地[①]。自然资源保护局开展保护计划，旨在帮助农业生产者改善环境，保持农业部门的活力。
>
> 这些行动旨在强化自然资源保护的当地驱动进程，以更好地实现超越当地范围的国家和区域性的重要保护目标。它们建立在当地领导的努力和伙伴关系之上，并且以科学为基础。通过这些行动，自然资源保护局及其合作伙伴协作提供了最具影响力的援助。在合适的情况下，自然资源保护局与监管机构合作，会帮助生产者在使用自愿保护系统或实践时，获得确定的未来预期，让他们安心，使他们未来能维持农业生产。
>
> 这些景观层面的努力，在全国范围内取得了成功。从将一些河流在美国联邦受损河流名单中删除，到决定不将艾草松鸡和新英格兰白尾灰兔列入濒危名单，自然资源保护局与生产者的合作，为全国的野生动物、自然资源和农业运营带来了好处。

8. 对其他观点的接受与宽容

许多农村居民将宽容视作一项重要的价值观，这是一个有趣的结果。因为根据个人经验，农村社区的某些居民可能会表现出过度的偏见。例如，给其他人和群体贴上负面标签：绿党、环保主义者、生态学家、自由主义者、左派、科学家、学者、环保狂人、种族歧视，以及"他们和那些人"之类的称谓。不宽容的观念包括：对科学的怀疑论和否认，反智主义，反精英主义，反政府、反监管、反税收的思想。不幸的是，在同一个社区中，真正宽容的人往往性格谦逊，不愿挑战那些持有不宽容观点的人。这是吉尔博等（Guilbeault et al.，2018）对这个议题的非常有趣的见解。

---

① www.nrcs.usda.gov/wps/portal/nrcs/main/National/programs/initiative/.

科学怀疑论和否认。人们经常听到这样的说法："我不相信对现实生活一无所知的科学家和学者，他们只会坐在象牙塔里思考。"这个想法的潜台词可能是，"科学可能会产生我不想听到的，关于我的管理实践或生活方式的知识"，或者"科学可能会质疑我的信念、信仰和意识形态"；抑或是换句话说，宗教原教旨主义断言"科学违背了上帝、耶稣和圣经的教义"。凯瑟琳·海霍（Katharine Hayhoe），一个虔诚的基督徒和气候变化信徒，认为宗教主张可能会成为保守主义意识形态骗人的诱饵（Hayhoe，2017）。此外，她还认为这种立场可能是美国独有的。另一个非常重要的潜台词可能是，"我不好意思承认，我不理解与新想法相关的科学和技术。"

反智主义、反精英主义和反专业知识。许多教师、科研人员、机构土地管理者和推广机构，他们曾经或现在是牧场主或农场主，与农牧业有着长期的联系。其中许多人来自农村，通过学习和努力获得了学术专业资格，碰巧又受雇于大学、联邦或州研究机构，以及其他学术组织，进而获得了精英的地位。精英主义不是一个负面的词汇，没有人会质疑美国海豹突击队第六分队、海军陆战队军乐队、汤姆·布拉迪（Tom Brady）、勒布朗·詹姆斯（LeBron James）、阿尔伯特·爱因斯坦（Albert Einstein）、约吉·贝拉（Yogi Berra）、巴克斯特·布莱克（Baxter Black）或多莉·帕顿（Dolly Parton）等人的精英地位。他们成为精英主要是归因于他们取得的成就，而不是通过身份继承。大多数科学家和大学教师也是如此，他们已经成为专家，属于精英。

不幸的是，许多牧场主和农场主声称自己是"专家"，因为他们具备以下的能力：①很长时间内，他们在一块或几块土地耕种或者放牧，认为自己知道管理这些土地的最佳方式；②能够获得大量信息，包括良好的和不实的信息，如本章第二节所述。在《专业知识的消亡：反对既有知识的运动，以及它为什么重要》（Nichols，2017）一书中，讨论了一些自我任命式的专家，而非通过咨询或向有资格证书的人学习的人（Nichols，2017）。当然，一些牧场主和农场主所掌握的知识，可以帮助科学思考，但仅根据经验就宣称自己是"专家"的行为，可能是愚蠢的。

反政府、反监管、反税收的思想。 某些农村人持有的最具反社会、适得其反的"价值观"之一，是憎恶政府及其法规和税收的观念。大多数法规和税收都是良好和有益的，但可能对这些人来说并不重要。我们经常听到"不在乎、不喜欢政府，我希望他们离开我的生活"。在西波拉（Cipolla，1987）讨论的"愚蠢理论"中，最荒谬的愚蠢状态，是一个人的行为或不作为，将给别人带来伤害的同时，也会给自己带来伤害或至少没有益处。正如那句名言，"没有人是一座孤岛。"

参 考 文 献

APS. (2007). *Tackling Wicked Problems: A Policy Perspective*. The Australian Public Service Commission. www.enablingchange.com.au/wickedproblems.pdf (accessed August 13, 2020).

Australia Land Management. (2011). Land use and management. https://soe.environment.gov.au/theme/land/topic/land-use-and-management (accessed August 13, 2020).

Balint, P. J., Stewart, R. E., Desai, A., and Walters, L. C. (2011). *Wicked Environmental Problems*. Washington, DC: Island Press.

Berkowitz, A. R. (2017). *Wicked Problems in Ecology Teaching and Learning: Biodiversity, Material Cycling, Ecosystem Services and Climate Change*. Ecological Society of America. https://eco.confex.com/eco/2017/webprogram/Session12907.html (accessed August 13, 2020).

CDC. (2018). Center for Disease Control and Prevention. www.cdc.gov.

Cheruvelil, K. S., and Soranno, P. A. (2018). Data-intensive ecological research is catalyzed by open science and team science. *BioScience*, 68(10), 813–22.

Cipolla, C. M. (1987). The basic laws of human stupidity. *Whole Earth Review* (Spring), 2–7. http://harmful.cat-v.org/people/basic-laws-of-human-stupidity/.

Diederen P., van Meijl, H., Wolters, A., and Bijak, K. (2003). Innovation adoption in agriculture: Innovators, early adopters and laggards. *Cahiers d'économie et sociologie rurales*, 67, 29–50. http://ageconsearch.umn.edu/bitstream/205937/2/67-29-50.pdf.

Digital Marketing. (2018). The 5 customer segments of technology adoption. Digital Marketing. https://ondigitalmarketing.com/learn/odm/foundations/5-customer-segments-technology-adoption/.

Easterday, K., Paulson, T., DasMohapatra, P., Alagona, P., Feirer, S., and Kelly, M. (2018). From the field to the cloud: A review of three approaches to sharing historical data from field stations using principles from data science. *Frontiers of Environnemental Science*, 6, 88. https://pdfs.semanticscholar.org/fecb/ef6cba5198836bfa80f38af843c3ffe0a5b1.pdf.

Environmental Science. (2018). Big data: Explaining its uses to environmental sciences. *Environmental Science*. www.environmentalscience.org/data-science-big-dataFAO. (2018). Water-energy-food-nexus. The Food and Agriculture Organization of the United Nations. www.fao.org/energy/water-food-energy-nexus/en/.

Forrester, J. W. (1968). *Principles of Systems*. Cambridge, MA: Wright-Allen Press.

Gewin, V. (2016). An open mind on open data. *Nature*, 529, 117–19.

Grafton, R. Q., Pittock, J., and Davis, R. (2013). Global insights into water resources, climate change and governance. *Nature Climate Change*, 3, 315–21.

Guilbeaulta, D., Beckera, J., and Centola, D. (2018). Social learning and partisan bias in the interpretation of climate trends. *Proceedings of the National Academy of Science USA*, 115(39), 9714–19.

Hampton, S. E., Anderson, S. S., Bagby, S. C., et al. (2015). The Tao of open science for ecology. *Ecosphere*, 6(7), 1–13.

Hampton, S. E., Strasser, C. A., Tewksbury, J. J., et al. (2013). Big data and the future of ecology. *Frontiers in Ecology and the Environment*, 11(3), 156–62.

Hayhoe, K. (2017). Bridging the faith-science divide. Got Science podcast. Episode 8: Union of Concerned Scientists. www.ucsusa.org/bridging-faith-science-divide#.W7PCnS-ZNTY.

Holling, C. S. (1978). *Adaptive Environmental Assessment and Management*. New York: John Wiley & Sons.

Kanowski, P., and McKenzie, N. (2011). Land: Land use and management. In *Australia State of the Environment 2011*, ed. Australian Government Department of the Environment and Energy, Canberra. https://soe.environment.gov.au/theme/land/topic/land-use-and-management.

Kubler-Ross, H. (1969). *On Death and Dying*. New York: Scribner.

Lewis, C. S. (1955). *The Magician's Nephew*. New York: Harper Collins Children's Books.

McKenzie-Mohr, D. (2011). *Fostering Sustainable Behavior: An Introduction to Community-Based Social Marketing*. Gabriola Island, BC: New Society Publishers.

McLeod, S. (2018). Maslow's hierarchy of needs. *SimplePsychology* www.simplypsychology.org/maslow.html.

Meadows, D. H. (2008). *Thinking in Systems: A Primer*. White River Junction, VT: Chelsea Green Publishing.

Mitchell, M., Griffith, R., Ryan, P., et al. (2014). Applying resilience thinking to natural resource management through a "planning-by-doing" framework. *Society and Natural Resources*, 27, 299–314.

Montague, C. L. (2016). Systems ecology. *Oxford Bibliographies*. www.oxfordbibliographies.com/view/document/obo-9780199830060/obo-9780199830060-0078.xml.

Moore, G. A. (2014). *Crossing the Chasm: Marketing and Selling Disruptive Products to Mainstream Customers*, 3rd edn. New York: Harper-Collins.

Moser, S. (2016). Can science on transformation transform science? Lessons from co-design. *Current Opinion in Environmental Sustainability*, 20, 106–15.

National Research Council. (1995). *On the Full and Open Exchange of Scientific Data*. Washington, DC: The National Academies Press. https://doi.org/10.17226/18769.

Nichols, T. M. (2017). *The Death of Expertise: The Campaign against Established Knowledge and Why it Matters*. Oxford: Oxford University Press.

Ojima, D. S., and Corell, R. W. (2009). Managing grassland ecosystems under global environmental change: Developing strategies to meet challenges and opportunities of global change. In *Farming with Grass: Achieving Sustainable Mixed Agricultural Landscapes*, ed. A. J. Franzluebbers. Ankeny, IA: Soil and Water Conservation Society, 146–55

Pannell, D. J., Marshall, G. R., Barr, N., Curtis, A., Vanclay, F., and Wilkinson, R. (2006). Understanding and promoting adoption of conservation practices by rural landholders. *Australian Journal of Experimental Agriculture*, 46(11), 1407–24.

Peer, L., and Green, A. (2012). Building an open data repository for a specialized research community: Process, challenges and lessons. *International Journal of Digital Curation*, 7(1), 151–62.

Peters, D. P., Loescher, H. W., SanClements, M. D., and Havstad, K. M. (2014). Taking the pulse of a continent: Expanding site-based research infrastructure for regional-to continental-scale ecology. *Ecosphere*, 5(3), 1–23.

Pomeroy, R. (2016). The basic laws of human stupidity. RealClearScience. www.realclearscience.com/blog/2016/09/the_basic_laws_of_human_stupidity.html.

  (2019). What is stupidity? RealClearScience. www.realclearscience.com/blog/2019/03/02/what_is_stupidity.html.

Resilience Alliance. (2018). Resilience Alliance. www.resalliance.org (accessed June 18, 2018).

Riebsame, W., and Woodmansee, R. (1995). Mapping common ground on public Rangelands. In *Let the People Judge*, ed. J. Echeverria and R. B. Eby. Washington, DC: Island Press, 69–81.

Rittel, H. W., and Webber, M. M. (1973). Dilemmas in a general theory of planning. *Policy Sciences*, 4(2), 155–69. www.cc.gatech.edu/fac/ellendo/rittel/rittel-dilemma.pdf.

Rogers, E. M. (2003). *Diffusion of Innovations*, 5th edn. New York: Simon and Schuster.

Sohrabi, Z., and Zarghi, N. (2015). Evidence-based management: An overview. *Creative Education*, 6, 1776–81.

Tabara, J. and Chabay, I. (2013). Coupling human information and knowledge systems with social–ecological systems change: Reframing research, education, and policy for sustainability. *Environmental Science and Policy*, 28, 71–81.

Tetard, F., and Collan, M. (2007). Lazy user theory: A dynamic model to understand user selection of products and services. Proceedings of the 42nd Hawaii International Conference on System Sciences. IEEE Computer Society. www.computer.org/csdl/proceedings/hicss/2009/3450/00/09–13–01.pdf.

Thaler, R., and Sunstine, C. R. (2009). *Nudge: Improving Decisions About Health, Wealth, and Happiness*. New York: Penguin Books.

UNMEA. (2005). Millennium Ecosystem Assessment, United Nations www.millenniumassessment.org/en/index.html.

UNWater. (2018). Water, food, and energy. UN-Water, the United Nations www.unwater.org/water-facts/water-food-and-energy/.

USDA Farm Bill. (2018). Agriculture Improvement Act of 2018. Washington, DC: US Department of Agriculture. www.ers.usda.gov/agriculture-improvement-act-of-2018-highlights-and-implications/.

Values. (2010). Values. Philosophy of Nature. https://physicalspace.wordpress.com/2010/10/.

Van Dyne, G. (1969). *The Ecosystem Concept in Natural Resource Management*. New York: Academic Press.

Vanclay, F (2004). Social principles for agricultural extension to assist in the promotion of natural resource management. *Australian Journal of Experimental Agriculture*, 44(3), 213–22 www.researchgate.net/profile/Frank_Vanclay/publication/228555077.

Waide, R. B., Brunt, J. W., and Servilla, M. S. (2017). Demystifying the landscape of ecological data repositories in the United States. *BioScience*, 67(12), 1044–51.

Walker, B., and Salt, D. (2006). *Resilience Thinking: Sustaining Ecosystems and People in a Changing World*. Washington, DC: Island Press.

Weathers, K. C., Groffman, P. M., Van Dolah, E., et al. (2016). Frontiers in ecosystem ecology from a community perspective: The future is boundless and bright. *Ecosystems*, 19, 753.

Wegscheider-Cruse, S. (1987). *Choice Making*. Deerfield Beach, FL: Health Communications, Inc.

Weichselgartner, J., and Kasperson, R. (2010). Barriers in the science–policy–practice interface: Toward a knowledge-action-system in global environmental change research. *Global Environmental Change*, 20, 266–77.

Wikipedia. (2018a). Wicked problems. https://en.wikipedia.org/wiki/Wicked_problem.

　(2018b). Big data. https://en.wikipedia.org/wiki/Big_data.

　(2019). Critical thinking. https://en.wikipedia.org/wiki/Critical_thinking.

Wilkinson, M. D., Dumontier, M., Aalbersberg, I. J., et al. (2016). The FAIR Guiding Principles for scientific data management and stewardship. *Scientific Data*, 3, 160018.

Woo, C. (2010). Religion rejuvenates environmentalism. *The Miami Herald*. http://fore.yale.edu/news/item/religion-rejuvenates-environmentalism/.

Woodmansee, R. G. (1978). Critique and analyses of the grassland ecosystem model ELM. In *Grassland Simulation Model*, ed. G. S. Innis. New York: Springer-Verlag.

索　引

abduction method, agent-based modeling, 113-114 不明推论法,基于 Agent 的模型

abiotic elements 非生命要素
 ecological site scale components, 156-158 生态地境尺度组分
 IBP research on, 246-248 国际生物学计划研究
 in South Turkana Ecosystem, 282-283 南图尔卡纳生态系统

Abisko Research Station (Sweden), 73 瑞典阿比斯库科学研究站(瑞典)

aboveground net primary production (ANPP) 地上净初级生产力
 animal-plant interaction studies, 185-186 动物-植物相互作用研究
 early animal-plant interaction studies, 184-187 早期动物—植物相互作用研究
 time series of model development and applications, 117-118 模型开发与应用的时间序列

aboveground processes 地上过程
 ecosystem management and, 207-208 生态系统管理
 native land management practices, 203-205 本地土地管理实践

abundance assessment 丰度估计
 large herbivore modeling and, 223-225 大型食草动物建模
 wildlife management and, 171-173, 222-226 野生动物管理

academic programs in systems ecology, emergence of, 337-338 系统生态学的学术项目,兴起

acceptance, barriers to research and, 415-417 采纳/采用,研究障碍

actual evapotranspiration (AET) 实际蒸散量
 DayCent modeling of, 111 DayCent 模型
 time series of model development and applications, 117-118 模型开发与应用的时间序列

Adair, E. C., 116 E. C. 阿代尔

adaptive cycles, SEP management practices and, 396-398 自适应循环,系统生态学范式管理实践

adaptive management practices, 401 自适应管理实践

adoption of systems ecology 采纳系统生态学
 barriers to best management practices, 398-401 最佳管理实践的障碍
 demystification of SEP and, 385-386 系统生态学范式的神秘面纱
 factors in, 394-396 因素

group differences, community recognition of, 393-394 群体差异, 社区认同

information and knowledge evaluation and, 392-393 信息与知识评价

land management practices, 230-231 土地管理实践

Rio Puerco Watershed case study, 327-332 里约普埃科河流域案例研究

societal barriers to, 382-383 社会壁垒

technology adoption, 133-136 技术接纳

African ecosystems 非洲生态系统

large herbivore studies, East Africa, 216 大型食草动物研究, 东非

SAVANNA model applications, 103 SAVANNA 模型应用

Sub-Saharan land appropriation, endangered species and human-wildlife conflict, 215-216 撒哈拉沙漠以南的土地侵占, 濒危物种和人类—野生动物的冲突

Agenda 2030, 78-79 2030 议程

agent-based modeling, 113-114 基于 Agent 的模型

Agricultural Census, land management and, 农业普查, 土地管理

DayCent modeling of, 112-113 DayCent 模型

agricultural management practices 农业管理实践

biofuel lifecycle, DayCent modeling of, 111-112 生物燃料生命周期, DayCent 模型

Century model for, 96 Century 模型

climate change modeling and, 106-108 气候变化模型

cropland management, 227-230 耕地管理

cultural barriers to ecosystem management and, 407-409 生态系统管理的文化障碍

DayCent modeling of greenhouse gas emissions, 109-111 温室气体排放的 DayCent 模型

erosion and harvest, 164 侵蚀和收获

land management, DayCent modeling of, 112-113 土地管理, DayCent 模型

native management practices, 203-205 本地管理实践

no tillage agriculture, 228-229 免耕农业

nutrient additions, 151 营养补充

PATHWAY model of radioactive fallout and, 104-105 放射性沉降物 PATHWAY 模型

precision agriculture, 230-231 精细农业

run on, fertilization, and excreta deposition, 164-165 流入、施肥和排泄物沉积

systems ecology paradigm and, 229-230 系统生态学范式

Agricultural Model Inter-comparison and Improvement Project (AgMIP), 120 农业模式比对和改进项目

agroecosystem management 农业生态系统管理

emergence of, 227-229 兴起

expansion of, 229-230 扩张

human activity and, 279-280 人类活动

working models, 230 工作模型

Agronomy Department (Colorado State University), 207-208 科罗拉多州立大学农学系

Akaike's Information Criterion, 115 赤池信息量准则

Aldridge, Cameron, 202-235 卡梅伦·奥尔

德里奇

Amboseli National Park 安博塞利国家公园
 pastoral system modeling in,285-288 畜牧系统模型
 SAVANNA modeling in,102-103,226 SAVANNA 模拟

ammonia,nitrification and,67-68 氨氮硝化反应

Ammonia Monitoring Network（AMoN）,267-268 氨监测网络

ammonification,162 氨化产物

Analysis of Ecosystems Program,70 生态系统分析计划

animal ecosystems 动物生态系统
 abundance and condition estimates,173-174,222-226 丰度和条件估计
 bison carrying capacity,225-226 野牛承载力
 carnivory and,164 食肉性
 disturbance,succession and,176-180 扰动和演替
 early animal-plant interaction studies,184-187 早期动物——植物相互作用研究
 ELM model,92-93 草原生态系统（ELM）模型
 landscape ecosystems and,23-24 景观生态系统
 large herbivores,forecasting population dynamics,216 大型食草动物,预测种群动态
 ruminant energy and nitrogen balance model,104 反刍动物能量和氮平衡模型
 in SAVANNA model,102-103 SAVANNA 模型
 spatial hierarchy in SEP and,133-134 系统生态学范式的空间等级
 species-habitat interactions,174-176 物种生境的相互作用
 state-and-transition models,176-180 状态—转换模型
 urine patch dynamics,187 尿液斑块动态
 wildlife and livestock abundances,171-173 野生动物和牲畜丰度

Animal Energetics Project,94-96 动物能量学项目
 ruminant energy and nitrogen balance model,104 反刍动物能量和氮平衡模型

animal population models,Bayesian applications in,115-116 动物种群模型,贝叶斯方法

Anthropocene, current debate on,76 人类世,当前的争论

anthropology 人类学
 human activity research and,295-296 人类活动研究
 South Turkana Ecosystem Project,281-285 南图尔卡纳生态系统项目

anti-government, anti-regulation, anti-tax ideology,415-417 反政府,反监管、反税收的意识形态

anti-intellectualism, scientific skepticism and,415-417 反智主义、科学怀疑主义

Arctic shrubs and microbes,climate change research and,259 北极的灌木和微生物,气候变化研究

Asao,S.,117 S. 爱莎

Association of Ecosystem Research Centers（AERC）,365-366 美国生态系统研究中心协会

Atmosphere Biosphere Interactions project,

94-96 大气生物圈交互作用项目
    agroecosystem management, 230 农业生态系统管理
    Century model and, 96 Century 模型
    modeling in, 253-256 建模/模拟
    NREL model development for, 105-108 自然资源生态实验室开发模型
    technology in research on, 135-136 研究技术
atmospheric conditions 大气条件
    continental and island ecosystems, 26-27 大陆和岛屿生态系统
    earth ecosystem, 27-28 地球生态系统
    plant nutrients and, 151 植物养分
Australia, atmosphere-biosphere interaction modeling in, 255-256 澳大利亚,大气—生物圈交互作用模型
AVHRR instrumentation, 136-137, 290-291 AVHRR 传感器

BAHUDE model, 98-99 BAHUDE 模型
bark beetle epidemics, 213-214 树皮甲虫的流行
Baron Jill, 183-184, 294-295 巴伦·吉米
barriers to research 障碍研究
    acceptance and tolerance of others and, 415-417 接受和容忍他人
    anti-government, anti-regulation, anti-tax ideology, 415-417 反政府、反监管、反税收的意识形态
    best management practices adoption, 398-401 采用最佳管理实践
    cultural norms as, 407-410 文化规范
    independence and self-reliance and, 411 独立自主
    land stewardship, 412-413 土地管护
    lifestyle choices and, 407-410 生活方式选择
    religion and, 411-412 宗教信仰
    Resilience Alliance approach to, 40 恢复力联盟路径
    work ethic and honesty, 410-411 职业道德和诚实
Bayesian analysis 贝叶斯分析
    animal abundance and condition estimates, 173-174 动物数量和条件估计
    of inverse modeling, 115-116 反演建模
    large herbivore forecasting population dynamics, 216 大型食草动物的种群动态
belowground processes 地下过程
    agroecosystem management, 227-229 农业生态系统管理
    animal-plant interaction studies, 185-186 动物—植物相互作用研究
    ecological site scale ecosystems, 154-155 生态地境尺度生态系统
    ecosystem management and, 207-208 生态系统管理
    IBP studies of, 248-249 国际生态学计划研究
    native land management and, 203-205 原生土地管理
Belowground Project, 94-96 地下生态学项目
Food Web model, 98-101 食物网模型
    PHOENIX model and, 98-99 PHOENIX 模型
best management practices 最佳管理实践
    barriers to adoption of, 398-401 面临的障碍
    ecosystem management and, 212-213 生态系统管理
Best Management Practices (BMPs), ecological site scale and, 49-52 最佳管理实践

(BMPs),生态地境尺度
Bigelow,David,132-133 戴维·比奇洛
Binkley,Daniel,140-187 丹尼尔·宾克利
biocoenosis,68-69 生物群落
Bioenergy Alliance Network of the Rockies (BANR),214 洛基山脉生物能源联盟网络(BANR)
biofuels 生物燃料　agroecosystem management and,230-231 农业生态系统管理
　　DayCent modeling for analysis of,111-112 DayCent 模拟分析
biogenic patches 生物斑块
　　ecological site scale,155-156 生物站点尺度
　　scaling and extrapolation,134-135 尺度及外推
biogeocoenosis,68-69 生物地理群落
biomass 生物量
　　erosion,164 侵蚀
　　net primary production,149-151 净初级生产量
biome programs 生物群区计划
　　ecosystem science and,70-74 生态系统科学
　　ELM model,92-93 草原生态系统(ELM)模型
　　findings of,74-75 发现
　　model development in,90-91 模型开发
biophysical filters 生物物理过滤器
　　habitat studies,169-171 生境研究
　　species-habitat interactions,174-176 物种生境的相互作用
The Biosphere (Vernadsky),68-69 生物圈(弗纳德斯基)
biotic elements,ecological site scale 生物要素,生态地境尺度

components,156-158 组分
bird populations 鸟类群落
　　energy flow modeling in,92-94 能量流模型
　　species-habitat interactions,169-171 物种生境的相互作用
bison ecology,219-220 野牛生态
　　carrying capacity modeling,225-226 承载力模型
Black,Joseph,67 约瑟夫·布莱克
Boone,Randall B.,90-121,140-187,279-296 兰德尔·B. 布恩
Boussingault,67 布森高
box and arrow model, Structured Analysis 方框与箭头模型,结构化分析
　　Methodology,317-318 方法学
bride wealth, in pastoral systems,284 新娘彩礼,畜牧系统
brucellosis modeling 布鲁氏菌病模型
　　Bayesian applications in,115-116 贝叶斯方法
　　bison carrying capacity and,225-226 野牛承载力
Bureau of Land Management (BLM),205-206,208-211 美国土地管理局
Burke,Ingrid,202-235 英格丽德·伯克

camels, in South Turkana Ecosystem Project,282 骆驼,南图尔卡纳生态系统项目
Campbell,E. E.,90-121 E. E. 坎贝尔
Canada,ecosystem science in,70 加拿大,生态系统科学
capacity building, Resilience Alliance approach to,40 能力建设,复原力联盟路径
carbon-based molecules 碳基分子
　　ecological site scale components, 156-

158 生态地境尺度组成

gross primary production,149 总初级生产量

internal recycling in plants,153-154 植物内部循环

plant life and,148-149 植物生命

translocation in plants,153 植物易位

carbon cycle 碳循环

in Century model,96 Century 模型

climate change modeling and,106-108 气候变化模型

DayCent modeling of greenhouse gas emissions,109-111 温室气体排放的 DayCent 模型

ecological site scale ecosystems,154-155 生态地境尺度生态系统

ecological site scale processes,158-159 生物站点尺度过程

ecosystem science and,208 生态系统科学

Food Web model,98-101 食物网模型

functional scales of,144-146 功能尺度

global ecosystems modeling and,105-108 全球生态系统模型

IBP research on,248-249 国际生物学计划研究

soil organic matter (SOM) formation,163 土壤有机质形成

carbon dioxide exchange 二氧化碳交换

climate change modeling and,106-108 气候变化模型

early work on,246-248 前期工作

ecological site scale processes,158-159 生物站点尺度过程

mineralization,161-162 矿化

photosynthesis minus respiration,159-160 光合作用减去呼吸作用

plant and ecosystem responses to,251-253 植物和生态系统

plant life and,148-149 植物生命

secondary production,161 次级生产

carbon and nitrogen ratios,root production and death,152-153 碳氮比,根系生长与死亡

carbon sequestration,258-259 固碳

carnivory,164 食肉性

carrying capacity 承载力

bison model for,225-226 野牛模型

elk population modeling and,223-225 麋鹿种群模型

large herbivore management,217-219 大型食草动物管理

modeling of large herbivores and,222-226 大型食草动物模型

Carson,Rachel,206 蕾切尔·卡森

cattle. See also grazing dynamics 牛,参见"畜牧动态"部分

in DayCent model,112-113 DayCent 模型

in ELM model,92-93 草原生态系统(ELM)模型

in Grass-Cast models,90-121 Grass-Cast 模型

in PHOENIX model,98-99 PHOENIX 模型

in SAVANNA model,102-103 SAVANNA 模型

in South Turkana Ecosystem Project,282 南图尔卡纳生态系统项目

Center for Analysis of the Dynamics of Regional Ecosystems (CADRE),253-256,365-366 区域生态系统动态分析中心

Center for Sustainable Dryland Ecosystems and Societies,292 可持续旱地生态系统和

社会研究中心

Central Plains Experimental Range（CPER），98-101 中部平原试验区

    long-term research and，211-212 长期研究

Century-Daycent Model，71 Century-DayCent 模型

CENTURY model，96 Century 模型

    agroecosystem management，230 农业生态系统管理

    climate change modeling and，107-108 气候变化模型

    global version of，105-108 全球版本

    nitrogen cycle studies，250-251 氮循环研究

    soil organic matter model（CSOM），251-253 土壤有机质模型

challenge selection, in SEP research，42-49 挑战选择，在系统生态学范式研究中

    continents and island ecosystems，61 大陆和岛屿生态系统

    earth ecosystem，61-64 地球生态系统

    ecological site scale，49-52 生物站点尺度

    general challenges，43 总体挑战

    landscape ecosystem，52-53 景观生态系统

    large river basins and nations，56-60 大河流域和国家

    small regional ecosystem，53-58 小区域生态系统

Chen，D. X.，254-255 陈德兴

Christensen，N. L.，180 N. L 克里斯滕森

chronic wasting disease, animal abundance and condition estimates，173-174 慢性消耗性疾病，动物数量及状况评估

citizen science 公民科学

    community-based wildlife monitoring，214-215 以社区为基础的野生动物监测

    demystification of SEP and，402-404 揭开系统生态学范式的神秘面纱

    digital technology and，343 数字技术

    ecosystem science and role of，291-295 生态系统科学与作用

    programs related to，344-345 项目相关的

    systems ecology paradigm and，401 系统生态学范式

Citizen Science Association，294-295 公民科学协会

CitSci. org citizen science platform，293-294，344-345 公民科学平台

Clements，Frederick，176-177，232-233 弗雷德里克·克莱门茨

climate change 气候变化

    agroecosystem management and，228-229 农业生态系统管理

    arctic shrubs and microbes，259 北极的灌木和微生物

    current and future modeling for，118-120 当前和未来的模型

    earth ecosystem and，27-28 地球生态系统

    ecosystem management and，212-213 生态系统管理

    forecasting models and role of，302 预测模型和作用

    global ecosystems research，257-258 全球生态系统研究

    human activity and，279-280 人类活动

    NREL model development for，105-108 自然资源生态实验室模型开发

    plant and ecosystem responses to，251-

253 植物和生态系统响应

species-habitat interactions, 170-171 物种生境的相互作用

climax communities, succession and, 177-178 顶极群落,演替

Coleman, David C., 66-81 戴维·C. 科尔曼

collaborative decision-making 协同决策

 behavioral, learning and market sciences and, 404 行为科学、认知科学和营销科学

 biophysical properties, change effects on, 323 生物物理性质,变化影响

 climate, weather, energy and economic factors in, 324 气候、天气、能源和经济因素

 conceptual modeling and, 384-385 概念模型

 demystification of systems ecology and, 385-386 揭开系统生态学的神秘面纱

 ecosystem management and, 209-211 生态系统管理

 group dynamics in, 312 团队动态

 at NREL, 358-359, 370-371 自然资源生态实验室

 NREL organizational case study, 372-373 自然资源生态实验室组织案例研究

 overview of methodologies, 307 方法综述

 planning options, implementation and monitoring, 319 规划选项、实施和监测

 problem definition and goal statements, 313, 320-323, 372-373

 Rio Puerco Watershed, human impact research on, 327-332 里约普埃科河流域,人类影响研究

 SAM framework for, 310-312 SAM 框架

 social and cultural factors in, 325-326, 404 社会文化因素

 spatial, temporal and institutional dimensions in, 305-307, 326-327 空间、时间和机构维度

 Structured Analysis Methodology, 308-310 结构分析法

 watershed and landscape restoration example, 302-303 流域和景观修复案例

Colorado State University (CSU), 131-132 科罗拉多州立大学

 academic programs in systems ecology as, 337-338 系统生态学的学术项目

 data depository at, 357-358 数据存储

 ecosystem and range management at, 207-208, 335-336 生态系统和草原管理

COMET-Farm model, 230-231, 256-257 COMET-Far 模型

COMET model, 256-257 COMET 模型

community decision making 社区决策

 challenge selection in research and, 53-58 研究中的挑战选择

 digital technology and, 343 数字技术

 group differences and, 393-394 群体差异

 willingness to help others and, 412-415 乐于助人

community/ecosystem dynamics 社区/生态系统动态

 community-based wildlife monitoring, 214-215 以社区为基础的野生动物监测

 landscape ecosystems and, 178-179 景观生态系统

large herbivore population modeling, 216 大型食草动物种群模型

small regional ecosystems and, 24-25 小区域生态系统

Community Voices Workshop, 292 社区声音研讨会

complex (wicked) problems, in systems ecology paradigm, 36-39, 49-64, 380-417 复杂(棘手)问题,系统生态学范式

Conant, Richard, 245-270 理查德·柯南特

conceptual modeling 概念模型

development of, 384-385 开发/发展

Structured Analysis Methodology, 317-318 结构分析法

Coniferous Forest ecosystem study, 73, 90-91 针叶林生态系统研究

Connell, J. H., 185 J. H. 康奈尔

continental ecosystems 大陆生态系统

challenge selection in research on, 61 研究中的挑战选择

in SEP spatial hierarchy, 26-27 系统生态学的空间等级

Convention on Biological Diversity (CBD), 74 生物多样性公约(CBD)

Cook, C. Wayne, 234, 335-336 C. 韦恩·库克

Cooper, William, 233 威廉·库珀

Coppock, D. Layne, 184-187 D. 莱恩·科波克

Cosmos (von Humboldt), 68 科斯莫斯·冯·洪堡

Costanza, R., 76-77 R. 康斯坦扎

Coughenour, Michael B., 90-121, 202-235, 245-270, 279-296 迈克·B. 科夫努尔

Coupland, Robert, 233-234 罗伯特·库普兰

coupled systems modeling, 113-114 耦合系统模型

cross-scale effects, 142-143 跨尺度影响

Cowles, Henry, 232-233 亨利·考尔斯

Cramer, W., 106-108 W. 克莱默

critical research areas 关键研究领域

landscape ecosystem research, 52-53 景观生态系统研究

spatial hierarchy in SEP and, 43-49 系统生态学范式的空间等级

critical thinking, systems ecology paradigm and, 386-390 批判性思维,系统生态学范式

cropland ecosystems 农田生态系统

management of, 227-230 管理

systems ecology paradigm and, 202-203 系统生态学范式

crop rotations, DayCent modeling of, 112-113 作物轮作, DayCent 模型

cross-scale effects 跨尺度影响

carbon, nitrogen and phosphorus cycles, 144-146 碳、氮、磷循环

coupled systems modeling, 142-143 耦合系统模型

ecological site scale ecosystems, 154-155 生态地境尺度生态系统

ecosystem dynamics, 143-144 生态系统动态

habitat studies, 169-171 生境研究

internal recycling in plants, 153-154 植物内部循环

organisms, 146-155 生物体

plant nutrient sources, 151 植物养分来源

sub-plots, 146-155 次级小区

cultural norms 文化规范

acceptance and tolerance in, 415-417 接受与宽容

anti-intellectualism, elitism and expertise,

415-417 反智主义、精英主义和专业知识

barriers to ecosystem resilience and sustainability and, 407-409 生态系统恢复力和可持续性的障碍

independence and self-reliance, 411 独立自主

land stewardship, 412-413 土地管护

lifestyle choices and, 407-410 生活方式选择

religion and, 411-412 宗教信仰

scientific societies mission and vision statements, 413-415 科学协会的职责和愿景声明

South Turkana Ecosystem Project, 281-285 南图尔卡纳生态系统项目

tolerance and acceptance and, 415-417 包容和接纳

willingness to help others, 412-415 乐于助人

work ethic and honesty, 410-411 职业道德和诚实

cyber-infrastructure support system, citizen science and, 293-294 网络基础设施支持系统,公民科学

Czech Republic, ecosystem science in, 70 捷克共和国,生态系统科学

Darwin, Charles 查尔斯·达尔文

earthworm research by, 67-68 蚯蚓研究

ecosystem studies and, 68 生态系统研究计划

data analysis 数据分析

knowledge archiving, mining and interpretation, 404-405 知识的归档、挖掘和解释

Structured Analysis Methodology, 317-318 结构分析法

systems ecology paradigm, 386-390 系统生态学范式

Data Observation Network for Earth (DataOne), 342 地球数据观测网络

Daubenmire, Rexford, 233-234 雷克斯福德·道本迈尔

DAYCENT modeling system DAYCENT 模型系统

agroecosystem management, 230 农业生态系统管理

atmosphere-biosphere interactions and, 256-257 大气—生物圈交互作用

Bayesian applications in, 115-116 贝叶斯方法

biofuel life cycle analysis, 111-112 生物燃料生命周期分析

COMET-Farm model and, 230-231 COMET-Farm 模型

current and future research efforts using, 118-120 当前和未来的研究工作

development and application, 109-111 开发与应用

ground truthing in, 318-319 基本事实验证

land management scenarios, 112-113 土地管理场景

Markov Chain Monte Carlo analysis of, 115 马尔可夫链蒙特卡罗分析

nitrogen cycle studies, 250-251 氮循环研究

PEST software analysis of, 117 模型的独立参数估计和不确定性软件分析

ruminant energy and nitrogen balance model, 104 反刍动物能量和氮平衡模型

time series of model development and applications, 117-118 模型开发与应用的时间序列

The Death of Expertise: The Campaign against Established Knowledge and Why it Matters（Nichols），385-386《专业知识的消亡：反对既有知识的运动，以及它为什么重要》（尼科尔斯）

decomposition 分解

 ecological site scale, 160-161 生物站点尺度

 mineralization and, 161-162 矿化

DECUMA model, 113-114 DECUMA 模型

Del Grosso, S. J., 90-121 S. J. 德尔·格罗索

demand-driven projects 需求—驱动项目

 citizen science and, 291-295 公民科学

 IMAS project and, 287-288 集成建模和评估系统研究项目

denitrifying bacteria, 162 反硝化细菌

Department of Energy (DOE), 105-108 美国能源部

carbon dioxide and climate change research, 251-253 二氧化碳与气候变化研究

De Saussure, Ferdinand, 67 费迪南德·德·索绪尔

Deserts on the March（Sears），233《三月的沙漠》（西尔斯）

Detling, James K., 140-187, 219-220, 369-370 吉姆·K. 德特林

detrital food webs, modeling of, 71 碎屑食物网，模型

digital technology 数字技术

 adoption of, 133-136, 394-396 接受/采纳

 Earth System ecosystems research, 135-136 地球系统中的生态系统研究

 public awareness and engagement of ecosystem science and, 343 公众意识和生态系统科学的参与

 scaling, extrapolation and landscapes, 134-135 尺度、推断和景观

 spatial dimension of ecosystems, 133-134 生态系统的空间维度

 systems ecology education and, 338-342 系统生态学教育

 systems ecology paradigm and, 131-137 系统生态学范式

 transfer of knowledge and information, 391-392 知识和信息的转移

dinitrogen 氮气

 global research on, 262-270 全球研究

 second generation studies of, 250-251 第二代研究

disturbance paradigm, landscape ecosystems, 176-180 扰动范式，景观生态系统

diversity, succession and, 177-178 多样性，演替

DNDC model, 118-120 DNDC 模型

Dodd, Jerold, 249-250 杰罗德·多德

DOE-Oak Ridge, 73 美国能源部橡树岭

Dokuchaev, 68 道库恰耶夫

dormancy preparation in plants, 153-154 植物的休眠准备

drought susceptibility 干旱敏感性

 forecasting models, 302 预测模型

 lack of collaboration and, 302-303 缺乏协作

 SAVANNA model of plant production during, 101-103 植物生产的 SAVANNA 模型

South Turkana Ecosystem Project, 290-291 南图尔卡纳生态系统项目

systems dynamics and,282-283 系统动态

Dyksterhuis,E. J.,233-234 E. J. 戴克斯特豪斯

Dynamics of Coupled Natural and Human Systems（CNH）program,295-296 自然和人类系统耦合动力学计划

Dyson-Hudson,Neville,281 内维尔·戴森-哈德森

Earth Day,206 世界地球日

Earth System ecosystems 地球系统中的生态系统
 challenge selection in research on,61-64 研究中的挑战选择
 in SEP spatial hierarchy,27-28 系统生态学的空间等级
 spatial hierarchy in,133-134 空间等级结构
 technology and analysis of,135-136 技术和分析

Earth System Science Partnership（ESSP）,76 地球系统科学联盟

East Africa savanna ecosystems,215 东非热带草原生态系统
 IMAS and POLEYC pastoral system modeling,285-288 集成建模和评估系统研究项目和基于牲畜生计和生态系统保护的政策选择项目的畜牧系统模型
 large herbivore studies,216,226 大型食草动物研究
 pastoral society and culture in,283-285 畜牧社会和文化
 South Turkana Ecosystem Project and,281 南图尔卡纳生态系统项目

Eastman,Joseph,254-255 约瑟夫·伊斯门

ecological determinism,South Turkana Ecosystem Project,281-285 生态环境决定论,南图尔卡纳生态系统项目

ecological rules,root production and death,152-153 生态规则,根系的生长和死亡

Ecological Site Information Survey,156 生态地境资料调查

ecological site scale 生物站点尺度
 ammonification, nitrification and gaseous nitrogen loss,162 氨化、硝化和气态氮的损失
 animal abundance and condition estimates,173-174 动物数量和条件估计
 challenge selection in research on,49-52 研究中的挑战选择
 decomposition,160-161 分解
 as ecosystem,18-20 生态系统
 ecosystem components,156-158 生态系统组成
 erosion and harvest,164 侵蚀和收获
 habitat studies,169-171 生境研究
 herbivory and carnivory,164 草食性和食肉性
 hydrology and water flows,165 水文和水流
 landscape ecosystems and,21-24 景观生态系统
 landscape scale interactions,167-183 景观尺度相互作用
 microbial uptake,163 微生物吸收
 mineralization,161-162 矿化
 net primary production,159-160 净初级生产量
 patch stands,155-156 斑块样地
 plant diversity,165-167 植物多样性
 processes,157-165 过程
 regional and global change and,183-187

区域和全球变化
- run on, fertilization, and excreta deposition, 164-165 流入、施肥和排泄物沉积
- secondary production, 161 次级生产
- soil organic matter (SOM) formation, 163 土壤有机质形成
- species-habitat interactions, 169-171, 174-176 物种生境的相互作用
- wildlife and livestock abundances, 171-173 野生动物和牲畜丰度
- ecological site scale ecosystems, organism connections to, 154-155 将生物体与生态地境尺度的生态系统联系起来

ecology, defined, 1-2 生态, 定义

Ecology of the Shortgrass Steppe: A Long-Term Perspective, 251 "矮草草原生态: 长期视角"项目

Ecosys model, 118-120 生态系统模型

ecosystem approach, 1-2 生态系统方法
- agenda for, 78-79 议程
- evolution of, 335-336, 381 演变/演进
- in South Turkana Ecosystem Project, 281-285 南图尔卡纳生态系统项目

"The Ecosystem Approach" (Waltner Toews), 4 "生态系统方法"(华特纳·托伊斯)

"The Ecosystem Concept in Natural Resource Management" (symposium), 3-4 "自然资源管理中的生态系统概念"(研讨会)

ecosystem engineers, large herbivores as, 217-219 生态系统工程师, 大型食草动物

ecosystem management 生态系统管理
- Bioenergy Alliance Network of the Rockies, 214 落基山脉生物能源联盟网络
- emergence of, 206-208 兴起
- human activity and, 279-280 人类活动
- indirect human impacts, 214 人类间接影响
- large herbivore modeling and, 222-226 大型食草动物模型
- long-term research and, 211-212 长期研究
- recent developments in, 208-211 最新发展
- supporting research, 212-215 支持研究
- wildland/urban interface, 213-214 城市荒地界面
- wildlife management, 215-216 野生生物管理

ecosystem productivity, 158-159 生态系统生产力

Ecosystem Research Group, 73 生态系统研究小组

Ecosystems Center, establishment of, 73 生态系统中心, 成立

ecosystem science 生态系统科学
- carbon dioxide and climate change, 251-253 二氧化碳与气候变化
- challenges facing, 1-2 面临的挑战
- citizen involvement in, 291-295 公民参与
- cross-scale effects, 143-144 跨尺度影响
- cultural barriers to, 407-409 文化障碍
- defined, 1-2, 66, 77-78 定义
- empirical research in, 402 实证研究
- evolution of, 3-5, 335-336, 381 演变/演进
- historical overview of, 66-69 历史概述
- holistic view of, 4-5 整体观点
- human activity in, 279-280 人类活动

interdisciplinary research development in, 69-74 跨学科研究的发展

land-based ecological site in, 18-20 陆基生态地境

landscapes as ecosystems, 21-24 景观生态系统

large herbivore management and, 219-220 大型食草动物管理

modeling in, 90-91 建模/模型

paradigm shift to social-ecological systems in, 74-79 向社会生态系统的范式转变

public awareness and engagement of, 343 公众意识和参与

research agenda in, 78-79 研究议程

socioeconomics and, 78 社会经济学

South Turkana Ecosystem Project, 281-285 南图尔卡纳生态系统项目

systems ecology paradigm and, 5-8 系统生态学范式

Ecosystem Science and Sustainability (ESS) Department (CSU), 337-339 科罗拉多州立大学生态系统科学与可持续性

ecosystem services, 207-208 生态系统服务

concept of, 76-77 概念

human activity and, 279-280 人类活动

spatial distribution, Ethiopian Bale Mountains, 290 空间分布,埃塞俄比亚贝尔山脉

ecosystems management, systems ecology paradigm and, 202-235 生态系统管理,系统生态学范式

Ecosystems Studies program (NSF), 295-296 生态系统研究项目

The Ecosystem Concept in Natural Resource Management (Van Dyne), 206-208, 335-336《自然资源管理中的生态系统概念》(范·戴因)

eddy covariance, atmosphere-ecosystem interactions, 136-137 涡动协方差,大气—生态系统相互作用

education in systems ecology 系统生态学教育

demystification of SEP and, 385-386, 402-404 揭开系统生态学范式的神秘面纱

engagement of children and teachers in, 345-347 吸引儿童和教师参与

formal academic programs, 337-338 正式的学术项目

institutions, short courses, workshops in, 348-350 学院、短期课程、研讨会

learner-centered approaches in, 340-342 教学方法

non-traditional education, digital technology and, 338-342 非常规教育,数字技术

at NREL, 358-359 自然资源生态实验室

online programs and courses in systems ecology, 338 系统生态学的在线课程

Electric Power Research Institute (EPRI), 105-106 美国电力研究院

elk ecology, 219-220 麋鹿生态

carrying capacity modeling and, 222-226 承载力模型

Elliot, Ted, 369-370 泰德·埃利奥特

Ellis, Jim, 281, 285-289, 369-370 吉米·埃利斯

ELM model, 92-93 草原生态系统(ELM)模型

abiotic measurements, 246-268 非生物测量

PHOENIX model and, 98-99 PHOENIX

模型

endangered species, human-wildlife conflict, 215-216 濒危物种,人类—野生动物的冲突

Energetic Food Webs: An Analysis of Real and Model Ecosystems (Moore & de Ruiter), 100 能量食物网:真实的生态系统和模型的生态系统的分析

energy channels, in Food Web model, 100-101 能量通道,在食物网模型中

energy flow modeling 能量流动模型

  bird communities, 94 鸟类群落

  ecological site scale components, 156-158 生物站点尺度组分

  ecological site scale processes, 158-159 生物站点尺度过程

  in Food Web model, 98-101 在食物网模型中

  grassland biome research, 148-149 草原生物群区研究

  South Turkana Ecosystem Project, 282 南图尔卡纳生态系统项目

energy management, citizen science and data collection, 214-215 能源管理,公民科学和数据收集

environmental decision making, NREL modeling for, 111-114 环境决策,自然资源生态实验室建模

Environmental Protection Agency (EPA), 105-108, 205-206, 208-211 美国环境保护局

Erlich, Paul, 206 保罗·埃尔希

erosion, ecological site scale, 164 腐蚀,生物站点尺度

ethanol production, DayCent modeling of, 111-112 乙醇生产,DayCent 模型

Ethiopia 埃塞俄比亚

  Bale Mountains ecosystem research in, 290 贝尔山脉生态系统研究

  Geospatial Lessons and Applications in Natural Resources program, 344 地理空间课程和自然资源应用计划

Evangelista, Paul H., 140-187, 202-235, 335-351 保罗·H. 埃万杰利斯塔

evapotranspiration, 165 蒸散

excreta deposition, 164-165 排泄物沉积

extrapolation technology 推断技术

  atmosphere-ecosystem interactions, 135-136 大气—生态系统相互作用

  landscape ecosystems and, 134-135 景观生态系统

Fassnacht, S., 182-183 S. 法斯纳赫特

Federal Land Use and Management Act, 205-206 《联邦土地利用和管理法》

fertilizers 肥料

  DayCent modeling of greenhouse gas emissions, 109-111 温室气体排放的DayCent模型

  ecological site scale, 164-165 生物站点尺度

field data apps, invasive species research and, 293-294 野外数据应用,入侵物种研究

fire frequency, climate change modeling, 107-108 火灾频率,气候变化模型

flux measurements, atmosphere-ecosystem 通量测量,大气—生态系统

  interactions, 135-136 相互/交互作用

food security 粮食安全

  nutritional status in pastoral systems and, 285 畜牧系统中的营养状况

  in pastoral system modeling, 285-288 畜牧系统模型

Food Web model, 98-101 食物网模型

forage production, large herbivore modeling and, 220-222 草料产量，大型食草动物模型

forest biology and structure, 181-182 森林生物与结构

 Bioenergy Alliance Network of the Rockies, 214 洛基山脉生物能源联盟网络

 native management practices, 203-205 本地管理实践

 systems ecology paradigm and, 202-203 系统生态学范式

Forest Health Monitoring (USDA Forest Service), 165-167 森林健康监测（美国农业部林务局）

forest management, succession and, 177-178 森林管理，演替

Forest Sciences Department (Oregon State University), 73 森林科学系（美国俄勒冈州立大学）

Forrester, Jay W., 5-6, 9, 400 杰伊·W. 福瑞斯特

forward modeling, 114-116 正向建模

Fourth Paradigm, 295 第四范式

fragmentation effects 破碎影响

 land fragmentation, 214-215 土地破碎化

 wildlife and livestock abundances, 171-173 野生动物和牲畜丰度

France, ecosystem science in, 70 法国，生态系统科学

Frank, Douglas, 219-220 道格拉斯·弗兰克

Franklin, Jerry, 234 杰里·富兰克林

frontiers approach to ecology research (Resilience Alliance), 40 生态学研究的前沿方法（恢复力联盟）

fungi, decomposition of, 67-68 真菌，分解

Future Earth, 36-39 未来地球

Gaia hypothesis, 69 盖亚假说

Gaia Hypothesis (Lovelock & Margulis), 206 盖亚假说（洛夫洛克和马古利斯）

Galvin, Kathleen, 202-235, 281, 285-288 凯瑟琳·高尔文

Gao, Wei, 183-184, 245-270 高炜

Gap Analysis Program, 169 差距分析计划

gaseous nitrogen loss, 162 气态氮逸出

GEM model, 98-99 GEM 模型

GEMRAMS modeling system, 255-256 GEMRAMS 模型系统

GEMTM model, atmosphere-biosphere interactions, 254-255 GEMTM 模型，大气—生物圈交互作用

General Systems Theory, 5-6 一般系统理论

geographic determinism, South Turkana Ecosystem Project, 281-285 地理决定论，南图尔卡纳生态系统项目

geographic information systems (GIS), 地理信息系统

 landscape scaling and extrapolation, 134-135 景观尺度和外推

Geospatial Lessons and Applications in Natural Resources program, 344 地理空间课程和自然资源应用计划

Gibson, James, 363-364, 369-370, 372-373 詹姆斯·吉布森

global ecosystems research 全球生态系统研究

 arctic shrubs and microbes, 259 北极的灌木和微生物

 climate change, 257-258 气候变化

 ecological site scale, 183-187 生物站点尺度

greenhouse gas emissions and sequestration,258 温室气体排放与封存

greenhouse gas mitigation,258-259 温室气体减缓

Intergovernmental Panel on Climate Change,259-260 政府间气候变化专门委员会

management and best practices options for,396-298 管理和最佳实践选项

National Atmospheric Deposition Program (NADP),267-268 美国国家大气沉积计划

nitrogen cycle and,262-270 氮循环

North Central Climate Adaptation Science Center,260-261 美国中北部气候适应科学中心

NREL models for,105-108 自然资源生态实验室的模型

systems ecology paradigm and,245-246 系统生态学范式

United Nations Framework Convention on Climate Change,260 联合国气候变化框架公约

USDA Climate Hub,261-262 美国农业部气候中心

UV-B Monitoring and Research Program,268-270 中波紫外线监测与研究计划

Global Invasive Species Information Network (GISIN),293-294 全球入侵物种信息网络

Global Land Project,36-41 全球土地计划

Global Livestock Collaborative Research Support Program (GL-CRSP),285-288 全球畜牧合作研究支持计划

global positioning systems (GPS),animal abundance and condition estimates,173-174 全球定位系统,动物数量和条件估计

Gnu Landscapes project,173-174 Gnu 景观项目

GRACEnet/REAP system,120 GRACEnet/REAP 系统

Graduate Degree Program in Ecology (CSU),337-338 生态学研究生学位计划

Grass Cast model Grass-Cast 模型

aboveground net primary production,117-118 地上净初级生产量

ranchers growing season production predictions,289-90 牧草生长季节产量预测

GRASS-CSOM model,107-108 GRASS-CSOM 模型

grasshopper grazing,PHOENIX model,98-99 蚱蜢觅食,PHOENIX 模型

Grassland Biome (IBP),148-149,206-208 国际生物学计划草原生物群区研究

abiotic measurements,246-248 非生物测量

cattle in,279-280 家畜

ecosystem management and,208 生态系统管理

Gibson's leadership of,363-364 吉布森的领导

long-term research and,211-212 长期研究

NREL organizational case study of,372-373 自然资源生态实验室组织案例研究

simulation modeling and,336-337 仿真建模

sulfur dioxide effects,249-250 二氧化硫的影响

systems ecology evolution and,335-336 系统生态学演变

Grassland Ecosystem Model,208 草原生态系统模型
 abiotic measurements,246-248 非生物测量
Grassland Project (NREL),71-73 草原项目（自然资源生态实验室）
grasslands research 草原研究
 Century model for,96 Century 模型
 climate change modeling,107-108 气候变化模型
 cropland management and,227-230 农田管理
 DayCent modeling,111 DayCent 模型
 early work in,246-248 前期工作
 ELM model,92-93 草原生态系统（ELM）模型
 Great Plains ranchers,289-290 大平原农场主
 model development for,94-96 模型开发
 nitrogen cycle,248-249 氮循环
 PEST software analysis,117 模型的独立参数估计和不确定性软件分析
 PHOENIX model,98-99 PHOENIX 模型
 scaling and extrapolation,134-135 尺度及外推
 in South Turkana Ecosystem project,282 南图尔卡纳生态系统项目
 sulfur dioxide effects,248-250 二氧化硫的影响
Grassland-Tundra International Synthesis Meeting,71-73 草原—冻原国际综合会议
GRASS model,climate change research and,251-253 GRASS 模型,气候变化研究
grazing dynamics 畜牧动态
 aboveground/belowground linkages,185-186 地上/地下的联系
 animal-plant interaction studies,184-187 动物—植物相互作用研究
 climate change modeling,107-108 气候变化模型
 coupled-systems modeling of,113-114 耦合系统模型
 East Africa savanna ecosystems,215 东非热带草原生态系统
 ecosystem approach to,335-336 生态系统方法
 ecosystem management and,207-208 生态系统管理
 large herbivore management and,217-226 大型食草动物管理
 native management practices,203-205 本地管理实践
 PHOENIX model,98-99 PHOENIX 模型
 prairie dog effects on microclimate,186-187 草原土拨鼠对小气候的影响
 in SAVANNA model,102-103 SAVANNA 模型
 scaling and extrapolation,134-135 尺度及外推
 in South Turkana Ecosystem project,282 南图尔卡纳生态系统项目
 systems ecology paradigm and,202-203 系统生态学范式
 urine patch dynamics,187 尿液斑块动态
 wildlife population size,215 野生动物种群规模
Great Lakes Early Detection and Monitoring Network,293-294 大湖早期探测和监测网络
Great Plains Agricultural Project,94-96,227-229 大平原农业项目

agroecosystem management,230 农业生态系统管理

Century model development,96 Century 模型开发

nitrogen cycle studies,250-251 氮循环研究

Great Plains ranchers, growing season production predictions,289-290 大平原农场主,牧草生长季节产量预测

greenhouse gases 温室气体

atmosphere-biosphere interactions modeling,253-256 大气—生物圈交互作用模型

biofuel lifecycle, DayCent modeling of,111-112 生物燃料生命周期,DayCent 模型

climate change and,251-253 气候变化

DAYCENT modeling of,256-257 DAYCENT 模型

DayCent modeling of emissions,109-111 排放的 DAYCENT 模型

earth ecosystem,27-28 地球生态系统

emissions and sequestration research,258 排放与封存研究

land management and, DayCent modeling of,112-113 土地管理,DayCent 模型

mitigation,258-259 减缓

technology in research on,135-136 研究技术

gross primary production (GPP),17-18 总初级生产量

photosynthesis and,149 光合作用

ground truthing,SAM modeling,318-319 基本事实验证,SAM 模型

habitat loss, species-habitat interactions,174-176 生境丧失,物种生境的相互作用

Haeckel,Ernst,68 厄恩斯特·海克尔

Hampton,S. E.,404-405 S. E. 汉普顿

Harden,Garrett,206 加勒特·哈丁

Hartman,M. D.,90-121 M. D. 哈特曼

harvest,ecological site scale,164 收获,生态地境尺度

Hautaluoma,Jacob,353-373 雅各布·豪塔卢奥马

herbivory,164. See also large herbivores 食草动物,参见"大型食草动物"部分

climate change research and,251-253 气候变化研究

heterogeneity, spatial dimension of ecosystems,133-134 生态系统的异质性和空间维度

Hobbs,N. T.,90-121,173-174 N. T. 霍布斯

Hobbs,Tom,115-116,219-220 汤姆·霍布斯

Hoffman,L.,52-53 L. 霍夫曼

honesty, barriers to ecosystem research and,410-411 诚实,生态系统研究障碍

human activity 人类活动

agent-based and coupled systems modeling,113-114 基于 Agent 的耦合系统模型

citizen involvement in ecosystem science,291-295 公民参与生态系统科学

drought susceptibility and,290-291 干旱敏感性

ecosystem research and,279-280 生态系统研究

forecasting models of,302 预测模型

fragmentation of rangelands and,288-289 草地碎片化

history of, 66-67 历史

IMAS and POLEYC pastoral system modeling, 285-288 集成建模和评估系统研究项目和基于牲畜生计和生态系统保护的政策选择项目的畜牧系统模型

indirect human impacts, 214 人类间接影响

intended and unintended consequences of, 11-13, 300-301 预期结果和意外后果

land fragmentation and resource extraction, 214-215 土地破碎化和资源采掘

landscape ecosystems and, 23-24, 134-135, 290-291 景观生态系统

land use and, 300-301 土地利用

large herbivore management and, 217-219 大型食草动物管理

nutritional status and stress of rapid change, 285 营养状况和快速变化的压力

PATHWAY model of radioactive fallout, 104-105 放射性核素 PATHWAY 模型

ranchers growing season production predictions, 289-290 牧草生长季节产量预测

SAVANNA model on impact of, 102-103 SAVANNA 模型的影响

socioeconomics and, 78 社会经济学

in South Turkana Ecosystem Project, 281-285 南图尔卡纳生态系统项目

spatial distribution, Ethiopian Bale Mountains, 290 空间分布, 埃塞俄比亚贝尔山脉

Structured Analysis Methodology research on, 300-307 结构分析法研究

wildland/urban interface, 291 城市荒地界面

human-wildlife conflict, 215-216 人类—野生动物冲突

Humphrey, Robert, 233 罗伯特·汉弗莱

Hunt, H. W. , 90-121, 336-337 H. W. 亨特

Hutchinson, G. E. , 69 G. E. 哈钦森

hydrology, ecological site scale, 165 水文学, 生物站点尺度

hypervolume measurement, species-habitat interactions, 170-171 超体积测量, 物种生境的相互作用

IMAS (Integrated Modeling and Assessment System) 集成建模和评估系统

citizen involvement in, 291-295 公民参与

human activity modeling, 103 人类活动模型

pastoral system modeling, 285-288 畜牧系统模型

impact analysis, SAM methodology, 314-315 影响分析, SAM 方法

Indigofera spinosa, in South Turkana Ecosystem Project, 282 槐蓝属刺叶高山栎, 南图尔卡纳生态系统项目

individual freedom, in pastoral systems, 284-285 个人自由, 在畜牧系统度中

individualistic model, succession and, 176-177 个人主义模型, 演替

information analysis, SEP, 386-390 信息分析, 系统生态学范式

evaluation of knowledge and, 392-393 知识评价

transfer of knowledge and, 391-392 知识传递

INI program, 265-267 国际氮素倡议计划

Innis, George, 363-364 乔治·英尼斯

Institute of Ecology (Poland), 73 生态学研究所(波兰)

Institute of Ecology (US), 73 生态研究所(美国)

Institute of Geography (Soviet Academy of Sciences), 73 地理研究所(苏联科学院)

institutional hierarchy in SEP, 29-30 系统生态学范式的机构等级

 collaborative decision-making and, 305-307 协同决策

 decision-making and, 41-42 决策

 SAM collaborative framework and, 311-312, 315-316 SAM 协作框架

integrated assessments, in IMAS project, 286-288 综合评估,集成建模和评估系统研究项目

interdisciplinary research 跨学科研究

 demystification of systems ecology and, 385-386 揭开系统生态学的神秘面纱

 in ecosystem science, 69-74 生态系统科学

 NREL case study in, 372-373 自然资源生态实验室案例研究

interest group identification, Structured 利益集团识别,结构化

Analysis Methodology, 317-318 分析方法学

Intergovernmental Panel on Climate Change (IPCC), 183, 365-366 政府间气候变化专门委员会

 global ecosystems research, 259-260 全球生态系统研究

Intergovernmental Science-Policy Platform (IPBES) Biodiversity and Ecosystems Services, 76-77 政府间科学政策平台生物多样性和生态系统服务

Intermediate Disturbance Hypothesis, 185 中度扰动假说

International Biological Programme (IBP), 70-74, 206-208 国际生物学计划

 early work in, 246-248 前期工作

 ecosystem model development and, 92-94 生态系统模型开发

 ELM model development, 92-93 草原生态系统(ELM)模型开发

 energy flow model, bird communities, 94 能量流动模型,鸟类群落

 Gibson's leadership of, 363-364 吉布森的领导

 modeling-field-laboratory research interactions, 248-249 模型、实验室、野外间的相互联系

 organisms considered by, 279-280 生物体

 sulfur dioxide and grasslands research, 249-250 二氧化硫与草原研究

international collaboration, ecosystem management and, 209-211 国际协作,生态系统管理

International Council for Science, 70 国际科学理事会

International Council of Scientific Unions (ICSU), 70 国际科学联合会理事会

International Geosphere/Biosphere Program (IGBP), 39-41, 74-75, 209-211, 365-366 国际地圈生物圈计划

International Human Dimensions 全球人类维度

 Programme on Global Environmental Change (IHDP), 39 全球环境变化计划

International Nitrogen Management System (INMS), 267 国际氮管理系统

international science community, ecosystem

science and, 77 国际科学界，生态系统科学

International Union of Biological Sciences (IUBS), 70 国际生物科学联合会

invasive species 入侵物种
 citizen involvement in research on, 293-294 公民参与研究
 ecosystem management and, 213 生态系统管理
 landscape level diversity, 181 景观多样性水平

inverse modeling approach, 114-116 反演建模方法

invertebrates, in Food Web model, 98-101 无脊椎动物，在食物网模型中

island ecosystems 大陆生态系统
 challenge selection in research on, 61 研究中的挑战选择
 in SEP spatial hierarchy, 26-27 系统生态学的空间等级

isotope mass balances, atmosphere-ecosystem interactions, 136-137 同位素质量平衡，大气-生态系统相互作用

Japan, ecosystem science in, 70 日本，生态系统科学

Kajiado District (Kenya) 卡贾多区（肯尼亚）
 fragmentation of land in, 288-289 土地破碎化
 nutritional status of Maasai in, 285 马赛人的营养状况
 pastoral system modeling in, 285-288 畜牧系统模型
 SAVANNA modeling in, 102-103, 226 SAVANNA 模型
 wildlife and livestock assessment in, 171-173 野生动物和牲畜评估

Kampf, Stephanie, 294-295 斯蒂芬妮·坎普夫

Kaplan, Nicole, 353-273 妮科尔·卡普兰

Kenya. See also South Turkana Ecosystem Project (STEP) 肯尼亚，参见南图尔卡纳生态系统项目（STEP）
 animal abundance and condition estimates, 173-174 动物数量和条件估计
 citizen involvement in research in, 291-295 公民参与研究
 coupled-systems modeling in, 113-114 耦合系统模型
 rapid change and nutritional status in Maasai culture of, 285 马赛文化中的营养状况和快速变化

keystone species, management of, 217-219 关键物种，管理

knowledge transfer. See also education in systems ecology 知识传播，参见"系统生态学教育"部分
 data archiving, mining and interpretation for, 404-405 数据归档、挖掘和解释
 digital technology and, 391-392 数字技术
 empirical ecosystem research and, 402 实证生态系统研究
 evaluation of knowledge and, 392-393 知识评价
 information analysis, SEP, 386-390 信息分析，系统生态学范式
 methodology, 3 方法（论）
 resource needs integration with, 320 资源需求

Kruger National Park, human-wildlife conflict in, 215-216 克鲁格国家公园，人类—野生动物冲突

索 引

Kumar, Sunil, 140-187 苏尼尔·库马尔

land management 土地管理
    agricultural ecosystems and, 227-230 农业生态系统
    DayCent modeling of, 112-113 DayCent 模型
    evolution of, 202-203 演变/演进
    fragmentation of rangelands and, 288-289 草原碎片化
    future projects in, 230-231 未来项目
    human activity research and, 300-301 人类活动研究
    information analysis, integration and interpretation and, 386-390 信息分析、集成和解释
    innovation in, 405 创新
    land appropriation, endangered species and human-wildlife conflict, 215-216 征地，濒危物种和人类——野生动物的冲突
    land fragmentation and resource extraction, 214-215 土地破碎化和资源采掘
    land stewardship value and, 412-413 土地管理价值
    large herbivore modeling and, 223-225 大型食草动物模型
    modeling initiatives and, 208-226 建模项目
    modern land use practices, 205-206 现代土地利用实践
    multiple viewpoints in policies for, 304-305 多视角策略
    native management practices, 203-205 本地管理实践
    NREL models for, 106-108 自然资源生态实验室的模型
    systems ecology paradigm and, 202-235 系统生态学范式

Land-Margin Ecosystem Research (LMER), 73 陆地边缘生态系统研究

Landsat program, species-habitat interactions, 169-177 美国地球资源卫星计划，物种生境的相互作用

landscape ecosystems 景观生态系统
    agroecosystem management and, 227-229 农业生态系统管理
    animal abundance and condition estimates, 173-174, 222-226 动物数量和条件估计
    challenge selection in research on, 52-53 研究中的挑战选择
    collaborative restoration initiatives, 302-303 协作修复计划
    cross-scale effects, 142-143 跨尺度影响
    disturbance, succession and state-andtransition models, 176-180 扰动、演替及状态——转换模型
    forest biology and structure, 181-182 森林生物与结构
    fragmentation of rangelands and, 288-289 草原碎片化
    habitat studies, 169-171 生境研究
    human activity and, 279-280, 290-291 人类活动
    invasive species, 181-182 入侵物种
    NRCS Landscape Conservation Initiatives, 415 美国自然资源保护局景观保护计划
    plant diversity, 165-167, 181 植物多样性
    scale interactions, 167-183 尺度相互作用
    scaling and extrapolation of, 134-135 尺

度及外推
　　social, behavioral, learning, economic and marketing issues and, 382-384 社会、行为、学习、经济和营销问题
　　spatial hierarchy in SEP and, 21-24, 133-134 系统生态学范式的空间等级
　　species-habitat interactions, 174-176 物种生境的相互作用
　　water research in, 182-183 水研究
　　wildlife and livestock abundances, 171-173 野生动物和牲畜丰度
land stewardship, 412-413 土地管护
land surface modeling (LSM), atmosphere biosphere interactions, 254-255 地表模型，大气—生物圈相互作用
large herbivores. See also specific species, e.g., cattle 大型食草动物。参见"具体物种"部分，例如"牛"
　　applications of modeling of, 222-226 模型应用
　　East African ecosystems, 216 东非生态系统
　　forecasting population dynamics, 216 预测人口动态
　　modeling of, 220-222 模型
　　movement patterns, 220-222 迁徙模式
　　systems ecology paradigm in management of, 217-226 管理中的系统生态学范式
large river basins 大河流域
　　challenge selection in research on, 56-60 研究中的挑战选择
　　in SEP spatial hierarchy, 25-26 系统生态学的空间等级
Lauenroth, William, 202-235, 249-250, 336-337, 364 威廉·劳恩罗斯
Laycock, W., 364 W. 莱科克

Leeuwenhoek, Antonie von, 67 安东尼·冯·列文虎克
Lefsky, Michael, 294-295 迈克尔·列夫斯基
Lehrbuch der ökologischen Pflanzengeographie (Warming), 232-233 《植物生态地理学教材》（瓦明）
Leopold, Aldo, 233 奥尔多·利奥波德
Leopold, Estella, 233 埃斯特拉·利奥波德
LeRoy, E., 69 E. 勒罗伊
Lesorogol, C. K., 102-103, 113-114 C. K. 莱塞洛
Liebig, M., 67, 152-153 M. 李比希
Liebig's law of the minimum, 152-153 李比希最小因子定律
lifestyle choices, barriers to ecosystem research and, 407-410 生活方式选择，生态系统研究障碍
light use efficiency (LUE) models, 光利用效率模型
　　atmosphere-ecosystem interactions, 136-137 大气—生态系统相互作用
Linnaeus, Carolus, 67 卡罗鲁斯·林奈乌斯
LItter DEcomposition and Leaching (LIDEL) model, Bayesian analysis in, 116 凋落物分解与淋滤模型，贝叶斯分析
Livestock Collaborative Research Support Project (USAID), 103 牲畜合作研究支持项目（美国国际开发署）
livestock management 家畜管理
　　abundance estimates of, 171-173 丰度估计
　　fragmentation of rangelands and, 288-289 草原碎片化
　　IMAS and POLEYC pastoral system modeling, 285-288 集成建模和评估系统研究项目和基于牲畜生计和生态系统保护的政策选择项目的畜牧

系统模型
    in pastoral systems,284 在畜牧系统中
    ranchers growing season production predictions,289-290 牧草生长季节产量预测
    in South Turkana Ecosystem Project,282 南图尔卡纳生态系统项目
Loch Vale Watershed (LVWS),211-212,264-265 洛赫河谷流域
Long-Term Ecological Research (LTER) program,71,183,365-366 长期生态学研究计划
    NREL collaborative-decision making during,372-373 自然资源生态实验室协同决策
long-term ecosystem research,211-212 长期生态系统研究
Long-term Intersite Decomposition Experiment Team (LIDET),115 长期站点间分解作用实验团队
Lovelock,James,206 詹姆斯·洛夫洛克
Lynn,Stacy,66-81 斯泰茜·琳恩

Maasai pastoral culture 马赛畜牧文化
    nutritional status in,285 营养状况
    SAVANNA modeling of,286-288 SAVANNA 模型
    transfer of knowledge and information in,391-392 知识和信息的转移
    wildlife and livestock abundances,171-173 野生动物和牲畜丰度
MacDonald,L. H.,182-183 L. H. 麦克唐纳
Macfadyen,A.,69 A. 麦克法登
management practices 管理实践
    best practices formulation,396-401 最佳实践方式

    in ecological site,18-20 生态地境
    global ecosystems research,396-398 全球生态系统研究
    monitoring and adaptive management,401 监测与适应性管理
    systems ecology paradigm integration of,14-16 系统生态学范式整合
Man and Biosphere (MAB),365-366 人与生物圈计划
Man and Nature, or *Physical Geography* (Marsh),66-67《人与自然》(马什)
Man and the Environment Program (UNESCO),206 人和环境计划
mapping techniques,species-habitat interactions,170-171 测绘技术,物种生境的相互作用
Margalef,R.,69 R. 马加莱夫
Margulis,Lynn,206 林恩·马古利斯
marketing ideology 营销理念
    barriers to best practices and,400 最佳实践的障碍
    systems ecology paradigm and,382-384 系统生态学范式
Markov Chain Monte Carlo (MCMC) methods,model analysis,115 马尔可夫链蒙特卡罗方法,模型分析
Marsh,G. P.,66-67 G. P. 马什
Maslow,Abraham,395-396 亚伯拉罕·马斯洛
Maslow's Hierarchy of Needs,395-396 马斯洛需求层次
mass extinction events,cross-scale effects,142-143 大规模灭绝事件,跨尺度影响
mathematical modeling 数学模型
    agroecosystem management and,228-229 农业生态系统管理
    biome programs,71 生物群区计划

Structured Analysis Methodology,318-319 结构分析法

systems ecology paradigm,9 系统生态学范式

MaxEnt system, species-habitat interactions,170-171 MaxEnt 系统,物种生境的相互作用

maximum likelihood estimation,model analysis,114-116 最大似然估计,模型分析

May,R. M. ,100-101 R. M. 梅

May's Paradox,100-101 梅的悖论

McKenzie-Mohr,D. ,343-345 D. 麦肯齐-莫尔

McNaughton,S. J. ,185,219-220 S. J. 麦克诺顿

mesic ecosystem,nitrogen fixation,151 湿地生态系统,固氮

microbial populations,current and future research efforts on,118-120 微生物种群,当前和未来的研究工作

microbial/soil fauna interactions, ecological site scale ecosystems,154-155 微生物和土壤动物的相互影响,生态地境尺度生态系统

microbial uptake,163 微生物吸收

microclimate,prairie dog effects on,186-187 小气候,草原土拨鼠的影响

microorganisms 微生物
　　early research on,67-68 前期研究
　　in Food Web model,98-101 在食物网模型中
　　microbial uptake,163 微生物吸收

Mid-Continent Intensive(MCI)study,137 中部大陆密集型活动

Millennium Ecosystem Assessment(MEA),76-77,366-368,381 千年生态系统评估

mineralization,161-162 矿化

mineral nutrition 矿质营养
　　early research on,67 前期研究
　　weathering and,151 风化

miscanthus, biofuel lifecycle, DayCent modeling of,111-112 芒草,生物燃料生命周期,DayCent 模型

Möbius,K. ,68-69 K. 苗比乌斯

models and modeling. See also specific modeling techniques,e. g. ,mathematical modeling 模型和建模,参见"具体建模技术",例如"数学模型"
　　advanced analytic techniques,114-116 先进的分析技术
　　agroecosystem research,230 农业生态系统研究
　　Atmosphere Biosphere Interactions project,253-256 大气生物圈相互作用项目
　　computer simulation, atmosphere-ecosystem interactions,135-136 计算机模拟,大气-生态系统相互作用
　　demystification of,385-386 揭开系统生态学范式的神秘面纱
　　ecosystem science and evolution of,90-91 生态系统科学与演变
　　in International Biological Programme,92-94 国际生物学计划
　　large herbivore management and,220-222 大型食草动物管理
　　PEST software,117 模型的独立参数估计和不确定性软件
　　Structured Analysis Methodology,317-318 结构分析法
　　time series of model development and applications,117-118 模型开发与应用的时间序列

MODIS program,species-habitat interactions,

169-171 MODIS 计划,物种生境的相互作用
Moir,William,234 威廉·莫尔
monitoring practices 监测实践
 Best Practices guidelines,401 最佳实践指南
 collaborative decision-making and,319 协同决策
 community involvement in,214-215 社区参与规划
Moore,John C.,32-33,80-81,90-121,335-351,353-373,407-409 约翰·C. 摩尔
Müller,P. E.,68 P. E. 穆勒
multiple stable states,landscape ecosystems and,179-180 多稳态状态,景观生态系统
Multiple Use and Sustained Yield Act,205-206 多用途和持续产量法

Nairobi National Park,171-173 内罗毕国家公园
National Acid Precipitation Assessment Program (NAPAP),267-268 美国国家酸沉降评估计划
National Aeronautics and Space Administration (NASA),105-108 美国国家航空航天局
National Agricultural Statistics Service (NASS),land management and,DayCent modeling of,112-113 美国国家农业统计局,土地管理,DayCent 模型
National Atmospheric Deposition Program (NADP),267-268 美国国家大气沉降计划
National Ecological Observatory Network (NEON),183,211-212 美国国家生态观测站网络
National Environmental Policy Act (NEPA), 205-206 美国国家环境政策法
National Institute of Invasive Species Science (NIISS),293-294 美国国家入侵物种科学研究所
National Park Service (NPS) 美国国家公园管理局
 ecosystem management and,209-211 生态系统管理
 large herbivore forecasting population dynamics,216 大型食草动物种群动态预测
 large herbivore management and,217-226 大型食草动物管理
 SAVANNA model and,102-103 SAVANNA 模型
National Science Foundation (NSF),48-49, 70 美国国家科学基金会
 agroecosystem management and,227-229 农业生态系统管理
 atmosphere-biosphere interactions funding,253-256 大气—生物圈交互作用经费
 Ecosystem Studies program,94-96 生态系统研究计划
 global ecosystems modeling and,105-108 全球生态系统模型
 human activity research and,295-296 人类活动研究
 NREL funding by,356-357 自然资源生态实验室被资助
nations 国家
 challenge selection in research on,56-60 研究中的挑战选择
 in SEP spatial hierarchy,25-26 系统生态学的空间等级
native and naturalized vegetation,land management practices and,203-205 原生和归

化的植被,土地管理实践
natural disturbances 自然扰动
    in ecological site,18-20 生态地境
    succession paradigm and,178 演替范式
    temporal hierarchy in SEP and,28-29 系统生态学范式中的空间等级
Natural Resource Ecology Laboratory (NREL) 自然资源生态实验室
    academic programs in systems ecology and,337-338 系统生态学术项目
    administrative and operative support infrastructure in,354-355 行政和业务支持基础设施
    advanced analytic techniques for modeling by,114-116 先进的建模分析技术
    advantages,disadvantages and problems facing,371 优势、劣势和面临的问题
    atmosphere-biosphere interactions modeling and,253-256 大气—生物圈交互作用模型
    citizen science and,291-295 公民科学
    collaboration and education at,358-359 合作和教育
    Colorado State University partnership with,131-132 科罗拉多州立大学合作
    Corps of Deputies,369-370 领导团队
    current and future research efforts,118-120 当前和未来的研究工作
    ecosystem management and,207-208 生态系统管理
    Ecosystem Studies program funding for,94-96 生态系统研究计划资助
    environmental decision making and modeling by,111-114 环境决策和建模
    establishment of,73 建立
    funded portfolio for,356-357 联合资助
    history of,79-81 历史
    influential personnel at,353-373 有影响力的人
    internal organization collegiality in,370-371 内部组织协作
    International Biological Programme research collaboration with,245-270 国际生物学计划合作研究
    large herbivore management and,219-220 大型食草动物管理
    leadership and peer recognition in,358 领导和同行认可
    legacy of leadership at,361-370 领导的成果
    model development by,90-91,105-108 模型开发
    organizational structure at,359-361,372-373 组织结构
    plant ecologists and,232-233 植物生态学家
    publications produced by,357-358 著作
    recent modeling initiatives,108-117 近期的建模项目
    success measurement systems at,355-356 成功的测量系统
    time series of model development and applications,117-118 模型开发与应用的时间序列
"Natural Resource Management Reimagined:using the systems ecology paradigm,"407-409 自然资源管理的重新构想:运用系统生态学范式
Natural Resources Conservation Service (NRCS),96 美国自然资源保护局
    Landscape Conservation Initiatives,415

景观保护措施

Web Soil Survey, 156 土壤调查

natural systems, human activity and, 279-280 自然系统,人类活动

Nature Conservancy, 208-211 大自然保护协会

Necpálová, M., 117 M. 内帕洛娃

nematode grazing, PHOENIX model, 98-99 线虫食草,PHOENIX 模型

net ecosystem exchange (NEE), DayCent modeling of, 111 净生态系统交换量,DayCent 模型

net primary production (NPP), 17-18 净初级生产量

    biomass formation, 149-151 生物量组成

    early work in, 246-248 前期工作

    ecological site scale, 159-160 生物站点尺度

Nevada Test Site (NTS), 104-105 美国内华达试验场

Newman, Gregory, 279-296, 335-351 格雷戈里·纽曼

Ngorongoro Conservation Area 恩戈罗恩戈罗保护区

    pastoral system modeling in, 285-288 畜牧系统模型

    SAVANNA modeling in, 102-103, 226 SAVANNA 模型

niche separation 生态位分离

    in South Turkana Ecosystem Project, 282 在南图尔卡纳生态系统项目中

    species-habitat interactions, 170-171 物种生境的相互作用

nitrification 硝化作用

    early research on, 67-68 前期研究

    ecological site scale, 162 生物站点尺度

nitrogen cycle 氮循环

    in Century model, 96 Century 模型

    climate change modeling, 107-108 气候变化模型

    DayCent modeling of greenhouse gas emissions, 109-111 温室气体排放的 DayCent 模型

    early research on, 67-68 前期研究

    in ecological site, 18-20 生态地境

    ecological site scale ecosystems, 154-155 生态地境尺度生态系统

    ecological site scale processes, 158-159 生物站点尺度过程

    ecosystem science and, 208 生态系统科学

    emissions reduction and, 214 减排

    Food Web model, 98-101 食物网模型

    functional scales of, 144-146 功能尺度

    global analyses of, 183-184 全球分析

    global research on, 262-270 全球研究

    in grasslands, 248-249 草原

    IBP research on, 248-249 国际生物学计划研究

    Loch Vale Watershed Study Project, 264-265 洛赫河谷流域研究项目

    national and international research projects, 265-267 国内外研究项目

    Pawnee NCYC project, 263-264 波尼 NCYC 项目

    plant decomposition, 160-161 植物分解

    ruminant energy and nitrogen balance model, 104 反刍动物能量和氮平衡模型

    second generation studies of, 250-251 第二代研究

    soil organic matter (SOM) formation, 163 土壤有机质形成

South Turkana Ecosystem Project, 282 南图尔卡纳生态系统项目

nitrogen fixation, plant nutrients, 151 固氮, 植物养分

nitrogen ratios, root production and death, 152-153 氮素配比, 根系的生长和死亡

non-equilibrial systems, in South Turkana Ecosystem project, 282-283 非平衡系统, 在南图尔卡纳生态系统项目中

non-traditional education, emergence of, 338-342 非常规教育, 兴起

Normalized Difference Vegetation Index, 136-137 归一化差异植被指数

North American Carbon Program, 137 北美碳计划

North American Nitrogen Center, 265-267 北美氮素中心

North Central Climate Adaptation Science Center (NCCASC), 212-215, 260-261 美国中北部气候适应科学中心

Norwegian International Development Agency (NORAD), 290-291 挪威国际开发署

no tillage agriculture, 228-229 免耕农业

nutrient-carbon translocation, 153 碳和养分的迁移

nutrient uptake and recycling 养分吸收和循环利用

 by large herbivores, 217-219 大型食草动物

 plant decomposition, 160-161 植物分解

 in plants, 152 植物

 secondary production, 161 次级生产

nutritional assessment, in pastoral cultures, 285 营养评估, 畜牧文化中

Odum, Eugene, 3-4, 69, 176-177 尤金·奥德姆

Odum, Howard, 69 霍华德·奥德姆

Odum School of Ecology, 73 奥德姆生态学学院

Ogle, Stephen, 183-184, 245-270, 369-370 斯蒂芬·奥格尔

Ojima, Dennis, 32-33, 36-64, 90-121, 202-235, 245-270, 369-370, 407-409 丹尼斯·S. 小岛吉雄

online programs and courses in systems ecology, 338 系统生态学的在线课程

open-source data-model integration systems, 115-116 开源数据模型集成系统

organismic model, succession and, 176-177 有机质模型, 演替

organisms (populations) 生物 (数量)

 challenge selection in research on, 48-49 研究中的挑战选择

 classification of, 67 分级

 ecological site scale ecosystems, 154-155 生态地境尺度生态系统

 in SEP spatial hierarchy, 17-18 系统生态学的空间等级

The Origin of Science, 295 科学的起源

Oromo agropastoral culture, Ethiopian Bale Mountains ecosystem, 290 奥罗莫农牧文化, 埃塞俄比亚贝尔山生态系统

ozone depletion research, UV-B Monitoring and Research Program, 268-270 臭氧损耗研究, 中波紫外线监测与研究计划

Palm operating system, field data apps, 293-294 Palm 操作系统, 字段数据应用

parameter estimation 参数评估

 model analysis, 114-116 模型分析

 PEST software analysis for, 117 模型的独立参数估计和不确定性软件分析

Parker loop design, plant diversity modeling, 165-167 帕克回路设计,植物多样性模型

Parton, William J., 90-121, 202-235, 245-270, 336-337 威廉·J. 帕顿

Pasteur, Louis, 67-68 路易斯·巴斯德

pastoral household socioeconomic (PHEWS) model, 286-288 牧民家庭社会经济(PHEWS)模型

pastoral systems 畜牧系统
    citizen involvement in research on, 291-295 公民参与研究
    DECUMA model for, 113-114 DECUMA 模型
    East African Cattle Complex paradigm and, 283 "东非牛群难题"案例
    IMAS and POLEYC projects, 285-288 集成建模和评估系统研究项目和基于牲畜生计和生态系统保护的政策选择项目
    nutritional status assessment in, 285 营养状况评价
    social and cultural factors in, 283-285 社会与文化环境要素
    in South Turkana Ecosystem project, 282 南图尔卡纳生态系统项目
    transfer of knowledge and information in, 391-392 知识和信息的转移

Paul, Eldor A., 66-81 艾尔多·A. 保罗

Paustian, Keith, 202-235, 245-270, 279-280 基思·保斯蒂安

PEST (Model Independent Parameter Estimation and Uncertainly software) package, 117 模型的独立参数估计和不确定性软件包

PHOENIX model, 98-99 PHOENIX 模型
    nitrogen cycle studies, 250-251 氮循环研究
    sulfur dioxide effects, 249-250 二氧化硫影响

Phoenix model of carbon and nitrogen dynamics, 71 碳、氮动态的 PHOENIX 模型

phosphorus cycle 磷循环
    in Century model, 96 Century 模型
    ecological site scale ecosystems, 154-155 生态地境尺度生态系统
    ecosystem science and, 208 生态系统科学
    functional scales of, 144-146 功能尺度
    IBP research on, 248-249 国家生物学计划研究
    plant decomposition, 160-161 植物分解

photosynthesis 光合作用
    carbon dioxide fertilizing effect on, 251-253 二氧化碳施肥影响
    gross primary production and, 149 总初级生产量
    minus respiration, 159-160 减去呼吸作用
    plant life and, 148-149 植物生命
    plant production and, 17-18 植物生产
    secondary production, 161 次级生产
    "Phytosociological Study of San Augustin Plains, New Mexico" (Potter), 233 新墨西哥州圣奥古斯丁平原的植物社会学研究(波特)

Pielke, Roger, 254 罗杰·皮尔克

Pitman, A. J., 254 A. J. 皮特曼

place-based citizen science projects, 294-295 基于地点的公民科学项目

Plant-Animal Interaction (PAI) project, 184-187 植物—动物相互作用项目

Plant Communities: A Textbook of Plant Synecology (Daubenmire), 233 《植物群落:植物群体生态学教材》(道本迈尔)

plant ecosystems 植物生态系统
 carbon dioxide and climate change, responses to, 251-253 二氧化碳和气候变化，响应
 carbon-nutrient translocation, 153 碳和养分的迁移
 carnivory and, 164 肉食性
 climate change modeling and, 106-108 气候变化模型
 cross-scale effects, 146-155 跨尺度影响
 DayCent modeling of greenhouse gas emissions, 109-111 温室气体排放的 DayCent 模型
 decomposition, 160-161 分解
 diversity in, 165-167 多样性
 early animal-plant interaction studies, 184-187 早期动物—植物相互作用研究
 ecological site scale, patch stands, 155-156 生物站点尺度，斑块样地
 ecophysiology, 234-235 生理生态学
 essential life elements, 148-149 养生要素
 Food Web model, 98-101 食物网模型
 internal recycling, 153-154 内循环
 landscape level diversity, 181-182 景观水平的多样性
 large herbivore management and, 223-225 大型食草动物管理
 nutrient sources, 151 养分来源
 nutrient uptake, 152 养分吸收
 PATHWAY model of radioactive fallout and, 104-105 放射性核素 PATHWAY 模型
 root production and death, 152-153 根系的生长和死亡
 in SAVANNA model, 101-103 SAVANNA 模型
 in South Turkana Ecosystem Project, 282 南图尔卡纳生态系统项目
 spatial hierarchy in SEP and, 133-134 系统生态学范式的空间等级
 succession paradigm and, 176-177 演替范式
 systems evolution paradigm and, 232-235 系统进化范式
plant succession-climax, 69 植物群落演替的顶极
 ecological site scale, 156 生物站点尺度
Poland, ecosystem science in, 70 波兰，生态系统科学
POLEYC (Policy Options for Livestockbased livelihoods and Ecosystem Conservation) project 基于牲畜生计和生态系统保护的政策选择项目
 citizen involvement in, 291-295 公民参与
 human activity modeling, 103 人类活动模型
 pastoral systems modeling, 285-288 畜牧系统模型
policy making 政策制定
 collaborative decision-making and, 304-305 协同决策
 demystification of systems ecology and, 385-386 揭开系统生态学范式的神秘面纱
 influences on, 305-306 影响
 systems ecology paradigm integration of, 14-16 系统生态学范式整合
polygamy, in pastoral systems, 284 一夫多妻，在畜牧系统
population models 种群模型
 Bayesian applications in, 115-116 贝叶

斯方法
  large herbivore management and, 216-222 大型食草动物管理
  wildlife population size, 215 野生动物种群规模
The Population Bomb (Erlich), 206《人口炸弹》(爱尔里克)
Potsdam NPP Model Inter-comparison Project, 106-108 波茨坦核电站(NPP)模型对比项目
Potter, Loren, 233-234 洛伦·波特
poverty spiral, fragmentation of land and, 288-289 贫困加剧,土地破碎化
prairie dog research, 219-220 草原土拨鼠研究
  animal-plant interaction studies, 185-186 动物—植物相互作用研究
  microclimate effects, 186-187 小气候影响
precision agriculture, 230-231 精细农业
predators, large herbivore management and, 220-225 食肉动物,大型食草动物管理
Predictive ECosystem ANalyzer (PEcAn) project, 115-116 生态系统预测分析器项目
"Principles of Terrestrial Ecosystem Ecology" (Chapin et al), 4《陆地生态系统生态学原理》(蔡平等)
private lands 私有土地
  ecosystem-based management of, 205-206 基于生态系统的管理
  invasive species research on, 293-294 入侵物种研究
  wildlife/urban interface and, 213-214, 291 城市荒地界面
process-based ecosystem models 基于过程的生态系统模型

agent-based modeling and, 113-114 基于 Agent 的模型
Bayesian applications in, 115-116 贝叶斯方法
large herbivore management, 220-222 大型食草动物管理
public awareness and engagement, of ecosystem science, 343 公众意识和参与,生态系统科学
public lands 公有土地
  ecosystem-based management of, 205-206 基于生态系统的管理
  wildlife/urban interface and, 291 城市荒地界面

radioactive fallout, PATHWAY model of, 104-105 放射性核素 PATHWAY 模型
Rafique, R., 117 R. 拉菲克
rainfall variability, systems dynamics and, 282-283 周期性降雨,系统动态
ranchers 牧场主
  cultural barriers to ecosystem management and, 407-409 生态系统管理的文化障碍
  growing season production predictions for, 289-290 生长期产量预测
Range and Pasture Management (Sampson), 234 草原与牧业管理(桑普森)
Range Ecology (Humphrey), 233《草原生态学》(汉弗莱)
rangeland management practices 草原管理实践
  carbon and nitrogen cycle analysis, 144-146 碳和氮循环分析
  Century model for, 96 Century 模型
  ecosystem approach to, 335-336 生态系统方法

ecosystem management and,207-208 生态系统管理

fragmentation effects,288-289 破碎的影响

global analyses,183-184 全球分析

pastoral systems,283 畜牧系统

plant ecology and,234-235 植物生态学

Range Science Department (Colorado State University),207-208,335-336 山脉科学系（科罗拉多州立大学）

reciprocal begging,in pastoral systems,284 互惠式乞讨,在畜牧系统中

Regional Atmospheric Modeling System (RAMS),254-255 区域大气模拟系统（RAMS）

regional ecosystems 区域生态系统

    atmosphere-biosphere interactions modeling,253-256 大气—生物圈交互作用模型

    ecological site scale,183-187 生物站点尺度

    large river basins and nations,25-26 大河流域和国家

    small regional ecosystems,24-25 小区域生态系统

    social, behavioral, learning, economic and marketing issues and,382-384 社会、行为、学习、经济和营销问题

Reid,Robin,202-235,292-293 罗宾·里德

Reinventing Discovery,295 重新发现

relay floristics,176-177 接力植物区系学说

religion,ecosystem research and,411-412 宗教,生态系统研究

remote sensing 遥感

    atmosphere-ecosystem interactions,136-137 大气—生态系统相互作用

    landscape scaling and extrapolation,134-135 景观尺度和外推

    species-habitat interactions,169-171 物种生境的相互作用

Resilience Alliance,37-40 恢复力联盟

resource extraction,214-215 资源采掘

resource management needs, systems ecology and integration of,320 资源管理需要,系统生态与集成

respiration (R) 呼吸（R）

    ecological site scale processes,158-159 生物站点尺度过程

    gross primary production and,149 总初级生产量

    mineralization and,161-162 矿化

    photosynthesis minus,159-160 光合作用减去

Reuss,J. O.,336-337 J. O. 罗伊斯

Revelle,Roger,70 罗杰·雷维尔

Richards,Laurie,245-270,407-409 劳里·理查兹

Rio Puerco Watershed, human impact on, collaborative-decision making involving,327-332 里约普埃科河流域,人类影响,协同决策的参与

Rocca,Monique E.,140-187 莫妮克·E. 罗卡

Romme,William H.,140-187,202-235,291 威廉·H. 罗默

root production and death,plant ecosystems,152-153 根系的生长和死亡,植物生态系统

Rosswall,Thomas,66-81 托马斯·罗斯瓦尔

r selected organisms,71 r 选择生物体

ruminant energy and nitrogen balance model,104 反刍动物能量和氮平衡模型

run on,ecological site scale,164-165 流入,生态地境尺度

Russia, ecosystem science in, 70 俄罗斯, 生态系统科学

Ryan, Michael G., 140-187 迈克尔·G. 瑞安

sage-grouse populations, land fragmentation and resource extraction, 214-215 艾草松鸡数量, 土地破碎化和资源采掘

Sampson, Arthur, 234 阿瑟·桑普森

satellite observation systems, landscape scaling and extrapolation, 134-135 卫星观测系统, 景观尺度推演与推断

savanna ecosystems 热带草原生态系统
 East Africa, 215 东非
 human-wildlife conflict in, 215-216 人类—野生动物冲突

SAVANNA modeling system SAVANNA 模型系统
 bison carrying capacity modeling and, 225-226 野牛承载力模型
 DECUMA model and, 113-114 DECUMA 模型
 elk management and, 223-225 麋鹿管理
 large herbivore modeling and, 226 大型食草动物模型
 pastoral system modeling, 285-288 畜牧系统模型
 wildlife and livestock assessment, 101-103 野生动物和牲畜评估

scaling analysis 尺度分析
 carbon, nitrogen and phosphorus cycle analysis, 144-146 碳、氮、磷循环分析
 ecological hierarchies and, 141-143 生态等级
 landscape ecosystems and, 134-135 景观生态系统
 systems ecology paradigm, 382-383 系统生态学范式

Schimel, David S., 90-121, 131-137, 245-270 大卫·S. 席梅尔

Schoenecker, Kate, 219-220 凯特·舍内克尔

School of Global Environmental Sustainability (SoGES CSU), 337-338, 366-368 科罗拉多州立大学的全球环境可持续性学院

science. See also education in systems ecology 科学, 参见"系统生态学"部分
 citizen science, 214-215 公民科学
 resource needs integration with, 320 资源需求
 skepticism and denial of, 415-417 怀疑和否认
 systems ecology paradigm integration of, 14-16 系统生态学范式整合
 traditional knowledge and, 209-211 传统知识

Scientific Committee on Problems of the Environment (SCOPE), 74, 206, 365-366 环境问题科学委员会
 nitrogen research and, 265-267 氮研究

scientific societies, mission and vision statements of, 413-415 科学社团, 使命和愿景声明

Sears, Paul, 233 保罗·西尔斯

shared conceptual model, systems ecology paradigm, 9 共享概念模型, 系统生态学范式

Shortgrass Steppe Long Term Ecological Research Program (SSLTER), 211-212, 263-264, 364-366 矮草草原长期生态研究计划
 nitrogen cycle research, 251 氮循环研究

Silent Spring (Carson), 206 《寂静的春天》（卡森）

silo perspective in policymaking 决策中的狭

隘视角
  collaborative decision-making and, 304-305, 372-373 协同决策
  land management, 203-205 土地管理
simulation modeling 仿真模型
  agroecosystem management, 227-229 农业生态系统管理
  atmosphere-ecosystem interactions, 135-136 大气—生态系统相互作用
  ecosystem management and, 207-208 生态系统管理
  net primary production, 149-151 净初级生产量
  Structured Analysis Methodology, 318-319 结构分析法
  systems ecology approach and, 336-337 系统生态学方法
Singer, Francis, 219-220, 223-225 弗朗西斯·辛格
small regional ecosystems 小区域生态系统
  challenge selection in research on, 53-58 研究中的挑战选择
  spatial hierarchy in SEP and, 24-25 系统生态学范式的空间等级
Smith, P., 106-108 P. 史密斯
snowpack dynamics 积雪动态
  bison carrying capacity model, 225-226 野牛承载力模型
  large herbivore modeling and, 220-222 大型食草动物模型
social-ecological systems 社会生态系统
  paradigm shift in research on, 74-79, 研究中的范式转变
  South Turkana Ecosystem Project, 283-285 南图尔卡纳生态系统项目
socioeconomics, ecosystem research and, 78 社会经济学,生态系统研究

soil environment 土壤环境
  agroecosystem management, 227-229 农业生态系统管理
  biome research and, 75 生物群区研究
  in Century model, 96 Century 模型
  climate change modeling and, 106-108, 251-253 气候变化模型
  DayCent modeling of greenhouse gas emissions, 109-111 温室气体排放的 DayCent 模型
  ecological site scale ecosystems, 154-155 生态地境尺度生态系统
  Food Web model, 98-101 食物网模型
  large herbivore modeling and, 220-222 大型食草动物模型
  organic carbon change in, 183-184 有机碳变化
  in PHOENIX model, 98-99 PHOENIX 模型
  plant nutrient uptake, 152 植物养分吸收
  plant production and, 17-18 植物生产
soil organic matter (SOM) formation 土壤有机质形成
  in Century model, 96 Century 模型
  current and future research efforts on, 118-120 当前和未来的研究工作
  ecological site scale, 163 生物站点尺度
Soil Survey Geographic (SSURGO)(NRCS), 256-257 土壤地理调查
Soong, J. L., 116 J. L. 宋
South American, atmosphere-biosphere interaction modeling in, 255-256 南美,大气层—生物圈相互作用模型
South Turkana Ecosystem Project (STEP), 94-96 南图尔卡纳生态系统项目
  citizen involvement in, 291-295 公民

参与

    drought susceptibility in, 290-291 干旱敏感性

    human activity in, 281-285 人类活动

    SAVANNA model and, 101-103 SAVANNA 模型

spatial hierarchy in SEP, 17-28 系统生态学范式的空间等级

    challenge selection in, 42-49 挑战选择

    collaborative decision-making and, 305-307 协同决策

    continental and island ecosystems in, 26-27, 61 大陆和岛屿生态系统

    critical research areas in, 43-49 关键研究领域

    decision-making and, 41-42 决策

    earth ecosystem in, 27-28, 61-64 地球生态系统

    ecological site as ecosystem in, 18-20 生态系统的生态地境

    ecological site scale, patch stands, 155-156 生物站点尺度, 斑块样地

    ecosystem management and, 207-208 生态系统管理

    historical, current, and future ecosystems, 22 历史、当前和未来的生态系统

    landscapes as ecosystems in, 21-24, 52-53, 168-169, 178-179

    large river basins and nations in, 25-26, 56-60 大河流域和国家

    organisms（populations）in, 17-18, 48-49 生物体（数量）

    regional ecosystems, 25-26 区域生态系统

    SAM collaborative framework and, 311-312, 315-316, 326-327 SAM 协作框架

    SAVANNA model of plant production, 101-103 植物生产的 SAVANNA 模型

    scaling technology, 141-143 尺度推演技术

    small regional ecosystems and, 24-25 小区域生态系统

    spatial distribution, Ethiopian Bale Mountains, 290 空间分布, 埃塞俄比亚贝尔山

    species-habitat interactions, 169-171 物种生境的相互作用

    technology and, 133-134 技术

    watersheds with basins in, 24-25 有盆地的流域

species distribution models, human-wildlife conflict, 215-216，物种分布模型，人类—野生动物冲突

species-habitat interactions 物种生境的相互作用

    aboveground/belowground linkages, 185-186 地上/地下的联系

    animal ecosystems, 174-176 动物生态系统

    early animal-plant interaction studies, 184-187 早期动物—植物相互作用研究

    large herbivore management and, 219-220, 223-225 大型食草动物管理

    mapping of, 169-171 描述/陈述

    in South Turkana Ecosystem Project, 282 南图尔卡纳生态系统项目

stakeholder participation 利益相关者参与

    challenge selection in research and, 53-58 研究中的挑战选择

    demystification of systems ecology and,

385-386,402-404 揭开系统生态学的神秘面纱
ecosystem management and,209-211 生态系统管理
factors in adoption of SEP and,394-396 采用系统生态学范式的因素
group dynamics and,312 团队动态
small regional ecosystems and,24-25 小区域生态系统
stakeholder identification and impact analysis,314-315 利益相关者识别和影响分析
Structured Analysis Methodology,312 结构分析法
standing crop,net primary production,149-151 现存量,净初级生产量
state-and-transition models 状态—转换模型
 ecological site scale,156 生物站点尺度
 landscape ecosystems,176-180 景观生态系统
 multiple stable states,179-180 多稳态
Stohlgren, Thomas J., 140-187, 202-235, 293-294 托马斯·J.斯托尔格伦
Stream Tracker citizen science,295 溪流追踪者公民科学项目
Strip-ELM model,sulfur dioxide effects,249-250 空白草原生态系统模型,二氧化硫影响
Structured Analysis Methodology（SAM）结构分析法
 biophysical properties,change effects on,323 生物物理特性,变化影响
 climate, weather, energy and economic factors in,324 气候、天气、能源和经济因素
 collaborative decision-making applications,308-310 协同决策实践
 collaborative framework in,310-312 协作框架
 conceptual system characterization and modeling,317-318 概念系统的描述和建模
 group dynamics,312 团队动态
 human activity research using,300-307 人类活动研究
 initiation process,312 引发过程
 mathematical and simulation modeling,318-319 图像和仿真模型
 origins of,308-310 起源
 planning options, implementation and monitoring,319 规划选择、实施和监测
 problem definition and goal statements,313,320-323 问题定义和目标陈述
 Rio Puerco Watershed, human impact research on,327-332 里约普埃科河流域,人类影响研究
 scientific knowledge-resource management needs integration in,320 科学的知识资源管理需要整合
 social and cultural factors in,325-326 社会文化因素
 spatial, temporal and institutional dimensions in,305-307,326-327 空间、时间和机构维度
 stakeholder identification and impact analysis,314-315 利益相关者识别和影响分析
 system geography, time and institutional dimensions in,315-316,326-327 系统地理学、时间和机构维度
submodels,Bayesian applications in,116 子模型,贝叶斯方法
sub-plot 次级小区

cross-scale studies of, 146-155 跨尺度研究

in SEP spatial hierarchy, 17-18 系统生态学的空间等级

succession paradigm, landscape ecosystems, 176-180 演替范式,景观生态系统

Sukachev, 68-69 苏卡切夫

sulfur cycle 陆地硫循环

 ecological site scale ecosystems, 154-155 生态地境尺度生态系统

 ecosystem science and, 208 生态系统科学

 IBP research on, 248-249 国际生物学计划研究

 plant decomposition, 160-161 植物分解

 plant nutrients and, 151 植物养分

 sulfur dioxide effects and, 249-250 二氧化硫影响

sulfur dioxide effects, IBP studies of, 248-250 二氧化硫影响,国际生物学计划研究

Sustainable Development Goals (SDGs), ecosystem services and, 78-79 可持续发展目标,生态系统服务

Swift, David M., 90-121, 279-296 戴维·M.斯威夫特

switchgrass production, DayCent modeling of, 111-112 柳枝稷草产量,DayCent 模型

systems dynamics 系统动态

 demystification of systems ecology and, 385-386 揭开系统生态学的神秘面纱

 non-equilibrial systems, 282-283 非平衡生态系统

 principles of, 5-8 原理

 systems ecology paradigm and, 7 系统生态学范式

 terminology, 7 术语

systems ecology approach. See also ecosystem approach 系统生态学范式,参见"生态系统方法"部分

 evolution of, 381 演化

systems ecology literacy, emergence of, 335-336 系统生态素养,兴起

systems ecology paradigm (SEP) 系统生态学范式

 agroecosystem management and, 229-230 农业生态系统管理

 citizen science and, 401 公民科学

 collaborative approach in, 245-246 协作方法

 complex (wicked) problems in, 36-39, 49-64, 380-417 复杂(棘手)问题

 components of, 1-2 组成部分

 conceptual model development and, 384-385 概念模型发展

 demystification of, 385-386, 402-404 阐明/使非神秘化

 ecological sites and, 18-20 生态地境

 ecosystem management theory and, 206-208 生态系统管理理论

 ecosystem science and, 5-8 生态系统科学

 ecosystems management and, 202-235 生态系统管理

 evolution of, 3-5 演变/演进

 formal academic programs for, 337-338 正式的学术课程

 funding for, 402 资助

 future research issues, 380-417 未来研究主题

 general challenges in, 43 总体挑战

 generalized steps in, 381 一般(常规)步骤

 hierarchical dimensions in, 9 等级维度

 human activity assessment, 11-13 人类

活动评价

idealized process in, 8-10 理想过程

information analysis, integration, synthesis and interpretation, 386-390 信息分析、集成、组合和解释

systems ecology paradigm (SEP) 系统生态学范式

 institutional dimensions of, 29-30 机构维度

 land management and, 202-235 土地管理

 large herbivore management, 217-226 大型食草动物管理

 management options for, 396-401 管理选项

 methodology, 3 方法（论）

 non-traditional education, digital technology and, 338-342 非常规教育, 数字技术

 NREL administrative and operative support infrastructure for, 354-355 自然资源生态实验室的行政和业务支持基础设施

 organizing principles, 10-11 组织原则

 plant ecology and, 232-235 植物生态学

 problems, needs and institutions in, 13-14 问题、需求和制度

 scale-based analysis in, 382-383 基于尺度的分析

 science, management and policy integration in, 14-16 科学、管理和政策一体化

 science and traditional knowledge relationship in, 13-14 科学与传统知识的关系

 scientific knowledge-resource management needs integration in, 320 科学的知识资源管理需要整合

 simulation modeling development and, 336-337 仿真模型开发

 social, behavioral, learning, economic and marketing issues and, 382-384 社会、行为、学习、经济和营销问题

 spatial hierarchy in, 17-28 空间等级

 Structured Analysis Methodology research and, 300-307 结构分析法研究

 technology advances in, 131-137 技术进步

 temporal hierarchy in, 28-29 时间等级

 transfer of information and knowledge, 391-392 信息和知识的传递

TamariskMap (T-Map) system, 293-294 红柳地图系统

Tansley, A. G., 3-4, 69 A. G. 坦斯利

temporal hierarchy in SEP, 28-29 系统生态学范式中的空间等级

 collaborative decision-making and, 305-307 协同决策

 decision-making and, 41-42 决策

 ecological site scale, patch stands, 155-156 生态系统站点尺度, 斑块样地

 ecosystem management and, 207-208 生态系统管理

 historical, current, and future ecosystems, 22 历史、当前和未来的生态系统

 landscapes as ecosystems in, 178-179 景观作为生态系统

 large herbivore modeling and, 220-222 大型食草动物模型

 SAM collaborative framework and, 311-312, 315-316, 326-327 SAM 协作框架

 SAVANNA model of plant production, 101-103 植物生产的 SAVANNA

模型
    scaling technology, 141-143 尺度推演技术

Terrestrial Ecology and Global Change (TECO) Program, 254-255 陆地生态与全球变化(TECO)项目

Terrestrial Ecosystem Regional Research and Analysis (TERRA) Laboratory, 308-309, 327-332 陆地生态系统区域研究与分析(TERRA)实验室

terrestrial ecosystems, general challenges involving, 43 陆地生态系统, 总体挑战涉及

Theobald, Dave, 213-214, 291 戴夫·西奥博尔德

Thomas, M., 140-187 M. 托马斯

Thornton, P. K., 288-289 P. K. 桑顿

Tibetan plateau, large herbivore modeling, 226 青藏高原, 大型食草动物模型

time series of model development and applications, 117-118 模型开发与应用的时间序列

tipping bucket model, water flow modeling, 165 翻斗模型, 水流模型

tolerance, barriers to research and, 415-417 宽容, 研究障碍

trace gases 微量气体
    global ecosystems modeling, 105-108 全球生态系统模型
    technology and analysis of, 135-136 技术和分析

Trace Gas Project, 94-96 气体示踪项目

tracking devices, animal abundance and condition estimates, 173-174 追踪装置, 动物数量和条件估计

traditional knowledge 传统知识
    cultural barriers to ecosystem management and, 407-409 生态系统管理的文化障碍
    ecosystem management and, 209-211 生态系统管理
    lifestyle choices and, 407-410 生活方式选择

tragedy of the commons, fragmentation of rangelands and, 288-289 公地悲剧, 草原碎片化

Tragedy of the Commons (Hardin), 206 《公地悲剧》(哈丁)

Tucker, Compton, 136-137 康普顿·塔克

Tundra Biome Program, 73, 90-91 冻原生物群区计划

ungulate population, size estimates of, 215 有蹄类种群, 规模估计

United Kingdom, ecosystem science in, 70 英国, 生态系统科学

United Nations Environmental Program (UNEP), 206 联合国环境规划署

United Nations Framework Convention on Climate Change (UNFCCC), 260 联合国气候变化框架公约

United Nations Sustainable Development Goals (UNSDG), 36-39, 77 联合国可持续发展目标

United States, ecosystem science in, 70-74 美国, 生态系统科学

urine patch dynamics, animal-plant interactions, 187 尿液斑块动态, 动物—植物的相互作用

USDA Agricultural Research Service, 207-208 美国农业部农业研究局

USDA Climate Hub (USDA CH), 261-262 美国农业部气候中心

USDA Forest Service, 208-211 美国农业部林务局

U. S. Department of Agriculture（USDA）美国农业部
    ecosystem management and,208-211 生态系统管理
        land management and,DayCent modeling of,112-113 土地管理,DayCent 模型
U. S. Department of the Interior（USDI）,208-211 美国内政部
USGS Breeding Bird Survey,169-171 美国地质调查局繁殖鸟类调查
Usher,Michael,381 迈克尔·厄舍
U. S. National GHG Inventory,112-113 美国国家温室气体清单
U. S. National Resource Council,386-390 美国国家资源委员会
U. S. Renewable Fuel Standard,111-112 美国可再生燃料标准
UV-B Monitoring and Research Program,183-184,268-270 中波紫外线监测与研究计划

validation studies,systems ecology paradigm,10 有效性研究,系统生态学范式
Van Dyne,George,3-4,71,206-208,335-336,361-363 乔治·范·戴恩
Vegetation-Ecosystem Modeling and Analysis Project（VEMAP）,105-106 植被生态系统建模和分析项目
vegetation indices,136-137 植被指数
    agroecosystem management and,227-229 农业生态系统管理
    Ethiopian Bale Mountains ecosystem,290 埃塞俄比亚贝尔山生态系统
    large herbivore modeling and,220-222 大型食草动物模型
Vernadsky,V. I.,68-69,74-75 V. I. 弗纳德斯基

Von Humboldt,Alexander,68 亚历山大·冯·洪堡

Waddington,C. H.,70 C. H. 沃丁顿
Walko,Bob,254-255 鲍勃·沃尔科
Wall,Diana H.,80-81,366-368 H. 狄安娜·沃尔
Wallenstein,Mathew,245-270 马修·沃伦斯坦
Warming,Eugenius,232-233 尤金尼厄斯·瓦明
water cycle 水循环
    ecological site scale processes,158-159 生物站点尺度过程
    functional scales of,144-146 功能尺度
water flow,ecological site scale,165 水流,生物站点尺度
water research 水研究
    ecosystems and role of,67 生态系统及作用
    landscape ecosystems and,23-24,182-183 景观生态系统
    plant nutrient uptake,152 植物养分吸收
watershed restoration 流域修复
    collaborative decision-making and,302-303,327-332,384-385 协同决策
    multiple viewpoints in policies for,304-395 多视角策略
    Rio Puerco example of,327-332 里约普埃科河案例
watersheds withbasins 流域与盆地
    challenge selection in research on,53-58 研究中的挑战选择
    spatial hierarchy in SEP and,24-25 系统生态学范式的空间等级
Watt,A. S.,176-177 A. S. 瓦特

Weathers, K. C., 40 K. C. 韦瑟斯

Weaver, John, 233-234 约翰·韦弗

Whittaker plots, Ethiopian Bale Mountains ecosystem, 290 惠特克样地, 埃塞俄比亚贝尔山生态系统

whole system functioning 全系统功能
    climate change research and, 251-253 气候变化研究
    ecosystem management and, 207-208 生态系统管理
    emergence of research on, 335-336 研究兴起

Wilde, S. A., 68 S. A. 王尔德

wildfires, ecosystem management and, 213-214 野火, 生态系统管理

wild horses, ecology of, 219-220 野马, 生态
    carrying capacity modeling, 222-226 承载力模型

wildland/urban interface 城市荒地界面
    ecosystem management, 213-214 生态系统管理
    human activity and, 291 人类活动

wildlife management 野生生物管理
    abundance assessment, 171-173, 222-226 丰度评估
    community-based monitoring systems, 214-215 基于社区的监测系统
    current research, 215-216 当前研究
    fragmentation of rangelands and, 288-289 草原破碎化
    human-wildlife conflict, 215-216 人类—野生动物冲突
    large herbivore management, SEP and, 217-226 大型食草动物管理, 系统生态学范式
    in pastoral system modeling, 285-288 畜牧系统模型
    population size estimates, 215 人口规模预测

Williams, Betty, 36 贝蒂·威廉姆斯

Wind Cave Project, 184-187 风洞项目

Woodmansee, Clara, 353-373 克拉拉·伍德曼斯

Woodmansee, Katherine, 335-351 凯瑟琳·伍德曼斯

Woodmansee, Robert G., 32-33, 36-64, 79-81, 90-121, 140-187, 202-235, 245-270, 300-332, 335-351, 353-373 罗伯特·G. 伍德曼斯

Woodmansee, S. R., 300-332 S. R. 伍德曼斯

work ethic, barriers to ecosystem research and, 410-411 职业道德, 生态系统研究障碍

Yellowstone National Park, large herbivore management and, 219-220 美国黄石国家公园, 大型食草动物管理

译 后 记

《自然资源管理的重新构想:运用系统生态学范式》是美国科罗拉多州立大学自然资源生态实验室的研究成果,作者罗伯特·G.伍德曼斯、约翰·C.摩尔、丹尼斯·S.小岛吉雄、劳里·理查兹等是该校的教授或教员。本书英文版原著由剑桥出版社于2021年首版发行。

本书包括以下内容:第一章概括性地介绍了全书结构和内容,从组织原则、基本原理、科学管理和政策一体化,以及空间、时间和组织尺度等方面,对系统生态学范式进行了界定与描述。第二章和第三章回顾了可持续发展2030目标、未来地球等管理与科学目标,从空间等级角度分析了21世纪面临的环境和自然资源挑战。同时,介绍了跨学科研究项目的发展,以及对生态系统研究有影响的国际和美国国内的研究计划。第四章和第五章介绍了支撑系统生态学范式的50年建模历程,包括ELM、Century、PHOENIX、SAVANNA等模型的开发,并分析了技术进步,特别是计算机技术进步,及其对生态系统空间等级研究的推动作用。第六至八章系统阐述了生态系统科学中跨尺度的结构和功能过程,并从土地利用系统出发,分析了系统生态学范式在生态系统管理中的应用。同时,梳理了自然资源生态实验室在国际生物学计划、决策支撑系统、全球气候变化、氮循环研究,以及在土地、大气、水相互作用等方面取得的积极进展。第九至十一章将人类视作生态系统的组成部分,探索如何运用基于社区决策的系统生态学方法,提高人类社会的环境科学素养,进而推动复杂棘手问题的解决。第十二章将自然资源生态实验室50年的发展历程浓缩起来,探讨成功研究机构的衡量标准,总结历届实验室主任所带来的积极影响和管理经验。第十三章从需要解决的环境和自然资源棘手问题出发,展望未来科学的发展趋势,并提出应对挑战的最佳管理实践,以及支撑未来创新的关键科学需求。

译后记

本书由刘伯恩负责第一至七章以及第十三章的翻译工作,宋猛负责第八至十二章的翻译工作。中国自然资源经济研究院张世良、岳永兵、王光耀、张君宇帮助校对。

感谢中国自然资源经济研究院张新安研究员、姚霖研究员、北京林业大学董世魁教授、国家林业和草原局经济发展研究中心陈雅如副研究员、北京师范大学刘耕源教授、自然资源部信息中心陈静研究员、中国林业科学研究院吴水荣研究员在翻译过程中给予的咨询、审校等意见建议,使得翻译内容更加准确,文字更加通畅。感谢北京林业大学牛健植教授及其团队对翻译工作的支持,经常为本书提出宝贵的修改意见。感谢商务印书馆李娟主任、责编任赟对本书的辛勤工作。

我们深知,译著中仍可能存在疏漏不当之处,期望各位读者不吝赐教指正。

译　者

2023 年 7 月

图书在版编目(CIP)数据

自然资源管理的重新构想：运用系统生态学范式/(美)罗伯特·G.伍德曼斯等编；刘伯恩，宋猛译. —北京：商务印书馆，2023
("自然资源与生态文明"译丛)
ISBN 978 - 7 - 100 - 22605 - 9

Ⅰ.①自… Ⅱ.①罗… ②刘… ③宋… Ⅲ.①自然资源—资源管理—研究 Ⅳ.①F205

中国国家版本馆CIP数据核字(2023)第113705号

权利保留，侵权必究。

"自然资源与生态文明"译丛
自然资源管理的重新构想：运用系统生态学范式
〔美〕罗伯特·G.伍德曼斯 约翰·C.摩尔
丹尼斯·S.小岛吉雄 劳里·理查兹 编
刘伯恩 宋猛 译

商 务 印 书 馆 出 版
(北京王府井大街36号 邮政编码100710)
商 务 印 书 馆 发 行
北 京 冠 中 印 刷 厂 印 刷
ISBN 978 - 7 - 100 - 22605 - 9
审 图 号： GS (2023) 2984 号

2023年11月第1版　　开本 710×1000 1/16
2023年11月北京第1次印刷　印张 29¼

定价：188.00元